AI 관점에서 바라본 빅 데이터

Artificial Intelligence for Big Data

Complete guide to automating Big Data solutions using Artificial Intelligence techniques

Packt>

홍릉과학출판사

역자 약력

조영임

- 현 가천대학교 컴퓨터공학과 교수
- 현 가천대 인공지능 및 스마트시티연구소 소장
- 현 한국인공지능학회 이사
- 현 대통령직속 4차산업혁명위원회 스마트시티 특별위원회 위원
- 현 국토부 국가스마트도시위원회 위원
- 현 서울시 디지털재단 비상임이사
- 현 과기부 우수과학자포상위원회 위원
- 전 삼성전자 선임연구원

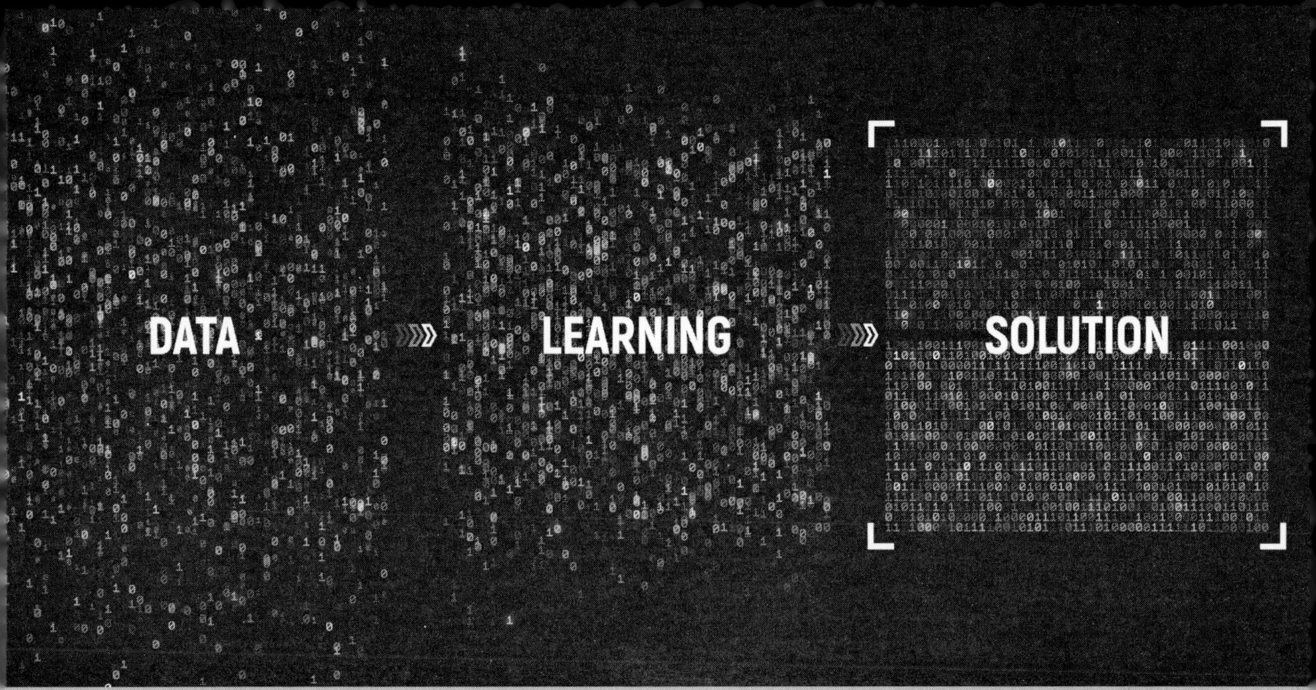

Artificial Intelligence for Big Data

Complete guide to automating Big Data solutions using Artificial Intelligence techniques

AI 관점에서 바라본 빅 데이터

Anand Deshpande · Manish Kumar 지음

조영임 옮김

Packt

홍릉과학출판사

Artificial Intelligence for Big Data

Complete guide to automating Big Data solutions using Artificial Intelligence techniques

Anand Deshpande · Manish Kumar

AI 관점에서 바라본 빅 데이터

인 쇄 : 2019년 6월 15일 초판 1쇄
발 행 : 2019년 6월 20일 초판 1쇄

지은이 : Anand Deshpande · Manish Kumar
옮긴이 : 조영임

발행인 : 송 준
발행처 : 홍릉과학출판사

주 소 : 서울시 강북구 인수봉로 50길 10
전 화 : 02-999-2274~5 **팩스 :** 02-905-6729
e-mail : hongpub@hongpub.co.kr
홈페이지 : www.hongpub.co.kr

ISBN : 979-11-5600-684-8(93000)
정 가 : 29,000원

목차

제1장 빅 데이터 및 인공지능 시스템

제2장 빅 데이터를 위한 온톨로지

제3장 빅 데이터로부터 학습

제4장 빅 데이터를 위한 신경망

제5장 딥 빅 데이터 분석

제6장 자연어 처리

제7장 퍼지 시스템

제8장 유전자 프로그래밍

제9장 스웜 인텔리전스

제10장 강화 학습

제11장 사이버 보안

제12장 인지 컴퓨팅

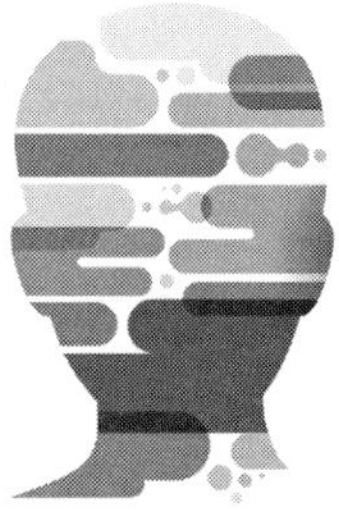

제 1 장

빅 데이터 및 인공지능 시스템

Big Data and Artificial Intelligence Systems

Artificial Intelligence for Big Data

Complete guide to automating Big Data solutions using Artificial Intelligence techniques

인간의 뇌는 우주에서 가장 복잡한 기계 중 하나이다. 두뇌는 수천 년 동안 진화해 왔다. 지속적인 진화의 결과로, 자연의 고유한 프로세스의 이해 및 원인과 결과의 관계를 이해할 수 있게 되었다. 이러한 이해를 바탕으로, 지속적으로 우리의 삶을 발달시키고 개선하기 위해 자연으로부터 배우고 이와 비슷한 기계와 메커니즘을 고안해 낼 수 있었다. 예를 들어, 비디오 카메라는 인간의 눈을 이해하고 연구하면서 고안해 낸 것이다.

기본적으로, 인간의 지능은 감각, 저장, 처리와 행위의 패러다임에 관여한다. 감각 기관을 통해, 우리는 주변 환경에 대한 정보를 수집하고, 메모리에 저장하고, 그 정보로 믿음/양식/관계를 형성하고, 상황의 맥락과 자극에 따라 정보를 사용하여 행동을 하게 된다.

최근 들어 인류가 전자 형식으로 정보를 저장하는 방법을 발견한 진화의 매우 흥미로운 시점에 있다. 또한 의미 있는 결정을 내리고 인간의 능력을 보완하기 위해, 저장 및 프로세스 정보를 감지할 수 있도록 인간의 뇌를 모방한 기계를 고안하기 위해 노력하고 있다.

이번 장에서는 데이터 혁명의 시작에 있어 인간의 지능과 머신 인텔리전스의 융합에 대해 논의할 것이다. 이전에 존재하지 않았던 데이터들을 이용하고 가공할 수 있는 능력이 있는지, 어떻게 삶의 질이 우리의 결정적인 힘과 행동이라는 결과가 되었는지, 그리고 어떻게 기계로 변환되는지 이해할 것이다. 또한 인공지능과 인공지능의 기본을 배우기 이전에 빅 데이터의 핵심 속성으로 그 패러다임을 이해할 것이다. 빅 데이터 프레임워크를 개념화하고, 어떻게 이것들이 기계에서 지능을 형성하는데 영향을 받는지에 관해 배울 것이다. 이 장에서는 빅 데이터와 인공지능의 흥미로운 응용 프로그램들로 마무리 될 것이다.

이번 장에서 다룰 주제

- 결과 피라미드(results pyramid)
- 인간과 전자두뇌 비교
- 빅 데이터 개요

결과 피라미드

인간의 삶의 질은 우리가 하는 모든 의사 결정의 요소이다. 앞선 연구자들에 의하면, 우리가 얻은(긍정, 부정, 좋은, 또는 나쁜) 결과는 우리 자신의 행동의 결과이고, 우리의 행동은 우리가 가진 믿음의 결과이며, 우리의 믿음은 우리의 경험으로 인한 결과라고 할 수 있다. 이것은 다음과 같이 결과 피라미드(result pyramid) 형태로 표현된다.

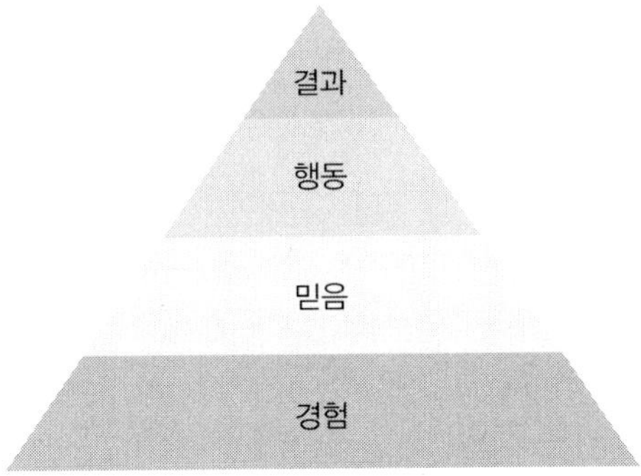

그림 1.1 결과 피라미드

결과 피라미드 이론의 핵심은 같은 행동으로는 더 나은 결과나 다른 결과를 낼 수 없다는 사실이다. 자신의 목표를 달성하지 못하고 4/1분기 동안 비전을 바꾼 조직의 예를 들어보자. 이는 경영진과 직원들이 행한 특정 행동들의 결과인데, 만약 팀이 같은 행동으로 귀결되는 신념을 지속적으로 하게 된다면, 그 조직은 수익에 눈에 띄는 변화를 가져오지 못하게 될 것이다. 계획한 목표를 달성하기 위해서는, 새로운 믿음(또는 신념)으로만 가능한 근본적인 변화가 매일 행동하는 조직원들에게 필요할 것이다. 이것은 조직 문화 정비를 의미한다.

마찬가지로, 사람이 만든 기계 자체는 진화할 수 없을 것이나 컴퓨팅 진화의 핵심에서 보면, 우리가 전통적으로 접근해온 것과 동일한 결과(행동), 모델(신념) 및 데이터(경험)보다 더 효과적이고 유용할 것이다. 인간의 지능과 기계가 서로 보완을 하면 우리는 더 나은 발전을 할 수 있다.

어떤 인간의 두뇌가 최선을 다 하는가

기계가 지능에 대한 탐구에 빠르게 따라 잡고 있는 동안, 그 어느 것도 인간의 뇌가 가지고 있는 기능 중 일부도 따라잡을 수 없었다.

감각 입력

인간의 뇌는 병렬로 모든 감각을 이용하여 감각 입력(sensory input)을 수집하는 놀라운 능력을 가지고 있다. 우리는 보고, 듣고, 만지고, 맛보고, 냄새 맡는 것을 동시에 실시간으로 입력 처리할 수 있다. 컴퓨터 용어의 측면에서, 이러한 다양한 데이터 자료들이 흐르며, 뇌는 데이터를 처리하고 정보와 지식으로 변환할 수 있는 능력을 가지고 있다. 사람의 뇌에는 상황에 따라 이 입력에 다른 응답을 도출할 수 있는 인간의 뇌 내에 치밀도와 지능성(level of sophistication and intelligence)이 있다.

예를 들어, 바깥의 온도가 매우 높고, 피부가 이를 감지한다면, 뇌는 림프선을 통해 땀을 내서 체온을 낮추게 한다. 외부 온도가 매우 높고 이 피부에 의해 감지되는 경우, 예를 들어, 뇌는 땀을 생성하고 통제 체온을 가지고 림프 시스템 내에서 트리거를 생성한다. 이러한 응답의 대부분은 의식적인 행동없이 실시간으로 이루어진다.

저장

감각 기관에서 수집된 정보는 의식적으로든 무의식적으로든 저장된다. 뇌는 생존을 위해 중요하지 않은 정보를 필터링한다는 점에서 매우 효율적이다. 인간의 뇌가 얼마나 저장할 수 있는지 확인된 값은 없지만 저장 용량이 컴퓨터의 테라바이트와 유사할 것으로 생각된다. 뇌의 정보 검색 메커니즘은 매우 정교하고 효율적이다. 뇌는 상황에 따라 적절하고 관련된 정보를 검색할 수 있다. 뇌는 서로 연관성이 있는 객체들을 연결 리스트의 형태로 저장을 한다고 이해한다. 이러한 방법으로 인해 필요할 때마다 데이터를 정보와 지식으로써 쓸 수 있게 된다.

처리 능력

인간의 뇌는 감각 입력을 읽어 이전에 저장된 정보를 사용하고, 밀리 세컨드의 일부분 내에 결정을 내릴 수 있다. 이는 뉴런과 상호 연결의 네트워크이기에 가능하다. 인간의 뇌는 약 1000억 개의 뉴런과 그를 연결하는 시냅스라고 알려진 10억의 커넥션을 가지고 있다. 그것은 문맥 정보에 대한 응답으로 신체의 내부 및 외부 프로세스 수십만을 조직화한다.

낮은 에너지 소비

인간의 뇌는 정보, 감지, 저장 및 처리를 하기 위해 훨씬 적은 에너지를 필요로 한다. 또한 칼로리(또는 와트)의 전력 요구 사항은 전자 기계에 해당하는 전력 요구 사항에 비해 아주 적다. 인공 기계에 대한 처리 능력의 증가 요구와 함께 증가하는 데이터 량으로 인하여 우리는 인간 두뇌에 대한 에너지 이용률을 모델링할 필요가 있다. 전산 모델은 근본적으로 양자 컴퓨팅과 바이오 컴퓨팅 방향으로 점차적으로 바뀔 것이다.

전자 두뇌의 뛰어난 점

컴퓨터로 처리 능력이 증가함에 따라 전자 뇌(또는 컴퓨터)는 인간의 뇌와 비교할 때 훨씬 향상될 것이다. 다음에서 살펴보겠다.

빠른 정보 저장

전자 두뇌(컴퓨터)는 엄청난 속도로 많은 양의 정보를 읽고 저장할 수 있다. 저장 용량은 기하급수적으로 증가하고 있다. 이 정보는 쉽게 복제되며 한 장소에서 다른 장소로 전송된다. 분석, 패턴, 그리고 모델 형상 처리를 위한 정보가 많아질수록 예측이 더 정확해지고 기계가 더 지능적으로 된다. 모든 요소들이 동일하다면 정보 저장 속도는 컴퓨터와 일관성을 유지할 것이다. 그러나 인간의 뇌의 경우 저장 및 처리 능력은 개인에 따라 다양한 것이 차이점이다.

강력한 힘에 의한 처리

전자 두뇌는 강력한 힘을 사용하여 정보를 처리할 수 있다. 분산 컴퓨팅 시스템은 밀리 초 내에 대량의 데이터에 대해 다양한 유형의 컴퓨팅을 검색, 정렬, 계산하고 실행할 수 있다. 인간의 두뇌는 컴퓨터의 강력한 힘과 일치할 수 없다.

컴퓨터는 집단 저장 및 처리 능력을 높이기 위해 네트워크로 연결하고 협업하기가 매우 쉬운 구조로 되어 있다. 공동 스토리지는 의도된 결과를 생성하기 위해 실시간으로 협업할 수 있다. 인간의 두뇌는 협력할 수 있지만, 이 측면에서 보면 전자 두뇌와 일치하지는 않는다.

두 세계의 최고

인공지능은 인간의 능력을 증대시키기 위해서 두 세계(인간의 두뇌, 기계)의 장점을 탐색하고 취하

표 1.1 빅 데이터 이전 인공지능과 이후 인공지능 비교

빅 데이터 이전 인공지능	빅 데이터 이후 인공지능
제한된 데이터 셋 이용(MBs)	증가하는 데이터 셋 이용(TBs)
제한된 샘플 크기	증가하는 모델 정확성으로 인해 대규모 샘플 사이즈 가능
수초 내 대용량 데이터 분석 불가능	수초 내 대용량 데이터 분석 가능
배치 처리 위주	실시간 처리 위주
느린 학습 곡선	빠른 학습 곡선
제한된 데이터 소스	서로 다른 이형의 멀티 데이터 소스
대체로 구조화된 데이터 셋 기반 처리	구조화/비구조화된 데이터 셋 기반 처리

게 된다. 인간 두뇌의 정교함과 효율성, 그리고 컴퓨터의 강력한 힘은 인간이 마주한 가장 어려운 문제들을 같이 풀어나갈 수 있다. 그런 면에서, 인공지능은 인간의 능력을 보완하고 집단 지성을 촉진하여 사회 통합과 평정에 한 단계 더 나아갈 수 있을 것이다. 유행병 예상, 질병 예방 DNA 샘플링 및 분석, 자동 운전 자동차, 위험한 상황에서의 작업, 기계 보조등을 포함한 예들이 가능하게 될 것이다.

머신 러닝 및 인공지능에 데이터 통계 및 알고리즘의 접근 방식은 꽤 오랫동안 인기가 있었다. 하지만, 그 기능과 사용은 거대한 양의 데이터를 빠른 속도로 처리할 수 있는 빅 데이터가 등장하기 전까지는 제한을 받아 왔다.

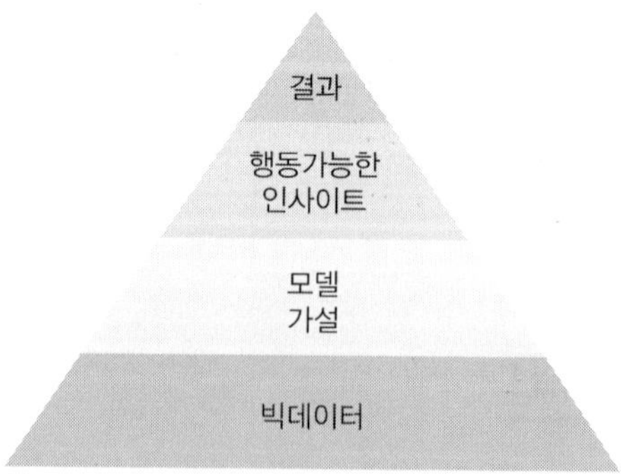

그림 1.2 인공지능의 주요 목표 과정

다음 단원에서 빅 데이터의 몇 가지 기본 사항을 설명할 것이다. 빅 데이터의 가용성은 인공지능과 머신 러닝 애플리케이션의 성장과 발전을 가속화하고 있다. 다음은 인공지능 등장 이전의 빅 데이터와 인공지능 이후의 빅 데이터에 대하여 간략히 비교한 것이다.

인공지능의 주요 목표는 기계에 인간과 같은 지능을 구현하고, 이 모델을 만드는 과정(가설) 데이터를 수집하여 시스템을 생성하고, 그 결과를 예측하여 궁극적으로 인간의 삶을 향상시킬 수 있다. 피라미드의 핵심 부분인 빅 데이터를 사용하여, 우리는 실시간으로 이기종 소스의 대규모 데이터 세트의 가용성을 가지고 있다. 이는 인간의 존재를 증대시키는 인공지능의 훌륭한 기반을 약속하는 것이다.

빅 데이터

"우리는 더 나은 알고리즘을 가지고 있는 게 아니다, 더 많은 데이터를 가지고 있을 뿐이다."

– 피터 노르 빅(Peter Norvig), 구글 연구 이사

사전적으로 데이터를 정의하면, 참조 또는 분석을 위해 수집된 사실 및 통계로써 정의된다. 저장 메커니즘은 인간의 진화와 함께 조각, 잎에 손으로 쓴 텍스트, 펀치 카드, 자기 테이프, 하드 드라이브, 플로피 디스크, CD, DVD, SSD, 인간 DNA 등으로 크게 발전해왔다. 새로운 매체가 생기면서 더 적은 공간에 더 많은 데이터를 저장할 수 있게 되었는데, 그것은 올바른 방향으로의 전이과정이다. 인터넷과 IoT(Internet of Things)의 출현으로 데이터 양이 기하 급수적으로 증가해 왔다.

> 데이터 크기가 폭발적으로 증가하며, 지난 2년 동안 생성한 데이터가 인류 전체 역사에 걸쳐 만들어진 데이터보다 더 많다.

빅 데이터라는 용어는 데이터의 증가 크기를 표현하기 위해 만들어졌다. 데이터의 볼륨을 포함해서, 다음과 같은 세 가지 이상의 속성들(속도, 다양성, 가치 등)을 표현한다.

- **볼륨** : 크기는 데이터의 기하급수적으로 증가하는 양을 나타낸다. 우리는 지금 인간이 만든 자연 개체 사이의 점점 더 많은 인터페이스를 통해 데이터를 수집하고 있다. 예를 들면, 병원에 환자의 일상적인 방문은 지금 메가바이트의 조정에 전자 데이터를 생성한다. 평균 스마트폰 사용자는 하루에 최소한 몇 GB의 데이터 공간을 생성한다. 한 지점에서 다른 지점으로 이동하는 비행은 테라바이트의 절반에 해당하는

데이타를 생성한다.

- **속도** : 속도는 시간과 관련하여 생성된 데이터의 양을 나타내며 일부 중요한 업무에 대하여 거의 실시간으로 해당 데이터를 분석해야 할 필요성을 나타낸다. 시간에 대한 몇 가지 중요 임무 수행에 거의 실시간으로 데이터를 분석할 필요 생성되는 데이터의 양을 나타낸다. 거기에 자연 현상의 데이터를 수집하는 센서이며, 상기 데이터는 태풍/지진이 예측 처리된다. 헬스케어는 데이터 생성 속도의 좋은 예이다.

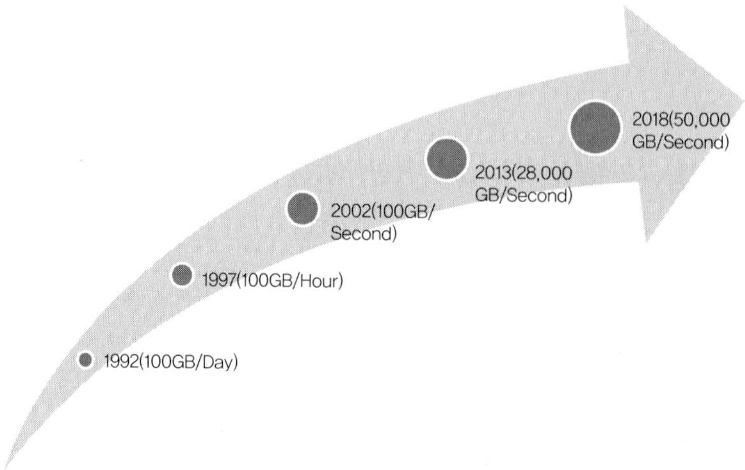

그림 1.3 증가하는 데이터 볼륨과 속도

- **다양성** : 이것은 데이터 형식의 다양성을 나타낸다. 역사적으로, 대부분의 전자 데이터 셋은 구조와 데이터베이스 테이블(행과 열)에 적합했다. 그러나 오늘날 생성되는 전자 데이터의 80% 이상인 이미지, 비디오 파일, 음성 데이터 파일 등은 구조화된 형식이 아니다. 빅 데이터 측면에서, 구조화 / 비 구조화 및 반 구조화 된 데이터 셋의 대부분을 분석할 수 있는 위치에 있다.

- **가치** : 가치는 빅 데이터의 가장 중요한 측면이다. 데이터는 실행 가능한 통찰력을 생성하고 활용할 때만 가치가 있다. 행동과 결과 간의 관계를 나타내는 결과 피라미드를 기억해보자. 데이터가 실행 가능한 통찰력의 열쇠를 쥐고 있다는 것에는 아무 이견이 없다. 그러나 시스템은 데이터를 분서하고, 데이터와 맥락을 기반으로 함께 패턴을 이해하고, 궁극적으로 가치를 창조해내는 해결책을 제공할 수 있도록 빠르게

진화할 필요가 있다.

바보상자에서 지능형 기계로 진화

이러한 데이터 엄청난 양의를 저장하고 처리하는 기계 및 메커니즘은 일정 기간 동안 크게 진화했다. 여기서 잠시 기계의 진화(simplicity's sake, computers)를 간략하게 살펴보자. 컴퓨터의 진화 과정에서 대부분의 시간은 컴퓨터는 지능적인 기계가 아닌 바보상자였다. 컴퓨터의 기본 구성 요소는 CPU(중앙처리장치), RAM(휘발성 메모리), 그리고 DISK(영구 저장 장치)이다. CPU의 핵심 요소 중 하나는 ALU(산술 및 논리 장치)이다. ALU는 논리 연산과 함께 수학적 계산의 기본적인 단계를 수행할 수 있는 구성 요소이다. 이러한 기본적인 능력으로, 전통적인 컴퓨터는 훌륭한 성능을 발휘하도록 진화하였다. 하지만 컴퓨터는 그 상속되는 지능이 없는 바보 기계에 불과하였다. 이러한 컴퓨터들은 강력한 힘(brute force)과 미리 정하지 않은 오류와 예외 처리를 함으로써 사전에 정의된 지시문을 따르는 데에는 탁월한 성능을 보였다. 이러한 컴퓨터 프로그램은 오직 푸는 데에만 그 목적이 있는 특정한 질문에만 답할 수 있었다.

기계는 많은 데이터를 처리하고 무거운 계산 작업을 수행할 수 있지만, 수행해야 할 일을 하도록 프로그래밍 되었다는 것이 항상 걸림돌이었다. 자율 자동차를 예로 들면, 이러한 사실이 심각하게 제한이 된다는 것을 잘 알것이다. 컴퓨터는 미리 정의된 지시문에 따라서 작동한다는 점에서 모든 상황에서 자동차의 동작을 미리 프로그래밍하는 것은 불가능에 가까우며 모든 도로와 모든 상황에서 자동차를 주행시키길 원한다면 영원한 프로그래밍을 해야 한다.

기존의 컴퓨터가 알려지지 않거나 프로그래밍되지 않은 상황에 반응하는 데에 제한점이 있다는 사실은 다음과 같은 의문으로 귀결된다: 기계가 과연 생각하도록 발전이 될까? 사람이 하는 만큼 진화를 할 수 있을까? 우리가 운전할 때는 그저 특정한 도로위에서 지금 놓여져 있는 작은 상황에서만 운전하고 있다는 사실을 기억한다. 우리의 뇌는 매우 빠르게 학습하여 새로운 상황에 반응하고 다양한 상황을 촉발시킨다(브레이크를 밟고, 회전하고, 가속하는 등의 행동). 이러한 궁금증은 기존의 컴퓨터가 인공적인 지능을 갖춘 기계로의 발전으로 이어졌다.

> 전통적으로 인공지능 시스템은 전문 시스템의 창조하는 목적에 기반하여 진화되어 왔다. 전문 시스템은 지능적인 행동과 모든 반응과 결과의 학습을 보여주며 인간의 뇌와 비슷하게 작용한다.

1956년, 인공지능이라는 용어가 등장하였다. 점진적인 발전과 이정표가 있었지만, 20세기의 마지막 10년은 인공지능 기술의 주요한 발전을 의미하게 되었다. 1990년에는 사례 기반 추론과 자연어 이해 및 번역에 의해 지원되는 머신 러닝 알고리즘의 중요한 사건이 있었다. 세계 체스 챔피언인 게리 카스파로프(gary kasparov)가 1997년 딥 블루 (deep blue)에 의해 패배당했을 때 머신 인텔리전스는 새로운 이정표에 이르게 되었다. 그 놀라운 업적 이후로 인공지능 시스템은 인공지능이 결국 인간을 이길 것이라는 일부 전문가의 예측에 따라 크게 발전하였다. 이 책에서는 지능형 시스템 구축의 세부 사항을 살펴보고 핵심 기술과 사용 가능한 기술을 학습할 것이다. 이것은 인류 역사상 가장 위대한 혁명 중 하나가 될 것이다.

지능

근본적으로 지능(intelligence)은 특히 인간의 지능은 끊임없이 진화하는 현상이다. 센싱 입력 또는 데이터 자산에 적용할 때 네 가지 Ps를 통해 진화한다 : 인지(perceive), 처리(process), 지속(persist) 및 수행(perform). 인공지능을 개발하기 위해서는 동일한 주기적 접근 방식으로 기계를 모델링해야 한다.

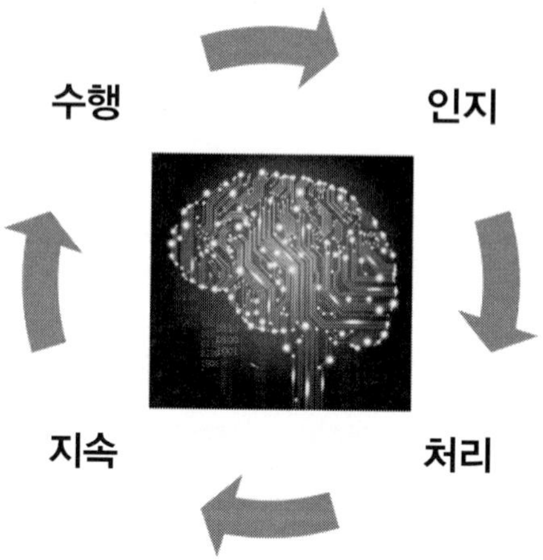

그림 1.4 네 가지 Ps

■ 지능의 종류

인간의 지능은 다음의 세 가지로 크게 분류된다.

- **언어 지능** : 단어를 대상에 연결하고 언어(어휘 및 문법)를 사용하여 의미를 표현하는 능력
- **논리적 지능** : 수학적 연산을 계산, 정량화 및 수행하고 추론을 위한 기본 및 복잡한 논리를 사용할 수 있는 능력
- **대인 관계 및 감성 지능** : 다른 사람과 상호 작용하고 감정과 감정을 이해하는 능력

■ 지능 작업 분류

지능 작업을 분류하는 방법은 다음과 같다.

- **기본 작업:** 인지
  상식
  추론
  자연어 처리
- **중급 작업:** 수학
  게임
- **고급 작업:** 재정 분석
  공학
  과학적 분석
  의학 분석

인간 지능과 머신 인텔리전스 사이의 근본적인 차이점은 기본 및 전문 작업 처리에 있다. 인간의 지능에 있어 기본 작업은 쉽게 익힐 수 있으며 출생시부터 이미 알고 있는 구조이다. 그러나 머신 인텔리전스의 경우 지각, 추론 및 자연어 처리는 계산상 가장 까다로운 작업 중 하나이다.

✿ 빅 데이터 프레임워크

데이터 크기가 크고, 형태와 구조가 다양하며 점점 더 빠른 속도로 생성되는 데이터로부터 가치를 도출하기 위해 일정 기간 동안 두 가지 주요 범주의 프레임워크가 등장했다. 이는 이벤트가 발생하는 차등 시간(데이터 출처)과 데이터를 분석 및 조치에 사용할 수 있는 시간을 고려한 것이다.

■ 일괄 처리

전통적으로, 데이터웨어 하우징 시스템 내의 데이터 처리 파이프라인 구성은 행동과 분석을 위한 데이터 추출(extract), 변형(transforming)과 로드(load) 즉, ETL에 있었다. 그러나 파일 기반 분산 컴퓨팅의 새로운 패러다임 ETL 프로세스 순서에 변화가 있었고, 이제는 데이터 추출, 로드와 변형의 반복적 분석(ELTTT)으로 한다.

일괄 처리에서 데이터는 미리 정의된 빈도수와 일정대로, 준비 영역의 다양한 소스에서 수집되고 로드 및 변환된다. 일괄 처리를 사용하는 대부분의 경우에는 실시간 또는 거의 실시간으로 데이터를 처리해야 할 필요가 없다. 예를 들어, 학생의 출석 데이터에 대한 월별 보고서는 해당 월말에 프로세스(일괄 처리)에 의해 생성된다. 이 프로세스는 소스 시스템에서 데이터를 추출하여 로드하고 다양한 형태의 뷰어 및 보고서를 위해 변환한다. 가장 많이 사용되는 일괄 처리 프레임워크 중 하나가 Apache Hadoop이다. 이는 확장성이 뛰어난 분산/병렬 처리 프레임워크이며, 주요 구성 요소는 Hadoop 분산 파일 시스템이다.

이름에서 알 수 있듯이 이것은 래퍼 파일 시스템으로 데이터를 저장한다.(구조화 / 비 구조화 / 반 구조화)를 Hadoop의 데이터 노드에 분산 방식으로 제공한다. 처리된 데이터 대신 데이터에 적용된 처리가 여러 노드의 데이터로 전송된다. 계산이 개별 노드에 의해 수행되면 결과는 마스터 프로세스에 의해 통합된다. 데이터 컴퓨팅 로컬라이제이션 패러다임에서 Hadoop은 하드 드라이브 디스크의 중간 I/O 작업에 크게 의존한다. 결과적으로 매우 많은 양의 데이터를 Hadoop이 처리하는 데 소요되는 시간을 감수하면서 신뢰할 수 있는 방법으로 처리할 수 있다. 이 프레임워크는 빅 데이터 일괄처리 모드에서 값을 추출하는 데 매우 적합하다.

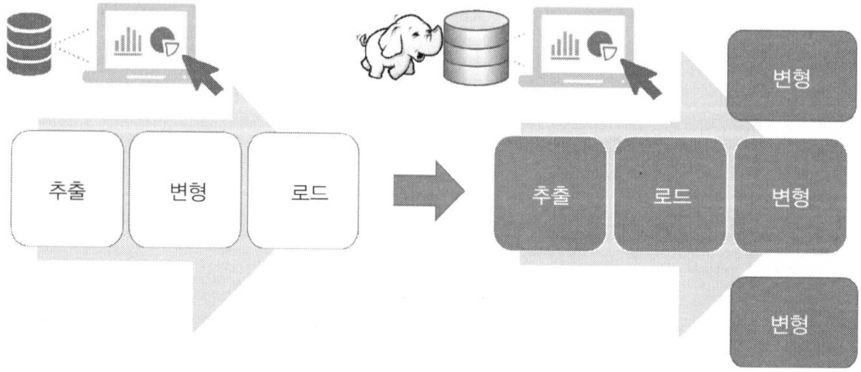

그림 1.5 전통적인 데이터 웨어하우징과 현대적 데이터 웨어하우징

■ 실시간 처리

일괄 처리 프레임워크는 대부분의 데이터웨어 하우징에 있어서는 좋은 수단이지만, 데이터를 처리하고 즉시 데이터를 사용할 수 있게 되면 실행 가능한 통찰력을 생성해야 할 중요한 필요성을 느낄 것이다. 예를 들어, 신용 카드 사기 탐지 시스템에서 경보가 악의적인 기록 활동의 첫 번째 인스턴스가 생성되자마자 경보가 울려야 한다. 동작 가능한 통찰력(트랜잭션을 거부)이 월말 일괄 처리의 결과로 사용할 수 있는 경우엔 가치가 없다. 실시간 처리 프레임워크의 아이디어는 사건 발생과 처리 시간 사이에 대기 시간을 줄이는 것이다.

이상적인 시스템이라면, 이벤트 발생 시간과 처리 과정 시간의 차이는 0에 가까울 것이다. 그러나, 실제로는 자료의 입력 기능과, 실행 엔진과, 네트워크 대역폭, 그리고 하드웨어를 무시할 수는 없다. 실시간 처리 체계는 분산 방식으로 인-메모리 연산에 의존하여 최소의 I/O와 낮은 지연을 달성한다. 가장 많이 쓰이는 실시간 처리 프레임워크의 일부는 다음과 같다.

- **아파치 스파크(Apache Spark)** : 이는 RDD(resilent distributed datasets)라는 내결함성 데이터 추상화를 기반으로 하는 메모리 내 처리에 의존하는 분산 실행 엔진이다.
- **아파치 스톰(Apache Storm)** : 이는 분산 실시간 계산을 위한 프레임워크로, 스톰 응용 프로그램은 쉽게 매우 빠른 속도로 이벤트 데이터를 생성 억제할 스트림을 처리하도록 설계되었다.
- **아파치 FLINK(Apache Flink)** : 이는 효율적인 분산, 대용량의 데이터 처리를 위한 프레임워크로, Flink의 주요 기능은 자동 프로그램 최적화에 있다. Flink는 대규모 반복, 연산 집약적인 알고리즘에 대한 기본 지원을 제공한다.

생태계가 진화함에 따라, 배치 및 실시간 처리에 사용할 수 있는 많은 프레임워크가 더 생겨났다. 머신 인텔리전스 발전 사이클 (인지, 처리, 지속, 실행)로 돌아가서 빅 데이터에서 작동하는 프로그램을 작성하고 관련 데이터를 필터링하는 알고리즘 방식을 취하며, 데이터 및 궁극적으로 데이터 자산의 가치로 이어지는 실행 가능한 통찰력 및 예측을 도출한다.

빅 데이터와 지능형 응용 프로그램

이기종 소스로부터 많은 양의 데이터를 수집하는 시스템을 구축하기 위해 데이터를 적은 비용으로 저장하는 시스템 구성 기술은 물론 가치 창출에 대한 통찰력을 가져야 한다. 데이터를 수집하고 인간의 삶을 향상시키는 행동을 유발할 수 있는 지능형 기계를 구축해야 한다. 인간의 지능과 대량의 데이터 및 분산된 컴퓨팅 성능을 결합하여 인류를 보다 나은 미래로 이끌 수 있는 이점으로 사용될 수 있는 전문가 시스템을 만들 수 있다.

■ 인공지능 분야

인공지능의 발전이 초기 단계에 있지만, 다음 영역은 상당한 연구와 혁신이 일어나고 있는 기본 영역 중 일부이다.

- **자연 언어 처리** : 컴퓨터와 인간의 언어 사이의 상호 작용을 용이하게 한다.
- **퍼지 로직 시스템** : 이것은 IF/ELSE 로직을 사용하는 모든 상황을 프로그래밍하는 대신 진리의 정도에 근거한다. 이 시스템은 수용 가능한 추론을 기반으로 기계 및 소비자 제품을 제어할 수 있다.
- **지능형 로봇** : 이들은 평범한 유해 반복적인 작업을 수행할 수 있는 기계 장치이다.
- **전문가 시스템** : 이들은 특정 도메인에서 복잡한 문제를 해결하는 시스템 또는 응용 프로그램이다. 그들은 조언, 진단 및 지식 기반과 모델을 기반으로 결과를 예측할 수 있다.

자주 묻는 질문

이번 장에서 배운 것을 정리해보자.

Q: 결과 피라미드는 무엇인가?

A: 우리가 얻는 결과(사람 또는 기계), 우리의 경험(데이터), 신념(모델)과 행동의 결과이다. 결과를 변경해야 하는 경우, 데이터, 모델 및 행동의 다른 (더 나은) 세트가 필요하다.

Q: 인공지능과 빅 데이터에 적용되는 패러다임은?

A: 우리의 삶을 개선하기 위해서는 지능형 시스템이 필요하다. 빅 데이터의 출현으로 인해 거대한 데이터 볼륨과 처리 능력을 증가의 가용성에 머신 러닝 및 인공지능의 이론에 대한 후원이 있었다. 기계 인텔리전스 및 빅 데이터 융합의 결과로 인류는 더 나은 결과를 얻기 직전에 있다.

Q: 빅 데이터 프레임워크의 기본 범주는 무엇인가?

A: 일괄 처리 및 실시간 처리 : 이벤트 시간과 처리 시간의 차이를 바탕으로, 프레임워크의 두

가지 유형이 있다.

Q: 인공지능의 목표는 무엇인가?

A: 인공지능의 기본 목표는 인간의 삶을 더 풍부하게 하고 보완하려는 것이다.

Q: 머신 러닝 및 인공지능의 차이점은 무엇인가?

A: 머신 러닝은 인공지능에 통합된 핵심 개념이다. 머신 러닝에서 개념 모델은 데이터를 기반으로 훈련하고, 모델은 새로운 데이터 세트에 대한 결과를 예측할 수 있다. 인공지능 시스템은 인간의 인지 능력을 모방하려고 하고 상황에 따라 행동하려고 한다. 컨텍스트에 따라 인공지능 시스템은 인간의 두뇌가 취할 의사 결정과 행동에 가장 적합한 행동과 결과를 변경할 수 있다. 좀 더 나은 이해를 위해 다음 그림1.6을 보자.

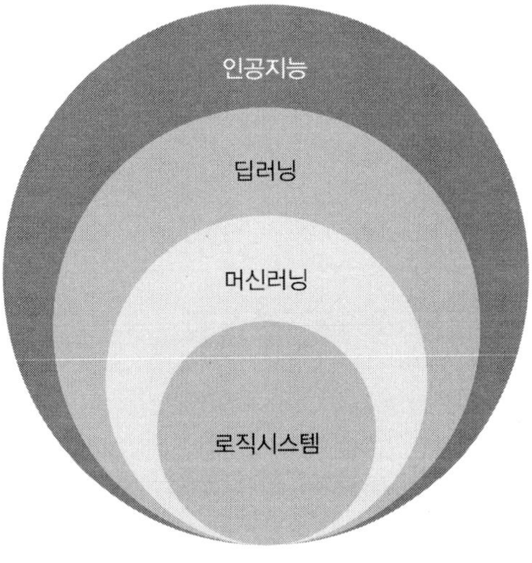

그림 1.6 인공지능 시스템

요약

이 장에서는 결과 피라미드의 개념을 이해했다.이 피라미드는 인간의 삶의 지속적인 개선을 위한 모델이며, 그 모델을 형성하는 데이터(경험)를 바탕으로 세계에 대한 이해가 향상되어 더 나은 결과를 얻기 위해 노력한다(신념). 진화하는 인간의 두뇌와 컴퓨터의 융합으로 두 세계의 최고가 정말로 삶을 향상시킬 수 있다는 것을 안다. 우리는 컴퓨터가 어리석은 기계에서 바보상자로 진화한 과정을 보았으며 인텔리전스 및 빅 데이터에 대한 높은 수준의 개요와 프로세싱 프레임워크 유형을 제공했다.

다음 장에서는 내용 소개를 하고, 데이터에 대한 알고리즘 방식과 머신 러닝의 기본 사항을 설명하는 알고리즘을 사용하는 핵심 개념에 대해 자세히 살펴볼 것이다. 여기서 가능한 프레임워크와 알고리즘을 구현한 코드 샘플을 설명할 것이다.

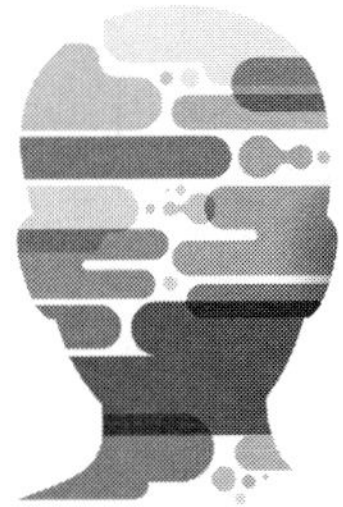

제 2 장

빅 데이터를 위한 온톨로지

Ontology for Big Data

제1장에서 빅 데이터가 인공지능 분야의 급속한 발전을 가속화했다는 것을 알게 되었다. 이것은 주로 이기종 소스의 매우 큰 데이터 셋의 가용성과 분산 컴퓨팅으로 인한 처리 능력의 기하급수적인 증가로 인해 발생한 것이다. 표준화가 없거나 데이터를 정보로 변환하고 정보를 지식으로 변환하기 위한 공통 언어가 없으면 대용량 데이터에서 가치를 끌어내는 것은 극히 어렵다. 예를 들어, 서로 다른 두 언어를 사용하고 서로의 언어를 이해하지 못하는 두 사람은 중간에 번역 메커니즘이 없으면 서로 대화할 수 없다. 번역 및 해석은 키워드와 관련된 의미론적 의미가 있고 문법 규칙이 접속사로 적용되는 경우에만 가능하다. 예를 들어, 다음은 영어 및 스페인어로 된 문장이다.

English	John eats three bananas every day
Spanish	John come tres plátanos todos los días

대체로 문장은 객체, 주체, 동사 및 속성의 형태로 나눌 수 있다. 이 경우 John과 banana가 주어이다. 그것들은 동사(이 경우에는 eat)에 의해 연결되어 있으며, 주어 동사와 관련된 속성과 문맥 데이터 정보도 있다. 지식 번역기는 두 가지 방법으로 구현될 수 있다.

- **모든 것을 포함하는 매핑** : 한 언어의 모든 문장과 다른 언어의 번역 간의 매핑을 유지한다. 그러나 이 방법은 무언가(대상, 사건, 속성, 문맥)가 언어로 표현될 수 있는 수많은 방법이 있기 때문에 불가능한 방법이다.
- **의미론적 관점** : 의미론적 의미를 언어 표현에서 만나는 모든 엔티티들과 연관시킨다면, 세계의 표준화된 의미론적 관점은 모든 언어에 대한 중앙 집중화된 사전으로써 작용할 수 있다.

인간의 능력을 향상시키기 위해 데이터에서 지식을 근본적으로 도출하고 통찰력과 의미 있는 행동을 위해 문맥 지식을 활용하는 인공지능을 구현하려는 경우 의미 있고 표준화된 세계관이 필수적이다. 이 세계의 의미론적 관점은 온톨로지로 표현된다. 이 책에서 온톨로지는 다음과 같이 정의된다. 즉, 주제 영역이나 도메인의 개념과 범주 집합으로서, 속성과 속성 간의 관계를 보여주는 것이 온톨로지이다.

이번 장에서 다룰 주제

- 인간의 두뇌가 세계를 해석할 때 대상을 연결하는 방법
- 빅 데이터 세계에서의 온톨로지 역할
- 빅 데이터에서의 온톨로지와 관련된 목표와 도전과제
- 자원 기술 프레임워크
- 웹 온톨로지 언어
- RDF에 대한 의미론적 쿼리 언어인 SPARQL
- 지능형 시스템을 구축하기 위해 온톨로지를 구축하고 사용하는 방법
- 온톨로지 학습

인간의 두뇌와 온톨로지

인간의 뇌 기능에 대한 이해는 진보하고 있지만, 뇌의 저장 및 처리 메커니즘은 완전히 이해되지 않고 있다. 우리는 하루 동안 수십만 가지의 감각 입력을 받는다. 이 모든 정보의 비트를 처리하고 저장하면 인간의 뇌는 압도 당할 것이며 상황을 이해하고 의미 있는 방식으로 응답할 수 없게 된다. 인간의 뇌는 지속적으로 받는 감각 입력에 필터를 적용한다. 인간의 기억에는 3개의 기억 영역이 있다.

- **감각 기억** : 이것은 첫 번째 수준의 기억이며 대부분의 정보는 밀리 초 내에 플러시된다. 예를 들어, 차를 운전할 때를 생각해보자. 운전하는 도중에 수천 개의 대상과 소리를 접하게 되며, 이 입력의 대부분은 운전 기능에 사용된다. 시간의 기준 프레임관점에서, 대부분의 입력은 잊혀져 결코 메모리에 저장되지 않는다.
- **단기 기억** : 이것은 일시적인 목적을 위해 필수적인 정보에 사용된다. 예를 들어, 회의실 D-1482에서 긴급 회의에 관해 상기시키기 위해 동료로부터 전화를 받았다고 생각해보자. 책상에서 방으로 걷기 시작하면서 숫자가 중요한 해결 요소가 되기 때문에 인간의 뇌는 그 정보를 단기 기억에 유지한다. 그 정보는 컨텍스트 시간을 초

과하여 저장 될 수도 있고 저장되지 않을 수도 있다. 이러한 추억은 극한 상황에서 만난다면 잠재적으로 장기 기억으로 전환될 수 있다.

- **장기 기억** : 이것은 일 또는 평생 지속될 기억이다. 예를 들어, 이름, 생년월일, 친척, 집 위치 등을 기억한다. 장기 기억은 개체들 사이의 패턴과 링크에 기초하여 기능한다. 예를 들어, 악기를 연주하는 것과 같이 우리가 일정 기간 동안 배우고 마스터하는 비 생존 기술은 연결 패턴의 저장과 반사 신경의 장기 기억 내 조정을 필요로 한다.

기억 영역에 상관없이, 정보는 두뇌에 패턴 및 링크의 형태로 저장된다. 플레이어가 순간적으로 50개의 이상한 물체를 잠깐 보고 종이에 그 이름을 기록해야 하는 메모리 게임에서 가장 많은 개체 이름을 쓰는 플레이어가 게임에서 승리한다. 이 게임을 실행하는 트릭 중 하나는 두 객체 사이에 링크를 설정하고 스토리를 형성하는 것이다. 독립적으로 객체를 외우려고 하는 플레이어는 연결된 목록을 마음에 그리는 플레이어를 상대로 승리할 수 없다.

뇌가 감각 기관으로부터 입력을 받아 그 정보가 장기 기억에 저장될 필요가 있을 때, 그 정보는 패턴의 형태로 저장되어 관련 대상이나 실체에 연결되어 마인드 맵을 만든다. 다음 그림과 같다.

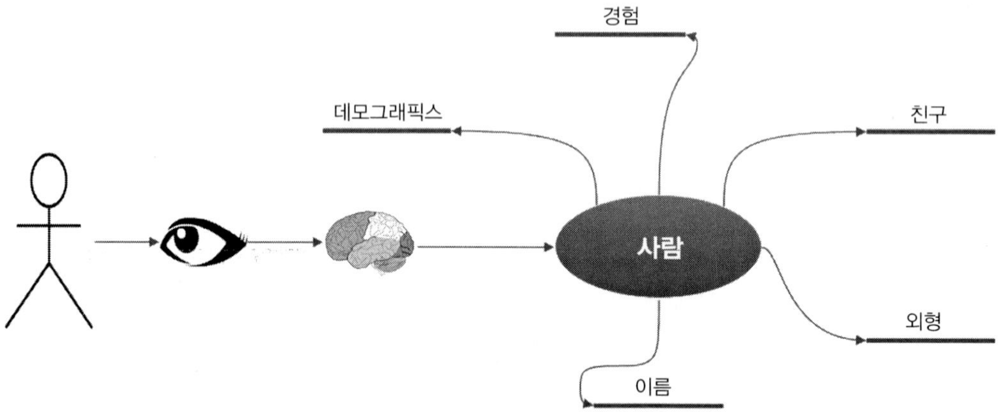

그림 2.1 대상과 연계된 마인드 맵

우리가 눈으로 사람을 볼 때, 두뇌는 이미지 맵을 생성하고 그 사람과 관련된 모든 컨텍스트 기반 정보를 검색한다. 이것은 정보 과학의 온톨로지의 기초를 형성한다.

정보 과학의 온톨로지

공식적으로, 정보 과학의 온톨로지는 다음과 같이 정의된다 : 특정 도메인에 근본적으로 존재하는 엔티티의 유형, 속성 및 상호 관계의 정식 명명 및 정의를 말한다.

정보를 다루는 데는 사람과 컴퓨터 사이에 근본적인 차이가 있다. 컴퓨터의 경우 정보는 **문자열**(strings) 형태로 제공되는 반면, 사람의 경우 정보는 **사물**(things) 형태로 제공된다. 문자열과 사물의 차이를 이해해보자. 문자열에 메타 데이터를 추가하면 그 메타 데이터가 사물(thing)이 된다. 메타 데이터는 데이터(이 경우 문자열)에 대한 데이터 또는 데이터에 대한 문맥 정보이다. 아이디어는 데이터를 지식으로 변환하는 것이다. 다음 그림은 데이터를 지식으로 변환하는 방법에 대한 좋은 아이디어를 제공한다.

텍스트 또는 숫자 66은 **데이터**이며, 66 그 자체로는 어떤 의미도 전달하지 않는다. 우리가 **66°F**라고 말할 때 66은 온도의 척도가 되며, 이 시점에서 66은 어떤 정보를 나타낸다. 만약 2017년 10월 3일 **오후 8시에 뉴욕에서 66°F**라고 하면 **지식**이 된다. 문맥 정보가 **데이터 및 정보**에 추가되면 **지식**이 된다.

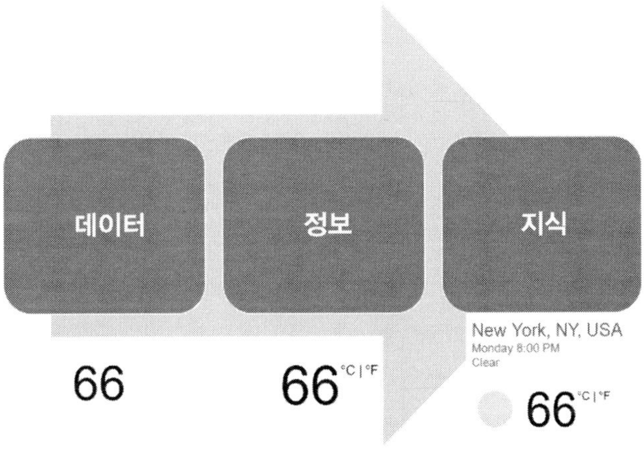

그림 2.2 데이터를 지식으로 변환하는 과정

온톨로지는 데이터와 정보로부터 지식을 이끌어 내기 위해 사람과 소프트웨어 응용 프로그램 간에 전달될 수 있는 정확하게 정의된 용어로 세계관을 표준화하는 데 중요한 역할을 한다. 도메인 내에서 객체 간의 관계를 공유하고 이해한다. 일반적으로 도식적, 구조적, 의미적 차이가 존재하므로 지식 표현 간에 충돌이 발생한다. 잘 정의되고 통제된 온톨로지는 표현 사이의 틈새를 연결한다.

온톨로지 속성

상위 수준에서, 온톨로지는 데이터, 정보 및 지식 자산의 유니버스에 대한 일관된 뷰를 생성하기 위해 다음과 같은 속성을 가져야 한다.

- 온톨로지는 엔티티의 모든 측면을 다룰 수 있도록 완전해야 한다.
- 온톨로지는 사람과 소프트웨어 응용 프로그램의 오역을 피하기 위해 모호하지 않아야 한다.
- 온톨로지는 적용 가능한 도메인 지식과 일치해야 한다. 예를 들어, 의학 과학을 위한 온톨로지는 공식적으로 확립된 전문 용어와 의학 분야의 관계를 고수해야 한다.
- 온톨로지는 다른 상황에서 재사용하기 위해서 일반적이어야 한다.
- 온톨로지는 새로운 개념을 추가하고 도메인에서 증가하는 지식으로 나타나는 새로운 개념을 준수하기 위해 확장 가능해야 한다.
- 온톨로지는 기계 가독성과 상호 운용성이 있어야 한다.

다음은 온톨로지의 속성을 보다 잘 설명하기 위한 그림이다.

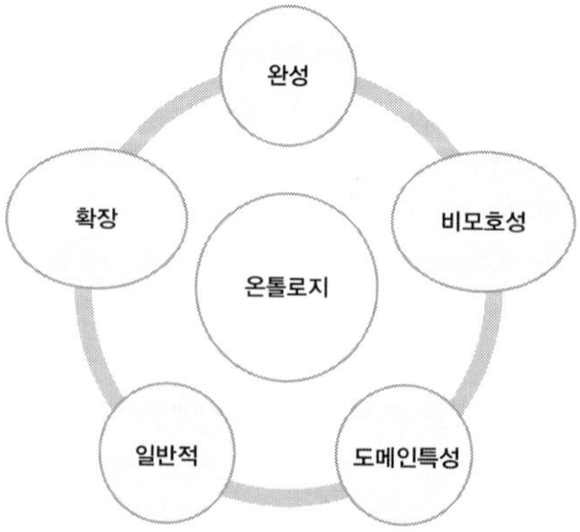

그림 2.3 온톨로지의 속성

실세계 개념과 실체에 대한 온톨로지 표현의 가장 중요한 장점은 프로그래밍 언어, 플랫폼 및 통신 프로토콜과 독립적으로 개념을 연구할 수 있다는 것이다. 이는 느슨한 결합을 가능하게 하고 동시에 개념 간 긴밀한 통합을 가능하게 하여 소프트웨어 개발 프로세스가 소프트웨어 및 지식 기반을 모듈 개념으로 재사용할 수 있게 한다.

✿ 온톨로지의 장점

다음은 온톨로지의 장점이다.

- 엔티티 분석의 품질 향상
- 정보 시스템의 사용, 재사용 및 유지 보수의 증가
- 독립적인 소프트웨어 응용 프로그램에 공통된 어휘로 도메인 지식 공유 촉진

객체 지향 프로그래밍 패러다임이나 데이터베이스 설계에 익숙한 사람들은 도메인 엔터티의 온톨로지 표현을 클래스 또는 데이터베이스 스키마와 쉽게 관련시킬 수 있다. 클래스는 속성 및 동작을 캡슐화하는 엔터티의 일반 표현이다. 하나의 클래스는 다른 클래스의 행위와 속성을 상속받을 수 있다(is-a relationship).

예를 들어, "고양이는 동물이다(a cat is an animal)"라고 표현했을 경우,

Animal은 Cat의 추상 수퍼 클래스이다. Cat 클래스는 Animal 클래스의 속성을 상속하고 고양이에 특정한 속성 및 동작 중 일부를 추가/재정의한다. 이 패러다임은 온톨로지에 적용 가능하다. 마찬가지로 관계형 데이터베이스는 조직 내의 도메인 엔티티에 대한 개략적인 표현을 가지고 있다.

다음과 같이 데이터베이스와 온톨로지 사이에는 몇 가지 근본적인 차이점이 있다.

- 온톨로지는 데이터베이스에 의해 표현된 개념보다 의미상으로 풍부하다.
- 온톨로지의 정보 표현은 반 구조화 자연어 텍스트를 기반으로 하며 표 형식으로 표현되지 않는다.
- 온톨로지 표현의 기본 전제는 도메인과 조직 경계를 넘나드는 정보 교환에 사용되는 전 세계적으로 일관된 용어이다

한정된 데이터 컨테이너를 정의하는 것 이상으로, 온톨로지는 일반적인 도메인 지식 표현에 중점을 둔다.

❁ 온톨로지의 구성 요소

다음은 온톨로지의 구성 요소이다.

- **개념** : 이들은 객체 지향 프로그래밍의 클래스와 비슷한 일반적인 객체 또는 엔티티이다 (예 : 사람, 직원 등).
- **슬롯** : 성별, 생년월일, 위치 등 엔티티의 속성 또는 속성을 나타낸다.
- **관계** : 개념 간 상호 작용을 나타내거나, is-a, has-a 관계를 나타낸다. 예를 들어 직원은 사람이다.
- **공리** : 개념, 슬롯 및 관계와 관련하여 **항상**(always) 진실한 진술이다. 예를 들어, 고용주에게 고용이 되었다면 그 사람은 고용인이다.
- **인스턴스** : 이들은 객체 지향적인 용어로 클래스의 객체이다. 예를 들어, John은 Employee 클래스의 인스턴스이다. 개념을 구체적으로 표현한 것이다. 온톨로지는 인스턴스와 함께 지식을 완전히 나타낸다.
- **연산자** : 이들은 온톨로지의 다양한 구성 요소를 관리하는 기능 및 규칙이다. 객체 지향적인 맥락에서 이들은 클래스의 메소드를 나타낸다.

다음 그림은 온톨로지의 구성 요소를 설명한 것이다.

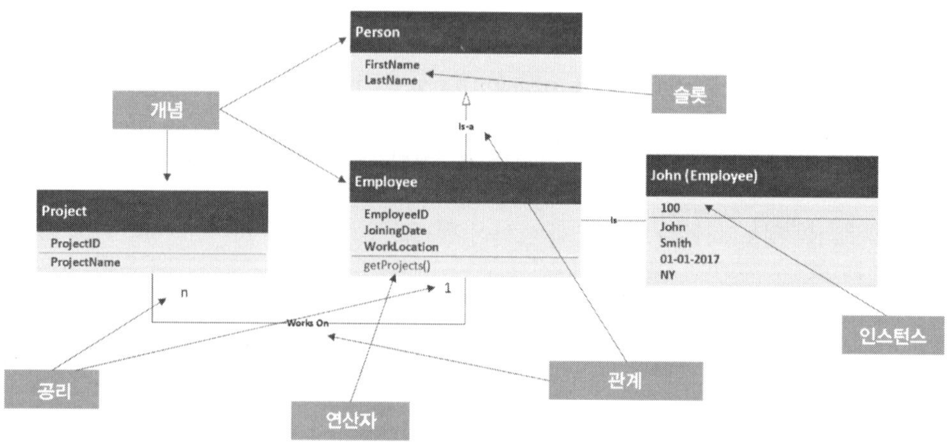

그림 2.4 온톨로지 구성요소

온톨로지의 개발은 온톨로지에서 클래스를 정의하는 것으로 시작된다. 이 클래스는 실제 엔티티를 나타낸다. 엔티티가 명확하게 식별되고 정의되면 분류 체계에 정렬된다. 계층 구조가 정의되면 슬롯 및 관계가 정의된다. 슬롯과 인스턴스에 대한 값을 채우면 도메인 별 온톨로지 개발이 완료된다.

온톨로지가 빅 데이터에서 수행하는 역할

제1장에서 보았듯이 데이터 크기가 놀라운 속도로 증가하고 있어서, 데이터에서 가치를 이끌어내기 위해 기존의 **추출, 변형 및 로드**(ETL) 방식으로 전체 데이터를 모델링하는 것은 불가능하다. 전통적으로 데이터 소스는 구조화된 형식과 비정형 형식으로 데이터 집합을 생성한다. 이러한 데이터 자산을 저장하려면 다양한 엔터티를 기반으로 데이터를 수동으로 모델링해야 한다. 관계형 데이터베이스 세계에서 Person을 엔티티로 예로 들면, Person을 나타내는 테이블을 먼저 만들어야 한다. 이 테이블은 외래 키 관계가 있는 다양한 엔터티에 연결된다. 그러나 이러한 엔티티는 사전 정의되고 고정된 구조를 가진다. 엔티티 모델링에는 수동 작업이 필요하며 엔티티를 수정하기가 어렵다.

큰 데이터 세계에서 스키마는 쓰기 시간 대신 읽기 시간에 정의된다. 이는 엔티티 구조 및 데이터 모델링에 대한 높은 수준의 유연성을 제공한다. 엔티티가 여러 도메인에서 표준화되지 않은 경우 융통성과 확장 가능한 모델링 기능을 사용하더라도 인터넷 규모에서 데이터 자산을 관리하는 것은 매우 어렵다.

웹 검색을 용이하게 하기 위해 Google은 표현을 기반으로 키워드 통계에서 지식 모델링으로 검색을 변경한 **지식 그래프**(knowledge graph)를 도입했다.

이는 문자열 패러다임이 아니라 물건으로 검색을 도입한 것이다. 지식 그래프는 실제 세계의 객체를 형식적으로 설명하는 매우 큰 온톨로지이다. 이기종 소스에서 가속화된 속도로 생성된 증가한 데이터 자산으로 인해 우리는 끊임없이 복잡성을 증가시키고 있다. 빅 데이터 패러다임은 기존 응용 프로그램으로는 관리할 수 없는 크고 복잡한 데이터 셋을 나타낸다. 최소한 복잡한 데이터 엔티티의 잘못된 해석을 피할 수 있는 방법이 필요하다. 데이터 통합 및 처리 프레임워크는 의미론적 기술 분야의 방법으로 개선될 수 있다. 텍스트 대신 사물을 사용함으로써 정보 시스템 사이의 상호 운용성을 향상시킬 수 있다. 온톨로지는 도메인 특정 지식과 그 표현의 의미론적 풍부함을 제공한다.

큰 데이터 자산으로 인해 데이터를 정보와 지식으로 모델링하는 수동 작업을 줄이는 것이 필수적이다. 이는 원시 엔티티 간의 통신을 찾고, 분류학적 표현으로 일반 스키마를 파생시키고, 용어 유사점 및 구조적 매핑을 사용하여 특정 지식 영역의 주제에 개념을 매핑할 수 있는 방법이 가능하다. 이 구현은 큰 데이터 자산 관리 및 다른 데이터 소스의 통합에 대한 자동 지원을 용이하게 하여 오류 및 지식 파생 속도를 줄인다.

용어집(glossary)에서 **온톨로지**(ontologies)에 이르기까지 다음과 같은 방식으로 자동화된 진행이 필요하다.

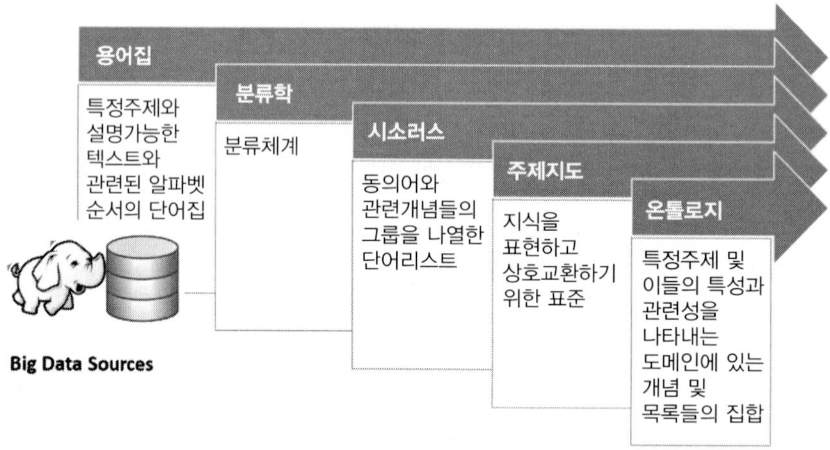

그림 2.5 용어 정의

❁ 온톨로지 정렬

온톨로지 정렬 또는 매칭(ontology alignment or matching)은 이기종 소스의 엔티티들 간의 일 대 일 매핑을 결정하는 프로세스이다. 이 매핑을 사용하여 엔티티 유형을 추론하고 원시 데이터 소스를 일관되고 의미 있는 방식으로 파생시킬 수 있다.

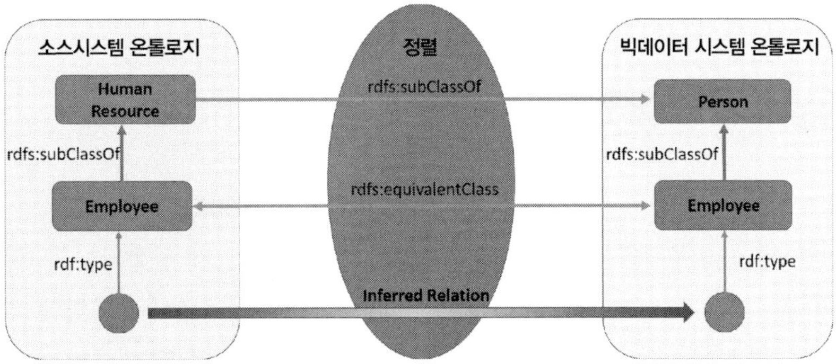

그림 2.6 온톨로지 정렬

❁ 빅 데이터에서 온톨로지의 목표

빅 데이터 온톨로지의 목표는 다음과 같다.

- 소프트웨어 응용 프로그램 전반에 걸친 정보 구조에 대한 공통된 이해를 공유한다.
- ETL을 더 빠르고, 쉽고, 정확하게 만든다.
- 맞춤형 상황 별 ETL 파이프 라인의 필요성을 제거한다.
- 새로운 데이터 소스의 자동 통합 텍스트에서 정보 추출을 강화하고 이를 지식 자산으로 변환한다.
- 구조적 및 의미론적 정보로 기존 데이터를 보강한다.
- 비즈니스 지식을 기계 사용 가능 소프트웨어로 변환한다.
- 한 번 빌드하고 여러 번 사용한다.

❁ 빅 데이터의 온톨로지와 과제

빅 데이터의 온톨로지를 사용하는 경우 다음과 같은 문제에 직면한다.

- 엔티티 생성 (문자열을 사물로 변환)
- 관계 관리
- 컨텍스트 처리
- 쿼리 효율성
- 데이터 품질

RDF-보편적인 데이터 형식

온톨로지의 배경과 빅 데이터 세계에서의 중요성을 바탕으로 온톨로지의 설계도를 정의하는 범용 데이터 형식을 살펴보자. 가장 많이 채택되고 널리 사용되는 프레임워크 중 하나는 **RDF**(resource description framework)이다. RDF는 2004년부터 W3C 권고안이 되어 왔다. RDF는 컴퓨터가 읽고 해석할 수 있도록 설계된 식별된 사물, 엔티티 또는 개념을 설명하기 위한 구조를 제공한다. 엔티티 또는 개념을 보편적으로 고유하게 식별해야 하는 중요한 요구가 있다. 정보 과학 분야에서 가장 보편적인 방법 중 하나는 **URIs**(universal resource identifiers)를 사용하는 것이다. 우리는 **URLs**(universal resource locator)로 표현되는 웹 사이트 주소에 익숙하다. 이 주소는 고유한 IP 주소와 인터넷 상의 웹 도메인에 매핑된다. URI는 URL과 매우 유사하며, URI가 실제 웹 도메인을 나타내거나 나타내지 않을 수도 있다. 이 구별을 감안할 때 실제 객체를 나타내는 URI는 모호하지 않아야 한다. 모든 URI는 웹 리소스나 실제 개체와 배타적이어야 하며, 혼동과 모호성을 피하기 위해 동시에 둘을 나타내는 데 사용해서는 안된다.

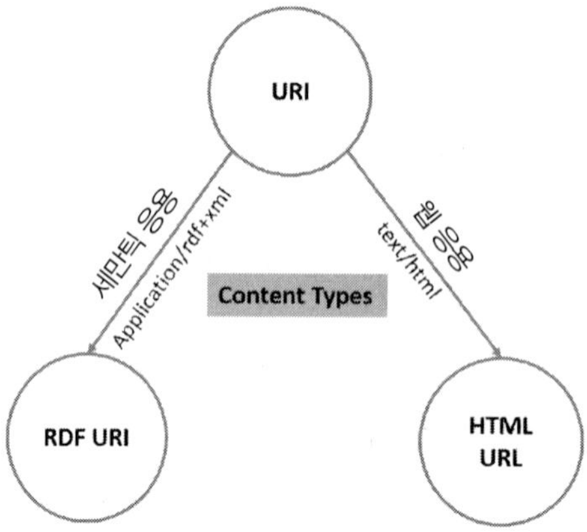

그림 2.7 URI, RDF URI, HTML URI

여기서 설명하는 기본적인 예는 https://www.w3schools.com/rdf 에 설명되어 있다.

```
<?xml version="1.0"?>
<RDF>
  <Description about="https://www.w3schools.com/rdf">
    <homepage>https://www.w3schools.com</homepage>
  </Description>
</RDF>
```

RDFS를 정의할 때, 다음과 같은 사항을 고려해야 한다.

- 데이터 모델 정의
- 형식적 의미 정의 확장
- 가능한 URI 기반 어휘 사용
- XML 기반 구문 사용 가능

RDF의 기본 빌딩 블록은 **Subject**, **Predicate** 및 **Object**로 구성된 트리플이다. 트리플의 집합은 RDF 그래프를 구성한다.

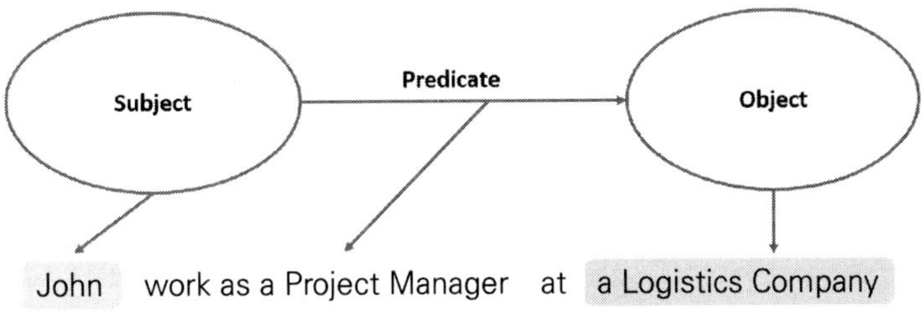

책 데이터베이스의 예를 보고 RDF XML로 표현해 보자.

Book Name	Author	Company	Year
Hit Refresh	Satya Nadella	Microsoft	2017
Shoe Dog	Phil Knight	Nike	2016

```
<?xml version="1.0"?>

<rdf:RDF
xmlns:rdf="http://www.w3.org/1999/02/22-rdf-syntax-ns#"
xmlns:book="http://www.artificial-intelligence.big-data/book#">

<rdf:Description
rdf:about="http://www.artificial-intelligence.big-data/book/Hit-Refresh">
  <book:author>Satya Nadella</book:author>
  <book:company>Microsoft</book:company>
  <book:year>2017</book:year>
</rdf:Description>

<rdf:Description
rdf:about="http://www.artificial-intelligence.big-data/book/Shoe-Dog">
  <book:author>Phil Knight</book:author>
  <book:company>Nike</book:company>
  <book:year>2016</book:year>
</rdf:Description>
.
.
.
</rdf:RDF>
```

RDF 문서의 첫 번째 행은 XML 선언이다. XML 선언 다음에는 RDF 문서 <rdf : RDF>의 루트 요소가 온다.

xmlns : rdf 네임 스페이스는 rdf 접두사가 있는 요소가 http://www.w3.org/1999/02/22-rdf-syntax-ns# 네임 스페이스의 요소임을 지정한다. XML 네임 스페이스는 XML 문서에서 고유하게 명명된 요소 및 특성을 제공하는 데 사용된다.

xmlns : book 네임 스페이스는 책 접두사가 있는 요소가 http : //www.artificial-intelligence.big-data/book# 네임 스페이스의 요소임을 지정한다.

<rdf : Description> 요소는 rdf : about 속성으로 식별되는 자원에 대한 설명을 포함한다. <book : author>, <book : company>, <book : year> 등의 요소는 리소스의 속성이다.

W3C는 온라인 유효성 검사 서비스 (https : // www .w3 .org / RDF / Validator /)를 제공한다. 이 서비스는 구문에 따라 RDF의 유효성을 검사하고 RDF 문서의 표 형식 및 그래픽보기를 생성한다.

https://www.w3.org/RDF/Validator/rdfval#messages

Validation Results

Your RDF document validated successfully.

Triples of the Data Model

Number	Subject	Predicate	Object
1	http://www.artificial-intelligence.big-data/book/Hit-Refresh	http://www.artificial-intelligence.big-data/book#author	"Satya Nadella"
2	http://www.artificial-intelligence.big-data/book/Hit-Refresh	http://www.artificial-intelligence.big-data/book#company	"Microsoft"
3	http://www.artificial-intelligence.big-data/book/Hit-Refresh	http://www.artificial-intelligence.big-data/book#year	"2017"
4	http://www.artificial-intelligence.big-data/book/Shoe-Dog	http://www.artificial-intelligence.big-data/book#author	"Phil Knight"
5	http://www.artificial-intelligence.big-data/book/Shoe-Dog	http://www.artificial-intelligence.big-data/book#company	"Nike"
6	http://www.artificial-intelligence.big-data/book/Shoe-Dog	http://www.artificial-intelligence.big-data/book#year	"2016"

RDF 컨테이너

RDF 컨테이너는 사물의 그룹을 설명하는 데 사용된다. 다음은 그 예이다.

```
<rdf:Description
rdf:about="http://www.artificial-intelligence.big-data/book/Hit-Refresh">
  <book:author>Satya Nadella</book:author>
  <book:company>Microsoft</book:company>
  <book:year>2017</book:year>
  <book:chapters>
    <rdf:Bag>
         <rdf:li>1. From Hyderabad to Redmond</rdf:li>
         <rdf:li>2. Learning to Lead</rdf:li>
         <rdf:li>3. New Mission, New Momentum</rdf:li>
         ..
         ..
    </rdf:Bag>
  </book:chapters>
</rdf:Description>
```

<rdf : Bag> 요소는 특정 순서일 필요가 없는 값 목록을 설명하는 데 사용된다.

<rdf : Seq>는 <rdf : Bag>과 유사하다. 그러나 요소는 정렬된 목록을 나타낸다.

<rdf : Alt>는 요소의 대체 값 목록을 나타내는 데 사용된다.

RDF 클래스

RDF 클래스는 다음 이미지에 나열된다.

Element	Class of	Subclass of
rdfs:Class	All classes	
rdfs:Datatype	Data types	Class
rdfs:Resource	All resources	Class
rdfs:Container	Containers	Resource
rdfs:Literal	Literal values (text and numbers)	Resource
rdf:List	Lists	Resource
rdf:Property	Properties	Resource
rdf:Statement	Statements	Resource
rdf:Alt	Containers of alternatives	Container
rdf:Bag	Unordered containers	Container
rdf:Seq	Ordered containers	Container
rdfs:ContainerMembershipProperty	Container membership properties	Property
rdf:XMLLiteral	XML literal values	Literal

RDF 속성

다음과 같이 RDF 속성이 나열되어 있다.

Element	Domain	Range	Description
rdfs:domain	Property	Class	The domain of the resource
rdfs:range	Property	Class	The range of the resource
rdfs:subPropertyOf	Property	Property	The property is a sub property of a property
rdfs:subClassOf	Class	Class	The resource is a subclass of a class
rdfs:comment	Resource	Literal	The human readable description of the resource
rdfs:label	Resource	Literal	The human readable label (name) of the resource
rdfs:isDefinedBy	Resource	Resource	The definition of the resource
rdfs:seeAlso	Resource	Resource	The additional information about the resource
rdfs:member	Resource	Resource	The member of the resource
rdf:first	List	Resource	
rdf:rest	List	List	
rdf:subject	Statement	Resource	The subject of the resource in an RDF Statement
rdf:predicate	Statement	Resource	The predicate of the resource in an RDF Statement
rdf:object	Statement	Resource	The object of the resource in an RDF Statement
rdf:value	Resource	Resource	The property used for values
rdf:type	Resource	Class	The resource is an instance of a class

RDF 애트리뷰트

다음과 같이 다양한 RDF 애트리뷰트가 나열되어 있다.

Attribute	Description
rdf:about	Defines the resource being described
rdf:Description	Container for the description of a resource
rdf:resource	Defines a resource to identify a property
rdf:datatype	Defines the data type of an element
rdf:ID	Defines the ID of an element
rdf:li	Defines a list
rdf:_*n*	Defines a node
rdf:nodeID	Defines the ID of an element node
rdf:parseType	Defines how an element should be parsed
rdf:RDF	The root of an RDF document
xml:base	Defines the XML base
xml:lang	Defines the language of the element content

OWL을 사용하여 웹 온톨로지 언어

RDF와 **해당 스키마 정의**(RDFS)는 정보 자산의 의미론적 관점에 대한 구조를 제공하지만 RDFS에는 몇 가지 제한 사항이 있다. RDFS는 엔티티를 충분히 자세히 설명할 수 없다. 엔터티 특성에 대해 지역화된 범위를 정의할 수 있는 방법이 없으며 도메인 별 제약 조건을 명시 적으로 표현할 수 없다. 카디널리티 제약 조건(일 대 일, 일대 다 등)과 함께 관련 엔티티의 여부는 RDFS로 표현될 수 없다. 전이적, 역행렬 및 대칭 관계를 나타내는 것은 어렵다. 실세계 엔티티 관계의 중요한 측면 중 하나는 관계에 대한 명시적 언급없이 논리적 추론과 추론이다. RDFS는 관련 엔티티에 대한 추론 지원을 제공할 수 없다.

OWL(web ontology language)은 RDF / RDFS를 기반으로 확장 및 빌드된다. OWL은 온톨로지 저작을 위한 지식 표현 언어 모음이다.

> 사실 OWL은 진짜 약어가 아니고 WOL로 처음 시작되었다. 그러나 워킹 그룹은 WOL이라는 약어를 싫어했다. 워킹 그룹 내에서의 대화를 기반으로 OWL은 귀에 편한 명백한 발음 하나를 가지고 있었고 로고에 대한 좋은 기회를 열었다. OWL은 지혜(wisdom)와 관련되어 있다!

도메인을 통해 통신할 수 있는 지능형 시스템을 구축하려면 RDFS의 한계를 극복하고 자동화된 추론에 사용할 수 있는 구조화된 지식 자산 모음 및 추론 규칙 세트를 시스템에 제공해야 한다. OWL은 지식 표현에 대한 형식적 의미를 제공하고 개체의 의미와 관계 및 추론을 정확하게 기술하려고 시도한다.

OWL은 다음 그림과 같이 세 가지 종류가 있다.

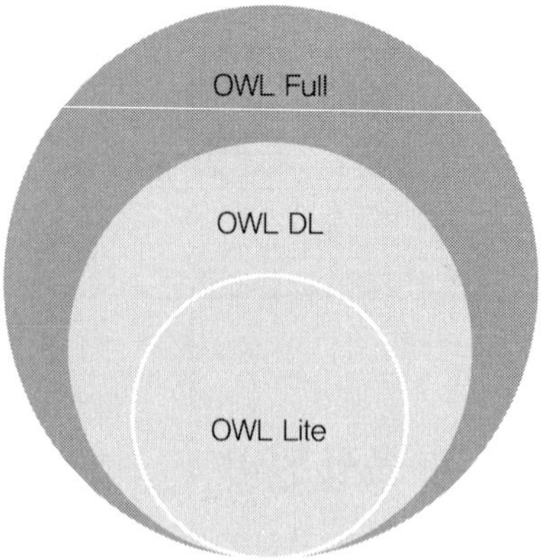

그림 2.8 OWL의 분류

- **OWL DL** : 설명 논리를 지원하는 데 사용된다. 이는 최대한의 표현력과 논리적 추론 기능을 지원한다. 이는 다음과 같은 특징이 있다.
  - 잘 정의된 의미
  - 엔티티에 대한 잘 알려진 형식적 속성
  - 알려진 추론 알고리즘을 쉽게 구현할 수 있다.
- **OWL Full** : 이는 RDFS 호환 의미론에 기반한다. 사전 정의된 RDF 및 OWL 어휘를 보완한다. 그러나 OWL Full에서는 소프트웨어가 완전히 추론할 수 없다.
- **OWL Lite** : 분류체계(taxonomy)와 0 대 1 카디널리티 같은 간단한 제약 조건을 표현하는 데 사용된다.

OWL은 엔터티를 클래스로 나타낸다. 예를 들어 OWL로 PlayGround의 엔티티를 정의해 보자.

```
<owl:Class rdf:ID="PlayGround">
```

이제 FootballGround를 정의하고 FootballGround가 PlayGround 유형이라고 명시한다.

```
<owl:Class rdf:ID="FootballGround">
```

```
    <rdf:subClassOf rdf:resource="#PlayGround"/>
</owl:Class>
```

OWL은 클래스 정의를 위한 몇 가지 다른 메커니즘을 제공한다.

> **equivalentClass**: 온톨로지와 도메인에 걸친 두 클래스가 동의어임을 나타낸다.
>
> **disjointWith**: 클래스의 인스턴스가 다른 클래스의 인스턴스가 될 수 없음을 나타낸다. 예를 들어, FootballGround 및 HockyGround는 연결이 끊어진 클래스로 표시된다.

- **부울 조합 :**
  - **unionOf** : 클래스가 둘 이상의 클래스에서 온 것들을 포함함을 나타낸다.
  - **intersectionOf** : 클래스가 둘 다 있는 것을 포함함을 나타낸다.
  - **complementOf** : 클래스가 다른 것이 아닌 것들을 포함함을 나타낸다.

SPARQL 쿼리 언어

온톨로지, RDF 및 OWL에 대한 일반적인 이해를 바탕으로 지능형 시스템이 어떻게 세계의 의미론적 관점에서 원활하게 통신할 수 있는지를 근본적으로 이해할 수 있다. 시맨틱한 세계관을 가지고, 데이터 자산을 정보 및 정보 자산으로 변환하여 지식으로 변환함으로써 실체가 실현된다. 이기종 시스템이 서로 통신할 수 있도록 의미론적 세계관을 활용하는 공통 언어가 있어야 한다.

SPARQL은 W3C 표준으로서 상호 운용성이라는 주요 목표를 가지고 글로벌 쿼리 언어로 사용하려고 시도하고 있다. SPARQL은 **SPARQL 프로토콜 및 RDF 쿼리 언어**(protocol and RDF query language)를 나타낸다. 이름에서 알 수 있듯이 RDF 형식으로 저장된 지식(트리플로)을 쿼리하기 위한 쿼리 언어이다. 전통적으로 관계형 데이터베이스에 정보를 표 형식으로 저장했다. 엔티티의 관계형 데이터베이스 뷰는 쉽게 트리플로 나타낼 수 있다. 예를 들어, BOOK 테이블을 다시 고려해 보자.

Book_ID	Title	Author	Company	Year
1	Hit Refresh	Satya Nadella	Microsoft	2017
2	Shoe Dog	Phil Knight	Nike	2016

여기서는 행 식별자 (Book_ID 및 Title)가 제목이고 열 이름이 술어이며 열 값이 개체이다. 예

를 들면,

A Triple:

1: Hit Refresh	Author	Satya Nadella
Subject (entity Name)	Predicate (attribute Name)	Object (attribute Value)

주제와 술어는 특정 주제와 술어를 자원으로 보편적으로 식별하는 URI를 사용하여 표현된다.

```
HTTP: //www.artificial-intelligence.big-data/book#
HTTP: //www.artificial-intelligence.big-data/book#author "Satya Nadella"
```

> 터틀 구문을 사용하면 RDF 그래프를 작고 자연스러운 텍스트 형식으로 완전히 작성할 수 있다. 일반적인 사용 패턴 및 데이터 유형에 대한 약어를 제공한다. 이 형식은 SPARQL의 트리플 패턴 구문과 호환된다.

거북이 구문을 사용하여 RDF 형식으로 Book 테이블을 나타내 보자.

```
@prefix book: <http://www.artificial-intelligence.big-data/book#>
book:1 book:Title "Hit Refresh"
book:1 book:Author "Satya Nadella"
book:1 book:Company "Microsoft"
book:1 book:Year "2017"
book:2 book:Title "Shoe Dog"
book:2 book:Author "Phil Knight"
book:2 book:Company "Nike"
book:2 book:Year "2016"
```

2017에 발표된 도서 목록을 얻기를 위해 간단한 SPARQL 쿼리를 사용해 보자.

```
PREFIX book: <http://www.artificial-intelligence.big-data/book#>
SELECT ?books
WHERE
{
    ?books book:year "2017" .
}
```

결과는 다음과 같다.

```
?books
book:1
```

다음은 데이터 셋에서 더 많은 데이터 요소를 가져 오는 또 다른 SELECT 쿼리이다.

```
PREFIX book: <http://www.artificial-intelligence.big-data/book#>
SELECT ?books ?bookName ?company
WHERE
    ?books book:year "2017" .
    ?books book:title ?bookName .
    ?books book:company ?company .
```

결과는 다음과 같다.

```
?books     ?bookName      ?company
book:1     Hit Refresh    Microsoft
```

OWL과 SPARQL에 대한 완전한 참고 자료는 빅 데이터 용 인공지능이라는 맥락에서 온톨로지의 역할에 대해 논의하고 있지만 이 책의 범위를 벗어난 것이다. 다음 절에서는 인공지능을 구축하기 위해 온톨로지를 활용하는 데 도움이 되는 일반적인 SPARQL 언어 참조를 소개 할 것이다.

SPARQL 쿼리의 일반 구조

SPARQL의 일반 구조는 다음과 같다.

- **PREFIX** : XML 컨텍스트의 네임 스페이스 선언, Java 또는 유사한 프로그래밍 언어와 관련된 패키지와 마찬가지로 PREFIX는 SPARQL과 동등한 기능으로 엔티티 표현 간의 고유성을 보장하고 긴 SPARQL 코드 내에서 URI 패턴을 SPARQL 코드로 타이핑할 필요가 없다.

- **SELECT / ASK / DESCRIBE / CONSTRUCT** :

- **SELECT** : 이는 SQL의 SELECT 절과 동일하다. 선택 기준을 충족시키는 RDF 트리플에서 가져와야 하는 속성을 정의한다.

- **ASK** : 이는 RDF 트리플의 가용성과 RDF 지식 기반 내의 선택 기준에 따라 부울 값 true 또는 false를 반환한다.

- **DESCRIBE** : 이 질의 구조는 선택 기준과 일치하는 RDF 지식베이스에서 사용 가능한 모든 트리플을 포함하는 그래프를 반환한다.

- **CONSTRUCT** : 이는 선택 기준과 필터 조건을 기반으로 기존의 RDF로부터 새로운 RDF 그래프를 생성할 때 매우 유용하다. 또한 XML의 맥락에서 XSLT와 동일하다. XSLT는 XML을 원하는 형식으로 변환한다.

- **FROM** : 쿼리가 실행될 RDF 엔드 포인트의 데이터 소스를 정의한다. 이것은 FROM 〈TABLE_NAME〉 절에 해당하는 SQL이다. 끝점은 인터넷의 리소스이거나 쿼리 엔진이 액세스할 수 있는 로컬 데이터 저장소일 것이다.

- **WHERE** : 관심있는 RDF 그래프의 부분을 정의한다. 이것은 전체 데이터 셋에서 특정 데이터를 가져 오는 필터 조건을 정의하는 WHERE SQL 절과 동일하다.

■ 추가 SPARQL 기능

추가 SPARQL의 기능은 다음과 같다.

선택적 매칭 : 큰 데이터 단어에서 구조화된 데이터 표현을 위해 데이터베이스 스키마와 제약 조건이 미리 정의된 전통적인 관계형 데이터 저장소와 달리 우리는 구조화되지 않은 데이터 집합을 처리한다. 동일한 유형의 두 자원의 속성이 다를 수 있다. 선택적인 일치는 엔티티의 이기종 표현을 처리할 때 편리하다. OPTIONAL 블록은 데이터 요소가 있는 경우 이를 선택하는 데 사용된다.

- **대체 매칭** : 지식 자산의 구조화되지 않은 성격을 고려할 때, 번갈래로 이루어지는 대체 매칭은 이용 가능한 속성을 반환하는 메커니즘을 제공한다.

- **UNION** : 이것은 OPTIONAL 패턴과는 대조적이다. UNION의 경우 적어도 하나의 데이터 집합이 쿼리 조건에 일치하는 것을 찾아야한다.

- **DISTINCT** : 이것은 결과 내에서 같은 트리플이 여러 번 나오는 것을 제외하는 DISTINCT SQL 절과 동일하다.

- **ORDER BY** : 결과를 특정 변수로 오름차순 또는 내림차순으로 정렬하도록 쿼리에 지

시한다. 이는 SQL의 ORDER BY 절과 동일하다.

- **FILTERS와 정규식** : SPARQL은 표현식을 사용하여 결과 셋 트립을 제한하는 기능을 제공한다. 수학적 논리적 표현과 함께 SPARQL은 정규 표현식을 사용하여 텍스트 패턴을 기반으로 데이터 셋에 필터를 적용할 수 있다.
- **GROUP BY** : 하나 이상의 변수를 기반으로 결과로 나타나는 RDF 트리플을 그룹화할 수 있다.
- **HAVING** : 그룹 수준에서 쿼리 결과를 쉽게 선택할 수 있다.
- **SUM, COUNT, AVG, MIN, MAX** 등은 그룹 수준에서 적용할 수 있는 기능이다.

온톨로지와 지능형 시스템을 구축

이 장에서는 지식 저장소로서의 빅 데이터 자산 관리의 온톨로지 역할에 대해 살펴보았으며, 계산 시스템이 문자열 대신 사물로서 데이터를 인식할 필요성을 이해했다. 큰 시스템과 웹 검색 엔진 중 일부는 의미론적 세계관을 사용하지만, 시스템의 토대로서 온톨로지를 채택하는 것은 느리다. 데이터 자산 관리인(정부 및 기타 모든 사람)은 현재의 계산 시스템을 지능형 시스템으로 발전시키기 위해 지식 자산을 일관되고 표준화된 방식으로 모델링해야 한다.

비행 탑승 프로세스를 단순화하기 위해 온톨로지 기반 지식 그래프를 활용하는 유스 케이스를 고려해 보자. 비행기에 탑승할 때 우리는 모두 엄청난 수작업과 시간 낭비의 과정을 경험했다. 공항에 입국할 때부터 비행기에 탑승할 때까지 여러 가지 보안 검사를 거쳐 문서 확인을 경험한다. 모든 지식 자산이 도메인 별 온톨로지로 표준화되고 정의된 연결된 세계에서 인텔리전트 에이전트를 개발하여 탑승 절차를 번거롭고 원활하게 수행할 수 있다.

지능형 에이전트의 일반적인 특성을 정의하면 다음과 같다.

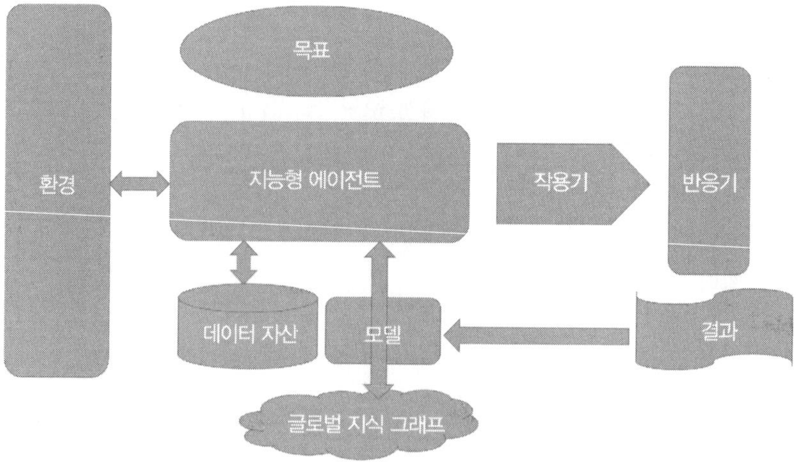

그림 2.9 지능형 에이전트의 특성

다음과 같이 특성을 약간 확장하여 정의하면 다음과 같다.

- **목표(Goals)** : 모든 지능형 시스템은 잘 정의된 목표를 가져야 한다. 이러한 목표는 지능형 시스템이 취하는 합리적인 결정을 좌우하고 행동을 유도하여 결과를 유도한다. 예를 들어 탑승 절차를 담당하는 지능형 에이전트의 경우 목표 중 하나는 유효한 보안 티켓을 소지하고 있어도 모든 보안 검사를 통과하지 못하는 사람에게만 액세스를 제한하는 것이다. 지능형 에이전트의 목표를 정의할 때, 우선 고려해야 할 사항 중 하나는 AI 에이전트가 인간 기능을 보완해야 한다는 것이다.

- **환경(Environments)** : 지능형 에이전트는 환경의 맥락 내에서 작동해야 한다. 그것의 결정과 행동은 문맥에 독립적일 수 없다. 예제 사용 사례에서 환경은 공항, 승객 게이트, 항공편 일정 등이다. 에이전트는 비디오 카메라와 같은 다양한 센서로 환경을 인식한다.

- **데이터 자산(Data Assets)** : 지능형 에이전트는 도메인 및 작동 환경에 따라 기록 데이터에 액세스해야 한다. 데이터 자산은 로컬 및 전 세계에서 사용할 수 있다(인터넷 엔드 포인트). 이러한 데이터 자산은 표준화된 표현 및 프로토콜을 사용하는 RDF 스키마 구조로 이상적으로 정의되어야 한다. 이러한 데이터 자산은 최대한 상호 운용성을 보장하기 위해 표준 언어 및 프로토콜 (SPARQL)로 쿼리할 수 있어야 한다.

- **모델(Model)** : 에이전트의 실제 정보가 알고리즘 및 학습 시스템으로 제공된다. 이러한 모델은 컨텍스트, 내역 결정, 작업 및 결과를 기반으로 지속적으로 발전한다. 일반적으로 유사한 문맥 입력에 대해 일정 기간 동안 모델이 더 잘(더 정확하게) 수행되어야 한다.

- **작용기(Effectors)** : 이것은 행동을 용이하게 하는 에이전트의 가시적인 측면이다. 항공 승객 탑승 요원의 예에서, 작용기는 모든 승객이 완전히 유효한 것으로 확인된(유효한 티켓, 신분증 및 보안 확인 실패가 없는) 게이트를 여는 자동 게이트 개방 시스템이 될 수 있다. 외부 세계는 작용기를 통해 지능형 에이전트를 인식한다.

- **행동 및 결과(Actions and Results)** : 환경적 맥락, 데이터 자산 및 훈련된 모델을 기반으로 지능형 에이전트는 효과기를 통해 행동을 유발하는 결정을 내린다. 이러한 조치는 훈련된 모델의 결정과 정확성 그리고 합리성을 기반으로 결과를 제공한다. 일정 기간 동안 정확도를 높이기 위해 결과가 다시 한 번 모델 학습에 반영된다.

높은 레벨에서, 탑승 프로세스를 용이하게 하는 지능형 에이전트의 방법은 다음과 같이 나타낼 수 있다.

1. 승객이 공항으로 걸어 들어오면 비디오 카메라가 이미지를 읽고 이를 상담원이 사용할 수 있는 데이터 자산과 비교한다. 이러한 데이터 자산은 느슨하게 결합되고 구조와 속성의 유연성을 가진 온톨로지 객체이다. 일부 추론은 공항에 들어온 사람을 정확하게 식별하기 위해 첫 번째 일치 수준에서 이루어진다.

2. 비디오 스트림으로 사람을 식별할 수 없는 경우 첫 번째 공항 게이트가 자동으로 열리지 않으므로 승객의 지문 스캔이 필요하다. 지문 스캔은 데이터 집합에 대해 유효성이 검사된다. 이 데이터 집합은 사람 개체의 온톨로지 개체 표현이다. 그 사람이 이 단계에서 확인되지 않으면 추가 수동 보안 절차를 위해 신고된다.

3. 사람이 올바르게 식별되면 에이전트는 합리적인 시간대에 공항에서 출발하는 항공편에 유효한 티켓을 가지고 있는지 확인하기 위해 글로벌 활성 티켓 디렉토리를 검색한다. 전역 티켓 디렉토리 및 비행 데이터베이스는 에이전트가 실시간으로 참조할 수 있도록 하는 온톨로지 객체로 사용할 수도 있다.

4. 티켓 유효 기간이 확보되면 탑승권이 생성되어 승객의 스마트 폰으로 전달되며, 온톨로지

사용자를 참조하여 안전한 방법으로 개인 정보를 제공한다. 게이트로 가는 길에 대한 실시간 지침도 스마트폰 등으로 전송된다.

에이전트는 승객을 적절한 탑승구로 안내할 수 있다. 이기종 데이터 소스가 모두 표준화되고 온톨로지 표현이 가능해지면 시스템을 쉽게 구축할 수 있으므로 최대한의 상호 운용성이 보장되고 다양한 지식 표현을 코딩할 필요가 없다. 이로 인해 에이전트 소프트웨어의 복잡성이 전반적으로 감소하고 효율성이 향상된다.

온톨로지 학습

이 장에서 다루는 온톨로지의 기본 개념과 지능형 시스템 구축의 중요성과 함께 원활하게 연결된 세계에서 지식 자산은 일관되게 도메인 온톨로지로 표현되어야 한다. 그러나 도메인 별 온톨로지를 수동으로 생성하는 과정에는 많은 수작업, 검증 및 승인이 필요하다. 온톨로지 학습은 인터넷 규모에서 사용 가능한 자연어 텍스트에 알고리즘 방식을 사용하여 온톨로지 생성 과정을 자동화하려는 시도이다. 온톨로지 학습에는 다음과 같이 다양한 접근법이 있다.

- **텍스트로부터 온톨로지 학습** : 이 접근법에서는 다양한 소스로부터 자동화된 방식으로 텍스트 데이터를 추출하고, 발생, 단어 순서 및 패턴에 따라 키워드를 추출하고 분류한다.
- **링크된 데이터 마이닝** : 이 프로세스에서 암시적 추론을 기반으로 온톨로지를 유도하기 위해 게시된 RDF 그래프에서 링크가 식별된다.
- **OWL로부터의 개념 학습** : 이 접근법에서, 기존 도메인 특정 온톨로지는 알고리즘 접근법을 사용하여 새로운 도메인을 확장하기 위해 활용된다.
- **크라우드 소싱** : 이 접근법은 새로운 온톨로지를 정의하기 위해 도메인 전문가와 텍스트 분석 및 협업을 기반으로 한 자동화된 온톨로지 추출 및 발견을 결합한다. 이 접근 방식은 컴퓨터의 처리 능력 및 알고리즘 방식과 사람의 도메인 전문성을 결합하므로 훌륭하게 작동한다. 이로 인해 속도와 정확도가 향상된다.

다음은 온톨로지 학습의 몇 가지 과제이다.

- **이기종 데이터 소스 처리** : 인터넷 및 응용 프로그램 저장소 내의 데이터 소스는 형식과 표현이 서로 다르다. 온톨로지 학습은 데이터 소스의 이기종 특성으로 인해 지식 추출과 일관된 의미 추출의 어려움에 직면해 있다.

- **불확실성과 정확성 부족** : 일관성 없는 데이터 소스로 인해, 온톨로지 학습이 온톨로지 구조를 정의하려고 시도할 때, 엔티티와 속성의 의도와 표현의 측면에서 불확실성이 있다. 결과적으로 정확성이 낮아지고 재배치를 위해 도메인 전문가의 개입이 필요하다.

- **확장성** : 온톨로지 학습의 주된 소스 중 하나는 끊임없이 증가하는 지식 저장소 인 인터넷이다. 인터넷은 또한 대부분 구조화되지 않은 데이터 소스이기 때문에 대형 텍스트 추출에서 도메인의 너비를 포괄하는 온톨로지 학습 프로세스를 확장하는 것을 어렵게 만든다. 확장성을 해결하는 방법 중 하나는 새로운 오픈 소스 분산 컴퓨팅 프레임 워크(예 : Hadoop)를 활용하는 것이다.

- **사후 처리의 필요성** : 온톨로지 학습은 자동화된 프로세스를 지향하지만, 품질 문제를 극복하기 위해서는 일정 수준의 사후 처리가 필요하다. 이 프로세스는 새로운 온톨로지 정의의 속도와 정확성을 최적화하기 위해 세부적으로 계획되고 관리되어야 한다.

온톨로지 학습 과정

온톨로지 학습 프로세스는 여섯 개의 R로 이루어져 있다.

이들은 다음과 같이 설명된다 :

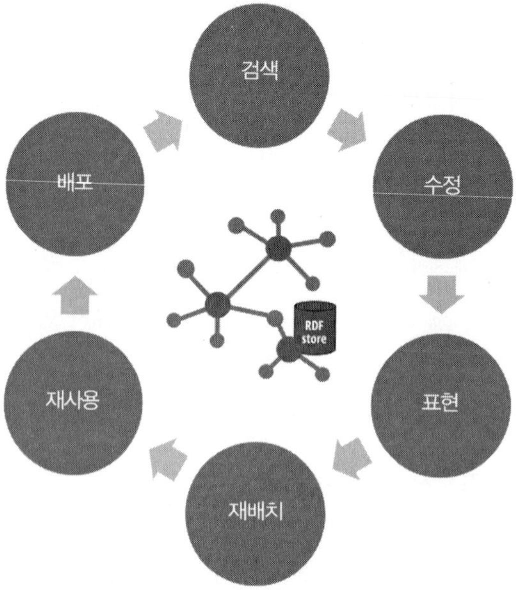

그림 2.10 온톨로지 학습 프로세스 6R

- **검색(Retreive)** : 웹 크롤 및 프로토콜 기반 응용 프로그램 액세스를 사용하여 도메인 별 상점에서 웹 및 응용 프로그램 원본에서 지식 자산을 검색한다. 도메인 별 용어와 공리는 TF / IDF 값 계산과 C-Value / NC 값 방법의 적용으로 추출된다. 일반적으로 사용되는 클러스터링 기술이 활용되고 지식 자산의 추출된 텍스트 표현에 통계적 유사성 측정이 적용된다.
- **수정(Refine)** : 자산을 정리하고 신호 대 잡음비를 개선하기 위해 정리한다. 여기서 정제를 위해 알고리즘 접근법이 취해진다. 정제 단계에서 용어는 지식 자산 내의 개념에 따라 그룹화된다.
- **표현(Represent)** : 이 단계에서 온톨로지 학습 시스템은 관리되지 않는 클러스터링 방법을 사용하여 계층적 구조로 개념을 배열한다(이 시점에서 이를 데이터의 세분화를 위한 머신러닝 접근법으로 이해하고, 다음 장에서 비지도 학습 알고리즘의 세부 사항을 다룰 것이다.).
- **재배치(Re-align)** : 이것은 도메인 전문가와의 협력을 포함하는 후 처리 단계의 한 유형이다. 이 시점에서 계층 구조는 정확성을 위해 재정렬된다. 온톨로지는 카디널리티 제약 조건(일대일, 일대 다 등)과 함께 개념 및 해당 속성의 인스턴스와 정렬된다. 구

문 구조를 정의하는 규칙은 이 단계에서 정의된다.

- **재사용(Reuse)** : 이 단계에서는 연결 종단점이 있는 유사한 도메인 별 온톨로지가 재사용되고 다른 온톨로지 정의에서 정의된 동일한 개념의 병렬 표현을 피하기 위해 동의어가 정의된다.
- **배포(Release)** : 이 단계에서 온톨로지는 일반적인 사용과 추가 진화과정을 위해 출시된다.

자주 묻는 질문

이 장을 간략하게 요약해 보자.

Q: 온톨로지란 무엇이며, 지능형 시스템에서 그 중요성은 무엇인가?

A: 온톨로지란 일반적인 용어로서 이 우주에 존재하는 모든 것에 대한 지식을 의미한다. 정보 시스템에 적용할 수 있는 것처럼, 온톨로지는 세계 지식 자산의 의미론적이며 표준화된 관점을 나타낸다. 그것들은 실세계 엔티티 표현과 관련된 지식 및 모델의 영역 별 표현이다. 이기종 지식 영역을 연결하는 지능형 시스템은 인간의 능력을 보완하기 위해 행동과 결과를 유발하는 추론과 결정을 내리기 위해 상황 별 사건을 상호 운용하고 이해하기 위해 일관된 지식 표현에 접근할 수 있어야 한다.

Q: 온톨로지의 일반적인 속성은 무엇인가?

A: 온톨로지는 완전하고, 모호하지 않으며, 도메인 특정적이고, 포괄적이며, 확장 가능해야 한다.

Q: 온톨로지의 다양한 구성 요소는 무엇인가?

A: 다양한 온톨로지 구성 요소는 개념, 슬롯, 관계, 공리, 인스턴스 및 연산자들이다.

Q: 지식 관리 시스템에서 보편적인 데이터 형식의 중요성은 무엇인가?

A: RDF(resource description format)는 지식 표현의 보편적인 형식이 되어 이기종 시스템이 일관되고 신뢰할 수 있는 방식으로 상호 작용하고 통합할 수 있도록 한다. 이것은 세계의 의미론적 관점의 기초를 형성한다.

Q: 온톨로지로 세계관을 어떻게 모델링할 수 있을까? 광대하고 지속적으로 증가하는 지식 저장소를 고려하여 온톨로지 정의 프로세스를 자동화할 수 있을까?

A: 지식 자산은 시간이 지남에 따라 기하급수적으로 커지고 있다. 이러한 자산의 존재론적 표현을 만들기 위해서는 자동화된 접근 방식이 필요하며, 이 경우 자산의 크기를 따라잡기가 어렵다. 온톨로지 학습은 분산 컴퓨팅 프레임 워크를 활용하여 세계관의 기본 모델을 만드는 알고리즘 방식을 취한다. 온톨로지 학습 프로세스는 이기종 소스에서 텍스트, 비정형 데이터를 검색하고, 이를 정제하고, 계층적 방식으로 표현한다. 이는 기존의 도메인 별 지식 자산을 재사용하여 사후 처리를 통해 재조정되며 지능형 에이전트가 일반 소비를 위해 최종 출시된다.

요약

이 장에서 지능형 시스템의 진화에 대한 세계 지식에 대한 표준화되고 일관된 표현의 필요성과 이러한 시스템이 인간의 뇌에 대해 어떻게 모델링되는지를 탐구해 왔다. 정보 시스템에 적용되는 온톨로지는 지식 표현을 위한 일반적인 규칙을 정의하는 W3C 표준이다.

이 장에서는 SPARQL을 통해 Ontology 인스턴스 내의 지식 표현을 추출하기 위한 RDF, OWL 및 쿼리 언어의 기본 개념을 소개하였다.

이 장에서는 지능형 에이전트의 일반적인 특성을 검토하여 지능형 에이전트를 구축하는 방법을 알아보았다.

요약하면, 온톨로지 학습이 일관된 지식 자산과 표현으로 세계관에 대한 온톨로지의 신속한 채택을 어떻게 촉진하는지를 배웠다.

다음 장에서는 머신 러닝의 기본 개념과 빅 데이터가 학습 과정을 어떻게 용이하게 하는지에 대해 소개할 것이다.

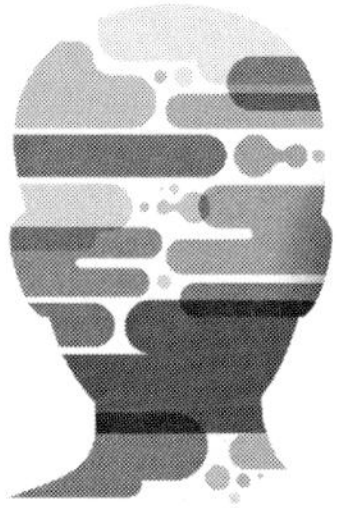

제 3 장

빅 데이터로부터 학습

Learning from Big Data

Artificial Intelligence for Big Data

Complete guide to automating Big Data solutions using Artificial Intelligence techniques

제1장과 제2장에서 빅 데이터 혁명과 인공지능의 급속한 발전을 가져오는 큰 데이터가 있는 지능형 기계의 배경을 설명하였다. 우리는 보편적 지식 표현을 위한 글로벌 어휘의 필요성을 강조하였다. 또한 온톨로지의 사용과 온톨로지가 세계의 의미론적 관점을 구성하는 데 어떻게 도움이 필요한지도 살펴보았다.

탐구는 우리가 생성하는 방대한 양의 데이터에서 파생된 정보에서 파생된 지식에 대한 것이다. 지식은 인간의 능력을 보완하고 증대시키는 기계에 대한 합리적인 의사 결정 프로세스를 용이하게 한다. **RDF**(resource description framework)가 **OWL**(web ontology language) 기본 및 RDFs(SPARQL)에 대한 쿼리 언어와 함께 지식 자산에 대한 설계도 백본을 제공하는 방법을 살펴보았다.

이 장에서는 머신 러닝의 기본 개념을 살펴보고 알고리즘 중 일부에 대해 자세히 살펴볼 것이다. 여기서는 Spark의 머신 러닝 라이브러리를 사용할 것이다. 스파크(spark)는 알고리즘을 구현하고 큰 데이터를 처리하는 일반 연산 엔진으로 가장 널리 사용되는 컴퓨터 프레임워크 중 하나이다. 스파크는 간단한 프로그래밍 인터페이스로 큰 데이터 생태계에 잘 맞으며 분산 및 탄력적인 컴퓨팅 프레임워크의 힘을 매우 효과적으로 활용한다. 이 장에서는 통계 및 수학에 대한 배경 지식은 없지만 코드들을 이해하고 예제를 시도하고 실험하기 위해 독자가 프로그래밍 배경 지식을 가지고 있다면 크게 도움이 될 것이다.

이 장에서는 다음과 같은 예제를 통해 심층적인 공부를 시작하기 전에 지도 학습과 비지도 학습에서 머신 러닝의 광범위한 범주를 살펴볼 것이다.

마지막으로 Spark 프로그래밍 모델과 **Spark's Machine Learning 라이브러리**(spark mLlib)에

이번 장에서 다룰 주제

- 회귀 분석
- 데이터 클러스터링
- K-means
- 데이터 차원 감소
- 단일 값 분해
- 주성분 분석 (PCA)

대해 개괄적으로 살펴보도록 하겠다. 우리가 갖고 있는 이 모든 배경 지식을 바탕으로 이 장을 마무리하기 위한 추천 시스템을 구현할 것이다.

지도 및 비지도 머신 러닝

광범위한 수준의 머신 러닝은 지도 및 비지도 학습의 두 가지 유형으로 분류된다. 이름에서 알 수 있듯이 이 카테고리화는 기록 데이터의 가용성 또는 부족 여부를 기반으로 한다. 간단히 말해서, 이 지도 기반 머신 러닝 알고리즘은 그간 히스토릭한 데이터 능력에 달려 있다. 이 버전의 진리는 모델을 일반화하여 새 데이터 요소에 대한 예측을 수행하는 데 사용된다. 이 개념을 다음 예와 함께 이해해 보자.

y 변수의 값이 x 값에 의존한다고 생각해 보자. x 값의 변화에 따라 y 값에 비례적인 변화가 있다(한 요소 값의 증가 또는 감소가 다른 요소를 비례 적으로 변경하는 모든 예를 생각하라). 앞의 표에 제시된 데이터에 따르면 y 값은 x 값이 증가함에 따라 증가한다.

그것은 x와 y 사이에 직접적인 관계가 있음을 의미한다.

이 경우 x는 독립 변수 또는 입력 변수이며, y는 종속 변수 또는 목표 변수라고 한다. 이 예제에서 x가 220일 때 y 값은 어떻게 되는가? 이 시점에서 x = 220의 특정 값에 대한 y 변수의 값을 예측할 때 전통적인 컴퓨터 프로그래밍과 머신 러닝의 근본적인 차이점을 이해해 보자.

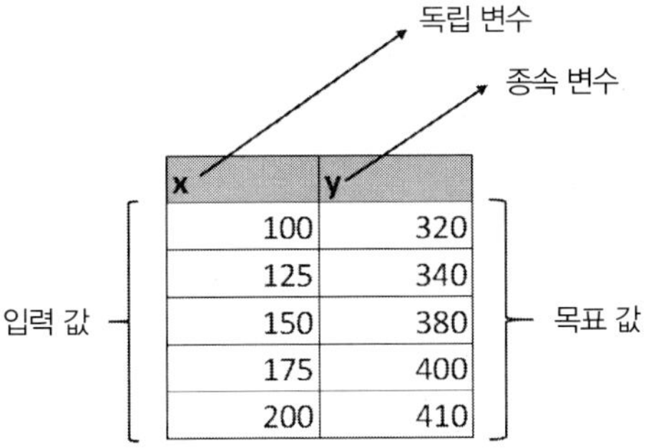

그림 3.1 간단한 훈련 데이터: 입력(독립 변수)과 목표(종속) 변수

다음 다이어그램은 전통적인 프로그래밍 과정을 보여준 것이다.

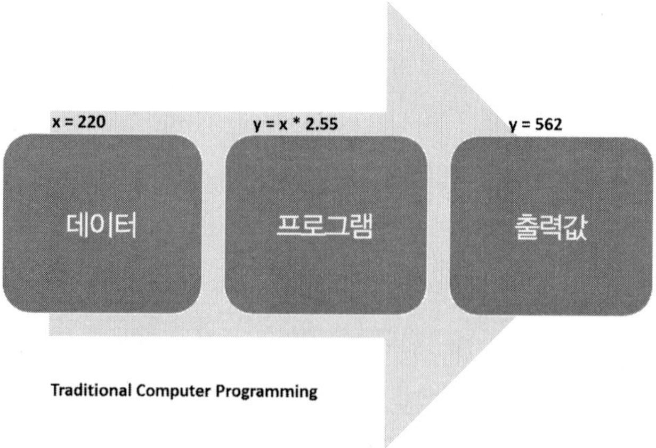

그림 3.2 전통적인 컴퓨터 프로그래밍 과정

전통적인 컴퓨터 프로그램은 출력을 생성하기 위해 입력 데이터에 적용되는 미리 정의된 기능을 가지고 있다. 이 예에서, 전통적인 컴퓨터 프로그램은 (y) 출력 변수의 값을 562로 계산한다.

다음 다이어그램을 살펴보자.

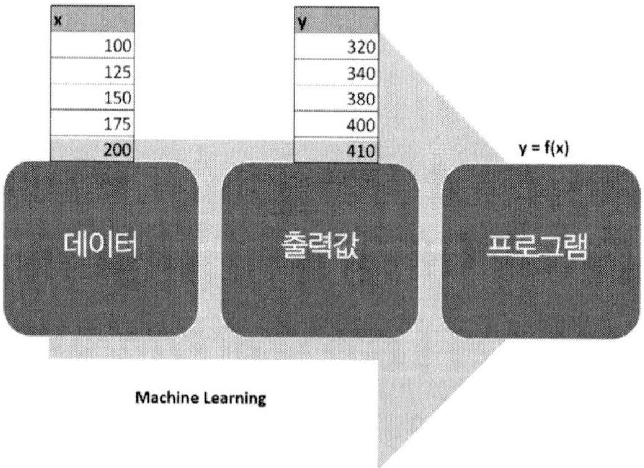

그림 3.3 머신 러닝 과정

지도 학습의 경우 입력 및 출력 데이터 (훈련 데이터)를 사용하여 프로그램 또는 기능을 생성한다. 이를 **예측 함수**라고도 한다. 예측 변수 함수는 종속 변수의 결과를 예측하는 데 사용된다. 가장 간단한 형태로, 예측 함수를 정의하는 프로세스를 **모델 트레이닝**(model training)이라고 한다. 일단 일반화된 예측 자 함수가 정의되면 입력 값 (x)에 해당하는 대상 변수 (y)의 값을 예측할 수 있다. 지도 학습의 목표는 **가설**이라고 하는 미세하게 조정된 예측 함수 h(x)를 개발하는 것이다. 가설은 우리가 믿고 있는 (또는 희망하는) 특정 기능은 진정한 기능, 즉 우리가 모델화하고자 하는 목표 기능과 유사하다. 다음 다이어그램과 같이 몇 가지 데이터 요소를 추가하고 이를 2차원 차트에 그려 보자.

입력 변수를 x 축에 그리고 대상 변수를 y 축에 나타내보았다. 이것은 일반적으로 사용되는 규칙이므로 입력 변수를 x, 출력 변수를 y라고 한다. 교육 데이터에서 데이터 포인트를 플롯하면 데이터 포인트 간의 상관관계를 시각화할 수 있다. 이 경우 x와 y 사이에 직접적인 비율이 있는 것으로 보인다. x = 220 일 때, y의 값을 예측하기 위해 진리 (훈련 데이터)를 특성화하거나 모델링하려고 하는 직선을 그릴 수 있다. 직선은 예측 함수를 나타내며, 이는 가설이라고도 한다.

가설을 바탕으로, 이 모델은 y = x = 220일 때의 값이 ~ 430일 것으로 예측한다. 이 가설은 x의 특정 값에 대한 y의 값을 예측하지만 예측 변수를 정의하는 선은 입력 변수의 모든 값을 포함하지는 않는다. 예를 들어 훈련 데이터를 기반으로 x = 150에서 y = 380의 값을 얻을 수 있다. 그러

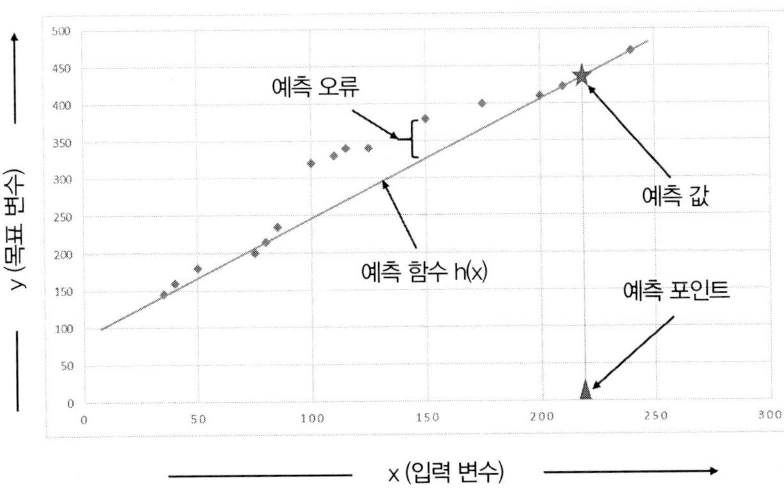

훈련 데이터

x	y
50	180
75	200
100	320
125	340
150	380
175	400
200	410
210	423
240	470
110	330
115	340
40	160
35	145
80	215
85	235

그림 3.4 지도 학습 (선형 회귀)

나 가설에 따르면 값은 ~ 325가 된다. 이 차이를 예측 오차 (이 경우 ~ 55 단위)라고 한다. predictor 함수에 속하지 않는 입력 변수 (x) 값은 파생된 가설에 기반한 예측 오류가 있다. 모든 교육 데이터에 대한 오류의 합은 모델의 정확성을 나타내는 좋은 척도이다. 지도 학습 알고리즘의 기본 목표는 학습 데이터를 기반으로 가설을 정의하면서 오류를 최소화하는 것이다.

직선 가설 함수는 일러스트레이션만큼 좋다. 그러나 실제로는 항상 출력 변수를 제어하는 여러 입력 변수가 있으며 오류가 적은 올바른 예측 함수는 결코 직선이 되지 않는다. 입력 변수의 특정 값에서 출력 변수의 값을 예측할 때 이를 회귀라고 한다. 어떤 경우에는 과거 데이터 또는 진리 버전이 데이터 포인트를 개별 셋(클래스, 유형, 카테고리)으로 분리하는 데 사용된다. 이를 분류라고 한다. 예를 들어, 이메일에 교육 데이터를 기반으로 스팸으로 신고할 수 있다. 분류의 경우, 클래스는 알려져 있고 미리 정의되어 있다. 다음 이미지는 의사 결정의 분류를 보여준다.

다음은 출력 변수가 의사 결정 경계로 구분된 2차원 트레이닝 데이터 집합이다. **분류**(classification)는 **의사 결정 경계**(decision boundary)를 정의하여 출력 변수가 명확하게 분리되도록 하는 학습 기법이다. 이 섹션에서 논의된 바와 같이 회귀 분석 및 분류는 과거 데이터가 새로운 데이터 포인트에 대한 예측을 내릴 것을 요구한다. 이들은 지도 학습 기술을 대표한다. 지도 학습의 일반적인 프로세스는 다음과 같이 나타낼 수 있다.

분류된 데이터 또는 진실의 버전은 무작위 표본 추출과 함께 훈련 및 유효성 확인 셋으로 분리

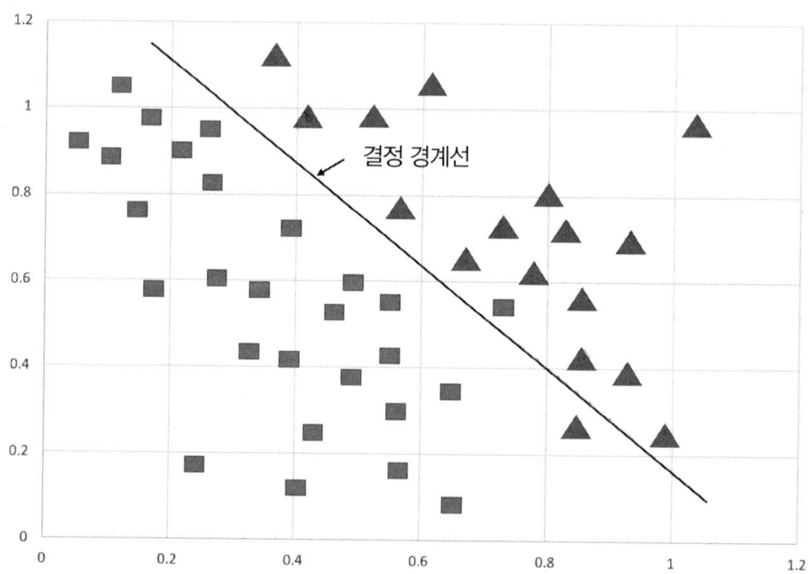

그림 3.5 결정 경계선을 가진 분류

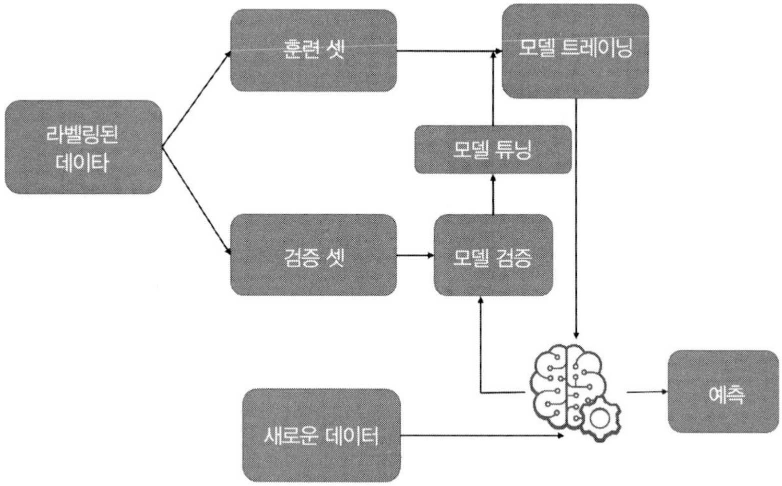

그림 3.6 일반적인 지도 학습 프로세스

된다. 일반적으로 80-20 규칙 뒤에는 훈련 및 유효성 검사 집합의 분할 비율이 나온다. 훈련 셋은 모델을 학습 (곡선 맞춤)하여 예측의 전반적인 오류를 줄이는 데 사용된다. 유효성 검증 셋을 사용하여 모델의 정확성을 검증한다. 모델은 정확도 임계값에 대해 추가로 조정된 다음 새 데이터에 대한 종속 변수 예측에 사용된다.

이러한 머신 러닝의 배경 지식을 바탕으로 지도 및 비지도 학습의 다양한 기술에 대해 자세히 살펴보겠다.

스파크 프로그래밍 모델

Spark 프로그래밍 모델에 대해 본격적으로 학습하기 전에 먼저 Spark가 무엇인지에 대한 정의가 필요하다. 먼저 Spark가 무엇인지를 이해하는 것이 중요하며, 명확한 정의가 있으면 Spark가 기술적인 선택으로 유용할 적절한 사용 사례를 선택하는 데 도움이 될 것이다.

여기서 우리는 선택의 여지가 많은 옵션에서 적절한 기술을 선택해야 한다. 이를 통해 Spark는 다음과 같이 정의될 수 있다.

Spark는 분산형 메모리 내 처리 엔진이며 프레임워크는 추상 API를 제공하여 복원 가능한 분산 데이터 셋라는 불변 분산 객체 컬렉션을 사용하여 대용량 데이터를 처리한다. 여기에는 효율적이고 내결함성이 있는 방식으로 메모리 처리 분산 코드를 쓸 수 있는 풍부한 라이브러리, 구성 요소 및 도구 세트가 함께 제공된다.

Spark가 무엇인지 명확히 했으므로 다음으로 Spark 프로그래밍 모델이 어떻게 작동하는지 이해해보자. 다음 다이어그램은 Spark 프로그래밍 모델의 상위 레벨 구성 요소를 나타낸다.

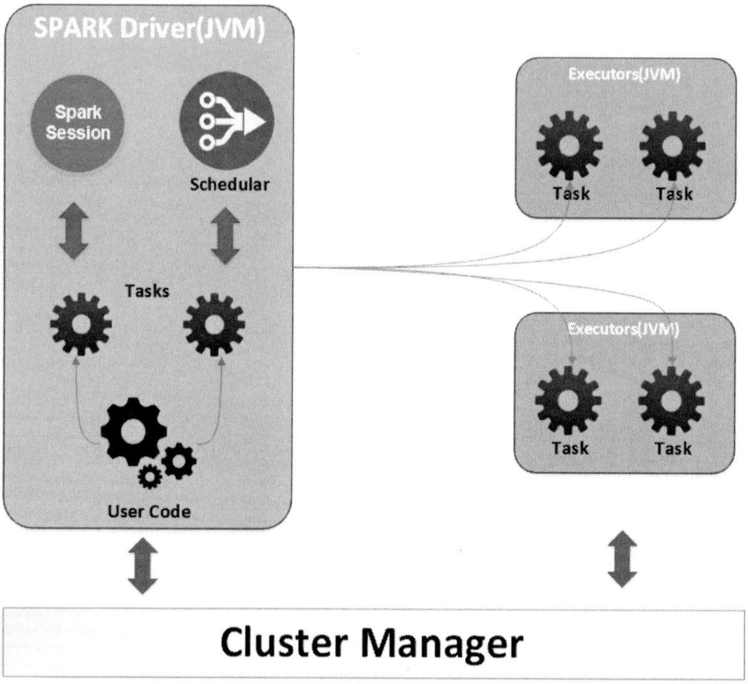

그림 3.7 스파크 프로그래밍 모델

그림에서 알 수 있듯이 모든 Spark 응용 프로그램은 드라이버, 실행 프로그램 및 클러스터 관리자의 세 가지 프로세스로 구성된 Java Virtual Machine(JVM) 기반 구성 요소이다. 드라이버 프로그램은 논리적 또는 물리적으로 분리된 노드에서 별도의 프로세스로 실행되며, Spark 응용 프로그램을 시작하고 실행된 Spark 응용 프로그램에 대한 모든 관련 정보 및 구성을 유지 관리하며, 사용자 코드 및 일정에 따라 응용 프로그램 DAG를 실행하고 작업을 배포한다. 다른 실행자들(executors) 간에 프로그래밍 방식으로 Spark 코드의 main () 메소드는 드라이버로 실행된다. 드라이버 프로그램은 사용자 코드로 작성된 SparkContext 또는 SparkSession 객체를 사용하여 모든 Spark 클러스터 작업을 조정한다. SparkContext 또는 SparkSession은 Spark-distributed 엔진을 사용하여 코드를 실행하기 위한 진입점이다. 모든 작업을 예약하기 위해 드라이버 프로그램은 논리 DAG를 실제 계획으로 변환하고 사용자 코드를 작업 집합으로 나눈다. 그런 다음 각 작업은 실행 프로그램에서 실행되도록 Spark 드라이버 코드로 실행되는 스케줄러에 의해 예약된다. 이 드라이버는 Spark 애플리케이션의 핵심 요소이며 Spark 애플리케이션의 수명 기간 동안 실행된다. 드라이버가 실패하면 전체 응용 프로그램이 실패한다. 그런 식으로 드라이버는 Spark 어플리케이션의 단일 실패 지점이 된다. Spark Executor 프로세스는 드라이버 프로세스가 할당한 작업을 실행하고, RDD라는 메모리 내 데이터 구조에 데이터를 저장하며, 코드 실행 상태를 드라이버 프로세스에 보고한다. 여기에서 기억해야 할 핵심 사항은 기본적으로 실행자 프로세스가 사용 중이지 않거나 작업을 실행하지 않아도 드라이버가 종료하지 않는다는 것이다. 이 동작은 RDD가 지연 평가 패턴을 따르는 것으로 설명할 수 있다. 그러나 실행자가 실수로 소멸되더라도 Spark 응용 프로그램이 중지되지 않고 해당 실행자는 드라이버 프로세스에 의해 다시 시작할 수 있다. 클러스터 관리자는 실제 머신과 Spark 어플리케이션에 대한 리소스 할당을 담당하는 프로세스이다. 드라이버 코드는 클러스터 관리자 프로세스에 의해 시작된다. 클러스터 관리자는 Pluggable한 구성요소이다. Spark 처리 엔진에서 지원하는 클러스터 관리자에는 독립형이며, YARN 및 Mesos의 세 가지 유형이 있다.

> 스파크 RDDs 및 클러스터 관리자의 참조는 다음 링크에서 찾을 수 있다.
>
> - https:// spark.apache.org/docs/latest/cluster-overview. html
> - https:// spark.apache.org/docs/2.2.0 /rdd-programming-guide.html#resilient-distributed-datasets-rdds

스파크 MLlib 라이브러리

Spark MLlib는 머신 러닝을 쉽게하고 병렬로 실행하도록 설계된 머신 러닝 알고리즘 및 유틸리티 라이브러리이다. 여기에는 회귀 분석, 협업 필터링, 분류 및 클러스터링이 포함된다. Spark MLlib는 패키지에 포함된 두 가지 유형의 API, 즉 spark.mllib 및 spark.ml을 제공한다. spark.mllib는 RDD 위에 구축되고 spark.ml은 DataFrame 위에 구축된다. Spark는 spark.ml

패키지의 DataFrame 기반 API이다. spark.ml과 함께 DataFrame API는 보다 융통성 있고 유연하며, 촉매 최적화 도구 및 향후 제거될 예정인 RDD 기반 API인 spark.mllib와 같은 DataFrame이 제공하는 이점을 누릴 수 있다.

머신 러닝은 텍스트, 이미지, 구조화된 데이터 및 벡터를 비롯한 다양한 데이터 유형에 적용할 수 있다. 이러한 데이터 유형을 통일된 데이터 집합 개념으로 지원하기 위해 Spark ML에는 Spark SQL DataFrame이 포함된다. 단일 워크플로우 또는 파이프라인에서 다양한 알고리즘을 결합하는 것은 쉽다.

다음에서는 Spark ML API의 몇 가지 주요 개념에 대해 자세히 설명하겠다.

변환기 함수

변환기 함수(transformer function)는 하나의 DataFrame을 다른 DataFrame으로 변환할 수 있는 함수이다. 예를 들어, ML 모델은 기능이 있는 DataFrame을 예측 기능이 있는 DataFrame으로 변환할 수 있다. 변압기는 특성 변압기와 학습된 모델을 포함한다. 이 메소드는 transform () 메소드를 사용하여 DataFrame을 다른 DataFrame으로 변환한다. 이것에 대한 코드는 다음과 같다.

```
import org.apache.spark.ml.feature.Tokenizer
val df = spark.createDataFrame(Seq(  ("This is the Transformer", 1.0),
("Transformer is pipeline component", 0.0))).toDF( "text", "label") val to-
kenizer = new Tokenizer().setInputCol("text").setOutputCol("words") val
tokenizedDF = tokenizer.transform(df)
```

예측기 알고리즘

예측기 알고리즘(estimator algorithm)은 DataFrame 상에 맞게 변환을 할 수 있는 또 다른 알고리즘을 말한다. 예를 들어, 학습 알고리즘은 데이터 셋을 학습하고 모델을 생성할 수 있다. 이것은 알고리즘을 학습하여 변환기를 생산한다. fit () 메소드를 사용하여 변환기를 생성한다. 예를 들어 **Naive Bayes** 학습 알고리즘은 fit () 메소드를 호출하고 Naïve Bayes 모델을 학습시키는 하나의 예측기이며, 이 모델은 하나이 변환기가 된다. 다음 코드를 사용하여 모델을 학습시킨다.

```
import org.apache.spark.ml.classification.NaiveBayes
val nb = new NaiveBayes().setModelType("multinomial")
val model = nb.fit(Training_DataDF)
```

파이프라인

파이프라인(pipeline)은 모든 단계가 변환기 또는 예측기인 일련의 단계를 나타낸다. 이 모든 단계는 순서대로 실행되며 입력되는 데이터 집합은 모든 단계를 통과하면서 변경된다. 변환기의 단계에서는 transform () 메소드가 사용되고 예측기 단계에서는 fit () 메소드가 변환기를 만드는 데 사용된다. 한 스테이지에서 출력되는 모든 DataFrame은 다음 스테이지에서 입력된다. 파이프라인 또한 하나의 예측기이다. 따라서 일단 fit () 메소드가 실행되면 PipelineModel을 생성한다. PipelineModel은 변환기이다. PipelineModel은 원래 파이프라인과 동일한 수의 스테이지를 포함한다. PipelineModel 및 파이프라인은 테스트 및 교육 데이터가 유사한 피처 처리 단계를 통과하는지 확인한다. 예를 들어, 3단계의 파이프라인을 고려해 보자. Tokenizer는 Tokenizer.transform ()을 사용하여 문장을 토큰화하고 단어로 변환한다. HashingTF는 모든 ML 알고리즘이 벡터가 아닌 문자열만 인식하고 HashingTF.transform () 메소드를 사용하므로 벡터 형식의 문자열을 나타내는 데 사용된다. 예측에 사용되는 견적 도구인 NaiveBayes가 있다. save () 메소드를 사용하여 HDFSlocation에서 모델을 저장할 수 있으므로 나중에 로드 메소드를 사용하여 로드하고 새 데이터 셋의 예측에 사용할 수 있다. 이 로드된 모델은 newDataset의 기능 컬럼에서 작동하고, 이 newDataset으로 예측된 컬럼을 반환하면 파이프라인의 모든 단계를 통과한 것이다.

```
import org.apache.spark.ml.Pipeline, PipelineModel import org.apache.spark.
ml.feature.HashingTF, Tokenizer import org.apache.spark.ml.classification.Na-
iveBayes

val df = spark.createDataFrame(Seq(

    ("This is the Transformer", 1.0),

    ("Transformer is pipeline component", 0.0)

)).toDF( "text", "label") val tokenizer = new Tokenizer().setInputCol("text").
setOutputCol("words")

val

HashingTF=newHashingTF().setNumFeatures(1000).setInputCol(tokenizer.getOutp
utCol).setOutputCol(“features”) val nb = new NaiveBayes().setModelType("multi-
nomial")

val pipeline = new Pipeline().setStages(Array(tokenizer, hashingTF, nb))

val model = pipeline.fit(df) model.save("/HDFSlocation/Path/")

val loadModel = PipelineModel.load(("/HDFSlocation/Path/") val PredictedData =
loadModel.transform(newDataset)
```

회귀 분석

회귀 분석(regression analysis)은 하나 또는 여러 독립 변수의 값을 기반으로 이벤트 또는 연속 변수(종속 변수)의 값을 예측하거나 예측하는 데 사용되는 통계 모델링 기법이다. 예를 들어, 한 곳에서 다른 곳으로 운전하고 싶을 때 목적지에 도달하는 데 걸리는 시간에 영향을 미치는 수많은 요소가 있을 것이다(예 : 출발 시간, 거리, 실시간 교통 상황, 도로 및 기상 조건). 이러한 모든 요소는 목적지에 도달하는 데 실제 시간에 영향을 미치게 된다. 상상할 수 있듯이 일부 요인은 다른 변수보다 종속 변수의 가치에 더 많은 영향을 미친다. 회귀 분석에서 어떤 변수가 결과에 영향을 주는지 수학적으로 분류하여 어떤 요인이 가장 중요한지, 어떤 요인이 결과에 의미 있는 방식으로 영향을 미치지 않는지, 이러한 요소가 서로 어떻게 관련되는지, 수학적으로 결과에 대한 변수 요인 등이 있다.

사용되는 다양한 회귀 기술은 독립 변수 값의 수와 분포에 따라 달라진다. 이 변수는 또한 예측 함수를 나타내는 곡선의 모양을 도출한다. 다양한 회귀 기술이 있으며, 다음에서 자세히 설명할 것이다.

선형 회귀

선형 회귀(linear regression) 분석을 통해 종속 변수 y와 설명 변수 x 또는 독립 변수 x 간의 관계를 모델화한다. 하나의 독립 변수가 있을 때 이를 단순 선형 회귀(simple linear regression)라고 부르며, 여러 독립 변수의 경우 회귀를 다중 선형 회귀(multiple linear regression)라고 한다. 선형 회귀의 경우 예측 함수는 직선이다. 회귀 직선은 x와 y 사이의 관계를 정의한다. x가 증가할 때 y의 값이 증가하면, x와 y 사이에 양의 관계가 있다. 마찬가지로 x와 y가 반비례 일 때, x와 y 사이에 음의 관계가 있다. 선은 예측 오차와 실제 값의 차이를 최소화하기 위해 x 및 y 차원에 플롯되어야 한다. 가장 단순한 형태에서 선형 회귀 방정식은 다음과 같다.

$$y = a + bx$$

이것은 직선의 방정식이다. 여기서 y는 종속 변수의 값이고, a는 y 절편(회귀 직선이 y 축과 만나는 y 값)이고, b는 선의 기울기이다. 최소 예측 오차로 회귀선을 도출할 수 있는 최소 자승법을 생각해 보자.

■ 최소 자승법

x	y	x - $\bar{x}$	y - $\bar{y}$	(x - $\bar{x}$)^2	(x - $\bar{x}$) (y - $\bar{y}$)
50.00	180.00	-69.33	-123.20	4807.11	8541.87
75.00	200.00	-44.33	-103.20	1965.44	4575.20
100.00	320.00	-19.33	16.80	373.78	-324.80
125.00	340.00	5.67	36.80	32.11	208.53
150.00	380.00	30.67	76.80	940.44	2355.20
175.00	400.00	55.67	96.80	3098.78	5388.53
200.00	410.00	80.67	106.80	6507.11	8615.20
210.00	423.00	90.67	119.80	8220.44	10861.87
240.00	470.00	120.67	166.80	14560.44	20127.20
110.00	330.00	-9.33	26.80	87.11	-250.13
115.00	340.00	-4.33	36.80	18.78	-159.47
40.00	160.00	-79.33	-143.20	6293.78	11360.53
35.00	145.00	-84.33	-158.20	7112.11	13341.53
80.00	215.00	-39.33	-88.20	1547.11	3469.20
85.00	235.00	-34.33	-68.20	1178.78	2341.53
119.33	303.20			56743.33	90452.00
$\bar{x}$	$\bar{y}$				

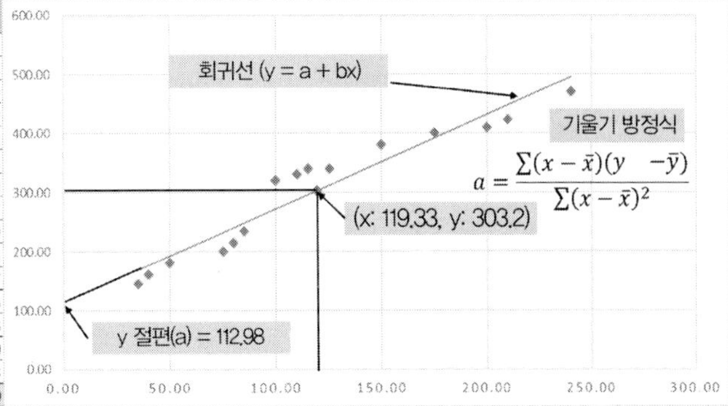

그림 3.8 최소 자승법

이 장의 앞부분에서 언급한 것과 동일한 훈련 데이터를 고려해 보자. 독립 변수 x에 대한 값과 종속 변수 y에 해당하는 값이 있다. 이 값은 2 차원 분산 형 플롯에 플롯된다. 목표는 예측 오류를 최소화할 수 있도록 훈련 데이터를 통해 회귀선을 그리는 것이다. 최소 오차를 갖는 선형 회귀선은 항상 x와 y 값에 대한 평균 절편을 통과한다.

다음 그림은 최소 자승법(least square method)을 보여준 것이다.

y 절편을 구하는 식은 다음과 같다.

$$a = \frac{\sum(x-\bar{x})(y-\bar{y})}{\sum(x-\bar{x})^2}$$

최소 자승법은 다음 단계를 통해 y 절편과 선의 기울기를 계산한다.

1. 모든 x 값 (119.33)의 평균을 계산한다.

2. 모든 y 값 (303.20)의 평균을 계산한다.

3. 모든 x와 y 값에 대한 평균과의 차이를 계산한다.

4. 모든 x 값에 대한 평균 차이의 제곱을 계산한다.

5. x와 y의 모든 조합에 대해 x의 평균 차이에 y의 평균 차이를 곱한다.

6. x 값 (56743.33)의 모든 평균 차이의 합 제곱을 계산한다.

7. x와 y 값 (90452.00)의 평균 차이 곱의 합을 계산한다.

8. 회귀 직선의 기울기는 x와 y의 평균 차이 곱의 합을 x 값의 모든 평균 차이 *(90452.00 / 56743.33 = 1.594)*의 제곱의 합으로 나눈 값이다. 이 훈련 데이터에서 x와 y 값 사이에는 정비례가 있기 때문에 기울기는 양수이다. 이것은 우리의 방정식에서 b에 대한 값이다.

9. $y = a + 1.594 * x$ 방정식을 풀어서 y 절편 (a)의 값을 계산할 필요가 있다.

> 회귀선은 항상 x와 y 값의 평균 절편을 통과한다는 것을 기억하라.

10. 따라서, $303.2 = a + (1.594 * 119.33)$.

11. 이것을 풀면, 회귀 직선의 y 절편으로 $a = 112.98$이 된다.

이 시점에서 x의 값에 대해 종속 변수 y의 값을 예측할 수 있는 회귀선을 만들었다. 우리는 회귀선이 수학적으로 실제 데이터 점에 얼마나 가까운지 알 필요가 있다. 따라서 가장 인기 있는 통계 기법 중 하나인 R-제곱(R-squared)을 사용한다. 이것은 또한 결정 계수라고도 한다. R-제곱은 우리가 개발한 선형 회귀 모형에 대한 반응 변수 변화율을 계산한다. R-제곱 값은 항상 0 % ~ 100 %이다. R-제곱의 값이 클수록 모델이 훈련 데이터에 잘 맞음을 나타낸다. 일반적으로 적합

x	y	$y-\bar{y}$	$(y-\bar{y})^2$	$\hat{y}$	$\hat{y}-\bar{y}$	$(\hat{y}-\bar{y})^2$	$\hat{y}-y$	$(\hat{y}-y)^2$
50.00	180.00	-123.20	15178.24	192.68	-110.52	12214.67	12.68	160.78
75.00	200.00	-103.20	10650.24	232.53	-70.67	4994.25	32.53	1058.20
100.00	320.00	16.80	282.24	272.38	-30.82	949.87	-47.62	2267.66
125.00	340.00	36.80	1354.24	312.23	9.03	81.54	-27.77	771.17
150.00	380.00	76.80	5898.24	352.08	48.88	2389.25	-27.92	779.53
175.00	400.00	96.80	9370.24	391.93	88.73	7873.01	-8.07	65.12
200.00	410.00	106.80	11406.24	431.78	128.58	16532.82	21.78	474.37
210.00	423.00	119.80	14352.04	447.72	144.52	20886.03	24.72	611.08
240.00	470.00	166.80	27822.24	495.54	192.34	36994.68	25.54	652.29
110.00	330.00	26.80	718.24	288.32	-14.88	221.41	-41.68	1737.22
115.00	340.00	36.80	1354.24	296.29	-6.91	47.75	-43.71	1910.56
40.00	160.00	-143.20	20506.24	176.74	-126.46	15992.13	16.74	280.23
35.00	145.00	-158.20	25027.24	168.77	-134.43	18071.42	23.77	565.01
80.00	215.00	-88.20	7779.24	240.50	-62.70	3931.29	25.50	650.25
85.00	235.00	-68.20	4651.24	248.47	-54.73	2995.37	13.47	181.44
119.33	303.20		156350.40			144175.50		12164.93

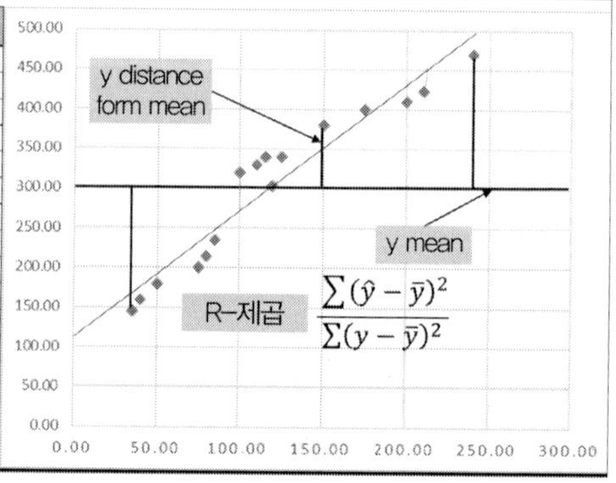

그림 3.9 R-제곱 계산

성이라고 불린다.

다음 다이어그램은 몇 가지 샘플 데이터 포인트를 사용하여 R-제곱의 계산을 보여준다.

이전 이미지의 수식을 기반으로 R-제곱을 계산하기 위해 훈련 데이터를 사용한다. 방금 본 다이어그램 (이 경우 R-제곱 = 144175.50 / 156350.40 = 0.9221)을 참조하자. 이 값은 모델이 훈련 데이터를 잘 맞추고 있음을 나타낸다. 추정치로부터 표준 오차라 불릴 수 있는 또 다른 파라미터가 있다. 이것은 다음과 같이 계산된다.

$$\sqrt{\frac{\sum(\hat{y} - y)^2}{n - 2}}$$

이 공식에서 n은 표본 크기 또는 관측 수이다. 데이터 셋을 사용하면 추정치의 표준 오차는 30.59가 된다. Spark 머신 러닝 라이브러리를 사용하여 학습 데이터 셋의 R-제곱을 계산해 보자.

```
import org.apache.spark.ml.feature.LabeledPoint
import org.apache.spark.ml.linalg.Vectors
import org.apache.spark.ml.regression.LinearRegression

val linearRegrsssionSampleData =
sc.textFile("aibd/linear_regression_sample.txt")

val labeledData = linearRegrsssionSampleData.map  line =>
  val parts = line.split(',')
  LabeledPoint(parts(0).toDouble, Vectors.dense(parts(1).toDouble))
.cache().toDF

val lr = new LinearRegression()
val model = lr.fit(labeledData)
val summary = model.summary
println("R-squared = "+ summary.r2)
```

이 프로그램은 다음과 같은 출력을 생성한다. R-제곱에 대해 동일한 값을 참고하라.

```
scala> println("R-squared = "+ summary.r2)
R-squared = 0.9221944560356226
```

일반화된 선형 모델

하나의 독립 변수와 하나의 독립 변수로 선형 회귀의 개념을 이해하려 했지만 실제로는 다중 회귀라고 하는 출력 변수에 영향을 미치는 여러 종속 변수가 있다. 이 경우, $y = a + b_x$ 선형 방정식은 다음과 같은 형태를 취할 것이다.

$$y = a_0 + b_1x_1 + b_2x_2 + ...+ b_kx_k$$

다시 한번, a_0는 y 절편이고, x_1, x_2, ... x_k는 독립 변수 또는 요소이며, b_1, b_2, .., b_k는 변수의 가중치이다. 특정 변수의 효과가 결과에 미치는 영향을 정의한다. 다중 회귀 분석을 사용하면 단일 종속 변수를 예측하기 위한 모델을 만들 수 있다. 이 제한은 일반화된 선형 모델(generalized linear model)에 의해 극복된다. 예측 변수 내 상관 관계와 함께 여러 종속 / 응답 변수를 처리한다.

로지스틱 회귀 분류 기술

로지스틱 회귀(logistic regression)는 입력 변수를 분석하여 출력 변수를 이진 분류하는 방법이다. 이름이 회귀를 암시하지만 분류 문제를 해결하는 데 널리 사용되는 방법이다 (예 : 전자 메일이 스팸인지 아닌지 또는 트랜잭션이 사기성인지 여부를 감지하는 등). 로지스틱 회귀의 목표는 출력 변수의 클래스를 0 (음수 클래스) 또는 1 (양수 클래스)로 정의하는 가장 적합한 모델을 찾는 것이다. 선형 회귀의 특수한 경우로서 로지스틱 회귀는 종속 변수의 발생 확률을 예측하는 수식의 계수를 생성한다. 확률에 기초하여, 종속 이벤트의 발생 확률 또는 비 확률을 최대화하는 매개 변수가 선택된다. 이벤트의 확률은 0과 1 사이에 있다. 그러나 선형 회귀 모델은 확률 범위를 0에서 1로 보장할 수 없다.

다음 다이어그램은 선형 회귀 모델과 로지스틱 회귀 모델의 차이점을 보여준다.

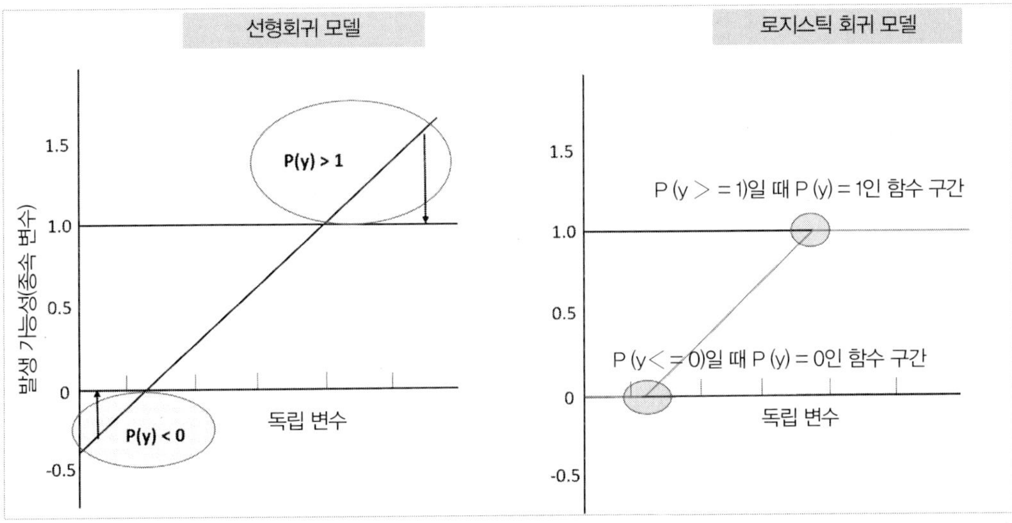

그림 3.10 선형 및 로지스틱 회귀 모델 차이점

독립 변수의 의도는 이진 결과의 확률과 관련하여 충족해야 할 두 가지 조건이 있다.

- p ≧ 0일 때 : 양수가 됨을 보장하기 위해 지수 함수를 사용할 수 있다.

$$\rho = exp(\beta 0 + \beta 1x) \quad = \quad e^{(\beta 0\ +\ \beta 1x)}$$

- p 〈 = 1일 때 : 다음의 계산 값보다 작다는 것을 보장하기 위해 확률 지수 항을 +1의 동일값으로 분할할 수 있다.

$$\rho = \frac{exp(\beta 0 + \beta 1x)}{exp(\beta 0 + \beta 1x) + 1} \quad = \quad \frac{e^{(\beta 0\ +\ \beta 1x)}}{e^{(\beta 0\ +\ \beta 1x)+1}}$$

✿ 스파크와 로지스틱 회귀

다음과 같이 Spark를 사용하여 로지스틱 회귀를 진행한다.

```
import org.apache.spark.ml.classification.LogisticRegression

// Load training data val training =
spark.read.format("libsvm").load("data/mllib/sample_libsvm_data.txt")

val lr = new LogisticRegression()
  .setMaxIter(10)
  .setRegParam(0.3)
```

```
    .setElasticNetParam(0.8)

// Fit the model

val lrModel = lr.fit(training)
// Print the coefficients and intercept for logistic regression println(s"Co-
efficients: $lrModel.coefficients Intercept: $lrModel.intercept")

// We can also use the multinomial family for binary classification
val mlr = new LogisticRegression()
    .setMaxIter(10)
    .setRegParam(0.3)
    .setElasticNetParam(0.8)
    .setFamily("multinomial")

val mlrModel = mlr.fit(training)

// Print the coefficients and intercepts for logistic regression with
multinomial family
println(s"Multinomial coefficients: $mlrModel.coefficientMatrix") println(s"-
Multinomial intercepts: $mlrModel.interceptVector")
```

다항식 회귀

선형 회귀 분석에서 독립 변수와 종속 변수 간의 상관관계는 직선으로 표현하는 것이 가장 좋으며 실제 데이터 셋은 더 복잡하며 원인과 결과 간의 선형 관계를 나타내지는 않는다. 직선 방정식은 데이터 요소에 맞지 않으므로 효과적인 예측 모델을 만들 수 없다.

이러한 경우 예측 함수에 고차 2차 방정식을 사용하는 것을 고려할 수 있다. 이것을 다항식 회귀(polynomial regression)라 한다. 여기서 x가 독립 변수이고 y가 종속 변수인 경우 다항식 함수는 다음 형식을 취한다.

$y = \beta_0 + \beta_1 x + \beta_2 x^2$	2차 방정식
$y = \beta_0 + \beta_1 x + \beta_2 x^2 + \beta_3 x^3$	3차 방정식

다음과 같이 이러한 샘플 데이터의 작은 셋을 시각화할 수 있다.

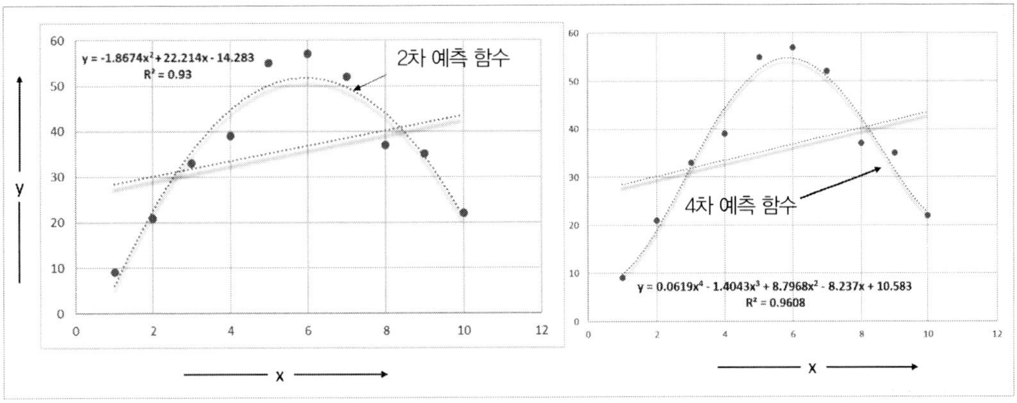

그림 3.11 다항식 예측 함수

> 직선은 x와 y 사이의 관계를 정확하게 나타낼 수 없다. 고차 함수로 예측 함수를 모델링하면 R2가 향상된다. 이는 모델이 더 정확할 수 있음을 의미한다.

최적의 피팅 모델을 얻으려면 예측 함수에 가능한 가장 높은 수식을 사용하는 것이 가장 좋다. 그러나 모든 데이터 요소를 통과하는 회귀선을 만들 때 모델은 학습 샘플(테스트 데이터) 외부의 모든 데이터에 대한 결과를 정확하게 예측하지 못하기 때문에 적합하지 않다. 이 문제를 오버피팅(overfitting)이라고 한다. 다른 한편으로는 언더피팅의 문제를 겪을 수도 있다. 모델이 학습 데이터에 잘 맞지 않아 테스트 데이터가 제대로 수행되지 않는 경우를 말한다.

단계적 회귀

지금까지 살펴 본 예제에는 모두 하나의 독립 변수와 하나의 종속 변수가 있는 경우이다. 단계적 회귀(stepwise regression)는 회귀 분석의 기본 개념을 설명하기 위해 사용된다. 그러나 실제 시나리오는 더 복잡하며 결과에 영향을 미치는 여러 요소가 있다. 예를 들어, 직원의 급여는 기술 집합, 새로운 도구 및 기술을 배우는 능력, 수년 간의 경험, 과거의 프로젝트 작업, 여러 역할 수행 능력 및 위치와 같은 여러 요소에 따라 달라진다. 상상할 수 있듯이 일부 요인은 결과를 정의할 때 다른 요인보다 더 많은 기여를 한다 (이 경우 급여). 많은 요소가 포함된 데이터 집합에 대한 회귀 분석을 수행할 때 다른 모델보다 중요한 요소를 선택하면 모델을 정확하게 구축할 수 있다. 단계별 회귀는 독립 변수의 선택 또는 선택을 자동화하는 방법이다. 다음 회귀 함수를 고려해 보자.

$$y=\beta_{0+}\ \beta_1 x_1+\beta_2 x_2+\beta_3 x_3+\dots.+\ \beta_n x_n$$

n 개의 입력 변수와 그 가중치 또는 계수가 있다. 단계별 회귀의 목표는 정확한 모델을 구축하는 데 가장 중요한 변수를 선정하는 것이다. 단계별 회귀는 두 가지 방법으로 수행할 수 있으며, 다음에서 설명한다.

■ 전방향 선택

전방향 선택(forward selection)을 사용하면 모델에서 0 또는 변수없이 시작한다. 선택한 임계값 또는 기준에 따라 한 번에 하나의 변수가 추가된다. 새 변수를 추가할 때 모델의 적합성이 크게 향상되어야 한다. 새 변수를 포함해도 모델이 개선되지 않으면 프로세스가 완료된다.

■ 역방향 제거

역방향 제거(backward elimination)에서는 모든 변수로 시작한다. 반복적으로 각 변수의 제거를 테스트해야 한다. 변수는 사전 정의된 임계 값 또는 기준으로 다시 한 번 삭제된다. 모델의 정확도에 가장 중요한 영향을 미치지 않는 변수는 이 방법에서 하나씩 제거된다. 더 빠른 파라미터 조정을 위해 두 방법을 함께 사용할 수도 있다.

능선 회귀

계단식 회귀를 사용하면 종속 변수의 값에 도움이 되는 독립 변수 집합이 생긴다. 2개 이상의 예측 인자가 거의 선형 관계로 서로 관련되어 있다면 **다중 공선성**(multicollinearity)이라는 문제가 발생한다. 예를 들어, 입력 데이터에 고도가 포함된 날씨 데이터를 모델링하는 경우 예측 변수로서 위치와 평균 강우량 이 두 변수는 선형적으로 관련되어 있다. 강수량은 고도가 증가함에 따라 증가한다. 이 다중 공선성은 회귀 계수에 대한 부정확한 추정을 유도하여 표준 오차를 증가시키므로 모델의 예측 가능성을 떨어뜨린다. 관련 요인에 대해 더 많은 데이터 요소를 수집하고 확장된 데이터 요소간에 선형 관계가 존재하지 않음을 보장함으로써 다중 공선성을 수정할 수 있다. 또한 보정은 더 낮은 가중치를 갖는 요인 중 하나를 제거함으로써 가능하다. 이 두 가지 방법으로 다중 공선성을 해결할 수 없는 경우 능선 회귀(ridge regression)를 사용할 수 있다.

LASSO 회귀

LASSO라는 용어는 **최소 절대 수축 선택 연산자**(least absolute shrinkage selection operator)를 의미한다. 능선 회귀에서 0이 되는 경향이 있는 계수는 LASSO 회귀 분석에서 0으로 설정되며, 이러한 요인은 예측 함수 방정식에서 쉽게 제거할 수 있다. LASSO 회귀는 일반적으로 LASSO가 변수 선택을 자동으로 수행하기 때문에 매우 많은 수의 변수가 있는 경우에 사용된다.

데이터 클러스터링

지금까지는 주로 머신 러닝 모델을 학습하는 데 사용되는 히스토릭 데이터가 있는 지도 학습 방법을 탐구했다. 그러나 미리 정의된 또는 런타임 범주를 기반으로 개체 또는 엔터티를 다양한 그룹으로 분류해야 하는 매우 일반적인 시나리오가 있다. 예를 들어, 직원에 대한 정보가 포함된 데이터 집합에는 하나 이상의 속성을 결합하여 직원을 분류해야 한다. 이를 통해 유사한 객체를 그룹화하고 유사성을 기반으로 데이터를 분할하는 것이 목표이다. 일반적인 생각은 그룹 내에서 일관된 속성 맵을 가지며 그룹 전체에서 구별되는 행동을 유지하는 것이다. 지도 학습 방법과 달리 데이터 클러스터링의 경우 종속 변수가 없다. 클러스터는 속성의 유사성을 입증하는 다양한 엔티티 그룹을 나타낸다. 더 넓은 차원에서 클러스터링에는 두 가지 유형이 있다.

- **고정 클러스터링** : 이 유형의 클러스터링에서 각 데이터 포인트는 정확히 하나의 그룹 또는 클러스터에 속한다. 경계는 명확하게 정의되고 데이터 요소를 명확하게 분리한다.
- **확률적 클러스터링** : 이 경우 각 데이터 포인트에 대해 개체 (개체의 인스턴스)가 특정 클러스터에 속할 확률. 일반적으로 오브젝트가 속한 클러스터가 가장 높은 확률로 다른 클러스터보다 우선 순위가 높다.

지도 학습 알고리즘과 달리, 클러스터링을 위한 프로세스와 방법은 완전히 표준화될 수 없다. 결과는 데이터 셋 및 특정 사용 사례에 따라 다르다. 데이터 클러스터링을 고려한 다양한 모델이 있다. 이러한 모델을 기반으로 다양한 알고리즘이 개발된다. 가장 일반적으로 사용되는 모델은 다음과 같다.

- **연결성 모델** : 이 모델은 다양한 개체 간의 데이터 거리를 기반으로 한다. 이 모델은 일반화를 위해 두 가지 접근 방식을 취한다. 첫 번째 접근법에서는 모든 독립 데

이터 포인트가 별도의 클러스터로 취급되며 상대 거리에 따라 클러스터가 생성된다. 두 번째 방법은 데이터 포인트가 클러스터에 분산되고 데이터 포인트 간의 상대 거리가 줄어들면 다른 클러스터에 분산된다. 계층적 클러스터링 알고리즘은 연결성 모델을 구현한다.

- **분포 모델** : 이 모델에서 데이터 포인트는 통계 데이터 분포의 적용 가능성 (예 : 정규 분포 또는 가우스 분포)에 따라 분류된다. 이들은 엔티티 매개 변수가 표준 분포의 일부일 가능성을 계산하는 반복 모델이다.

- **밀도 모델** : 데이터 모델을 여러 차원으로 스캔하고 데이터 공간 내의 데이터 포인트 밀도를 기반으로 경계를 만드는 반복 모델이다. 영역은 데이터 포인트의 밀도를 기반으로 분리되고 분리된 영역은 클러스터를 공식화한다.

K-means 알고리즘

K-means는 데이터 클러스터링을 위해 가장 널리 사용되는 비지도 알고리즘 중 하나이다. 이 알고리즘은 정의된 범주나 그룹이 없는 레이블이 없는 데이터가 있을 때 사용된다. 클러스터의 수는 k 변수로 표시된다. 임의의 중심으로부터의 거리를 기반으로 데이터 포인트를 특정 클러스터에 할당하는 반복 알고리즘이다. 첫 번째 반복 과정에서 중심은 무작위로 정의되고 데이터 포인트는 중심에서 가장 가깝지 않은 부분을 기반으로 클러스터에 할당된다. 데이터 포인트가 할당되면 이후의 반복에서 중심점이 데이터 포인트의 평균으로 재정렬되고 데이터 포인트는 중심선에서 가장 가까운 부근에 기반하여 클러스터에 다시 추가된다. 이 단계는 중심이 설정된 임계값 이상으로 변경되지 않는 지점까지 반복된다. 샘플 2차원 (*x1*, *x2*) 데이터 셋에서 세 번의 반복으로 K-means 알고리즘을 설명해 보자.

반복 1 :

1. 첫 번째 반복 동안 *(C1 - 150 : 120)*과 *(C2 - 110 : 100)* 두 클러스터에 대해 두 개의 중심을 선택한다.
2. 각 데이터 점 *(x1 : x2)*에 대해 *C1*과 *C2* 사이의 일반 직선 거리를 계산한다.
3. 중심점으로부터 최소 거리를 기준으로 데이터 포인트를 *C1* 또는 *C2*에 놓는다.

4. *C1*의 데이터 점에 대해 새로운 점을 모든 점의 수학적 평균으로 계산한다 *(162.50 : 151.67)*

5. *C2*의 데이터 점에 대해 새 *C2*를 모든 점의 수학적 평균 *(110 : 93.33)*으로 계산한다.

#	x1	x2		Distance from C1	Distance from C2	Cluster		C1s				C2s	
1	150	120	C1	0.00	44.72	C1		150	120			0	0
2	165	180		61.85	97.08	C1		165	180			0	0
3	140	100		22.36	30.00	C1		140	100			0	0
4	200	200		94.34	134.54	C1		200	200			0	0
5	120	90		42.43	14.14	C2		0	0			120	90
6	110	100	C2	44.72	0.00	C2		0	0			110	100
7	180	200		85.44	122.07	C1		180	200			0	0
8	100	90		58.31	14.14	C2		0	0			100	90
9	140	110		14.14	31.62	C1		140	110			0	0
							new C1	162.50	151.67		new C2	110	93.33

C1	150	120
C2	110	100

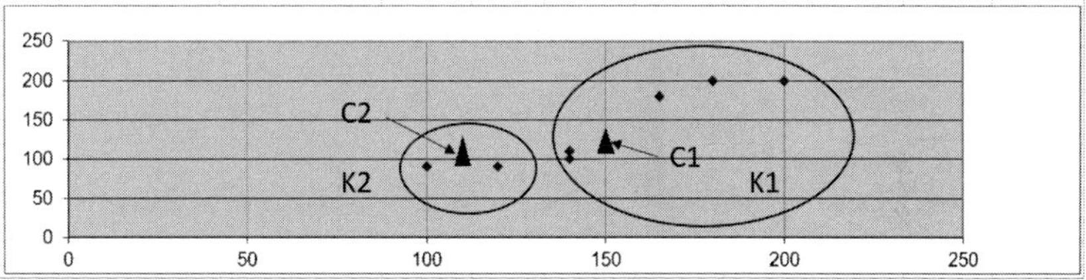

그림 3.12 클러스터 포인트를 위한 수학 평균 계산

반복 2 :

반복 1에서 계산된 새 중심점에 대해 새 중심점에서 최소 거리를 기준으로 데이터 포인트를 K1 및 K2에 다시 정렬하고 새 중심점을 계산하는 프로세스를 반복한다.

#	x1	x2		Distance from C1	Distance from C2	Cluster		C1s				C2s	
1	150	120		34.04	48.07	C1		150	120			0	0
2	165	180		28.44	102.65	C1		165	180			0	0
3	140	100		56.35	30.73	C2		0	0			140	100
4	200	200		61.17	139.56	C1		200	200			0	0
5	120	90		74.89	10.54	C2		0	0			120	90
6	110	100		73.66	6.67	C2		0	0			110	100
7	180	200		51.40	127.58	C1		180	200			0	0
8	100	90		87.80	10.54	C2		0	0			100	90
9	140	110		47.35	34.32	C2		0	0			140	110
							new C1	173.75	175.00		new C2	122	98.00

C1	162.5	151.67
C2	110	93.33

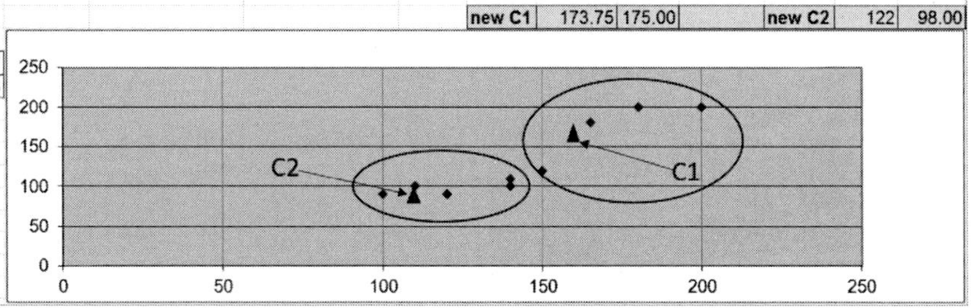

그림 3.13 K-means 알고리즘 : 반복-2

반복 3 : 반복 3의 중심은 다음과 같다.

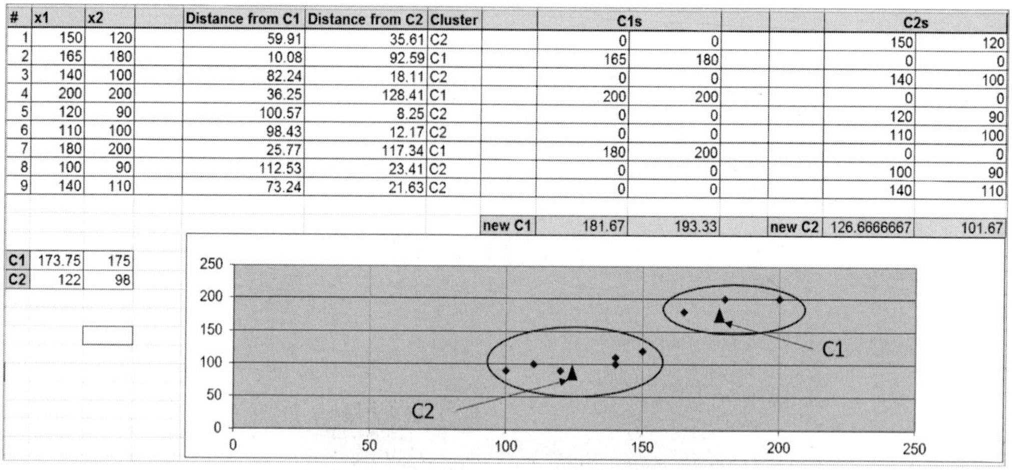

#	x1	x2	Distance from C1	Distance from C2	Cluster	C1s		C2s	
1	150	120	59.91	35.61	C2	0	0	150	120
2	165	180	10.08	92.59	C1	165	180	0	0
3	140	100	82.24	18.11	C2	0	0	140	100
4	200	200	36.25	128.41	C1	200	200	0	0
5	120	90	100.57	8.25	C2	0	0	120	90
6	110	100	98.43	12.17	C2	0	0	110	100
7	180	200	25.77	117.34	C1	180	200	0	0
8	100	90	112.53	23.41	C2	0	0	100	90
9	140	110	73.24	21.63	C2	0	0	140	110
					new C1	181.67	193.33	new C2 126.6666667	101.67

C1	173.75	175
C2	122	98

그림 3.14 K-means 알고리즘 : 반복-3

K-means 알고리즘을 Spark ML을 이용하여 구현하기

다음과 같이 Spark ML을 사용하여 K- means를 구현한다.

```
import org.apache.spark.ml.feature.LabeledPoint
import org.apache.spark.ml.linalg.Vectors
import org.apache.spark.ml.clustering.KMeans

val kmeansSampleData = sc.textFile("aibd/k-means-sample.txt")

val labeledData = kmeansSampleData.map  line =>
  val parts = line.split(',')
  LabeledPoint(parts(0).toDouble, Vectors.dense(parts(1).toDouble,
parts(2).toDouble))
}.cache().toDF

val kmeans = new KMeans()
.setK(2) // Setting the number of clusters
.setFeaturesCol("features")
.setMaxIter(3) // default Max Iteration is 20
.setPredictionCol("prediction")
.setSeed(1L)
```

```
val model = kmeans.fit(labeledData)
summary.predictions.show model.clusterCenters.foreach(println)
```

코드의 출력은 다음과 같다.

```
scala> summary.predictions.show
+-----+-------------+----------+
|label|     features|prediction|
+-----+-------------+----------+
|  1.0|[150.0,120.0]|         0|
|  2.0|[165.0,180.0]|         1|
|  3.0|[140.0,100.0]|         0|
|  4.0|[200.0,200.0]|         1|
|  5.0| [120.0,90.0]|         0|
|  6.0|[110.0,100.0]|         0|
|  7.0|[180.0,200.0]|         1|
|  8.0| [100.0,90.0]|         0|
|  9.0|[140.0,110.0]|         0|
+-----+-------------+----------+

scala> model.clusterCenters.foreach(println)
[126.66666666666666,101.66666666666666]
[181.66666666666666,193.33333333333331]
```

데이터 차원 축소

지금까지 이 장에서 가능한 가장 간단한 예제를 사용하여 지도 및 비지도 학습의 기본 개념을 살펴보았다. 이 예에서는 주로 결과에 기여하는 제한된 수의 요소를 고려했다. 그러나 실제로는 분석 및 모델 생성에 사용할 수 있는 데이터 포인트가 매우 많다. 요소가 추가될 때마다 공간 내에 하나의 차원이 추가되고 3차원을 넘어서면 상상할 수 있는 형태로 데이터를 효과적으로 시각화하는 것이 어려워진다. 새로운 차원마다 모델 생성 성능에 있어서 영향이 있다.

이전에는 불가능했던 이기종 데이터 소스의 데이터를 가져올 수 있는 빅 데이터의 세계에서 끊임없이 데이터 셋에 더 많은 차원을 추가하고 있다. 문제를 더 잘 이해하기 위해 추가 데이터 요소 및 특성을 갖는 것이 좋지만 데이터 집합의 추가 차원으로 인한 계산 오버헤드를 고려하면 항상 더 나은 것만은 아니다.

데이터 집합을 행과 열로 간주하면 한 행이 엔티티의 한 인스턴스를 나타내고 열이 차원을 나타내는 경우 대부분의 머신 러닝 알고리즘은 열 단위로 구현된다. 이러한 알고리즘은 더 많은 열을 추가함에 따라 점점 더 느리게 수행된다. 제1장 빅 데이터(big data)와 인공지능 시스템(artificial intelligence systems)에서 우리가 생각한 인간의 두뇌 비유를 다시 한번 생각해 보면, 차를 운전할 때 인간의 뇌는 끊임없이 많은 수의 입력 (데이터 차원)을 받는다. 뇌는 가장 중요한 차원을 효과적으로 고려하고, 입력의 일부를 무시하고, 다른 입력을 병합하여 단수의 지각 지점을 형성할 수 있다.

데이터 셋 내의 요소 수를 줄임으로써 시나리오를 정확하게 모델링할 수 있는 가장 중요한 차원을 고려하기 위해 유사한 기술을 적용해야 한다. 이 요인 감소 프로세스를 **데이터 차원 축소** (DDR, data dimensionality reduction)라고 한다. 차원적 축소를 고려하면서 명령어들 중 하나는 모델이 통찰력이나 지능을 잃지 않고 동일한 정보를 전달해야 한다는 것이다. **특이 값 분해**(SVD, singular value decomposition) 및 **주성분 분석**(PCA, principle component analysis)과 같은 고급 기술을 보다 깊이 들어가기 전에 DDR에 사용할 수 있는 몇 가지 기본 기술을 살펴보자.

- **누락된 값이 있는 차원** : 다양한 센서 및 데이터 소스에서 데이터를 수집할 때 일부 요소의 경우 누락된 관찰이 많이 있을 수 있다. 이 경우 누락된 값을 대체하기 위해 기본 값 또는 다른 관측치의 평균을 사용한다. 그러나 누락 값 수가 임계 값 (관측 값의 누락 값이 있는 관측 값의 백분율)을 넘는 경우 모델의 정확도에 영향을 미치지 않으므로 모델에서 차원을 삭제하는 것이 좋다.

- **변이가 낮은 차원** : 데이터 집합 내에서 관측치가 변하지 않거나 차이가 매우 작은 차원이 있는 경우 이러한 차원은 모델 유효성에 영향을 미치지 않는다. 관측치 전반에 걸쳐 변동이 적은 요인을 제거할 수 있다.

- **상관관계가 높은 차원** : 데이터 집합 내에서 서로 관련이 있는 두 개 이상의 차원이 있거나 서로 다른 측정 단위에서 동일한 정보를 나타내는 경우 모델의 정확성에 영향을 주지 않고 요인을 무시할 수 있다.

이제, 다음과 같은 데이터 셋을 살펴보자.

높은 상관 관계 (x5, x6)

y	x1	x2	x3	x4	x5	x6
100	2	1	75	18	1	2
110	누락된 값이 있는 차원	1	21	28	2	4
120		1	32	61	5	10
115		1	56	39	2	4
125	1	1	73	81	3	6
121	0	1	97	59	7	14

(x2: 변이가 낮은 차원)

그림 3.12 샘플 데이터 셋

이 예제 데이터 셋에서 x1은 누락된 값이 많으며, x2는 값 사이의 변이가 없으며, x5와 x6은 상관관계가 높다. 따라서 모델 정확도에 영향을 주지 않고 요소 중 하나를 제거할 수 있다.

특이 값 분해

앞 단원에서 보았듯이 데이터 셋의 크기를 줄이면 데이터에 포함된 지식의 양을 감소시키지 않고도 모델 생성의 효율성을 높일 수 있다. 결과적으로 데이터는 압축되고 더 적은 차원으로 쉽게 시각화된다. SVD는 차원 감소를 위해 쉽게 활용할 수 있는 기본적인 수학 도구이다.

매트릭스 이론과 선형 대수 개요

SVD를 이해하기 전에 선형 대수학 및 행렬 이론 개념에 대한 간단한 요약해 보자. 이 주제들에 대한 포괄적인 논의는 이 책의 범위를 벗어나지만, 간략한 논의가 반드시 필요하기 때문이다.

- **스칼라** : 하나의 숫자를 스칼라라고 한다. 스칼라는 엔티티의 크기를 나타낸다. 예를 들어, 자동차 속도는 시속 60마일이다. 여기에서 번호 60은 스칼라이다.
- **벡터** : 순서대로 배열된 여러 개의 스칼라 배열을 벡터라고 한다. 일반적으로 벡터는 크기뿐만 아니라 방향을 정의하며 공간에서 점으로 간주된다.
- **행렬** : 이것은 스칼라의 2차원 배열이다. 행렬의 각 요소는 좌표 인덱스로 표시된다. 행렬은 대문자 (예 : A)로 표시되고, 개별 요소는 첨자 (Am, n)로 표시된다. 행렬은 다음과 같이 정의할 수 있다.

$$\boldsymbol{A} = \begin{bmatrix} A_{1,1} & A_{1,2} \\ A_{2,1} & A_{2,2} \end{bmatrix}$$

  여기서 Ai는 A의 i 번째 행이며, Aij에서 j는 A의 j 번째 열이다. 행렬 A의 높이는 m, 폭은 n이다.

- **행렬의 조 변경** : 행렬을 조 변경하면 결과 행렬의 행이 기본 행렬의 행렬 인 행렬 구조의 대칭 이미지가 생성된다.

$$A = \begin{bmatrix} A_{1,1} & A_{1,2} & A_{1,3} \\ A_{2,1} & A_{2,2} & A_{2,3} \\ A_{3,1} & A_{3,2} & A_{3,3} \end{bmatrix} \Rightarrow A^T = \begin{bmatrix} A_{1,1} & A_{2,1} & A_{3,1} \\ A_{1,2} & A_{2,2} & A_{3,2} \\ A_{1,3} & A_{2,3} & A_{3,3} \end{bmatrix} \qquad A = \begin{bmatrix} 1 & 2 & 3 \\ 4 & 5 & 6 \\ 7 & 8 & 9 \end{bmatrix} \Rightarrow A^T = \begin{bmatrix} 1 & 4 & 7 \\ 2 & 5 & 8 \\ 3 & 6 & 9 \end{bmatrix}$$

벡터는 하나의 열이 종종 행의 전치로 표현되는 행렬이다.

$$X = [x_1, x_2, x_3, \dots x_n]$$

- **행렬 추가** : 행렬 A와 B가 m 높이와 너비가 같은 동일한 모양 (치수)을 갖는 경우 다음과 같이 C 행렬을 형성하기 위해 추가할 수 있다.

$$C = A + B \Rightarrow C_{i,j} = A_{i,j} + B_{i,j}$$

다음과 같이 스칼라에 행렬을 더하거나 곱할 수 있다.

$$D = aB + c \Rightarrow D_{i,j} = aB_{i,j} + c$$

- **행렬 곱셈** : 행렬 Am, n에 행렬 B를 곱하기 위해 행렬 B는 n 개의 행을 가져야 한다. 이 경우 A가 $_{mXn}$ 모양이고, B가 $_{nXp}$ 모양인 경우 C의 모양은 $_{mXp}$이다.

$$C = AB \Rightarrow Cj,k \ = \ \Sigma A_{i,k} B_{k,j}$$

$$\begin{pmatrix} A & B \\ C & D \end{pmatrix} \times \begin{pmatrix} E & F \\ G & H \end{pmatrix} = \begin{pmatrix} AE+BG & AF+BH \\ CE+DG & CF+DH \end{pmatrix}$$

두 행렬의 표준 생성물은 위치 요소를 가진 개별 요소의 곱일뿐이다.

행렬 곱의 특성은 다음과 같다.

- **Distributability** : $A(B + C) = AB + AC$
- **연관성** : $A(BC) = (AB)C$
- **교환 법칙이 성립하지 않음** : AB는 항상 BA와 동일하지 않다
- $(AB)^T = B^T A^T$

- **식별 및 역행렬** : 항등 행렬은 모든 대각선을 1로 하고 비대향적 요소를 0으로 하는 정사각 행렬이다. 항등 행렬은 항등 행렬에 행렬을 곱하면 행렬의 값을 변경하지 않는다. n 차원 항등 행렬은 In로 표시된다. 정사각 행렬의 역함수는 원래 행렬과 곱해질 때 단위 행렬이다:

$$A^{-1} A = In$$

- **대각 행렬** : 이는 항등 행렬과 유사하다. 모든 대각선 요소는 0이 아니며, 대각선이 아닌 요소는 0이다.
- **대칭 행렬** : 이는 행렬의 전치와 동일한 정사각 행렬이다.
- **행렬 형태의 선형 회귀** : 간단한 선형 회귀 모형 방정식을 생각해 보자.

$Y_i = \beta_0 + \beta_i x_i + \beta_i \{i = 1, ..., n\}:$

$$\Rightarrow \begin{bmatrix} Y_1 = \beta_0 + \beta_1 X_1 + \varepsilon_1 \\ Y_2 = \beta_0 + \beta_1 X_2 + \varepsilon_2 \\ \vdots \\ Y_n = \beta_0 + \beta_1 X_n + \varepsilon_n \end{bmatrix}$$

다음과 같이 이 방정식을 행렬 형태로 나타내 보자.

$$\mathbf{Y} = \begin{bmatrix} Y_1 \\ Y_2 \\ \vdots \\ Y_n \end{bmatrix} \qquad \mathbf{X} = \begin{bmatrix} 1 & X_1 \\ 1 & X_2 \\ \vdots & \vdots \\ 1 & X_n \end{bmatrix} \qquad \boldsymbol{\beta} = \begin{bmatrix} \beta_0 \\ \beta_1 \end{bmatrix} \qquad \boldsymbol{\varepsilon} = \begin{bmatrix} \varepsilon_1 \\ \varepsilon_2 \\ \vdots \\ \varepsilon_n \end{bmatrix}$$

행렬의 이러한 정의에 의해, 선형 회귀는 다음과 같이 표현될 수 있다.

$$Y = X\beta + \epsilon$$

행렬 형태로 표현될 때 방정식의 계산의 간단한 특성에 주목해야 한다.

행렬 이론의 이러한 배경을 바탕으로 차원 감소에 적용할 수 있는 SVD를 이해하는 것이 쉬울 것이다. 먼저 실제 엔티티가 매트릭스 형태로 표현되는 방식을 이해하자. 행렬의 열은 행으로 표시되는 개별 인스턴스의 다양한 차원을 나타낸다. SVD의 정리에 따르면, 임의의 m ×m 행렬 A에 대해 m ×r 직교 행렬 U, n ×r 직교 행렬 Σ 및 대각선 상의 음수가 아닌 r ×r 대각 행렬 D가 존재하므로 $A = U\Sigma VT$가 된다. 이것은 다음과 같이 개략적으로 나타낼 수 있다.

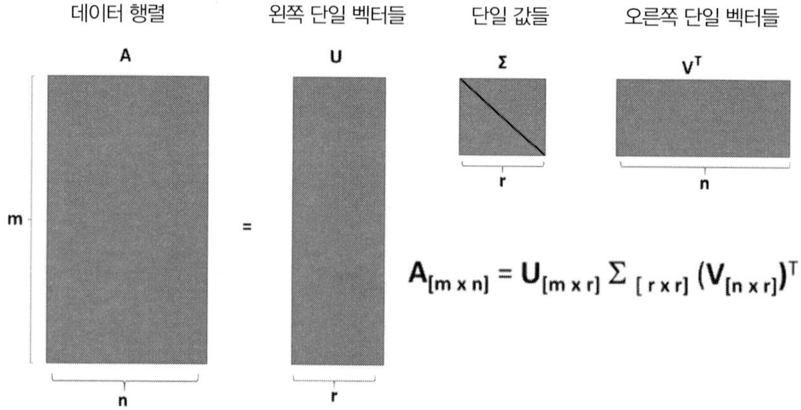

그림 3.16 특이 값 분해

특이 값 분해의 중요한 특성

이제 SVD의 중요한 속성 중 일부를 살펴보자.

- 실수 행렬 A를 항상 다음과 같이 분해할 수 있다.
- U, Σ 및 V는 고유하다.
- U와 V는 직교 정규 행렬이다.

  $UTU = I$ 및 $VTV = I$ (I는 단위 행렬을 나타낸다)
- Σ는 0이 아닌 대각선 항목이 양수이고 내림차순으로 정렬되는 대각 행렬이다. $(\sigma_1 \geq \sigma_2 \geq \sigma_3 \ldots. \geq_{\sigma n} \ldots. \rangle\ 0)$

스파크 ML과 SVD

SparkML 라이브러리를 사용하여 SVD 코드를 구현해 보자.

```
import org.apache.spark.mllib.linalg.Matrix
import org.apache.spark.mllib.linalg.Vectors
import org.apache.spark.mllib.linalg.Vector
```

```
import org.apache.spark.mllib.linalg.distributed.RowMatrix
import org.apache.spark.mllib.linalg.SingularValueDecomposition
val data = Array(Vectors.dense(2.0, 1.0, 75.0, 18.0, 1.0,2),
Vectors.dense(0.0, 1.0, 21.0, 28.0, 2.0,4),
Vectors.dense(0.0, 1.0, 32.0, 61.0, 5.0,10),
Vectors.dense(0.0, 1.0, 56.0, 39.0, 2.0,4),
Vectors.dense(1.0, 1.0, 73.0, 81.0, 3.0,6),
Vectors.dense(0.0, 1.0, 97.0, 59.0, 7.0,14))

val rows = sc.parallelize(data)

val mat: RowMatrix = new RowMatrix(rows)

val svd: SingularValueDecomposition[RowMatrix, Matrix] = mat.computeSVD(3,
computeU = true)

val U: RowMatrix = svd.U // The U factor is stored as a row matrix
val s: Vector = svd.s // The sigma factor is stored as a singular vector
val V: Matrix = svd.V // The V factor is stored as a local dense matrix
```

코드의 출력은 다음과 같다.

```
scala> U.rows.foreach(println)
[-0.35299651876635013,0.6546455627747847,0.2661494440454151]
[-0.17208815312983178,-0.18242538935362893,-0.05603906415291393]
[-0.3443275098860016,0.08352969161065013,0.20707206515001908]
[-0.32130452719252234,-0.5716937426453584,-0.32950542635545377]
[-0.5430065403233052,-0.3646759753170278,0.5942645854003921]
[-0.5736941599830103,0.26713414743272607,-0.6491694948924345]

scala> s
res26: org.apache.spark.mllib.linalg.Vector = [198.18757465263172,49.70483326656433,8.7
26504121398136]

scala> V.transpose.rowIter.foreach(println)
[-0.006302108394258266,-0.0116425937061155l,-0.7817870862010436,-0.6157411234725576,-0.
04358108340924147,-0.08716216681848293]
[0.01900449288636702,-0.002283192559750244 3,0.6225071299227736,-0.778954235597452,-0.03
2707150050004394,-0.0654143001000087 9]
[0.1290967674820466 8,0.003755468253852611 3,0.02843334368862612 8,0.1182612113768953 4,-0.
44011947285577685,-0.8802389457115537]
```

주성분 분석법

PCA는 차원 감소에 가장 많이 사용되는 방법 중 하나이다. 실제 시나리오는 데이터 요소를 설명하는 수천 개의 차원이 있다. 그러나 중요한 정보를 손실하지 않고도 차원 수를 줄일 수 있다. 예를 들어, 비디오 카메라는 3차원 공간에서 장면을 캡처하고 2차원 공간(TV 화면)에 투영된다. 한 차원의 제거에도 불구하고 아무런 문제없이 현장을 인식할 수 있다. 다차원 공간의 데이터 요소는 더 적은 차원에서 수렴한다. 기술로서, PCA는 정보를 잃지 않고 데이터 셋을 가장 잘 재구성하면서 데이터 포인트 간의 가장 큰 차이가 있는 방향을 찾는 데 중점을 둔다. 이것을 2차원 데이터 셋으로 설명해 보자.

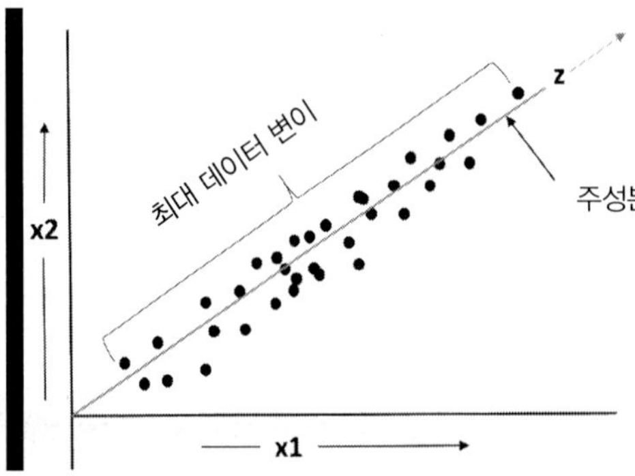

그림 3.17 주성분

이 그림은 데이터 포인트가 X1과 X2값으로 정의되는 이차원 데이터 셋이다. 데이터는 X1과 X2 함수와 같이 선형적으로 흩어져 있다. 회귀 라인은 모든 데이터 포인트를 매핑하고 최대 데이터 변화를 포착하는 라인이다. z로 표시되는 새 축을 고려하면 많은 손실없이 단일 차원으로 데이터 집합을 나타낼 수 있다. 새로운 z축에서 2차원에서 1차원으로 이동하는 동안 최소 오류가 발생한다. 선형 회귀와 PCA 사이에 근본적인 차이가 있다. 선형 회귀 분석에서 회귀선에서 데이터 포인트와 포인트 사이의 수직 거리를 최소화하려고 시도한다. 그러나 PCA에서는 데이터 포인트와 회귀 직선 사이의 거리를 직각 방향으로 최소화하려고 시도하며 PCA에서는 계산할 종속 변수가 없다.

SVD를 이용한 PCA 알고리즘

이제 SVD를 사용하여 PCA 알고리즘을 구현하는 단계를 살펴보자. m개의 데이터 샘플을 가진 훈련 셋을 고려해 보자. 이 데이터 셋의 경우 다음 단계를 진행한다.

1. 평균 평균화 : 개별 데이터 포인트로부터 모든 데이터 포인트의 평균값을 빼라. 이를 통해 모델 훈련의 효율성을 높이고

   더 좋은 오류 표면 모양인 $\mu_j = \frac{1}{m}\sum_{i=1}^{m} x_i^j$를 얻게 된다. 각 $x_{(j)}$를 $(x_{(j)} - \mu_{(j)})$로 대체하라.

2. 피처 스케일링 : 서로 다른 피처의 스케일이 다른 경우 *x1*이 집 크기이고, *x2*가 참실수인 경우 서로 다른 측정 스케일이 있다. 이 경우 *x2*는 *x1*보다 작은 차수이므로 아무런 역할을 하지 않는다. 정규화를 사용하면 다른 규모로 추출된 큰 값의 피처의 영향을 줄이고 작은 값의 피쳐를 방정식에 기여할 수 있다.

$$\frac{1}{m}\sum_{i=1}^{m}(x^{(i)})(x^{(i)})^T$$

3. 공분산 행렬 sigma =를 계산하라.

4. 시그마에 SVD를 적용하여 *U*, Σ 및 *V*를 계산하라.

5. 데이터를 모델링하고자 하는 차원의 수를 기반으로 *U*에서 감소된 행렬(UReduce)을 가져온다. 이 예에서는 2차원에서 1차원으로 된 것이다. 이는 *U* 행렬의 *k* (의도 된 차원 수) 열을 먼저 얻음으로써 간단하게 수행된다.

6. *z* 축을 *z* = *UReduce* '(*x*)로 구하라.

❁ 스파크 ML과 SVD를 구현

앞서 Spark ML에서 설명한 SVD 알고리즘을 구현하는 것은 매우 쉽다. 다음 참조용 코드를 살펴보자.

```
import org.apache.spark.mllib.linalg.Matrix
import org.apache.spark.mllib.linalg.Vectors
import org.apache.spark.mllib.linalg.distributed.RowMatrix

val data = Array(Vectors.dense(2.0, 1.0, 75.0, 18.0, 1.0,2),
Vectors.dense(0.0, 1.0, 21.0, 28.0, 2.0,4),
Vectors.dense(0.0, 1.0, 32.0, 61.0, 5.0,10),
Vectors.dense(0.0, 1.0, 56.0, 39.0, 2.0,4),
```

```
Vectors.dense(1.0, 1.0, 73.0, 81.0, 3.0,6),
Vectors.dense(0.0, 1.0, 97.0, 59.0, 7.0,14))
)

val rows = sc.parallelize(data) val mat: RowMatrix = new RowMatrix(rows)

// Principal components are stored in a local dense matrix.
val pc: Matrix = mat.computePrincipalComponents(2)

// Project the rows to the linear space spanned by the top 2 principal
components. val projected: RowMatrix = mat.multiply(pc) projected.rows.
foreach(println)
```

다음은 6차원 데이터 셋에서 두 가지 주요 구성 요소가 있는 프로그램의 출력 결과이다.

```
scala> projected.rows.foreach(println)
[-56.495425863653956,40.882009271582056]
[-101.57575183305222,39.8140203522891]
[-67.62682650712414,9.936050917628904]
[-31.51177269452176,15.871131302479899]
[-75.12738096710979,-17.497251982139915]
[-114.02568342851336,10.349201004364776]
```

내용 기반 추천 시스템

데이터 기반 분석에 초점을 맞추면서 추천 시스템이 인기를 얻고 있다. 추천 시스템은 과거의 행동을 기반으로 최종 사용자에게 가장 관련성 높은 정보를 제공하는 구성 요소이다. 이 동작은 사용자의 검색 기록, 구매 내역, 최근 검색 등으로 정의할 수 있다. 추천 시스템에는 여러 가지 유형이 있다. 이 단원에서는 협업 필터링과 콘텐츠 기반 권장의 두 가지 범주의 추천 엔진을 중점적으로 다룰 것이다.

내용 기반 추천 시스템은 과거에 사용자가 좋아하는 항목과 유사한 항목을 권장하는 권장 엔진 유형이다. 항목의 유사성은 항목과 연결된 지형지물을 사용하여 측정된다. 유사성은 기본적으로 다양한 알고리즘으로 정의할 수 있는 수학 함수이다. 이러한 추천 시스템 유형은 알고리즘 기능을 사용하는 항목의 속성과 사용자 선호도, 좋아요 및 구매와 같은 사용자 프로필 속성을 일치시킨다. 가장 일치하는 항목이 사용자에게 표시된다.

다음 그림은 콘텐츠 기반 권장 사항 엔진에 대한 높은 수준의 접근 방식을 보여준다.

그림 3.18 내용 기반 추천

이제 내용 기반 필터링의 예를 살펴보자. 이 예제에서는 영화 데이터를 사용했다. 우리는 결국 사용자 등급 데이터도 사용할 것이다. 다음 스크린 샷은 데이터 셋의 모양을 보여준다.

Movie Data			Users Data		
Movie	Genres		User	Movie	Ratings
Movie 1	Action,Romance		User1	Movie1	1
Movie 2	Adventure		User2	Movie1	1
Movie 3	Action,Adventure,Thriller		User1	Movie4	2
Movie 4	Romance		User1	Movie5	2
Movie 5	Romance,Thriller		User1	Movie6	2
Movie 6	Action,Romance,Thriller		User2	Movie6	2

영화 데이터 셋에는 영화 이름을 나타내는 [Movie] 열과 영화가 속한 장르를 나타내는 [Genres] 열이 있다. 사용자 등급 데이터 셋에는 숫자 1로 표시되는 사용자 '좋아요' 수와 숫자 2로 표시되는 '싫어요' 수가 있다. 평가에는 NULL 또는 빈 값이 없다. 다음 스파크 코드를 사용하여 데이터를 로드할 수 있다.

```
import org.apache.spark.ml.feature.CountVectorizer,HashingTF, IDF, Tokenizer

val movieData = spark.createDataFrame(Seq(   ("Movie1", Array("Action","Ro-
mance")),
   ("Movie2", Array("Adventure")),
   ("Movie3", Array("Action","Adventure","Thriller")),
   ("Movie4", Array("Romance")),
   ("Movie5", Array("Romance","Thriller")),
   ("Movie6", Array("Action","Romance","Thriller"))
)).toDF("Movie", "Genres")

val usersData = spark.createDataFrame(Seq(
   ("User1","Movie1",1),
   ("User2","Movie1",1),
```

```
        ("User1","Movie4",2),
        ("User2","Movie5",2),
        ("User1","Movie6",2),
        ("User2","Movie6",2)
    )).toDF("User","Movie", "Ratings")
```

이제 각 영화 기록에 대한 TF-IDF 점수를 계산해야 한다. TF (용어 빈도)는 데이터 행 또는 문서의 용어 빈도이다. 이 예에서 용어는 영화가 속한 장르이다. 예를 들어, Movie1에 속하는 행에 대한 액션 장르의 TF는 1이 된다. 여기서 TF 계산을 위한 간단한 원시 카운트를 선택했다. 다음은 데이터 시트에서 TF 계산 방법을 보여주는 예이다.

Movie Matrix (TF) Simple Count				
Movie	Action	Adventure	Romance	Thriller
Movie 1	1		1	
Movie 2		1		
Movie 3	1	1		1
Movie 4			1	
Movie 5			1	1
Movie 6	1	0	1	1

TIP

TF를 사용하여 계산하는 방법은 많다. 여기서 우리는 이러한 데이터의 종류와 기록의 수와 같은 여러 요인에 따라 응용 프로그램에서 사용하고자 하는 TF 변형을 선택해야 한다. 이미 대해 더 자세한 내용은 다음 링크에서 확인할 수 있다.

- https://nlp.stanford.edu/IR-book/html/htmledition/tfidf-weighting-1.html
- https://en.wikipedia.org/wiki/Tf%E2%80%93idf

다음 Spark 코드는 TF 계산에 사용할 수 있다. 이 프로세스에서는 hashingTF 라이브러리를 사용했다.

```
val hashingTF = new
HashingTF().setInputCol("Genres").setOutputCol("rawFeatures")
val featurizedData = hashingTF.transform(movieData)
featurizedData.show(truncate=false)
```

다음은 이전 코드의 출력이다.

```
+------+-----------------------------+----------------------------------------+
|Movie |Genres                       |rawFeatures                             |
+------+-----------------------------+----------------------------------------+
|Movie1|[Action, Romance]            |(262144,[162807,188610],[1.0,1.0])      |
|Movie2|[Adventure]                  |(262144,[86025],[1.0])                  |
|Movie3|[Action, Adventure, Thriller]|(262144,[1158,86025,162807],[1.0,1.0,1.0]) |
|Movie4|[Romance]                    |(262144,[188610],[1.0])                 |
|Movie5|[Romance, Thriller]          |(262144,[1158,188610],[1.0,1.0])        |
|Movie6|[Action, Romance, Thriller]  |(262144,[1158,162807,188610],[1.0,1.0,1.0])|
+------+-----------------------------+----------------------------------------+
```

다음으로 IDF(inverse document frequency)를 계산한다. IDF는 주어진 코퍼스의 모든 문서에서 용어가 공통적 인지 또는 희귀한 지를 찾는다. 이것은 총 문서 수의 로그 기반 수학 기능을 용어가 표시된 총 문서 수로 나눈 값이다. 따라서 IDF는 다음 공식을 사용하여 계산할 수 있다 (출처: Wikipedia).

$$\mathrm{idf}(t, D) = \log \frac{N}{|\{d \in D : t \in d\}|}$$

with

- N: total number of documents in the corpus $N = |D|$
- $|\{d \in D : t \in d\}|$: number of documents where the term t appears (i.e., $\mathrm{tf}(t, d) \neq 0$). If the term is not in the corpus, this will lead to a division-by-zero. It is therefore common to adjust the denominator to $1 + |\{d \in D : t \in d\}|$.

Excel 시트에서 이전 수식을 기반으로 IDF를 계산했다. 예제에서 어떻게 보이는지 이해하려면 다음 스크린 샷을 참조하자.

B26 =LN((B27+1)/(B25+1))

	A	B	C	D	E
13					
14					
15	Movie Matrix (TF) Simple Count				
16	Movie	Action	Adventure	Romance	Thriller
17					
18	Movie 1	1		1	
19	Movie 2		1		
20	Movie 3	1	1		1
21	Movie 4			1	
22	Movie 5			1	1
23	Movie 6	1	0	1	1
24					
25	DF	3	2	4	3
26	IDF	0.559615788	0.8472979	0.336472237	0.559615788
27	N=	6	6	6	6

IDF를 계산한 후 완전한 사용법을 얻으려면 TF 번호에 IDF 번호를 곱해야 한다. 다음은 TF * IDF 출력이 시트에서 어떻게 보이는지 보여준다.

Movie Matrix (TF*IDF)				
Movie	Action	Adventure	Romance	Thriller
Movie 1	0.559615788		0.336472237	
Movie 2		0.8472979		
Movie 3	0.559615788	0.8472979		0.559615788
Movie 4			0.336472237	
Movie 5			0.336472237	0.559615788
Movie 6	0.559615788		0.336472237	0.559615788

다음 스파크 코드는 TF * IDF 점수를 계산한다.

```
val idf = new IDF().setInputCol("rawFeatures").setOutputCol("features") val idf-
Model = idf.fit(featurizedData)

val rescaledData = idfModel.transform(featurizedData) rescaledData.se-
lect("Movie","rawFeatures","features").show()
```

다음과 같이 앞의 코드의 출력은 같다.

```
+------+-----------------------------+--------------------------------------------------------------------+
|Movie |rawFeatures                  |features                                                            |
+------+-----------------------------+--------------------------------------------------------------------+
|Movie1|(20,[3,10],[1.0,1.0])        |(20,[3,10],[0.5596157879354227,0.3364722366212129])                 |
|Movie2|(20,[13],[1.0])              |(20,[13],[0.8472978603872037])                                      |
|Movie3|(20,[3,13,14],[1.0,1.0,1.0])|(20,[3,13,14],[0.5596157879354227,0.8472978603872037,0.5596157879354227])|
|Movie4|(20,[10],[1.0])              |(20,[10],[0.3364722366212129])                                      |
|Movie5|(20,[10,14],[1.0,1.0])       |(20,[10,14],[0.3364722366212129,0.5596157879354227])                |
|Movie6|(20,[3,10,14],[1.0,1.0,1.0])|(20,[3,10,14],[0.5596157879354227,0.3364722366212129,0.5596157879354227])|
+------+-----------------------------+--------------------------------------------------------------------+
```

이제 사용자 등급에서 사용자 벡터를 결정해야 한다. 사용자 프로파일 벡터는 각 영화 장르를 기반으로 계산된다. 주어진 장르에 대한 모든 사용자 등급과 모든 영화에 대한 사용자 평점의 벡터 내적이다.

자주 묻는 질문

Q: 머신 러닝의 두 가지 기본 범주는 무엇이며 서로 어떻게 다른가?

A: 머신 러닝은 지도 학습과 비지도 학습으로 크게 분류할 수 있다. 지도 학습의 경우 모델은 학습 데이터라고 하는 진리의 버전으로 간주되는 과거 데이터를 기반으로 학습된다. 비지도 학습 알고리즘은 분류된 학습 데이터 없이 입력 데이터에 기초한 추론을 도출한다. 데이터 셋 내의 숨겨진 패턴은 즉시 유추된다.

Q: Spark 프로그래밍 모델이 대형 데이터 셋을 사용하는 머신 러닝에 적합한 이유는 무엇인가?

A: Spark는 분산 탄력적 컴퓨팅의 기본을 기반으로 하는 범용 계산 엔진이다. 대형 데이터 셋은 클러스터 노드에 원활하게 분산되어 보다 신속한 모델 생성 및 실행이 가능하다. 기본 세부 사항의 대부분은 데이터 과학 기술자에게 숨겨져 있으며 따라서 Spark로 머신 러닝을 구현하는 데 필요한 학습 곡선이 매우 제한적이다. Spark는 본질적으로 내결함성이 있으며 자원 관리자 (Yarn, Mesos 등)를 매우 효과적으로 활용한다. 그것은 많은 커뮤니티 관심사와 함께 가장 인기 있는 아파치 프로젝트 중 하나이다.

Q: 회귀와 분류의 차이점은 무엇인가?

A: 회귀 분석은 하나 이상의 독립 변수 값을 기반으로 연속 변수 (종속 변수)의 이벤트 또는 값의 발생을 예측하는 데 사용되는 기술이다. 분류는 데이터 요소가 이산 카테고리 또는 클러스터 아래에 태그가 지정된 그룹화 메커니즘으로 사용된다.

Q: 차원 축소이란 무엇이며 그 기본 목적은 무엇인가?

A: 대용량 데이터 기술이 발전함에 따라 이기종 소스에서 데이터를 생성하고 있다. 더 많은 데이터가 더 나은 데이터라는 점은 사실이지만, 사용 가능한 모든 독립 변수를 모델링하는 데는 대단한 계산 능력이 필요하다. 중복되는 일부 차원이 있으며 일부 차원은 결과에 중요한 영향을 미치지 않는다. 차원 축소 기술은 중요하지 않은 중복 변수를 제거하여 정보 손실 없이 차원 수를 줄이는 데 도움이 된다. 이로 인해 계산 요구 사항이 낮아지고 제한된 차원에서 데이터를 쉽게 시각화할 수 있다.

요약

이 장에서는 머신 러닝 학습 알고리즘의 기본 개념에 대해 소개하고 Spark 프로그래밍 모델이 머신 러닝을 위해 대용량 데이터 자산을 활용하는 효과적인 도구임을 확인하였다. 또한 지도 및 비지도 학습 알고리즘에 대해 좀더 심도 있게 Spark 머신 러닝 학습 라이브러리로 알고리즘을 구현해 보았다. 다음 장에서는 이러한 기본 지식을 바탕으로 신경망이 지능형 컴퓨터를 만드는 기본 구성 요소 역할을 하는 방식을 학습하고자 한다.

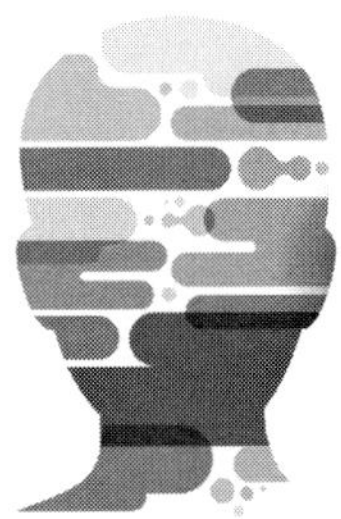

제 4 장

빅 데이터를 위한 신경망

Neural Network for Big Data

Artificial Intelligence for Big Data

Complete guide to automating Big Data solutions using Artificial Intelligence techniques

제3장에서는 지능형 시스템 구축에 대한 기본을 마련하였다. 지도 학습 알고리즘과 비지도 학습 알고리즘의 두 가지 기본 그룹에서 머신 러닝 알고리즘을 차별화했으며 Spark 프로그래밍 모델이 간단한 프로그래밍 인터페이스로 이러한 알고리즘을 구현하는 데 유용한 도구인지와 사용 가능한 머신 러닝 라이브러리에 대한 간략한 개요를 알아보았다. 또한 Spark ML에서 간단한 예제와 지원 코드로 회귀 분석의 기본 사항을 다루어 보았다. 이 장에서는 K-means 알고리즘을 사용하여 데이터를 클러스터링하는 방법과 차원 감소의 영역에 대해 보다 심도 있는 학습을 하고자 한다. 이는 정보 손실 없이 더 적은 차원으로 동일한 정보를 표현하는 데 도움이 된다. 주성분 분석, 내용 기반 필터링 및 협업 필터링 기술에 대한 이해를 바탕으로 추천 엔진을 구현하기 위한 기반을 마련하였다. 따라서 우리는 행렬 대수학의 기초를 이해하려고 노력하였다. 이 장에서는 신경망과 분산 컴퓨팅 프레임워크로 컴퓨팅 파워가 향상됨에 따라 신경망이 어떻게 진화했는지 살펴보고자 한다. 신경망은 인간의 두뇌에서 영감을 얻고 전통적인 수학적 모델에서는 실현 불가능한 몇 가지 매우 복잡한 문제를 해결할 수 있도록 도와준다. 이 장에서 다룰 내용은 다음과 같다.

이번 장에서 다룰 주제

- 신경망과 인공 신경망의 기초
- 퍼셉트론 및 선형 모델
- 비선형 모델
- 전방향 신경망(feed forward neural network)
- 기울기 하강(gradient descent), 오류 역전파(backpropagation) 및 오버피팅
- 순환 신경망(recurrent neural network)

Spark ML을 사용하여 이해하기 쉬운 시나리오와 해당 코드 샘플을 사용하여 이러한 개념을 설명하겠다.

신경망과 인공 신경망의 기본

앞장에서 다루었던 기본 알고리즘과 수학적 모델링 개념은 구조화되고 간단한 문제를 해결할 때 매우 유용하다. 이를 인간의 두뇌가 쉽게 할 수 있는 것과 비교해 보면 더 간단하다. 예를 들어, 아기가 다양한 감각(시력, 소리, 촉감 등)을 통해 대상을 식별하기 시작하면 인간의 두뇌 내의 기본 구성 요소를 기반으로 대상에 대해 학습한다. 진화 주기에 기초한 정교함의 수준에 차이가 있는 모든 생명체에서 유사한 메커니즘이 있다.

다양한 동물과 인간의 뇌에 대한 신경학적 연구는 뇌의 기본 구성 요소가 뉴런이라는 것을 보여준다. 이러한 생물학적 뉴런은 상호 연결되어 수천 개의 연결된 뉴런에 동시에 신호를 전송할 수 있다. 인간과 같은 더 복잡한 종에서는 뇌가 덜 복잡한 종보다 많은 뉴런을 포함하고 있다. 예를 들어, 인간의 뇌에는 1,000억 개의 상호 연결된 뉴런이 있다. 연구진은 다양한 종의 뉴런과 지능 사이의 상호 연결의 양과 수준 사이에 직접적인 상관관계를 발견했다. 이로 인해 이미지 인식과 같은 보다 복잡한 문제를 해결할 수 있는 **인공 신경망**(ANN)이 개발되었다.

ANN은 인간 두뇌의 컴퓨팅과 이해에 대한 대안 접근법을 제공한다. 인간 두뇌의 정확한 기능에 대한 아직 다 밝혀진것은 아니지만, 복잡한 문제를 해결하기 위한 ANN의 적용은 전통적인 컴퓨팅 및 알고리즘과는 달리 상황에 따른 입력을 기반으로 자체적으로 학습하는 기계를 주로 개발하는 데 더 나은 결과를 보여왔다.

기계에 대한 인지 지능을 개발하려는 많은 노력에서 신경망과 알고리즘 컴퓨팅이 서로 경쟁하지 않고 서로를 보완한다는 점을 명심해야 한다. 신경망보다 알고리즘 방식에 더 적합한 작업이 있다. 따라서 신중하게 두 가지를 모두 활용하여 특정 문제를 해결해야 한다. 두 가지 접근법을 모두 필요로 하는 시스템들이 많다.

생물학적 뉴런과 마찬가지로 ANN에는 입력 및 출력 단위가 있다. 간단한 ANN은 그림 4.1과 같이 표현된다.

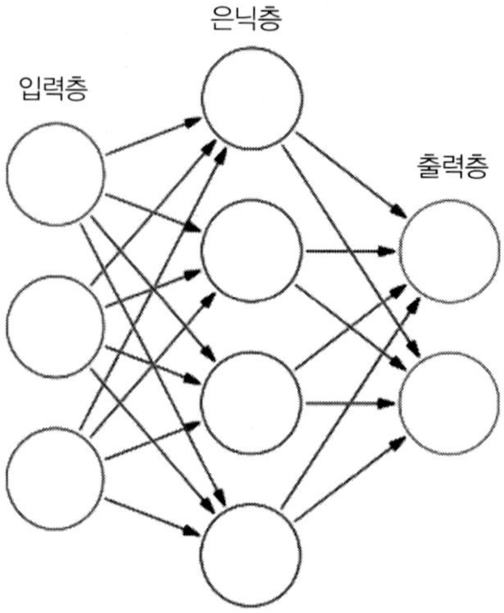

그림 4.1 간단한 ANN 구조

ANN은 네트워크에 입력 데이터를 제공하는 하나의 입력층, ANN의 완성된 계산을 나타내는 하나의 출력층 및 하나 이상의 은닉층으로 구성되어 있다. 신경망 이론은 새로운 것이 아니다. 초기에는 ANN의 잠재력을 최대한 발휘하기 위해서는 컴퓨터 자원과 데이터 셋이 제한적이었다. 그러나 거대한 데이터 기술과 대량 병렬 분산 컴퓨팅 프레임워크의 출현으로 혁신적인 유스케이스에 ANN이 능력을 발휘하였고, 이미지 인식 및 자연 언어 처리와 같은 가장 어려운 문제를 해결할 수 있었다. 이 장의 후속 단원에서는 간단한 예제를 통해 ANN에 대해 자세히 살펴볼 것이다.

퍼셉트론 및 선형 모델

두 개의 입력 변수와 하나의 출력 또는 종속 변수가 있는 회귀 문제의 예를 살펴보고, 입력 변수 집합에 대한 출력 변수의 값을 예측할 수 있는 모델을 만드는 데 ANN이 사용되는 방법을 살펴보자.

x1	x2	y
4	7	10
3	1	7
8	9	12
4	6	9
2	3	5
6	10	?

그림 4.2 샘플 훈련 데이터

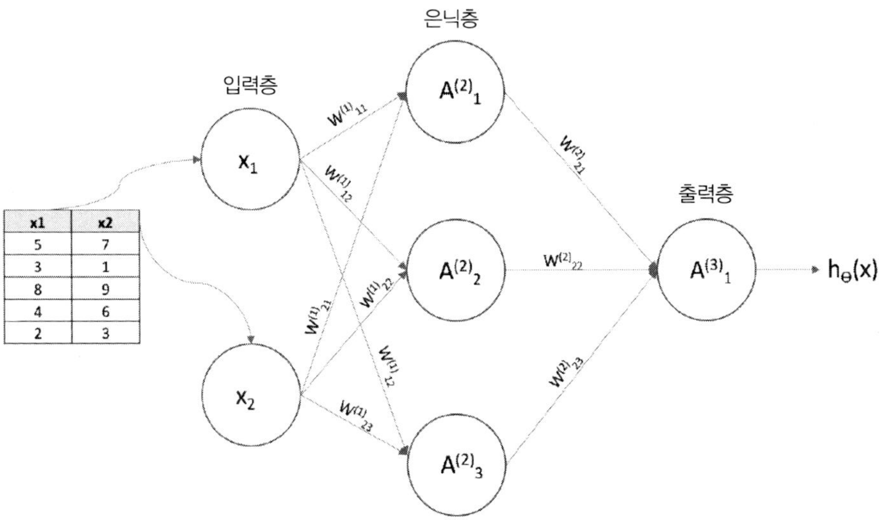

그림 4.3 ANN 표기법

이 예에서는 x1과 x2를 입력 변수로, *y*를 출력 변수로 사용한다. 훈련 데이터(training data)는 5개의 데이터 포인트와 종속 변수 *y*의 해당 값으로 구성된다. 목표는 x1 = 6 및 x2 = 10 일 때, *y*의 값을 예측하는 것이다. 주어진 연속 함수는 입력층에 *n*개의 뉴런, 은닉층에 *2n + 1*개의 뉴런이 있고 *m*개의 뉴런을 은닉층에 가지는 3계층으로 구성된 신경망이다. 간단한 신경망으로 이것을 나타낸다.

신경 네트워크의 구성 요소 표기

- 신경망을 표시하는 표준화된 방법은 다음과 같다.
- x_1과 x_2는 입력이다 (입력층에서 활성화 함수를 호출할 수도 있다).
- 이 네트워크에는 입력층, 출력층 및 은닉층의 세 가지 층이 있다.
- 입력 변수에는 입력 변수에 해당하는 두 개의 뉴런이 있다. 기억을 위해서 두 개의 뉴런이 사용되었다. 그러나 실제로는 수십만 개의 차원을 가지는 입력 변수가 있다. ANN의 핵심 개념은 이론적으로 많은 수의 입력 변수에 적용할 수 있다.
- 은닉층 (두번째 계층)에는 세 개의 뉴런이 있다 (a^2_1, a^2_2, a^2_3).
- 최종 출력층의 뉴런은 출력 A^3_1을 생성한다.
- $a^{(j)}_i$: 계층 j에서 유닛 i의 활성화 (노드에 의해 계산되고 출력되는 값)를 나타낸다.
- 노드의 활성화 기능은 일련의 입력에 대한 노드의 출력을 정의한다. 가장 간단하고 가장 일반적인 활성화 함수는 뉴런이 활성화(발사)되는지 여부에 관계없이 뉴런 출력의 두 가지 상태를 나타내는 이진 함수이다.
    - 예를 들어, a^2_1은 두 번째 계층의 첫 번째 단위 활성화를 나타낸다.
- $W^{(l)}_{ij}$는 커넥터 상의 가중치를 나타내고, l은 신호가 움직이는 층, i는 우리가 움직이는 뉴런 번호, j는 신호가 움직이는 다음 층의 뉴런 번호를 나타낸다. 가중치는 ANN의 실제 출력과 원하는 출력 간의 차이를 줄이기 위해 사용된다.
    - 예를 들어, $W^{(1)}_{12}$는 계층 1의 첫 번째 뉴런에 대해 계층 1에서 계층 2로, 그리고 계층 2의 두 번째 뉴런을 향한 두 개의 뉴런 사이의 연결에 대한 가중치를 나타낸다.

간단한 퍼셉트론 모델의 수학적 표현

신경망의 출력은 입력값, 각 뉴런의 활성화 함수 및 연결의 가중치에 따라 달라진다. 목표는 출력값을 정확하게 예측하기 위해 각 연결에서 적절한 가중치를 찾는 것이다. 입력, 가중치, 전송 및 활성화 함수 간의 상관관계는 다음과 같이 시각화할 수 있다.

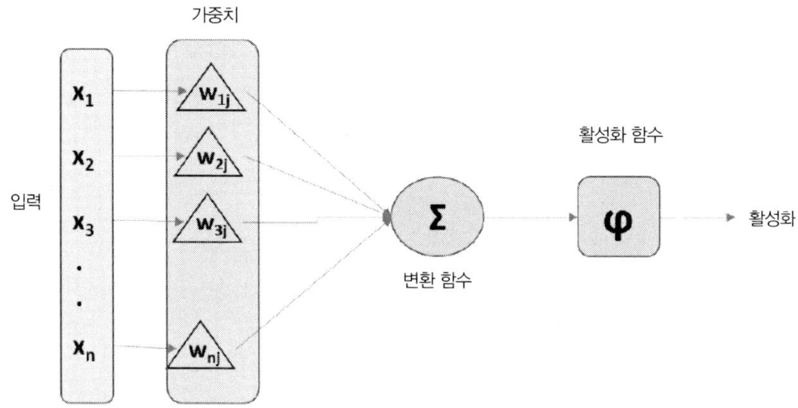

그림 4.4 ANN 구성 요소의 상관 관계

요약하면, ANN 내에서 입력 (X)과 가중치 (W)의 합을 구하고 활성화 함수 $f(x)$를 적용하여 입력으로 다른 레이어로 전달되는 계층의 출력을 얻을 수 있다. 활성화 함수가 없으면 입력값과 출력값 사이의 상관 관계는 선형 함수가 된다.

> 퍼셉트론은 선형으로 분리될 데이터 셋의 분류에 사용되는 ANN의 간단한 형태이다. 이는 다양한 가중치와 바이어스 단위 단일 신경망으로 구성되어 있다.

따라서 내적으로 간단한 퍼셉트론 모델을 나타낼 수 있다.

$$\varnothing(\sum_{i}^{n} x.w)$$

이 예제에서는 x_1과 x_2의 값이 여러 개이기 때문에 모든 전송 및 활성화 함수를 병렬로 계산할 수 있도록 행렬 곱셈을 하면 가장 계산이 잘 된다. 수학적 모델 API는 행렬 곱셈을 수행하기 위해 분산 병렬 계산 프레임워크의 힘을 활용하도록 크게 조정된다. 이제 예제를 살펴보고 행렬 표기법으로 표현해 보겠다. 입력 데이터 셋은 x로 나타낼 수 있다. 이 예에서는 $(5_x 2)$ 행렬이다. 가중치는 $W^1_{(2x3)}$으로 나타낼 수 있다. 결과 행렬 (Z^2)은 두 번째 (숨겨진) 계층의 활동인 $5 x 3$ 행렬이다. 각 행은 일련의 입력값에 해당하며, 각 열은 숨겨진 계층에 있는 각 노드의 전달 함수 또는 활동을 나타낸다. 이는 다음 다이어그램에서 설명할 수 있다.

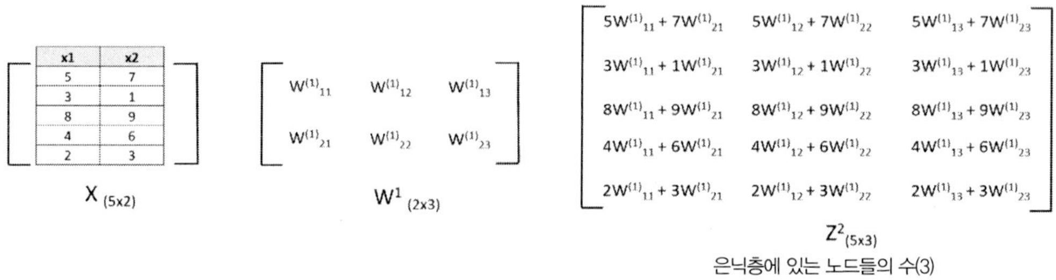

그림 4.5 입력 값들의 집합에 해당되는 각 행

이것을 통해 신경망에 대한 첫 번째 수식을 얻었다. 이 경우 매트릭스 표기법은 한 단계로 복잡한 계산을 수행할 수 있기 때문에 매우 편리하다.

$$Z^{(2)} = XW^{(1)}$$

이 공식을 사용하여 각 입력 집합에 대한 입력 및 해당 시냅스 가중치의 합을 합산한다. 계층의 출력은 노드에 대한 모든 개별 값에 대해 활성화 함수를 적용하여 얻는다.

활성화 함수의 주요 목적은 노드의 입력 신호를 출력 신호로 변환하는 것이다. 생물학적 뉴런에 평행한 것으로서, 활성화 함수의 적용 후의 출력은 뉴런이 발사되었는지 아닌지를 나타낸다. 선형 퍼셉트론 모델의 다음 단계를 수행하기 전에 신경망에서 사용되는 가장 일반적인 활성화 함수를 먼저 이해해 보자.

■ 활성화 함수

활성화 함수(activation functions)가 없으면 출력은 입력값의 선형 함수가 된다. 선형 함수는 직선 방정식 또는 1차 방정식의 다항식이다. 선형 방정식은 수학적 모델 중 가장 단순한 형태를 나타내며 실세계 시나리오를 대표하지 않는다. 복잡한 데이터 셋 내의 상관 관계를 매핑할 수 없다. 활성화 기능이 없으면 신경망은 이미지 및 비디오와 같은 구조화되지 않은 데이터 셋을 학습하고 모델링할 수 있는 기능이 매우 제한적이 된다. 선형 및 비선형 함수의 차이점은 다음 그림에 설명되어 있다.

여기서 알 수 있듯이 활성화 함수를 사용하지 않고 얻은 선형 모델은 훈련 데이터를 정확하게 모델링할 수 없지만 다차원 다항식은 훈련 데이터를 정확하게 모델링할 수 있다.

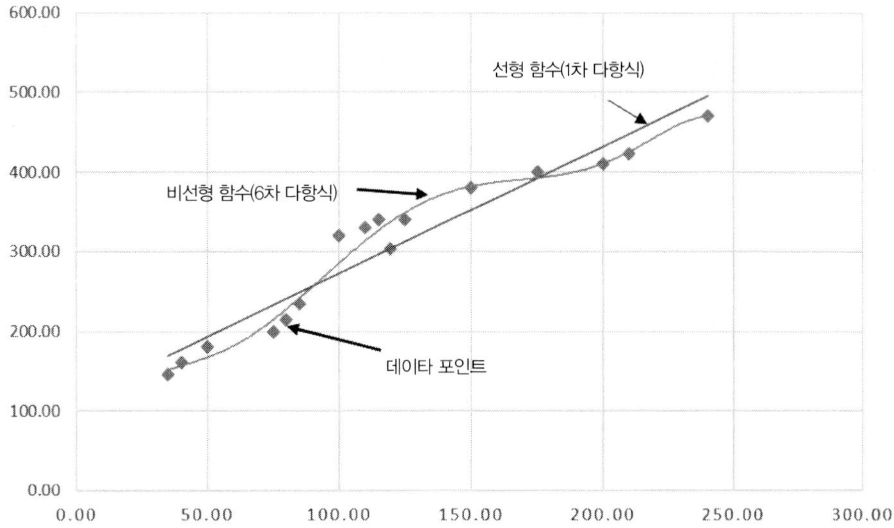

그림 4.6 선형과 비선형 함수 비교

비선형 활성화 함수를 사용하여 입력 변수와 출력 변수 사이의 비선형 매핑을 생성하고 복잡한 실제 시나리오를 모델링할 수 있다. 신경망의 각 뉴런에는 세 가지 기본 활성화 함수가 사용된다.

- 시그모이드 함수
- Tanh 함수
- 잘 정리된 선형 유닛

• 시그모이드 함수

시그모이드 함수(sigmoid function)는 가장 인기 있는 비선형 함수 중 하나이고, 출력 *0* 또는 *1* 어떠한 것도 엑스 입력 값과 $-\infty$ 와 $+\infty$로 매핑한다. 다음 함수는 수학적으로 그래픽으로 표현될 수 있다.

함수 곡선이 *S* 형태라서 이름이 **시그모이드** 함수가 된 것으로, 이 값의 예에서 볼 수 있듯이 -2와 $+2$사이의 x에 대해 y 출력 값은 매우 가파른 값을 갖는다. x값의 작은 변화가 출력 값에 크게 영향을 준다. 이 영역을 활성 기울기 영역(active gradient zone)이라 한다. 단순성 관점에서 보면, 가장 높은 경사를 가진 곡선의 영역으로 이해하자. x값이 $-\infty$ 와 $+\infty$인 경향이 있기 때문에, 곡선은 감소하는 기울기의 영역으로 들어가게 된다. 이 영역에서는 x값이 크게 변화해도 y 출력 값에 영향을 주지 않는다. 따라서 이 모델이 수렴하려 할 때 기울기가 사라지는 문제를 발생시킨다. 이 시점에서, 네트워크는 더 학습하거나 매우 느리고 수렴하기 불가능한 계산을 하지않는다. 시그모이드 활성화 기능이 가장 중요한 부분은 입력값 x에 상관없이 항상 출력이 *0* 또는 *1* 이다. 이것은 분류 문제에 대한 활성화 함수로 이상적인 선택이다. 예를 들어, 사기 또는 사기가 아니라는 트랜잭션을 식별하기에 좋은 방법이다. 시그모이드 함수의 또 다른 문제는 *0*가 중심(*0* < 출력 <*1*)이 되지 않는 것이다. 이는 신경망 연산을 최적화하기에 여렵다. 이 단점을 극복하는 것이 TANH 함수이다.

$$A = \frac{1}{1+e^{-x}}$$

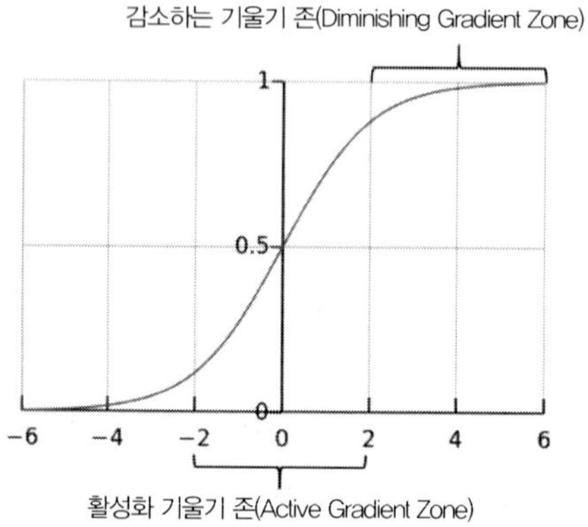

그림 4.7 시그모이드 함수

- **Tanh 함수**

쌍곡선 탄젠트(TANH) 함수는 시그모이드 함수의 약간 변형된 0 중심의 함수이다. 수학적 그래프로는 다음과 같이 표현될 수 있다 :

$$f(x) = tanh(x) = \frac{2}{1+e^{-2x}} - 1$$

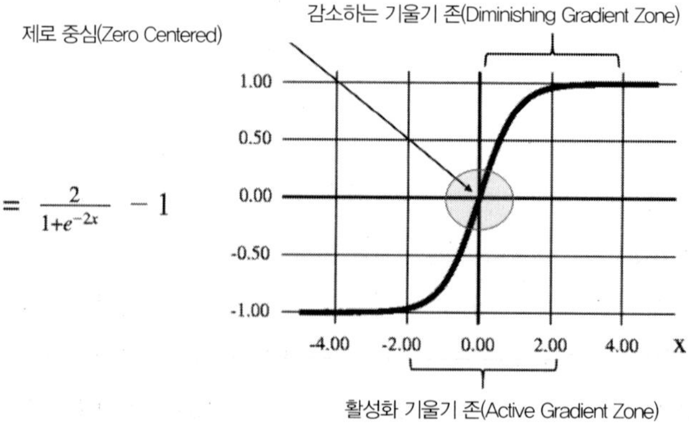

그림 4.8 Tanh 함수

Tanh 함수는 *-1* 과 *1*사이 함수이고 *0* 중심 함수이다 ; *- 1 < 출력 <1*. 이 경우, 최적화가 용이하고 이 활성화 함수는 시그모이드 함수보다 바람직하다. 그러나 그 Tanh 함수는 시그모이드 함수와 유사한 기울기가 사라지는(vanishing gradient problem) 문제점을 겪고 있다. 이러한 한계를 극복하기 위해 ReLu(rectified liniar unit)를 사용한다.

- **ReLu**

다음과 같이 ReLu 함수는 수학적 그래프로 표시된다.

$$A(x) = \max(0,x)$$

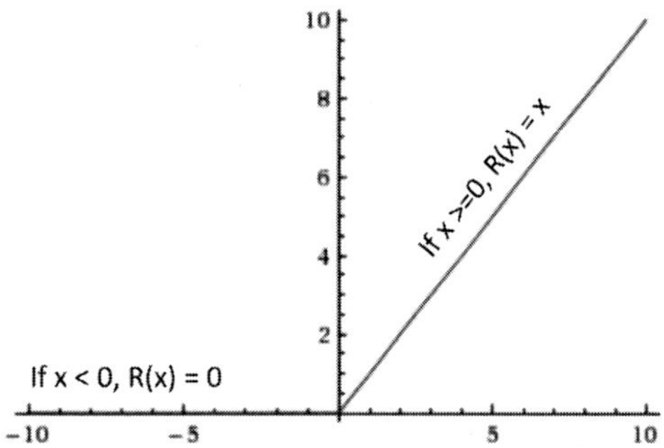

그림 4.9 ReLu 함수

이 활성화 함수의 수학적 형태는 *S* 자형 또는 Tanh 함수와 유사하고, 선형 함수처럼 보인다. 그러나 이 함수는 계산적으로 간단하고 효율적인 비선형 함수이므로 딥 신경망(복수개 은닉층을 가진 신경망)으로 구현 가능하다. 이 활성화 기능은 사라지는 기울기 문제를 제거한다. 그러나 ReLu 사용의 제한점은 은닉층에서 사용할 수 있다는 것이다. 출력층은 회귀 및 분류 문제에 대한 다른 기능을 사용할 필요가 있다. ReLu 기능은 Sigmoid 및 Tanh 함수와 비교하여 신경망 계산 및 수렴을 단순화하고 최적화시킨다. 시그모이드 및 Tanh 함수의 경우 숨겨진 단위 내의 모든 뉴런이 모델 수렴 중에 발화한다. 그러나 ReLu의 경우, 뉴런의 일부(음의 입력 값) 가 비활성화될 것이며, 따라서 활성화가 희소하고 효율적이다. 수평 활성화 라인으로 인한 효율이 바람직하지만 ReLu가 죽는 문제가 있다. 음수 *x* 값으로 인한 상태로 들어간 뉴런은 오류 또는 입력 값의 변화에 반응하지 않아 신경망의 주요 부분을 수동으로 만든다. ReLu의 이러한 바람직하지 않은 부작용은 ReLu의 약간의 변형(leaky ReLu)으로 제거 가능하다. 변형된 ReLu(Leaky ReLu)의 경우, 수평선은 약간 기울어진 비 수평선 ($x < 0$)에 대해 0.001x로 변환되어 스펙트럼의 음수 측의 입력 값을 갱신

한다. 변형된 ReLu는 다음과 같은 그래프는 표현된다.

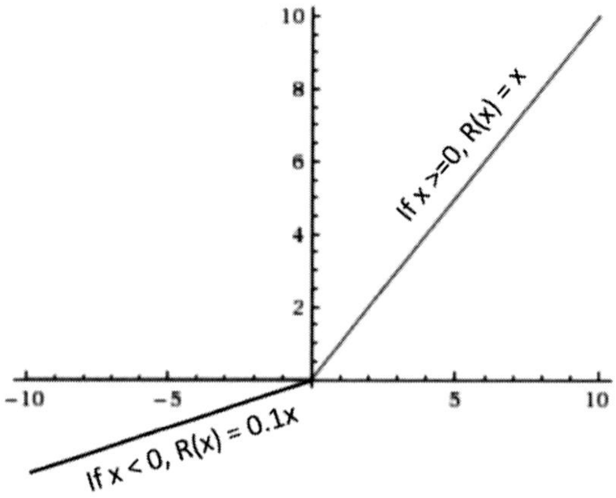

그림 4.10 변형된 ReLu(Leaky ReLu)

비선형 모델

활성화 기능에 대한 배경 정보를 통해 우리는 신경망에서 비선형성이 필요한 이유를 이해하였다. 비선형 회귀 정밀도는 분류 문제를 해결하는 복잡한 데이터 패턴을 모델링하기 위해 필수적이다. 다시 한번 은닉층의 활동을 하게 한 초기 예제 문제로 돌아가 보자. 은닉층의 각 노드에 대한 활동에 시그모이드 활성화 기능을 적용할 수 있다. 이것이 퍼셉트론 모델의 두 번째 공식을 제공한다.

- $Z^{(2)} = XW^{(1)}$
- $a^{(2)} = f(z^{(2)})$

활성화 함수 f를 적용하면 결과 행렬은 $z^{(2)}$와 동일한 크기가 된다. 즉, 5×3이다. 다음 단계는 은닉층의 활동에 출력층의 시냅스에 대한 가중치를 곱하는 것이다. ANN 표기법에 대한 도표를 참조하자. 은닉층 노드에서 출력층까지의 각 링크에 하나씩 세 가지 가중치가 있음에 유의하자. 이를 가중치 $W^{(2)}$라고 한다. 이를 통해 출력층의 활동을 세 번째 함수로 표현할 수 있다.

- $Z^{(3)} = a^{(2)}\ W^{(2)}$

알다시피, $a^{(2)}$는 5×3 행렬이고, $W^{(2)}$는 3×1 행렬이다. 따라서 $Z^{(3)}$은 5×1 행렬이 된다. 활동 값을 나타내는 각 행은 학습 데이터 셋의 각 개별 항목에 해당된다. 마지막으로, 훈련 데이터 셋을 기반으로 한 출력 값 추정을 얻기 위해 $Z^{(3)}$에 시그모이드 활성화 함수를 적용한다.

$$\hat{y} = f(Z^{(3)})$$

은닉층과 출력층에서 활성화 함수를 적용하면 모델의 비선형성이 보장되고 비선형 학습 데이터 셋을 ANN으로 모델링할 수 있다.

전방향 신경망

지금까지 언급한 ANN은 유닛과 레이어 간의 연결이 사이클을 형성하지 않고 입력층에서 출력층으로만 이동하기 때문에 전방향 신경망(feed-forward neural network)이라고 한다.

간단한 스파크 ML 코드를 이용하여 전방향 신경망 예를 구현해 보자.

```
object FeedForwardNetworkWithSpark  {
def main(args:Array[String]): Unit ={
val recordReader:RecordReader = new CSVRecordReader(0,",")
val conf = new SparkConf()
.setMaster("spark://master:7077")
.setAppName("FeedForwardNetwork-Iris")
val sc = new SparkContext(conf)
val numInputs:Int = 4
val outputNum = 3
val iterations =1
val multiLayerConfig:MultiLayerConfiguration = new
   NeuralNetConfiguration.Builder()
   .seed(12345)
   .iterations(iterations)
.optimizationAlgo(OptimizationAlgorithm
                     .STOCHASTIC_GRADIENT_DESCENT)
   .learningRate(1e-1)
   .l1(0.01).regularization(true).l2(1e-3)
   .list(3)
   .layer(0, new DenseLayer.Builder().nIn(numInputs).nOut(3)
   .activation("tanh")
   .weightInit(WeightInit.XAVIER)
```

```
.build())
.layer(1, new DenseLayer.Builder().nIn(3).nOut(2)
.activation("tanh")
.weightInit(WeightInit.XAVIER)
.build())
.layer(2, new
 OutputLayer.Builder(LossFunctions.LossFunction.MCXENT)
    .weightInit(WeightInit.XAVIER)
    .activation("softmax")
    .nIn(2).nOut(outputNum).build())
    .backprop(true).pretrain(false)
    .build
val network:MultiLayerNetwork = new
MultiLayerNetwork(multiLayerConfig)
network.init
network.setUpdater(null)
val sparkNetwork:SparkDl4jMultiLayer = new
SparkDl4jMultiLayer(sc,network)
val nEpochs:Int = 6
val listBuffer = new ListBuffer[Array[Float]]()
(0 until nEpochs).foreachi =>
val net:MultiLayerNetwork =
sparkNetwork.fit("file:///<path>/
iris_shuffled_normalized_csv.txt",4,recordReader)
listBuffer +=(net.params.data.asFloat().clone())
}
println("Parameters vs. iteration Output: ")
(0 until listBuffer.size).foreachi =>
println(i+""+listBuffer(i).mkString)
  }

}
```

이와 같이 이 모델에 의해 예측된 산출 값은 정확하지 않다. 이는 가중치를 임의로 초기화하고 한 번만 전달하는 것이기 때문이다. 은닉층에서 최종 출력층 사이의 각 링크에 대한 가중치를 최적화하려면 신경망이 필요하다. 이는 오류 역전파(error backpropagation)라는 기술을 통해 이루어지며, 다음 절에서 설명할 것이다.

✿ 기울기 하강 및 오류 역전파

일련의 훈련 데이터가 있는 다음 선형 회귀 예제를 고려해 보자. 훈련 데이터를 기반으로 다음 다이어그램과 같이 직선 예측 함수 h(x)를 모델링하기 위해 전방향 전파 방식을 사용한다.

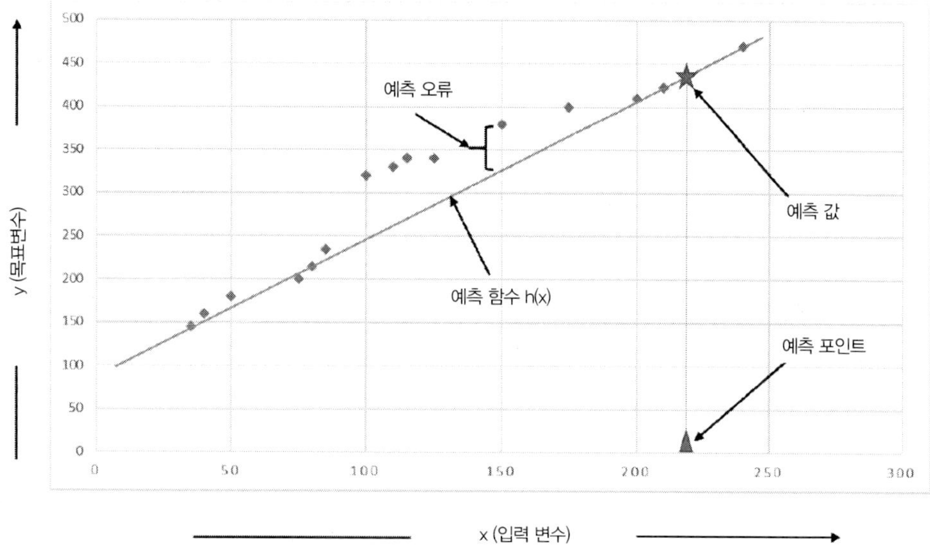

그림 4.11 직선 함수를 모델링 하기 위한 전방향 전파

개별 훈련 샘플의 실제 값과 예측 값의 차이는 예측 함수의 전체 오류에 영향을 준다. 신경망에 대한 적합성은 비용 함수로 정의된다. 훈련 데이터를 모델링할 때 신경망이 훈련 데이터 셋과 관련하여 얼마나 잘 수행되었는지를 측정한다.

상상할 수 있듯이 신경망의 경우 비용 함수 값은 각 뉴런의 가중치와 각 노드의 바이어스에 따라 다르다. 비용 함수는 단일 값이며 전체 신경망을 대표한다. 비용 함수는 신경망에서 다음과 같은 형태를 취한다.

$$C\ (W, X^r, Y^r)$$

- W는 신경망에 대한 가중치를 나타낸다.
- X^r는 단일 훈련 데이터 값을 나타낸다.
- Y^r는 X^r에 대한 상응하는 출력 값을 나타낸다.

제3장 빅 데이터로부터의 학습 단원에서 모든 학습 데이터 포인트에 대한 비용은 제곱 오차의 합으로서 표현될 수 있다고 하였다. 따라서 이 비용을 나타내는 신경망에 대한 다섯 번째 방정식을 다음과 같이 얻을 수 있다.

- $C\ (W,\ X^r,\ Y^r) = J = \sum 1/2\ (y - y^{\wedge})^2$

입력 훈련 데이터는 상황을 통제할 수 없기 때문에, 신경망의 목표는 비용 함수의 값을 최소화하도록 가중치와 바이어스 값을 유도하는 것이다. 비용을 최소화하였으므로 이 모델은 임의의 데이터 입력 값을 예측하는데 더 정확하다. 우리에게 최소의 비용을 가져오는 가중치 W의 조합이 있다. 그림 4.3을 보자. 우리는 신경망에 9개 개별 가중치를 가지고 있다. 기본적으로 9개의 가중치의 조합으로 신경망에서 최소 비용을 얻는다. 이 예제를 좀더 단순화하여, 단지 신경망 가설의 비용을 최소화하기 위해 최적화할 하나의 가중치를 가지고 있다고 가정해 보자. 다음과 같은 임의의 값으로 가중치를 초기화하고, 임의의 높은 숫자 값으로 테스트하고 단순한 2차원 그래프에 대응하는 비용을 그릴 수 있다.

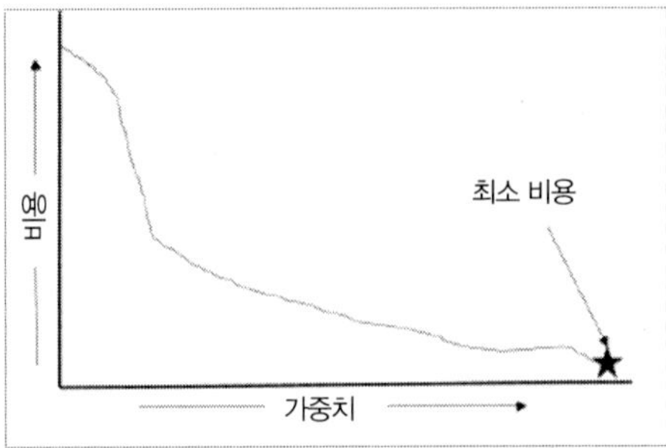

그림 4.12 가중치-비용 그래프

무작위로 선택된 많은 입력 가중치에 대해 최소 비용을 계산하는 것이 가능하다. 그러나 입력 크기의 수 (이 예에서는 2)와 함께 가중치 수가 증가하면 (이 경우 9개) 합리적인 시간 내에 최소 비용을 얻는 것이 계산상 불가능해진다. 실제 시나리오에서 우리는 수십 또는 수천 개의 차원과 많은 수의 은닉층을 가진 고도로 복잡한 신경망을 가지므로 많은 수의 독립적인 가중치를 갖게 된다.

일반적으로 가중치를 최적화하기 위한 무차별 대입 최적화 방법은 많은 수의 차원에서 작동하지 않는다. 대신 신경망을 훈련할 때 계산 상의 요구 사항을 크게 줄이기 위해 간단하고 널리 사용되는 기울기 하강 알고리즘을 사용할 수 있다. 기울기 하강을 이해하려면 다섯 가지 방정식을 다음과 같이 단일 방정식으로 결합한다.

$$J = \Sigma\ 1/2\ (y - f(\ f(X\ W^{(1)})\ W^{(2)}\ )\ )^2$$

이 경우, W에 대한 J의 변화율을 찾아야 한다. 이는 다음 편미분으로서 표현될 수 있다.

$$J = \frac{\partial J}{\partial W}$$

미분 방정식이 양의 값으로 평가된다면, 우리는 언덕 위로 올라가며 최소 비용의 방향으로 나아가지 않을 것이고, 미분 방정식이 음의 값으로 평가된다면 올바른 방향으로 하강하고 있는 것이다.

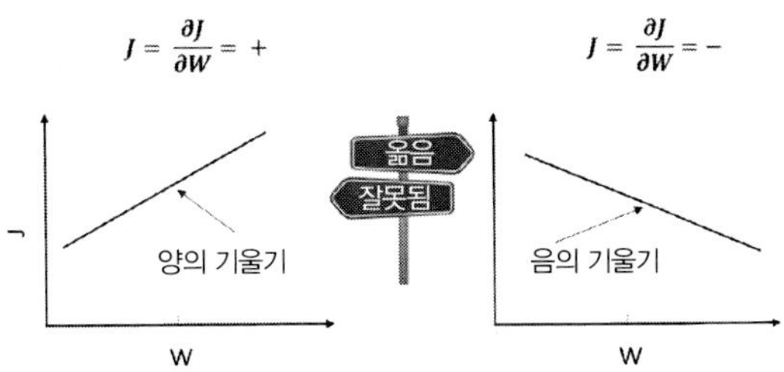

그림 4.13 양의 기울기와 음의 기울기

여기서 음의 기울기의 방향, 또는 신경망에 대한 비용 절감의 방향으로 하강을 알고 있기 때문에 가중치의 조합에 대한 잘못된 방향으로 가는 동안, 계산의 비용을 절약할 수 있다. 반복적으로 언덕을 내려가서 비용이 최소로 가져 와서 가중치 변화에 따라 크게 변화하지 않는 지점에서 정지할 수 있다.

신경망은 비용 함수의 최솟값을 초래하는 가중치의 조합을 얻을 때 훈련된다. 차원 수와 은닉층 수의 증가에 따라 기울기 하강 적용으로 인한 최적화 수준이 증가하고 신경망을 학습할 수 있다. 그러나 기울기 하강은 가중치와 비용 간의 볼록한 함수 관계에 대해서만 잘 작동한다. 관계가 비볼록형인 경우 기울기 하강 알고리즘은 전역 최솟값이 아닌 지역 최솟값에 고정된다. 이것은 다음 그림에 설명되어 있다.

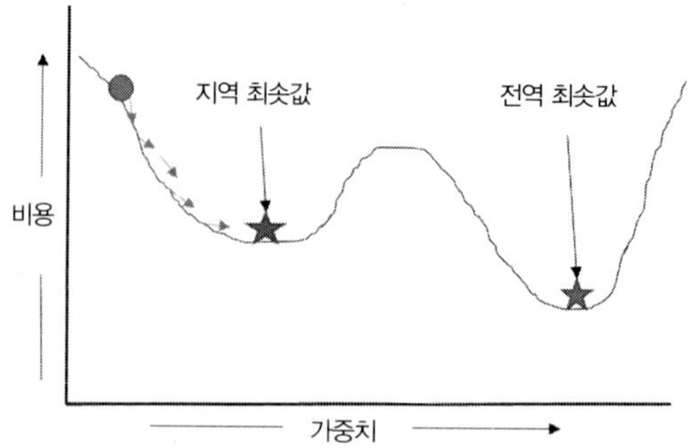

그림 4.14 지역 최솟값 및 전역 최솟값의 그래프

가중치 행렬과 함께 입력 데이터를 사용하는 방법에 따라 여러 값을 테스트하기 위해 음의 기울기 또는 기울기 하강 방향으로 학습 예제와 해당 가중치를 한 번에 하나씩 사용하면 비용 함수 그래프가 자연적으로 볼록하지 않은지의 여부는 중요하지 않을 수 있다. 이 기법을 확률적 기울기 하강(stochastic gradient descent)이라고 한다. 패턴 모양의 수가 증가함에 따라 기울기 하강은 매우 복잡한 문제와 신경망에 대해 계산 집약적이며 비합리적인 방법이다.

확률적 기울기 하강은 계산적으로 최적의 방법으로 작업 단위를 배포하고 전역 최솟값을 얻을 수 있는 반복적인 기술이다. 확률적 기울기 하강과 기울기 하강을 이해하기 위해 다음의 의사 코드를 살펴보자.

Gradient Descent (기울기 하강)

```
for ( i in all_training_examples)
  gradient_descent_params = evaluate_gradient(loss_function, data, parameters)
  parameters = parameters – learning_rate * gradient_descent_params
```

Stochastic Gradient Descent (확률적 기울기 하강)

```
for (i in all training_examples)
    random_shuffle(training_data)
        for (single_example in training_data)
            gradient_descent_params = evaluate_gradient(loss_function, single_example, parameters)
            parameters = parameters – learning_rate * gradient_descent_parameters
```

그림 4.15 기울기 하강과 확률적 기울기 하강 사이의 차이점

기울기 하강 의사 코드

기울기 하강 의사 코드는 다음과 같다.

1. 임의의 선택된 *w*를 초기값으로 선택.

2. ∂*J* /∂*JW* 기울기를 계산한다.

3. 임의의 t에 대해 ∂*J* /∂*JW*< *t*가 존재한다면, 예측 출력을 위한 최소한의 오류를 가져오는 가중치 벡터를 발견할 수 있다.

4. *W*를 업데이트한다. *W* = *W* - *s* (∂ *J* / ∂ *W*). [s를 학습 속도라고 한다. 신중하게 선택해야 한다. 너무 큰 경우 기울기가 오버슈트하고 최솟값을 놓치게 된다. 너무 크면 수렴하기에 많은 반복이 필요하다.]

지금까지 ANN을 한 방향으로 통과하였으며, 이를 방향전파라 한다. ANN 훈련의 궁극적인 목표는 예측 오차를 최소화하기 위해 노드 사이의 연결에 각각 가중치를 도출하는 것이다. 가장 인기 있는 기술 중 하나는 오류 역전파이다. 기본적인 아이디어는 훈련 예에 따라 예측 변수의 실제 값 사이의 차이를 알면, 오류가 계산된다는 것이다.

아이디어는 최종 출력 오류를 최소화하기 위해 커넥터의 가중치를 미세 조정하는 것이다. 이것은 본질적으로 은닉 유닛이 어떻게 입력에 기반을 두어야 하는지, 출력이 어떻게 보이게 되는지를 정의하는데 도움이 될 것이다. 이것은 학습 입력을 한 번에 하나씩 받는 온라인 알고리즘이다. 가중치와 활성화 함수의 적용을 곱하여 클래스에 대한 예측을 얻고 실제 레이블을 기반으로 예측 오류를 얻은 다음 오류를 역방향으로 푸시한다.

오류 역전파 모델

오류 역전파 모델은 개념적으로 다음과 같이 표현할 수 있다.

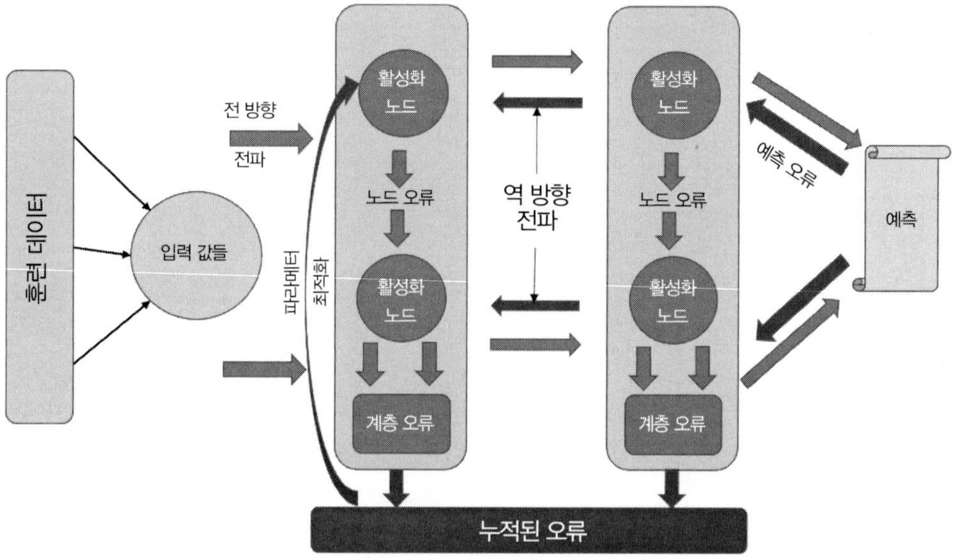

그림 4.16 오류 역전파 모델

오류 역전파 알고리즘은 단계적 방식으로 쉽게 구현할 수 있다. 이 계산은 기울기 하강에 비해 적은 요구 사항을 갖고 있다 :

- **모델 초기화 :** 이 단계에서, 모델은 임의로 수학적 근사 무작위로 선택된 점으로 초기화된다. 이것이 전방향 신경망의 첫 번째 단계이다.
- **전방향 전파 :** 이 단계에서, 모든 입력 장치, 은닉 유닛 및 상기 출력 유닛은 상기 학습 데이터 셋과 함께 상기 입력 장치부터 신경 단위와 가중치의 곱의 합을 더한 다음 활성화된다. 출력은 최종 출력부에 대한 활성화의 인가에 의해 계산된다. 당연하게도, 이 단계에서 출력까지 이상적인 예상 출력에서 될 것이다.
- **비용 계산 :** 이 시점에서 훈련된 데이터 셋을 기반으로 한 예상 출력과 훈련되지 않은 신경망의 실제 출력이 있다. 비용 함수는 일반적으로 각 학습 데이터 포인트에 대한 제곱 오차의 합계이다. 이것은 신경망이 훈련 데이터 셋에 얼마나 잘 들어맞는지 뿐만 아니라 훈련된 후에도 모델이 임의의 입력 값을 얼마나 잘 일반화할 수 있는지에 대한 성능 행렬이다. 손실 기능이 설정되면 모델 학습의 목표는 후속 실행에서 오류를 줄이는 것이고 실제 시나리오에서 모델에서 발생할 수 있는 가능한 대부분의

입력을 줄이는 것이다.

- **손실 함수의 수학적 도출** : 손실 함수는 신경망 내의 각 연결의 가중치에 대하여 오류의 미분값을 사용하여 최적화된다. 이 시점에서 신경망의 각 점에 대해, 하나의 가중치 변화가(전체 네트워크) 손실 함수에 대해 얼마나 많은 효과를 주었는지를 계산한다. 다음은 가중치에 대한 비용 미분값을 계산할 때 가능한 시나리오 중 일부이다.
    - 특정 가중치 값에서 0의 손실이 모델은 정확하게 입력 훈련 데이터 셋과 동일한 것이다. 따라서 손실 함수에 대한 양의 값을 가질 수 있지만 음의 값을 갖는다면 가중치의 증가는 손실 함수를 감소시킨다.
    - 손실 함수에 대한 양의 값을 가질 수 있으며, 미분값도 양의 값이다. 이 경우 가중치의 감소는 손실 함수를 감소시킨다.
- **오류 역전파** : 이 단계에서, 출력층의 오차는 이후 이전의 은닉층으로 전파되고, 다시 이전의 입력층으로 역전파된다. 이 과정에서 미분을 계산하고 이전 단계에서와 유사한 방식으로 가중치를 조정한다. 이 기술은 전방향 전파의 반대 방향으로 자동-차별화(auto-differetiation)라고 한다. 각 노드에서, 손실의 미분을 계산하고 이전 연결로 가중치를 조정한다.
- **가중치 업데이트** : 이전 단계에서, 후방향으로 전체 오류를 전파하여 모든 층에서 각 노드의 미분값을 간단한 방법으로 계산한다. 새로운 가중치 = 이전 가중치 − (미분값 평가 * 학습 속도). 학습 속도는 신중하게 여러 실험을 선택해야 한다. 값이 너무 높은 경우, 최솟값을 놓칠 수 있고, 값이 너무 낮으면 모델은 매우 느리게 수렴된다. 각 연결의 가중치는 다음과 같은 가이드라인에 의해 업데이트된다.
    - 가중치에 대하여 오류의 미분값이 양수인 경우, 가중치의 증가는 오류를 증가시킬 것이며, 새로운 가중치는 작아질 것이다. 가중치에 대하여 오류의 미분값이 음수일 경우, 가중치의 증가에 비례하여 오류를 감소시킬 것이며 새로운 가중치는 커야할 것이다. 가중치에 대한 상기 오류의 미분값이 0인 경우, 가중치에 더 이상의 업데이트는 필요하지 않고 신경망은 수렴한다.

오버피팅

앞의 단원에서 보았듯이, 기울기 하강 및 오류 역전파는 반복 알고리즘이다. 모든 학습 데이터에 대해 순방향 및 관련된 역방향을 하나의 에포크(epoch)라고 한다. 각 에포크에서 모델은 훈련되고 가중치는 오류를 최소화하기 위해 조정된다. 일반적으로 모델의 정확성을 테스트하기 위해, 훈련 셋과 검증 셋으로 훈련 데이터를 분할한다. 훈련 셋은 독립 또는 입력 변수에 대하여 목표 변수 값을 포함하는 기록 데이터에 기초하여 가설을 나타내는 모델을 생성하기 위해 사용된다. 검증 셋을 가설 기능 또는 새로운 훈련 샘플에 대한 훈련 모델의 효율성을 테스트하는 데 사용된다.

여러 에포크에 걸쳐서 일반적으로 다음과 같은 패턴을 관찰한다.

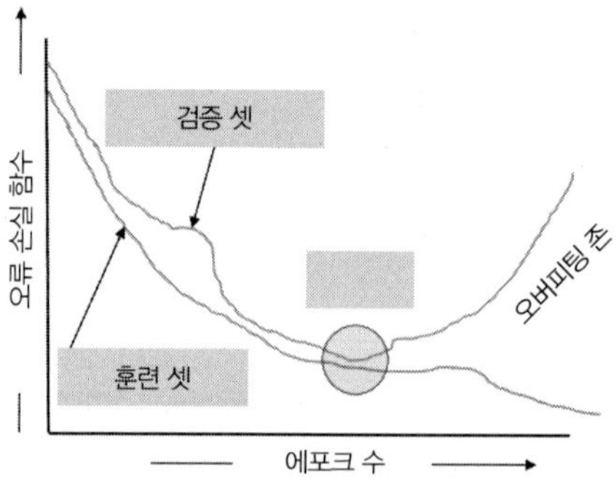

그림 4.17 오버피팅 모델의 그래프

여러 에포크를 통해 신경망을 훈련할 때, 손실 함수 오류는 모든 에포크에 최적화되고 누적 모델 오류는 0이 된다. 이 시점에서, 모델은 훈련 데이터와 관련하여 자체 훈련된다. 검증 셋으로 가설을 검증할 때, 손실 함수 오류는 최고가 될 때까지 감소한다. 정점이 지나면 위의 그림과 같이 오류가 다시 증가하기 시작한다.

이 시점에서, 이 모델은 학습 데이터를 기억하고 새로운 데이터 셋 자체를 일반화할 수 없다. 이 시점 이후 각 시대는 오버피팅 영역 중 하나이다. 이 모델은 이 시점 이후 학습을 중지하고 잘못된 결과를 생성한다. 오버피팅을 방지하고 일반화 모델을 잘 만들 수 있는 가장 쉬운 방법 중 하나는 훈련 데이터의 양을 증가시키는 것이다. 훈련 데이터의 증가와 함께, 신경망은 점점 더 많은 실제 시나리오에 맞게 조정되고 일반화된다. 그러나 훈련 데이터 셋의 모든 증가와 함께, 각 에포크의 계산 비용이 비례적으로 증가한다.

머신은 데이터를 모델링하기에는 부족한 제한된 용량을 갖는다. 모델링용 ANN의 용량은 은닉층 유닛들, 수정 및 훈련 반복 수 또는 활성화 함수 비선형의 정도를 변경하는 최적화의 수를 변경함으로써 제어할 수 있다. 오버피팅은 함수의 수를 줄임으로써 제어할 수 있다. 일부 함수는 전체 모델의 행동 및 결과에 미미한 결과를 초래한다. 이러한 함수는 여러 실험과 반복으로 알고리즘적으로 확인되며 최종 모델 생성에서 제거해야 한다. 또한 모든 기능이 사용되지만 전체 결과에 대한 기능의 중요성에 따라 다양한 정도의 가중치를 갖는 정규화 기술을 사용할 수 있다.

오버피팅을 방지하기 위한 또 다른 인기 정규화 기술은 드롭 아웃이다. 이 기술로, ANN의 노드는 훈련 단계동안 드롭되고 무시된다. 무시된 뉴런은 임의의 방식으로 선택된다.

재발성 신경망

지금까지는 전방향 패스에서 입력 신호가 출력층으로 전파되는 ANN을 보았다. 여기서 가중치는 입력으로 제공되는 학습 셋을 기반으로 새 입력 데이터를 일반화하기 위한 모델을 학습하기 위해 재귀적 방식으로 최적화된다.

특별한 경우 실생활 문제는 텍스트, 음성 또는 다른 형태의 오디오 입력과 같은 일련의 데이터 훈련을 위해 ANN을 최적화하는 것이다. 간단히 말하면, 하나의 전방향 전파 출력이 다음 반복 학습을 위한 입력으로 공급되는 네트워크 토폴로지를 RNN (recurrent neural network)이라고 한다.

RNNs의 필요성

전방향 네트워크의 경우, 독립적인 입력 셋을 고려한다. 이미지 인식 문제의 경우는 입력 데이터 셋의 관점에서 서로 독립적인 입력 이미지를 갖는다. 이 경우에는, 입력 이미지의 픽셀 매트릭스를 고려한다. 1개의 이미지에 대한 입력 데이터는 ANN이 인식하려는 다음 이미지의 입력에 영향을 주지 않는다. 이미지 또는 일련의 비디오 입력 내의 프레임의 일부인 경우에는, 다음 프레임은 하나의 프레임 간에 상관관계 또는 의존성이 있다.

이것은 또한 ANN이 오디오 또는 음성 입력의 경우에도 존재한다. 지금까지 보았던 ANNs의 또 다른 제한 사항은 입력층의 길이가 일정해야 한다는 것이다. 예를 들어, 입력으로 27 X 27픽셀의 이미지를 인식하는 네트워크는 계속적으로 훈련과 일반화 과정을 위해 동일한 크기의 입력을 받을 수 있다. RNN은 가변 길이의 입력을 수용하므로 입력 신호의 변화에 더 민감하다.

요약하면, RNNs는 가변 길이의 입력과 종속적인 입력에 좋은 알고리즘이다.

RNN의 구조

입력이 다음의 전방향 전파 반복의 입력으로써 한 번 반복으로 인한 출력을 고려할 때의 간단한 RNN 표현 구조이다. 이것은 다음과 같이 설명할 수 있다.

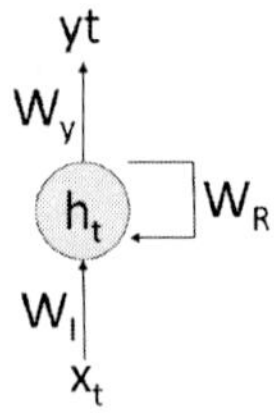

$$y^{(t)} = g_y\,(W_y h^{(t)})$$

$$h(t) = g_h(W_I x^{(t)} + W_R h^{(t-1)})$$

그림 4.18 전방향 RNN의 입력으로써 한 번 반복한 후의 출력

입력 x_i를 수신하는 선형 유닛은 가중치 W_I를 적용하고, 주로 가중치 행렬 W_R을 시간의 경과에 따라 가설 함수 출력에 다시 공급할 때 활성화 함수가 RNN으로 변형된다는 가설을 생성한다.

앞의 예에서 t는 t 시간 공간에서 활성화를 나타낸다. 이제 네트워크의 활동은 입력 신호 가중치와 활성화 함수 뿐만 아니라 이전 시간의 활동에도 영향을 준다. 방정식 형식에서는 이전 활성화 시간 $(t\text{-}1)$의 출력을 나타내는 추가 매개 변수의 도입을 제외하고는 모든 것이 동일하다.

RNN 훈련

RNN은 전방향 네트워크 상의 시간 내에서 반복하는 유닛을 언롤링함으로써 훈련(tranning)된다.

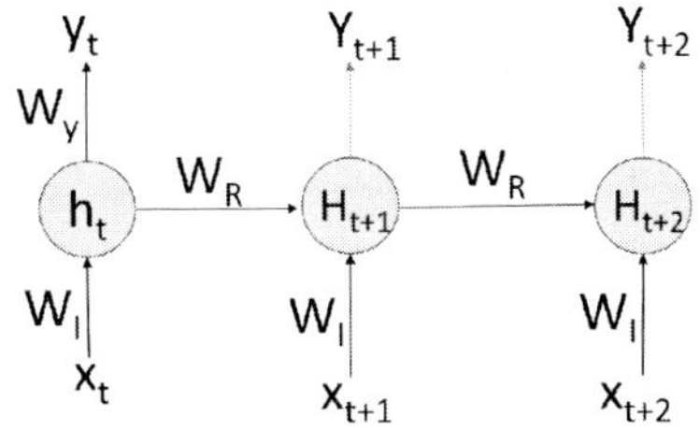

그림 4.19 전방향 네트워크 상에서 반복하는 유닛의 언롤링 과정

가장 왼쪽 유닛은 시간 t에서 네트워크의 활동을 나타내며 이것은 시간 t에서 입력값 x를 갖는 일반적인 전방향 네트워크이다. 이것은 가중치 행렬 W_I와 곱해진다. 활성화 함수를 적용하며, 우리는 시간 t에서 출력값 y_t,를 얻는다. 이 출력은 시간 $t+1$에 있는 다음 유닛을 위해 문맥적이며 시간 입력값에 따라 다음 유닛에 입력으로 들어간다.

전방향 네트워크 내의 입력, 은닉, 그리고 출력층에 있는 가중치들은 서로 다르고 종속적 변수들의 중요성을 나타내며 전체 출력에 대한 연결을 나타낸다. RNN 경우, 시간에서 언롤링되는 유닛에 대한 가중치는 W_R는 동일하다. 이것은 각 유닛의 출력을 갖기 때문이며, 각 유닛과 관련된 비용을 갖는다. 시간 t에서 첫 번째 유닛의 비용을 C_t, 다음 유닛의 비용을 각각 C_{t+1}, C_{t+2}라고 가정하자. RNN 훈련은 다음 수학적 식에 의해 이루어진다.

$$\frac{\partial C}{\partial W_R} = \sum_t \frac{\partial C_t}{\partial W_R} \quad \Longrightarrow \quad \frac{\partial C_2}{\partial W_R} = \frac{\partial C_2}{\partial y_2}\frac{\partial y_2}{\partial h_2}\frac{\partial h_2}{\partial g}\frac{\partial g}{\partial a}\frac{\partial a}{\partial W_R}$$

그림 4.20 RNN의 훈련 수학 방정식

이 경우, 네트워크의 전체 비용을 계산하기 위해 유닛들에 있는 기울기들을 결합한다. 가중치가 유닛들에서 공유되기 때문에, 비용 함수는 가중치에 대하여 미분되고 이것을 동일한 오류 역전파 및 기울기 하강 방법을 통해 미분할 수 있다.

일단 RNN은 훈련되면, 입력이 서로에 의존하는 시나리오에 우선적으로 사용될 수 있다. 언어 번역의 경우, 언어 번역 모델의 정확도를 높이기 위해 순서에서 다음 단어를 예측하는 두 키워드 사이의 연결을 사용할 수 있다.

자주 묻는 질문

Q: ANNs가 정보 저장 및 처리의 측면에서 생물학적 뉴런과 정확히 일치하는가?

A: ANNs 메모리와 처리 로직의 측면에서 정확한 일치한다고 100% 확실하게 언급 할 수는 없지만, 의학의 증거는 뇌의 기본 빌딩 블록은 신경 세포, 그리고 신경 세포가 서로 연결되어 있다는 것이다. 외부 자극을 얻을 때 또는 이 무의식적 프로세스에 의해 생성되는 경우, 뉴런은 뉴로 시그날을 전송하여 서로 통신에 의해 반응한다. 뇌의 기능은 매우 복잡하고 완전히 이해하긴 어렵지만, ANNs의 이론은 진화하고 있다. 그리고 우리는 기존의 프로그래밍 모델로 불가능했던 매우 복잡한 문제 중 일부를 모델링하는 데 성공하고 있다. 또한 뇌의 인지 능력을 가지고 현대적인 기계를 만들기 위해, 생물학적 신경망의 구조를 이해하고 더 연구하는 것이 필요하다.

Q: ANN의 기본 빌딩 블록은 무엇인가?

A: ANN은 여러 층으로 구성되어 있다. 환경(독립 변수들)으로부터 입력을 받는 층은 입력층에 의해 소비된다. 훈련 데이터의 일반화에 기반하여 상기 모델의 출력을 방출하는 것이 최종 층이다. 이 층은 출력층으로 불린다. 입출력 층들 사이에서 신호를 처리하는 하나 또는 여러개의 층이 있을 수 있다. 이 층은 은닉층이라고 한다. 각 층 내의 노드 시냅스나 커넥터에 의해 연결된다. 신경망의 정확성을 나타내는 비용 함수의 값을 감소시키도록 각 커넥터는 최적의 가중치를 갖는다.

Q: ANN 내에서 비선형이 왜 필요한가?

A: 신경망은 입력에는 시냅스 가중치가 곱해지고 모든 노드 연결 곱의 합은 하나의 노드의 값을 구성하는 수학적 모델이다. 그러나 활성화 함수에 비선형 성을 포함시키지 않으면 다층 신경망이 존재하지 않는다. 이 경우 모델은 하나의 은닉층으로 표현될 수 있다. 선형 모델링으로 매우 간단한 문제를 모델링할 수 있다. 더 복잡하고 현실적인 문제를 모델링하기 위해서는 활성화 함수 내에서 다층구조가 필요하므로 비선형 성이 필요하다.

Q: 어느 활성화 함수들이 가장 일반적으로 ANNs 구축에 사용되는가?

A: ANNs 내에서 일반적으로 사용되는 활성화 함수는 다음과 같다.

- **시그모이드 함수** : 출력값이 0과 1사이에 있다. 이 함수의 기하학적 형상인 S곡선에 따라서 이름을 시그모이드라고 불리운다.

- **Tanh 함수** : 쌍곡선 탄젠트 함수(Tanh)는 0 중심인 시그모이드 함수의 약간 변형된 함수이다.

- **잘 정리된 선형 유닛(ReLu)** : 이는 단순하고 계산적으로 최적화되고 있어서 가장 널리 사용되는 ANNs를 위한 활성화 함수이다. 출력값은 모든 음의 입력에 대해 0이고 모든 양의 값에 대해 입력값은 동일하다.

Q: 전방향 ANN이 무엇이며, 어떻게 가중치 값을 초기화 하는가?

A: 입력층으로부터 출력층으로 은닉층을 통한 네트워크의 단일 패스를 전방향 패스라고 한다. 이 동안 노드는 노드 값과 가중치의 곱의 합으로 활성화된다. 가중치의 초기 값은 임의로 선택되고, 결과적으로 첫 번째 패스 출력은 아마도 훈련 데이터에 기초하여 기대한 출력값을 유도할 것이다. 이때의 델타를 네트워크 비용이라고 하며 비용 함수로 표현된다. ANN에 대한 직관과 목표는 궁극적으로 최소한으로 비용을 절감하는 것이다. 이것은 여러 전방향 및 역방향 달성 네트워크를 통해 전달된다. 왕복 과정을 하나의 에포크(epoch)라고 한다.

Q: 모델 오버피팅의 의미는 무엇인가?

A: 모델 오버피팅은 모델이 입력을 학습하고 새로운 입력 데이터에 일반화할 수 없을 때 발생한다. 이러한 상황이 발생하면, 이 모델은 실제 세계의 문제에 대한 사실상 사용할 수 없다. 오버피팅은 데이터 훈련과 데이터 검증 과정 간에 발생하는 모델 정확도의 차이로 식별할 수 있다.

Q: RNNs은 무엇이며, 어디에 사용되는가?

A: RNNs는 반복적 신경망이며, 다음 반복을 위해 입력으로써 네트워크를 통해 패스된 하나의 전방향 패스의 결과를 이용한다. RNNs은 입력값이 서로 독립적이지 않을 때 사용된다. 예를 들어, 언어 번역 모델은 이전 단어로부터 다음 가능한 단어를 예측해야 한다. ANNs는 자연어 처리 및 오디오 / 비디오 처리 시스템의 분야에서 의미가 큰 모델이다.

요약

이 장에서는 지능형 컴퓨터를 실현하는 데 있어서 가장 중요한 개념인 인공 신경망(ANNs)을 도입하였다. ANN의 이론은 수십 년 동안 존재하지만, 데이터의 폭팔적인 양적 증대에 대한 액세스와 함께 분산 컴퓨팅 파워의 출현으로 흥미로운 분야의 연구개발을 가능하게 했다.

이 장에서는 ANNs의 기본 빌딩블록을 소개하였고 새로운 데이터 셋에 대한 결과를 생성하기 위해 모델 일반화를 위한 간단한 모델 훈련 기술을 소개하였다.

다음 장에서는 빌딩블록과 신경망의 구현 측면을 좀더 심도있게 소개할 것이다.

제 5 장

딥 빅 데이터 분석

Deep Big Data Analytics

제4장에서는 인공 신경망(ANN)의 기본 이론과 상호 연결된 노드를 사용하여 일련의 입력을 기반으로 출력을 생성하는 인간의 뇌 구조를 에뮬레이트하는 방법을 알아보았다. 노드는 입력, 은닉 및 출력의 세 가지 유형으로 구성된다. 또한 입력 신호가 출력층으로 전달되는 방식과 ANN이 신경 연결에 대한 학습 가중치를 취하는 반복적인 접근 방식에 대한 기본 및 수학적 개념을 이해했다. 1 또는 2개의 은닉층이 있는 단순한 신경망은 매우 기본적인 문제를 해결할 수 있다. 그러나 수백 또는 수천 개의 입력 변수가 포함된 실제 문제에 대해 ANN을 의미 있게 사용하려면 더 복잡한 모델이 필요하고 모델에 더 많은 정보를 저장해야 하므로 많은 수의 숨겨진 정보로 실현되는 더 복잡한 구조가 필요하다. 이러한 유형의 네트워크를 딥 신경망(deep neural networks)이라고 하며, 실제 데이터를 모델링하기 위해 이러한 딥 뉴럴 네트워크를 이용하는 것을 딥 러닝이라고 한다. 딥 신경망은 노드와 상호 연결을 추가하여 오디오, 비디오 및 이미지와 같은 구조화되지 않은 입력을 모델링할 수 있다.

이번 장에서 딥 러닝이 어떻게 대용량의 복잡한 패턴을 추출하고 세만틱 인덱싱, 데이터 태깅, 빠른 정보 검색과 분류 작업을 단순화하는 것 등을 포함하는 빅 데이터 분석과 같은 중요한 문제에 사용될 수 있는지를 알아볼 것이다. 이번 장에서 다루고자 하는 내용은 다음과 같다.

이번 장에서 다룰 주제

- 딥 러닝을 위한 빌딩 블록
    - 기울기 하강
    - 오류 역전파 알고리즘
    - 비선형성
    - 드롭아웃
- 구조화된 데이터를 위한 특정 신경망 구조
- 데이터 준비 파이프 라인 만들기
- 하이퍼 파라미터 튜닝
- 딥 러닝을 위한 분산 컴퓨팅 활용

수록된 예제들은 Deeplearning4j (DL4J) 자바 프레임워크를 이용하여 구현될 것이다.

딥 러닝 기초 및 빌딩 블록

앞 장에서는 머신 러닝 알고리즘은 데이터에 잘 맞는 가설로 입력 데이터를 일반화한다는 사실을 확립하였다. 그 결과 모델에 기초한 출력값은 입력값에 따라 정확하게 예측될 수 있다. 이러한 모델 정확성은 종속변수의 다양한 값에 따른 입력데이터 용량과의 일종의 함수이다. 더 많은 데이터와 다양성, 그리고 더 큰 계산 능력은 모델을 생성하고 실행하기 위해 필요하다. 분산 컴퓨팅 프레임워크 (하둡, 스파크 등) 다양성을 가진 대용량의 데이터에서 잘 작동한다. 이와 같은 원칙은 ANNs에 적용된다.

많은 다양성을 가진 입력값을 더 많이 가질수록 모델의 일반성은 더 높아질 것이며, 이것은 결국 더 많은 스토리지와 컴퓨팅 파워를 요구하게 된다. 계산 능력과 저장이 빅 데이터 분석 플랫폼 개발과 함께 사용할 수 있기 때문에, 입력층 노드의 수백 또는 수천 개의 노드와 수백 또는 수천대의 은닉층을 갖는 대형 신경망을 가지고 실험할 수 있는데, 이러한 유형의 ANNs를 딥 신경망 (deep neural networks)이라고 한다.

이 모델은 계산량이 많지만, 그들은 정확한 결과를 생산하고 어떤 점에서 성능면에서 기존의 알고리즘과는 달리 더 많은 데이터를 더 잘 얻는다. 기존 알고리즘에서는 더 많은 데이터를 추가하더라도 기존의 수학적 모델에 대한 모델의 정확도는 큰 폭으로 증가하지 않는다. 딥 신경망은

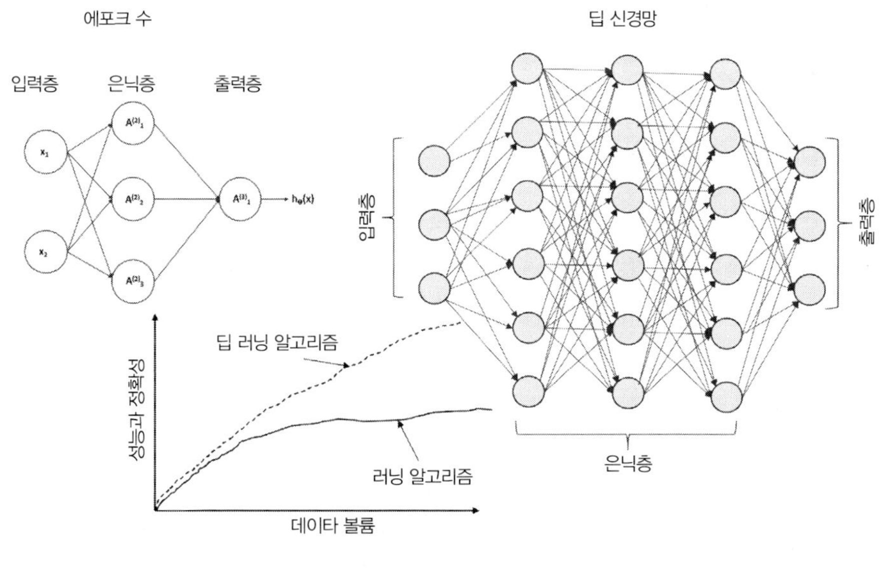

그림 5.1 딥 신경망과 간단한 ANNs 비교

데이터 량의 증가에 따라 정확도와 신뢰성이 향상된다. 가설 생성을 위한 이러한 다층 신경망의 사용은 일반적으로 딥 러닝이라고 한다. 단순 신경망과 딥 신경망의 차이는 그림 5.1과 같다.

지도 학습 문제에 대해 생각해 보면, 딥 신경망은 매우 복잡한 수준의 일부 기능을 매핑에 관해서, 특히 고무적인 결과를 제공한다는 것이 입증되었다. 딥 신경망은 분류된 훈련 사례가 있는 충분히 큰 데이터 셋을 사용하여 지능의 손실이 없고 모델이 데이터를 기반으로 한 역사적인 사실을 정확하게 나타내도록 연결 가중치를 훈련할 수 있으며 동시에 미션 크리티컬 애플리케이션의 대부분에 적합한 일반화 수준을 갖는다. 모든 학습 방법의 일반적인 목표는 비용 함수를 최소화하는 것이다. 비용 함수 값은 모델의 정확도에 반비례한다.

우리는 수학적으로 딥 신경망에 대한 비용 함수를 정의할 수 있다. 이것은 또한 평균 제공 오류 함수(mean squared error function)라고도 한다. 이 차이의 제곱을 취하므로 이 함수는 항상 양수값을 갖는다.

$C(w,b) = 1/2n \sum_x \|\|y(x) - a\|\|^2$	w : 네트워크의 모든 가중치의 수집 b : 모든 바이어스 값 n : 훈련 데이터의 크기(샘플의 개수) a : 네트워크로부터의 출력에 대응하는 벡터 x 입력 값

딥 신경망 학습 방법 중 몇 가지를 살펴보자.

기울기 하강 기반 학습

앞 장에서, 주로 단순 은닉층의 퍼셉트론 모델과 단순한 신경망을 설명했고 이미 기울기 하강(gradient descent) 개념을 도입하였다. 딥 신경망의 응용으로서 기울기 하강은 비용 함수의 값을 감소시키기 위하여 뉴런 연결을 위한 가중치와 바이어스를 정의하는 것이 특별한 의미를 갖는 부분이다. 네트워크는 임의의 상태 (임의의 가중치와 바이어스 값)로 초기화되어 초기 비용 값으로 계산된다. 딥 신경망에서 가중치와 관련된 미분값에 의해 가중치들은 조정된다.

> 수학에서, 미분은 변화율을 보여주는 하나의 방법이다 즉, 하나의 주어진 점에서 함수가 변화되는 양(정도)을 보여주는 것이다.

실수 범위에서 동작하는 함수에 대해, 그래프의 지점에서의 점선의 기울기이다.

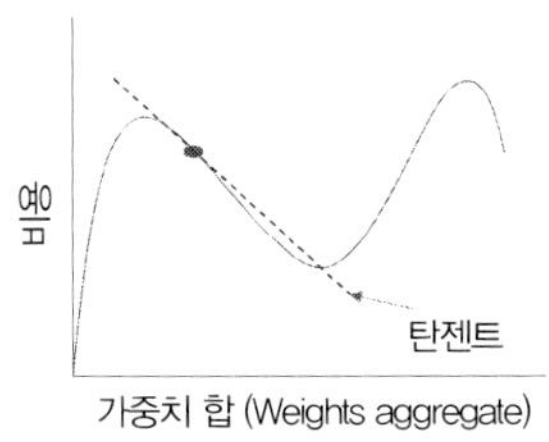

점선은 비용 함수의 한 점에서의 접선이다. 그만큼 비용 함수는 딥 신경망에서 예측값과 실제 출력 사이의 총 차이를 나타낸다.

훈련 데이터를 기반으로 출력 클래스를 예측하려고 하는 전형적인 분류 문제에서 정확한 예측의 수에 따라 모델의 정확성을 정의할 수 있어야 한다. 이 경우, 상기 분류된 출력에 다양 가중치의 효과를 이해하지 못할 것이다. 대신에, 딥 신경망의 입력 변수의 이차 함수인 선정된 값을 생성하도록 훈련된다. 이와 함께, 다양한 가중치와 바이어스 값을 조정하여 특정 클래스의 예측 신뢰도에 작은 기울기 효과를 갖는다.

기울기 하강 기반 학습(gradient-based learning)은 계곡 최저점의 내리막 방향으로 롤링되는 객체와 함께 가시화될 수 있다. 중력은 항상 낮은 지점의 방향으로 대상물을 이동시키는 구동력이다. 기울기 하강 알고리즘은 유사한 방식으로 작동한다. 기울기는 초기에 임의의 시점에서 계산된다. 기울기가 음수이면 가중치와 바이어스는 동일 방향으로 변경된다. $\triangle(w_1, b_1)$가 (w_1, b_1) 방향으로 비용 값을 작게 이동하는 값이라 가정하고, $\triangle(w_2, b_2)$는 (w_2, b_2) 방향으로 비용 값을 작게 이동하는 값이라 가정하자. 따라서 다음과 같은 비용 함수 값의 변화를 정의할 수 있다 :

$$\triangle C \approx \frac{\mathrm{d}C}{\mathrm{d}(w_1, b_1)}\triangle(w_1, b_1) + \frac{\mathrm{d}C}{\mathrm{d}(w_2, b_2)}\triangle(w_2, b_2)$$

목표는 $\triangle C$ 가 음수가 되도록 (w_1, b_1)값을 선택하는 것이다. 이 목표를 충족하기 위해, (w_1, b_1)의 변화 벡터로서 $\triangle V$ 를 정의한다.

$$\triangle V = (\triangle(w_1, b_1), \triangle(w_2, b_2))^T$$

편미분 벡터 함수로서 비용 함수의 기술기 벡터를 정의해 보자.

$$\nabla C = (\frac{\mathrm{d}C}{\mathrm{d}(w_1, b_1)}, \frac{\mathrm{d}C}{\mathrm{d}(w_2, b_2)})^T$$

비용 함수 값의 변화를 다음과 같이 나타낼 수 있다.

$$\triangle C \approx \nabla C . \triangle V$$

기울기 벡터 ∇C 는 가중치 바이어스 값의 변화 (w_l, b_l)와 비용 함수 C 값의 변화 사이의 관계를 정립한다. 이 함수는 모든 가중치와 바이어스 $\triangle V$들을 선택하게 하며, 그 결과 음수 $\triangle C$ 를 얻을 수 있다. 만약 특별한 경우 $\triangle V = -\eta \nabla C$를 선택한다면, η (학습률이며 기울기 하강에서 스텝 사이즈를 정의하는 작은 값) 에 의해, 비용 함수 값에 변화가 생긴다.

$$\triangle C \approx -\eta \nabla C . \nabla C = -\eta ||\nabla C||^2$$

∇C의 제곱 값이 ∇C항상 양수이므로 이 값은 항상 $\leq$ 0이다. 그 의미는 비용 C가 감소한다는 것이며 이는 기울기 하강의 의도된 행동이다. 여기서 $(w_i, b_i) = (w_i, b_i)$ $-\eta \nabla C$의 가중치와 바이어스 값을 변화시킨다. 이 규칙은 기울기 하강 알고리즘에 의해 반복적으로 최소 비용에 도달할 때까지 수행된다. 기울기 하강 방법으로는, 함수가 잘 작동하도록 신중하게 η 값을 선택한다. 만약 이 값이 너무 큰 경우, 최소점에 도달하지 못할 것이며 반대로 너무 작은 값이면 단계가 작아지므로 수렴 시간과 계산이 많이 걸릴 것이다. 기울기 하강을 딥 신경망에 적용하면, 반복적으로 다음 업데이트를 적용하고 비용 함수의 최솟값에 이르는 각각의 반복과 비용을 계산해야 한다. 최소 비용 값에서 가중치와 바이어스의 조합은 딥 신경망에 최적이며, 다음의 일반화 공식을 이용한다.

$$wi = w'i = wi - \eta \frac{\mathrm{d}C}{\mathrm{d}w_i}$$

$$b_i = b'_i = b_i - \eta \frac{\mathrm{d}C}{\mathrm{d}b_i}$$

이 반복적 기법은 수학적으로 잘 작동하는데, 훈련 입력의 수가 증가할수록 더 많은 계산량이 요구된다. 그 결과, 학습 시간이 증가한다. 대부분의 실제 시나리오에서, 확률적 기울기 하강(stochastic gradient descent)이 이용된다. 이것은 무작위로 입력의 작은 숫자를 선택하는 기울기 하강의 변형이다. 기울기 하강은 이러한 소수의 입력에 대해 평균적이다. 이는 최소의 비용으로 기울기 하강 속도가 빨라진다.

오류 역전파

오류 역전파(backpropagation) 또는 backprop은 효율적 비용 함수의 기울기를 계산하는 데 사용된다. 간단히 말해, backprop의 목표는 가중치($\frac{dC}{dw}$), 바이어스($\frac{dC}{db}$)와 관련되어 최소비용 C의 변화율을 계산하는 것이다.

backprop의 직관적 의미를 명확히 하기 위해 다음의 딥 신경망을 고려해 보자.

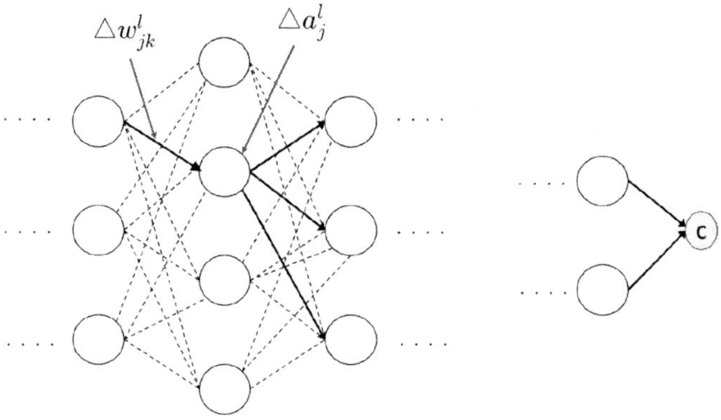

그림 5.2 딥 신경망

여기서 어떤 가중치의 가중치 값에 있어서, Δw^l_{jk}, 작은 변화 w^l_{jk}를 만들었다고 상상해 보자. 이 가중치 값의 변화로 인해 연결된 뉴런에 대해 대응하는 활성화, Δa^l_j가 변화된다. 이러한 변화는 출력층에 전달하고, 도면에서 실선으로 표시된 바와 같이 궁극적으로 비용함수에 영향을 미친다. 비용의 변화, ΔC는 가중치 변화 Δw^l_{jk}와 관련된다. 다음 식에서 설명된다.

$$\triangle C \approx \frac{\mathrm{d}C}{\mathrm{d}w^l_{jk}} \triangle w^l_{jk}$$

이 방정식은 Δw^l_{jk}작은 변화와 전체 비용 C 간의 관계를 설명한다. 이는 다음 $\frac{\mathrm{d}C}{\mathrm{d}w^l_{jk}}$.의 계산을 가져온다. 연결 뉴런과 관련된 활성화 함수값의 변화 Δa^l_j (l번째 층에 있는 j번째 뉴런)는 가중치 변화로부터 발생한다. 이 변화는 다음과 같이 나타낼 수 있다.

$$\triangle a^l_j \approx \frac{\mathrm{d}a^l_j}{\mathrm{d}w^l_{jk}} \triangle w^l_k$$

이 활성화 변경으로 인해 이전 수식의 실선 화살표로 표시된 다음 계층과 연결된 계층의 모든 뉴런에 대한 활성화가 변경된다. 변경 사항은 다음과 같이 나타낼 수 있다.

$$\triangle a_q^{l+1} \approx \frac{\mathrm{da_q^{l+1}}}{\mathrm{d}a_j^l} \triangle a_j^l$$

활성화 값의 변화 값 Δa_j^l을 바탕으로, 이전의 수학 식을 계산하여 다음과 같이 쓸 수 있다.

$$\triangle a_q^{l+1} \approx \frac{\mathrm{da_q^{l+1}}}{\mathrm{d}a_j^l} \frac{\mathrm{d}a_j^l}{\mathrm{d}w_{jk}^l} \triangle w_k^l$$

연결 중 하나에 대한 가중치 변화를 기반으로 한 연쇄 반응은 끝까지 전파되고 비용 *C*에 영향을 미치며 다음과 같이 나타낼 수 있다.

$$\frac{\mathrm{d}C}{\mathrm{d}w_{jk}^l} = \sum \frac{\mathrm{d}C}{\mathrm{d}a_m^L} \frac{\mathrm{d}a_m^L}{\mathrm{d}a_n^{L-1}} \frac{\mathrm{d}a_m^{L-1}}{\mathrm{d}a_p^{L-2}} \cdots \frac{\mathrm{d}a_q^{l+1}}{\mathrm{d}a_j^l} \frac{\mathrm{d}a_j^l}{\mathrm{d}w_{jk}^l}$$

이것은 네트워크의 가중치와 관련하여 비용 *C*의 비율 변화를 나타내는 오류 역전파(backpropagation)에 대한 방정식이다.

비선형

*x1*과 *x2*가 독립 변수이고, *y*가 *x1*과 *x2*를 기반으로 한 값을 취하는 종속 변수인 두 가지 유형의 특징 공간을 고려해 보자.

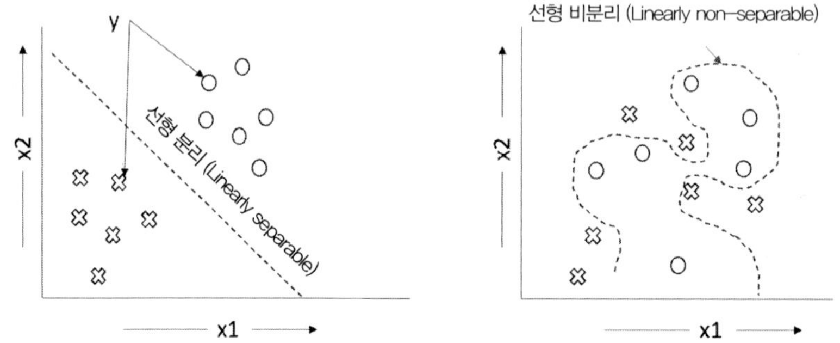

그림 5.3 선형 분리와 선형 비분리

첫 번째 예에서 입력 특징은 분리 경계를 나타내는 직선과 선형으로 분리 가능하다. 즉, 공간은 선형으로 분리 가능하다. 그러나 두 번째 인스턴스에서 기능 공간은 일관성이 없으며 선으로 구분할 수 없다. 의사 결정 경계를 도출하기 위해서는 몇 가지 유형의 비선형 또는 2차 방정식이 필요하다. 실제 시나리오의 대부분은 두 번째 유형의 기능 공간으로 표현된다.

딥 신경망은 입력층에서 데이터를 받고, 데이터를 처리하고, 은닉층에서 수학적으로 매핑하고, 마지막 출력층에서 결과를 생성한다. 딥 신경망이 특징 공간을 이해하고 예측을 위해 정확하게 모델링하기 위해서는 몇 가지 유형의 비선형 활성화 기능이 필요하다. 모든 뉴런의 활성화 함수가 선형이라면 딥 신경망에는 아무런 의미가 없다. 계층 전체의 모든 선형 관계를 여러 개의 은닉 유닛이 필요없는 단일 선형 함수로 집계할 수 있다. 복잡한 형상 공간을 모델링하기 위해 노드의 활성화 함수 내에서 비선형 성이 필요하다. 이미지 및 오디오 신호와 같이 더 복잡한 데이터 입력의 경우, 딥 신경망은 커넥터의 가중치 및 바이어스로 특징 공간을 모델링한다.

비선형 활성화는 입력 신호 및 적용되는 활성화 함수를 기반으로 뉴런이 시작되는지 여부를 정의한다. 이는 수십, 수천 개의 교육 데이터 샘플을 모델링하기 위해 딥 신경망의 여러 계층에 충분한 비선형성을 도입한다. 딥 신경망에 배치되는 일반적인 비선형 함수는 다음과 같다.

- **시그모이드 함수** : 이것은 *'S'*의 형상을 취하는 수학적 함수이며, *0*과 *1*사이의 값을 가진다. 수학적 식은 다음과 같다. $f(x) = \frac{1}{1+e^{-x}}$
- **Tanh 함수** : 이것은 *–1*에서 *1*사이의 값을 갖는 시그모이드 함수의 변형이다. 이 비선형 함수는 다음과 같이 식으로 표현된다. $tanh(x) = \frac{e^x - e^{-x}}{e^x + e^{-x}}$
- **잘 정리된 선형 유닛(ReLu)** : 이 함수는 *x*의 음수에 대해서는 *0*이고, *x*가 양수이면, 그 값 자체와 동일한 함수이다. $f(x) = max(0, x)$.

드롭아웃

드롭아웃(dropout)은 오버피팅을 방지하기 위해 가장 널리 사용되는 정규화 기술이다. 딥 신경망의 샘플의 크기가 제한되어 있고 적절한 계층수를 갖는 네트워크로 인해, 모든 학습 데이터를 기억할 때 학습에 활용되면, 새로운 테스트 데이터로 정확한 결과를 산출할 수 있을 정도로 일반화되지 않는다. 이것을 오버피팅(overfitting)이라고 한다. 드롭 아웃은 기본적으로 오버피팅을 방지하기 위해 사용된다. 이것을 구현하는 기술은 간단하다. 학습 단계에서 알고리즘은 딥 신경망에서 노드를 삭제하도록 선택한다(활성화 값은 *0*으로 설정 됨). 각 에포크마다 미리 정의된 확률에 따라 다른 노드 집합이 선택된다. 예를 들어, *0.2*의 드롭아웃 비율값이 선택되면, 각 에포크 동안, 노드가 학습 프로세스에 참여하지 않을 확률은 20%이다. 드롭아웃이 있는 신경망은 다음과 같이 시각화할 수 있다.

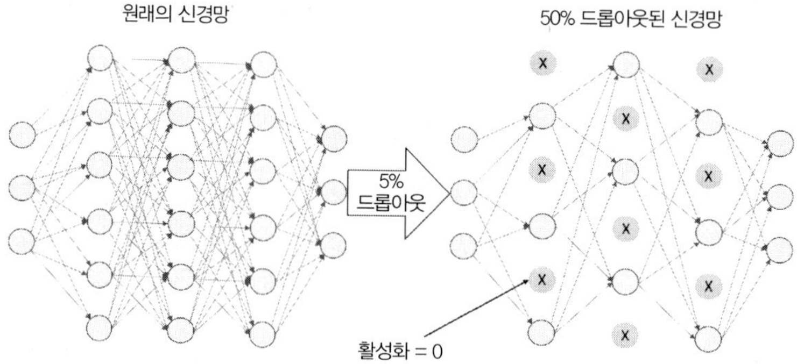

그림 5.4 0% 드롭아웃된 신경망의 시각화

노드를 드롭아웃 함으로써, 손실 함수에 패널티가 추가된다. 이 때문에 모델은 활성화 값 및 연결된 연결 가중치 측면에서 뉴런 간의 상호 의존성을 학습함으로써 기억이 방지된다. 탈락된 유닛의 활성화가 *0*인 탈락의 결과로 네트워크의 후속 노드에서 감소된 값을 가지므로 *1*의 배율 인수를 추가해야 한다. *drop_out_rate (1 − 0.5 사례)*를 학습 과정에 참여하는 노드에 전달한다. 이 프로세스를 역 드롭아웃이라고 한다. 이를 통해 참여 노드에서 활성화된다. a=a/(1−*drop_out_ percentge*)=a/(1−0.5)=a/0.5=a*2. 드롭아웃 프로세스를 더욱 최적화하기 위해, 동일한 트레이닝 예제에서, 임의로 제거된 다른 노드를 갖는 드롭아웃의 다중 반복이 적용될 수 있다. 이 기술은 또한 딥 신경망의 기억 효과를 제거하고 훈련 모델을 더욱 일반화하는 데 도움이 된다. 신경망의 유닛 수가 줄어들기 때문에 네트워크를 통한 각 에포크는 오류 역전파를 포함하여 반복 과정에서 소요되는 시간면에서 최적화된다.

그러나, 다수의 데이터 셋과 신경망 크기에 대한 시험을 하면, 다음의 그림과 같이, 수렴에 필요한 반복의 수가 두 배이고(50% 드롭아웃 비율) 오버피팅 영역이 제거되는 것을 볼 수 있다.

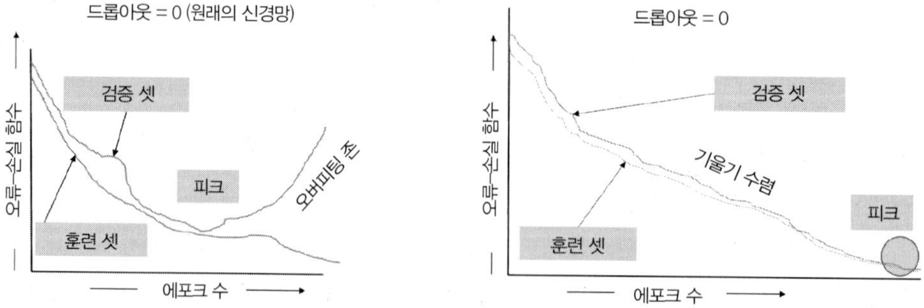

그림 5.5 드롭아웃 변화에 따른 에포크 수와 오버피팅 존의 변화

데이터 준비 파이프라인 구축

딥 신경망은 히스토리 데이터 셋에 대한 액세스 권한을 갖는 지도 학습 문제에 가장 적합하다. 이 데이터 셋은 신경망을 훈련하는 데 사용된다. 그림 5.1에서 보는 바와 같이, 훈련을 위해 데이터가 많을수록, 더 정확하게 알려지지 새로운 데이터 값에 대한 결과를 예측의 측면에서 딥 신경망이 더 좋은 결과를 가져오는 것을 알 수 있다. 딥 신경망을 최적으로 수행하기 위해서는, 신중하게 조달 변환, 규모, 정규화를 해야 하고 데이터를 분할해야 한다. 이것은 데이터웨어 하우스의 데이터 파이프 라인이나 **ETL**(extract transformation and load with a traditional data warehouse)과 **ELTTT**(extract load and transform nuultiple times in modern data lakes)가 지원되는 데이터 레이크와 유사하다.

다음은 정형 및 비정형 형식의 다양한 소스로 데이터를 처리할 것이다. 딥 신경망에서 데이터를 사용하기 위해, 수치 표현으로 변환하고 다차원 배열에서 사용할 수 있도록 해야 한다. DataVec은 앞에서 설명한 일반적인 머신 러닝 운영을 위한 많이 사용되는 아파치 2.0 라이브러리이다. DataVec은 많은 데이터 소스를 즉시 사용할 수 있도록 지원한다. 이 데이터 소스는 일반적으로 데이터 과학 커뮤니티 내에서 사용되는 유형의 대부분을 커버하고 있다.

DataVec에 의해 지원되는 데이터 소스 및 유형은 다음 표에 나열되어 있다.

Data Type	Description
CSV	Comma separated files. The data fields (attributes are separated by COMMA ',' character)
Raw Test Data	Tweets, Text Documents and so on
Image Data	The images are stored as the two dimensional array of pixels. The pixels are represented as an integer value in various color scales. For example, the grey scale image contains 256 unique sheds represented by numbers between 0 and 255
LibSVM Data	LibSVM is an open machine library which specifies the data representation in a structured schema
Matlab (MAT) format	This is a binary file format which is internally used by MatLab. It includes arrays, variables, functions
JSON, XML, YAML	These are text formats which are defined by semantic rules and support hierarchical reprentation of the data

파이프라인을 학습하는 일반적인 머신 러닝은 소스, 처리, 준비, 모델 훈련 및 재 훈련, 모델 배포 및 예측 (클래스 예측 또는 회귀 값)에서 데이터 추출과 같은 표준 단계로 구성된다. 파이프라인은 다음과 같이 시각화될 수 있다.

디지털 형식으로 데이터를 생성하는 장치와 시스템이 점점 더 많아지고 있다. 이러한 데이터 자산은 일반적으로 분산 컴퓨팅 프레임워크를 기반으로 하는 데이터 레이크 구조로 푸시된다. 많은 조직에서 클라우드 우선 전략을 채택하고 있다. 대부분의 데이터 로드는 클라우드 인프라 및 플랫폼으로 이동한다. 머신 러닝, 특히 딥 신경망 기반의 유스 케이스의 경우 데이터 처리 및 처리 파이프라인을 신중하게 정의해야 한다.

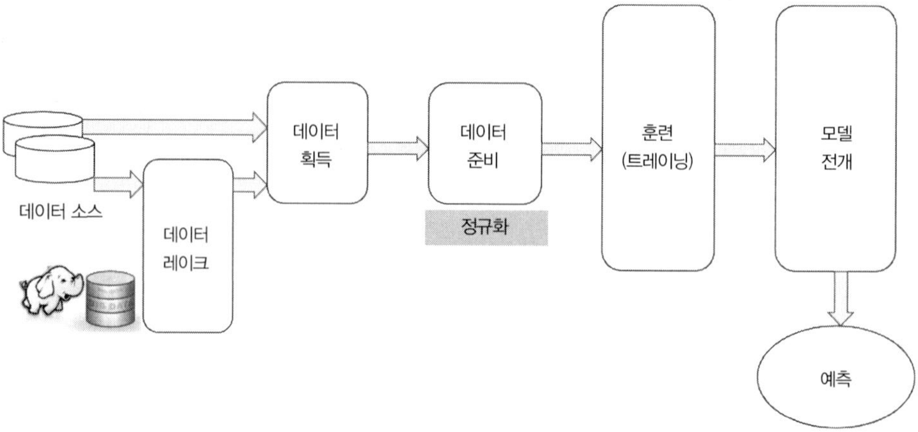

그림 5.6 데이터 준비 파이프라인 구축

DataVec API는 쉽게 신경망이 이해할 수 있는 형식으로 데이터를 얻을 수 있도록 라이브러리를 가지고 있다. 주요 구성 요소는 벡터화되어 API는 DataVec라고 불리운다. 이것은 데이터 속성이 숫자 형식으로 변환되고 특정 유스 케이스 요구 사항에 조절되는 프로세스이다. DataVec의 입력 및 출력 데이터 처리 과정은 유사하다. 병렬 처리에 맞게 작동하고 HDFS와 같은 분산 파일 시스템과 원활하게 작동하도록 정의되어 있다.

> **하둡 분산 파일 시스템(HDFS)**은 상용 하드웨어에서 실행되도록 설계된 분산 파일 시스템으로 기존의 분산 파일 시스템과 많은 유사점을 가지고 있다. 그러나 HDFS는 높은 결함을 허용하고 저가의 하드웨어에 배포할 수 있도로 설계된 점이 다른 분산 파일 시스템과의 차이점이다. HDFS는 응용 프로그램 데이터에 대한 높은 처리량 액세스를 제공하고 대규모 데이터 셋을 애플리케이션에 적합하다.

데이터를 저장하고 처리하기 위해 DataVec은 물론 HDFS에 중요한 세 가지 엔티티가 있다.

- **InputFormat** : 이것은 데이터의 의미 구조를 정의한다. 이것은 미리 정의된 스키마를 제한한다. 유효성 검사기는 InputFormat에 따라 검증을 위해 구현된다. 입력 포맷은 그들이 쉽게 분산 처리를 위해 분리될 수 있는 방식으로 정의된다. 가장 일반적으로 사용되는 입력 형식은 다음과 같다.
  - **FileInputFormat** : 이것은 파일 기반 형식이며 독립적이고 고유한 개체로 파일을 처리한다. 포맷은 데이터 파일이 존재하는 디렉터리의 입력으로 연결된다. 이 형식은 읽기 및 디렉토리의 모든 파일을 처리할 수 있다. 모든 파일이 로드되면, 분할은 기본 분산 파일 시스템 규칙에 따라 생성된다.
  - **TextInputFormat** : 하둡 맵리듀스의 프레임워크는 기본 형식으로 이것을 사용한다. 가장 적합한 기본적 포맷은 일반적으로 기록 구분자 새로운 라인에서 시작하는 문자가 들어 있는 콤마로 분리된 데이터 구조이다.
  - **SequenceFileInputFormat** : 이 형식은 시퀀스 파일을 읽는 데 사용된다.
- **InputSplit** : 이 개체는 InputFormat에서 만든 논리적으로 데이터를 표현하며, 레코드로 분할된다. 레코드는 독립적 하둡에 의해 분산 방식으로 처리 될 수 있다.
- **RecordReader** : 이 개체는 InputSplit에 의해 정의된 레코드를 읽는다. 이것은 데이터 셋의 인덱스에 기초한 key-value 쌍을 생성한다. 이것은 쉽게 Mapper가 처리 가능한 데이터 시퀀스들을 읽을 수 있게 한다.

이러한 개념은 분산 병렬 처리를 용이하게 하기 위한 DataVec API에서 구현된다. DataVec도 크게 상호 운용되는 OutputFormats을 지원한다. 가장 일반적으로 DataVec으로 생성된 벡터 형식 ARFF 및 SVMLight 가 있다. 프레임워크는 사용자 정의 입력 형식을 통합하기 위한 확장성을 제공한다. 포맷이 DataVec 인터페이스 형태로 정의된다면, 프레임워크는 소정의 형식과 동일한 방식으로 이들을 취급한다. 데이터 셋의 벡터화는 DataVec 라이브러리에 중요한 핵심 사항이다.

수치 벡터는 단지 적절한 입력 포맷뿐만 아니라, 딥 신경망 처리 형식이다. API는 또한 데이터를 마사지하고 하찮은 기록과 속성을 필터링 변환하는 라이브러리를 지원한다. 일단 데이터가 들어오면 이 모델을 훈련시키고 활용하고, 테스트하는 데 사용할 수 있다. 정규화는 학습 과정을 최적화하기 위해 중요한 준비 단계 중 하나이다.

신경망이 여러 은닉층이 있는 딥 신경망일 때 데이터 입력은 매우 다양해진다. 이 다양성은 결국 수렴을 느리게 하고 딥 신경망이 학습하는데 시간이 오래 걸리게 한다. 정규화하는 가장 일반적인 기술은 0~1범위로 하는 것이다. 여기서 입력값은 0과 1사이의 값으로 변화되며 데이터의 퀄리티와 손실 없이 이루어진다.

Weka 프레임워크를 사용하여 정규화하는 과정을 보자.

1. Weka 탐색기를 열고 iris.atff 파일을 오픈한다. 이것은 4개의 특징(feature)과 3개의 가능한 출력값을 갖는 하나의 클래스 출력값을 갖는 단순한 데이터 셋이다.

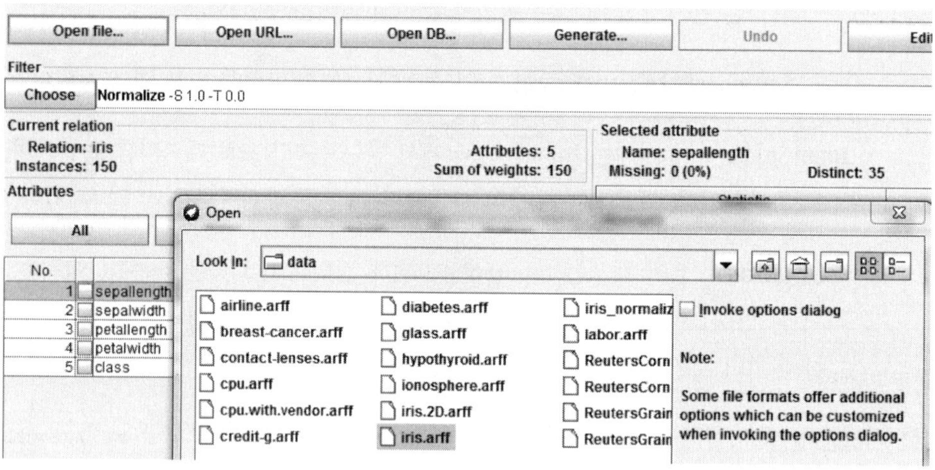

2. 속성과 원래 값의 분포를 검토한다.

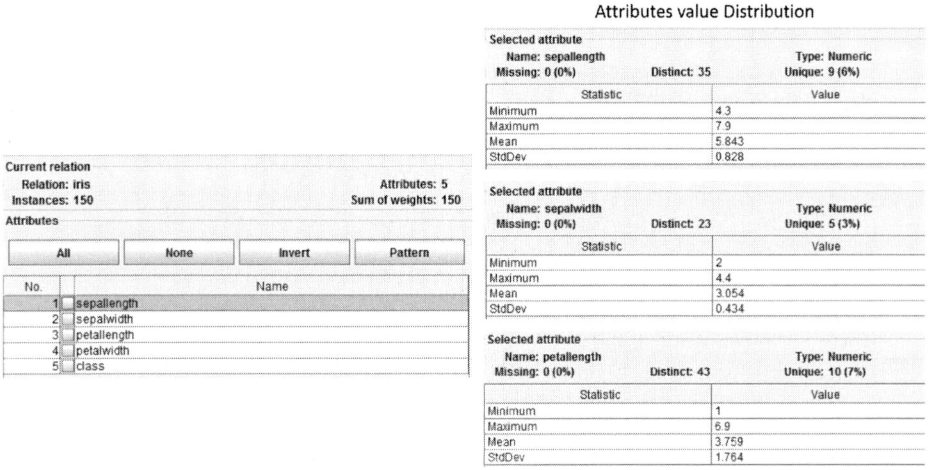

3. 정규화 필터를 적용한다. filters/unsupervised/attribute/Normalize. 아래에서 필터를 선택하고 선택된 데이터 셋에 필터를 적용한다.

4. 정규화한 후 애트리뷰트 값들을 체크한다. 이 값들은 모두 0과 1사이에 있을 것이다.

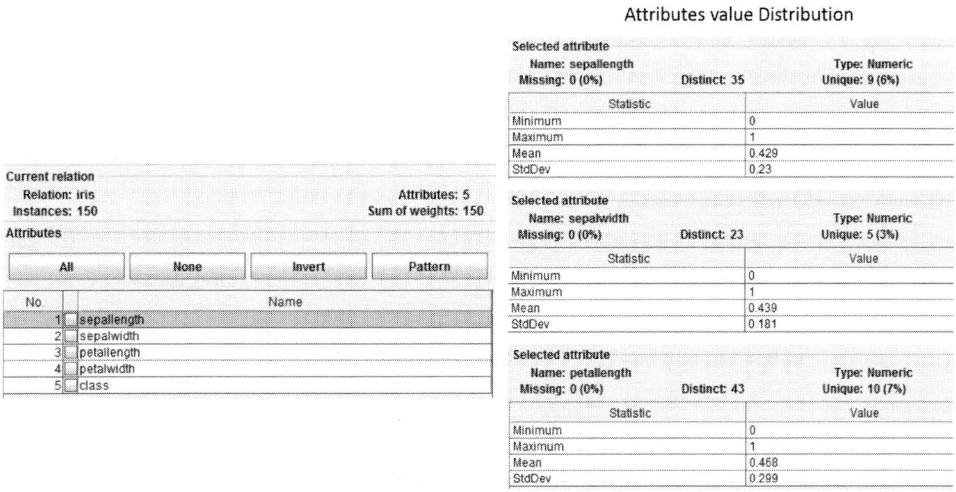

이들 정규화한 값들은 0과 1사이에 있고 동일한 훈련 모델을 생성하므로 출력값이 동일하다. 정규화 후 딥 신경망에 대한 러닝 효과를 최적화할 수 있다. 다음은 deeplearning4j 라이브러리를 사용하여 데이터 준비 파이프라인에서 정규화를 적용하기 위한 자바 코드이다.

```
package com.aibd.dnn;

import org.datavec.api.records.reader.RecordReader;
import org.datavec.api.records.reader.impl.csv.CSVRecordReader;
import org.datavec.api.split.FileSplit;
import org.datavec.api.util.ClassPathResource;
import org.deeplearning4j.datasets.datavec.RecordReaderDataSetIterator;
import org.nd4j.linalg.dataset.DataSet;
import org.nd4j.linalg.dataset.api.iterator.DataSetIterator;
import org.nd4j.linalg.dataset.api.preprocessor.NormalizerMinMaxScaler;

public class Normalizer

    public static void main(String[] args) throws  Exception
        int numLinesToSkip = 0;
        char delimiter = ',';
        System.out.println("Starting the normalization process");
        RecordReader recordReader = new
CSVRecordReader(numLinesToSkip,delimiter);

        recordReader.initialize(new FileSplit(new
ClassPathResource("iris.txt").getFile()));
        int labelIndex = 4;
        int numClasses = 3;

        DataSetIterator fulliterator = new
RecordReaderDataSetIterator(recordReader,150,labelIndex,numClasses);

        DataSet dataset = fulliterator.next();

        // Original dataset
        System.out.println("" + dataset.getRange(0,9));
```

```
        NormalizerMinMaxScaler preProcessor = new NormalizerMinMaxScaler();
        System.out.println("Fitting with a dataset...............");
        preProcessor.fit(dataset);
        System.out.println("Calculated metrics");
        System.out.println("Min:  - "  + preProcessor.getMin());
        System.out.println("Max:  - " + preProcessor.getMax());

        preProcessor.transform(dataset);
        // Normalized dataset
        System.out.println("" + dataset.getRange(0,9));
    }
}
```

프로그램의 출력은 다음과 같다.

```
========Original Values =====
[[5.10, 3.50, 1.40, 0.20],
 [4.90, 3.00, 1.40, 0.20],
 [4.70, 3.20, 1.30, 0.20],
 [4.60, 3.10, 1.50, 0.20],
 [5.00, 3.60, 1.40, 0.20],
 [5.40, 3.90, 1.70, 0.40],
 [4.60, 3.40, 1.40, 0.30],
 [5.00, 3.40, 1.50, 0.20],
 [4.40, 2.90, 1.40, 0.20]]

========Normalized Values =====
[[0.22, 0.62, 0.07, 0.04],
 [0.17, 0.42, 0.07, 0.04],
 [0.11, 0.50, 0.05, 0.04],
 [0.08, 0.46, 0.08, 0.04],
 [0.19, 0.67, 0.07, 0.04],
 [0.31, 0.79, 0.12, 0.12],
 [0.08, 0.58, 0.07, 0.08],
 [0.19, 0.58, 0.08, 0.04],
 [0.03, 0.38, 0.07, 0.04]]
```

신경망 아키텍처를 구현하는 실용적인 접근 방식

딥 신경망은 멀티 레이어의 반복적인 모델로 훈련 데이터를 생성하기에 좋은 모델이다. 이 를 실제 적용하려면 다양한 접근 방법에 대한 주의 깊은 고려가 필요하다. 이 단원에서는 실제 시나리오에 딥 신경망을 사용하는 일반 안내 원칙을 소개한다. 이 그림에 나타난 바와 같이, 상위 레벨에서, 딥 신경망을 사용하는 순환 과정을 따를 수 있다.

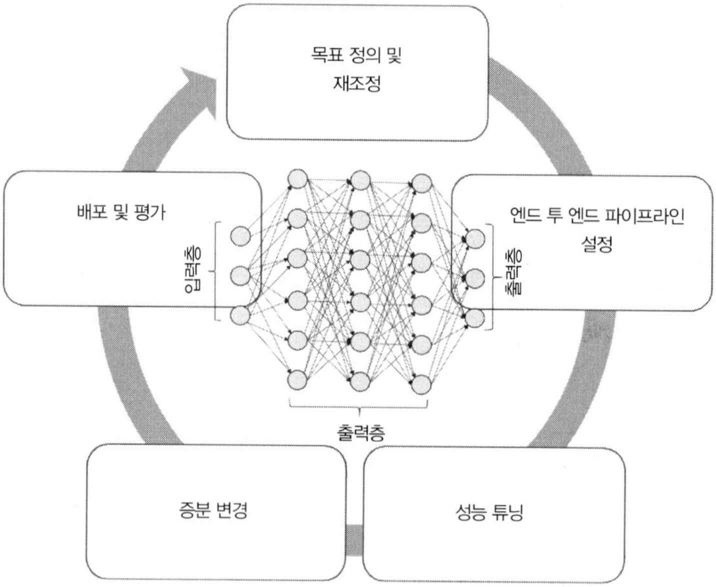

그림 5.7 딥신경망을 사용하는 순환과정

그림에 대한 설명은 다음과 같다.

- **목표를 정의하고 재조정** : 이는 딥 신경망 뿐만 아니라 머신 러닝 알고리즘의 일반적인 사용에도 적용할 수 있다. 선택 오류 행렬과 유스 케이스 특정 목표와 행렬에 대한 임계 타겟 값이 첫 번째 단계로서 설정되어야 한다. 오류 측정 기준에 대한 목표는 아키텍처 설계 및 다양한 설계 선택의 후속 단계에서의 조치를 정의한다. 실제 사례의 대부분에 대해 제로 오류의 목표를 설정하는 것은 비현실적이다. 이는 훈련 데이터가 불충분하고 환경을 확실하게 모델링할 수 없는 실제 시나리오의 확률론적 성격 때문이다.

- **엔드-투-엔드 파이프라인 세팅 :** 목표를 결정하고 예상 임계값의 측정 기준이 설정되면, 다음 단계는 엔드-투-엔드 파이프라인을 설정하는 것이다. 파이프라인이 유스 케이스 및 사용 가능한 데이터 자산에 따라 다를 것이나, 이 단원에서는 일반적인 가이드라인을 따른다. 유스 케이스는 고정 및 소수의 입력 매개 변수를 벡터 형식으로 구현하는 지도 학습을 구현하는 경우 (예 : 평방 피트 면적, 객실 수, 위치 등과 같은 다양한 요소를 기반으로 주택 가격을 정의하는 경우 전방향 네트워크로 시작)이다. 이러한 이미지 픽셀과 같은 행렬 구조 데이터의 경우, 컨볼루션 신경망 구조(convolutional neural network, CNN)를 사용한다. 입력이 이전 값 체인에 따라 데이터가 시퀀스로 되는 경우, 재발생 신경망(recurrent neural network, RNN)을 사용한다.

- **성능 튜닝 :** 일단 기본 파이프라인 설치가 완료되면, 모델의 성능을 평가해야 한다. 새로운 모델 또는 모델 파라미터 셋을 시도하는 것과 훈련 셋에 더 많은 데이터를 추가하는 것 사이에 결정 포인트가 있다. 일반적인 원칙으로는 초기 모델은 더 많은 데이터를 추가하고 모델의 성능에 미치는 영향을 평가하여 다수의 반복을 통해 테스트해야 하고 훈련 셋 모델의 성능을 측정해야 한다. 모델이 훈련 셋에서 잘 작동하지 않을 경우, 첫 번째 단계는 네트워크에 숨겨진 유닛의 수를 증가시키는 것이다. 이와 함께 이 모델은 훈련 데이터에 작은 통찰력을 식별할 수 있다. 성능은 학습 속도에 대해 다른 값을 설정하여 여러 테스트를 기반으로 평가될 필요가 있다. 그럼에도 불구하고, 훈련 데이터에 대한 모델의 성능이 개선되지 않을 경우, 훈련 데이터의 품질에 문제가 있을 수 있다. 데이터 셋은 신중하게 평가하고 더 최적화를 실행하기 전에 정제되어야 한다.

  모델이 훈련 데이터에서 잘 수행되면, 다음 단계로 테스트 데이터와 성능을 테스트해야 한다. 모델이 제1 단계에서 설정된 임계값 내에 잘 수행되는 경우, 모델은 실제 데이터와 함께 이용될 뿐만 아니라 잘 일반화된 것이다. 모델이 테스트 데이터에서 잘 작동하지 않는 경우에는 더 많은 데이터를 수집하고 더 나은 일반화를 위한 모델을 다시 훈련해야 한다. 경험에 의하면, 데이터의 한계 또한 성능에 영향을 미친다. 상당한 성능 향상을 달성하고 일반화의 오류를 줄이기 위해 원본 데이터 셋의 배수로 데이터를 추가 고려하는 것이 좋을 것이다.

- **증분 변경 :** 딥 신경망을 배포하는 주요 수준의 목표는 모델을 배포할 때 실제 데이터의 오류를 최소화하는 것이다. 이를 달성하기 위해, 구성 파라미터에 대해 증분 변경을 해야 한다. 이것을 하이퍼 파라미터(hyperparameter)튜닝이라고 한다. 일반적으로

빠른 이익이 발생할 하이퍼 파라미터 중 일부는 은닉층 유닛의 수, 학습 속도, 컨볼루션 신경망의 커널 폭, 제로 패딩, 가중치 감소 계수와 드롭아웃 속도이다. 이들 외에도 훈련 데이터의 다량의 데이터들은 무작위로 점진적으로 모델의 성능을 최적화하기 위해 테스트된다. 이는 다음 단원에서 자세히 다룰 것이다.

- **배포 및 평가** : 모델의 성능에 대한 임계값 목표가 달성되면, 모델은 실제 사용 환경에 배포 할 수 있다. 때문에 환경의 대부분의 확률적 특성으로 모델의 성능은 지속적으로, 특히 미션 크리티컬 애플리케이션을 위해 평가될 필요가 있다. 또한 이 단계에서는 생산 모델의 전개와 역사적 동향에 따라 자동으로 하이퍼 파라미터 조정을 위한 전략을 고려해야 한다. 수동으로 뿐만 아니라 자동으로 선택된 하이퍼 파라미터 값의 다른 값을 사용하여 모델 성능에 대한 과거 데이터가 증가함에 따라 하이퍼 파라미터 변수의 값, 학습 데이터의 크기를 종속 변수의 입력 셋으로 처리할 수도 있다. 모델의 성능을 종속 변수로 사용한다.

다음 단원에서는 딥 신경망에 대한 런타임 매개 변수를 조정하기 위한 원칙들을 살펴볼 것이다.

하이퍼 파라미터(Hyperparameter) 튜닝

고품질 스피커와 믹서 시스템을 가지고 사운드 시스템을 상상해 보자. 이때 독립적으로 음질의 특정 파라미터를 제어할 수 있는 콘솔에 있는 버튼들을 볼 수 있다고 해보자. 저음, 고음, 그리고 소리의 세기들은 제대로 좋은 경험으로 설정해야 하는 제어기들이다. 마찬가지로, 딥 신경망은 다양한 제어 파라미터를 잘 설정해야 좋다. 이러한 매개 변수는 하이퍼 파라미터라고 하고 모델의 가장 좋은 훈련 / 실행 시간의 측면에서 성능뿐만 아니라 정확성과 일반화를 유도할 수 있는 값에 다양한 매개 변수를 제어하는 과정. 음향 이퀄라이저 예와 마찬가지로, 여러 하이퍼 파라미터는 최적의 성능을 함께 조정되어야 한다. 하이퍼 파라미터의 조합을 선택할 때 일반적으로 사용되는 두 가지 전략이 있다.

- **그리드 검색** : 하이퍼 파라미터는 매트릭스에 그려질 수 있고 최상의 성능을 얻을 수 조합은 실제 시나리오에 배포되는 모델을 통해 선택된다. 그리드 검색으로, 산출물에 대한 반복의 수는 좋지 않다.

- **랜덤 검색** : 랜덤 검색의 경우, 하이퍼 파라미터 값들은 무작위로 선택된다. 이 경

우, 그리드 검색과 같은 수만큼 반복을 해도 하이퍼 파라미터들이 최적 값에 도달할 기회가 더 많다. 다음 그림은 그리드 검색 및 랜덤 검색의 차이를 나타낸 것이다.

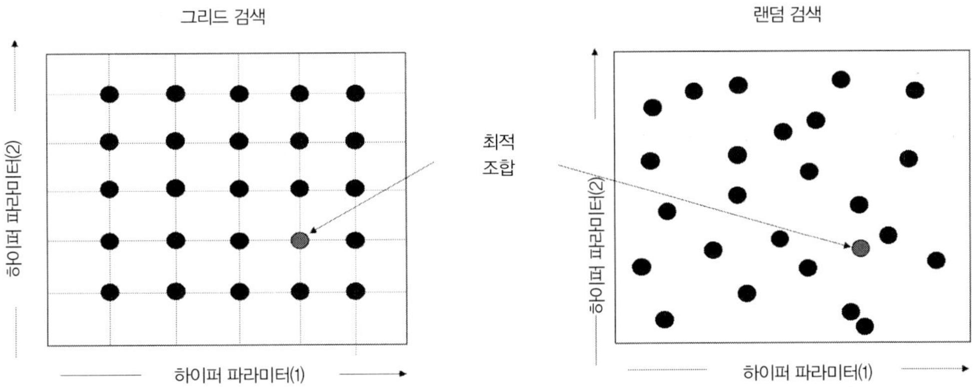

그림 5.8 그리드 검색과 랜덤 검색

랜덤 검색 기술의 변화는 검색 공간을 통해 반복 횟수를 줄이기 위해 배포할 수 있다. 이 기술은 **Coarse to Fine 탐색**이라고 한다. 이 경우, 랜덤 검색은 적은 수의 반복 실행 및 높은 최적화 조합이 확인되고 있는 지역에서 동작하고, 검색 공간은 하이퍼 파라미터 값의 작은 영역으로 제한된다. 이 기술에 의해, 검색 영역을 한정하고 최적화시킨다. 다음 그림은 Coarse to Fine 기술을 시각화한 것이다.

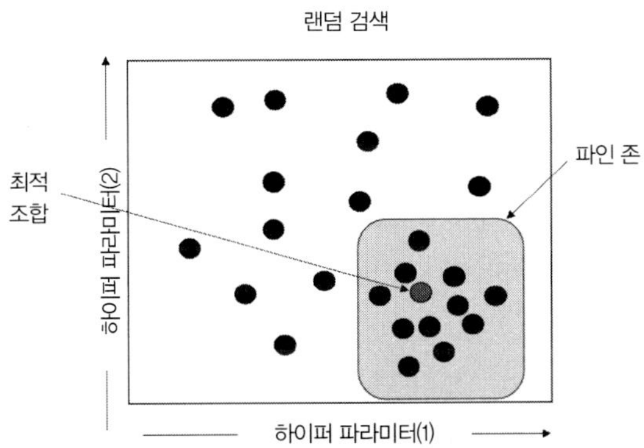

그림 5.9 랜덤 검색

초기 검색을 반복하는 동안, 전체 공간이 검색된다. 최적의 하이퍼 파라미터 값들이 발견 될 때, 탐색 공간은 Fine 영역으로 제한된다. 이와 함께, 하이퍼 파라미터는 적은 수의 반복 과정에 의해 조정된다. 하이퍼 파라미터의 오른쪽 셋을 검색하기 위한 이러한 기술을 통해 딥 신경망과 같이 가장 일반적으로 사용되는 하이퍼 파라미터의 일부를 살펴보자.

❁ 학습 속도

기울기 하강 학습 단원에서 딥 신경망을 위한 가중치와 바이어스에 대한 방정식을 제시하였다.

$$wi = w'i = wi - \eta \frac{\mathrm{d}C}{\mathrm{d}w_i}$$

$$b_i = b'_i = b_i - \eta \frac{\mathrm{d}C}{\mathrm{d}b_i}$$

이들 방정식에서, η는 학습 속도를 나타낸다. 기울기 하강 알고리즘의 학습 속도는 각각의 훈련 인스턴스를 설정하여 알고리즘이 걸리는 단계의 크기를 정의한다. 학습 속도가 너무 높은 경우, 기울기 하강 단계에서의 평균 손실이 높다. 이 경우 알고리즘은 전역 최솟값을 놓칠 수 있다. 학습 속도가 낮으면 수렴 속도가 느리다. 다음 그림을 보자.

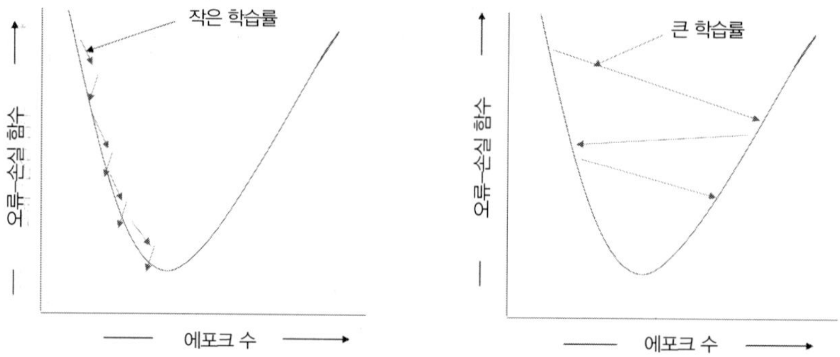

그림 5.10 작은 학습률과 큰 학습률 비교

오직 하나의 하이퍼 파라미터를 조정할 수 있는 기회가 있다면 이 파라미터는 조율할 필요가 있다. 표준으로 보면 1보다 작고 10^{-6}보다 큰 학습률이 필요하다. 또 다른 널리 사용되는 전략은 시간(훈련 반복)에 따라 학습율을 감소하도록 하는 것이다. 초기 반복 동안 학습률은 일정하게 유지되고, 모델(손실 함수의 값의 변화가 최소로 저하 될 때) 이 수렴에 근접되면, 학습률은 초기 학습 속도의 작은 부분으로 변경된다. 일반적으로, 초기 학습 속도의 0.001 부분은 전역 최소값에 최적이다.

미니 일괄 처리와 병렬 처리와 트레인을 이용하여 빠른 수렴을 하게 한다. 이러한 배치는 1에서 100 사이의 계수로 정의된 작은 배치로 학습 속도의 하이퍼 파라미터를 독립적으로 조정한다. 최소 배치 계수가 1이면 알고리즘은 기울기 하강 알고리즘으로 작동한다. 예를 들어, 요소 값이 20일 때, 훈련 데이터 샘플은 5 %이며 학습율 η의 독립적으로 조정할 수 있도록 하여 배포된다.

훈련 반복의 수

하이퍼 파라미터는 오버피팅을 방지하는 데 유용하다. 모델이 수렴함에 따라(손실 함수 값은 한 지점에서 평탄하고 에포크와 함께 변하지 않는다), 훈련 데이터를 오버피팅 하는 경향이 있고 테스트 샘플이 훈련 데이터뿐만 아니라 수행하지 않는 비일반화된 영역으로 이동하는 경향이 있다. 평탄한 지역을 중심으로 신중하게 훈련 반복 수를 설정하면 조기 정지가 가능하므로 잘 일반화된 견고한 모델이 될 것이다.

하이퍼 파라미터를 조정하고 전체 비용 함수에 미치는 영향이 평가되는 동안, 초기 정지는 해제할 수 있다. 그러나 일단 다른 모든 하이퍼 파라미터가 완전히 조정되면 동적 손실 함수의 평탄한 지역에 따라 훈련의 반복 횟수를 설정할 수 있다.

> 통합 후 즉시 중지하는 것은 좋은 전략이 아니다. 총 에포크의 약 10%의 반복을 계속하는 것이 좋은 수렴 결과를 발생시킨다. 훈련의 반복 횟수를 제어하는 것은 모델의 계산 요구 사항을 줄일 수 있는 좋은 전략이다.

은닉층 노드 수

딥 신경망의 성능은 은닉층에 있는 노드 수 n_h를 선택하고, 조정함으로써 꼬이게 할 수도 있다. 일반적인 방법은 초기에 요구 값보다 큰 n_h를 선택하는 것이 좋다. 이는 네트워크에 대한 충분한 일반화를 보장해 준다. 그러나 n_h가 높을수록 딥 신경망의 계산 요구량은 높아진다. 이 하이퍼 파라미터 또한 각 층에서 조정된다. 각 층마다 다른 최적의 값을 가질 수 있다. 이 경우, 입력층에 연결된 첫 번째 층은 overcomplete(최적 값보다 더 많은 노드가 있음)하는 것이 좋다. 이 전략을 사용하면 첫 번째 층에 노드수가 적게 구성한 것과 더 많은 노드를 가진층을 출력층 쪽으로 향하게 하는 것보다 데이터를 일반화하는 데 더 도움이 된다.

에포크 수

딥 신경망에서 전체 데이터 셋이 전방향과 역방향을 통해 한번 반복하는 과정을 에포크(epoch)라고 한다. 각 에포크는 일반적으로 가중치와 바이어스를 조정하기 위해 오류 역전파 알고리즘에서 사용된다. 가장 적절한 에포크 수를 정하는 것이 중요하다. 에포크의 수가 너무 높은 경우, 네트워크는 잠재적으로 데이터를 오버피트 하게되고 새로운 입력에 대해 일반화하지 않을 것이다.

에포크 수가 너무 낮은 경우, 네트워크는 데이터를 언더피트(underfit)하고 심지어 훈련 데이터 조차 잘 수행하지 않는다. 딥 신경망의 에포크 수를 선택하는 쉬운 방법은 없다. 에포크 수는 데이터 셋의 다양성과 데이터의 양에 의존한다. 권장되는 전략은 먼저 많은 수의 에포크로 시작하고, 에포크 간에 손실함수가 변화하지 않으면 훈련은 멈출 수 있다.

Deeplearning4j를 이용하여 하이퍼 파라미터와 실험

모델 성능에 영향을 주는 다양한 하이퍼 파라미터의 효과를 설명하는 간단한 신경망을 구축해 보자. 우리는 무작위로 생성된 훈련 데이터를 기반으로 두 개의 수를 추가할 수 있는 간단한 신경망을 만들 것이다. 훈련 데이터는 두 개의 독립 변수, $X1$ 과 $X2$, 및 출력 변수 $Y1 = X1 + X2$이다. 여기에 deeplearning4j 라이브러리를 사용하여 신경망을 생성한 것이다. 다음 그림과 같다.

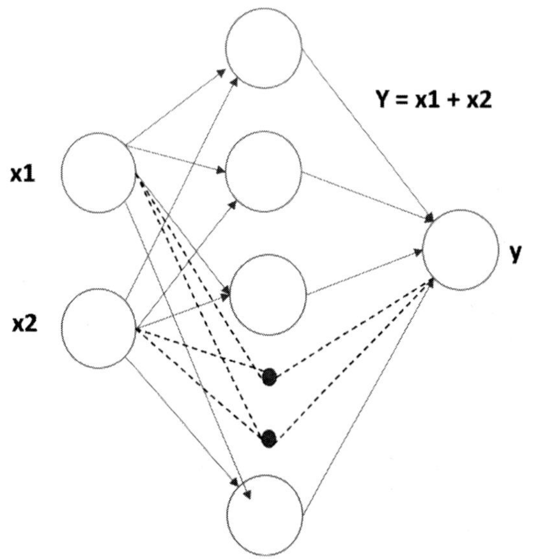

그림 5.11 deeplearning4j 라이브러리를 가진 신경망 구조

여기 입력 독립변수로 *x1* 과 *x2*, 출력 종속변수로 *y*를 가진 샘플 데이터를 생성하는 유틸리티 코드가 있다.

```
// Method to generate the training data based on batch size passed as
parameter
private static DataSetIterator generateTrainingData(int batchSize, Random rand) {

        // container for the sum (output variable)
        double [] sum = new double[nSamples];
        // container for the first input variable x1
        double [] input1 = new double[nSamples];
        //container for the second input variable x2
        double [] input2 = new double[nSamples];
        // for set size of the sample in configuration, generate random
        // numbers and fill the containers
        for (int i= 0; i< nSamples; i++)
                input1[i] = MIN_RANGE + (MAX_RANGE - MIN_RANGE) *
rand.nextDouble();
        input2[i] =  MIN_RANGE + (MAX_RANGE - MIN_RANGE) *
rand.nextDouble();
                // fill the dependent variable y
                sum[i] = input1[i] + input2[i];
        }
        // Format in the deeplearning4j data structure
        INDArray inputNDArray1 = Nd4j.create(input1, new int[]
{nSamples,1});
        INDArray inputNDArray2 = Nd4j.create(input2, new int[]
{nSamples,1});
        INDArray inputNDArray = Nd4j.hstack(inputNDArray1,inputNDArray2);
        INDArray outPut = Nd4j.create(sum, new int[]{nSamples, 1});
        DataSet dataSet = new DataSet(inputNDArray, outPut);
        List<DataSet> listDs = dataSet.asList();
        Collections.shuffle(listDs,rand);
```

```
        return new ListDataSetIterator(listDs,batchSize);
    }
```

다음은 하이퍼 파라미터들을 구성하는 다층 신경망을 생성하는 방법을 갖고 있는 코드이다.

```
/** Method for generating a multi-layer network
 * @param numHidden - the int value denoting number of nodes in the
hidden
unit
 * @param iterations - number of iterations per mini-batch
 * @param learningRate - The step size of the gradient descent algorithm
 * @param numEpochs - number of full passes through the data
 * @param trainingDataIterator - the iterator through the randomly
generated training data
 * @return the model object (MultiLayerNetwork)
 * */
private static MultiLayerNetwork generateModel(int numHidden, int
iterations, double learningRate, int numEpochs, DataSetIterator
trainingDataIterator ) {

    int numInput = 2;     // using two nodes in the input layer
    int numOutput = 1;    // using one node in the output layer
    MultiLayerNetwork net = new MultiLayerNetwork(new
NeuralNetConfiguration.Builder()
        .seed(SEED)
        .iterations(iterations)
.optimizationAlgo(OptimizationAlgorithm.STOCHASTIC_GRADIENT_DESCENT)
        .learningRate(learningRate)
        .weightInit(WeightInit.XAVIER)
        .updater(Updater.NESTEROVS)
        .list()
        .layer(0, new DenseLayer.Builder().nIn(numInput).nOut(numHidden)
            .activation(Activation.TANH)
            .build())
```

```
            .layer(1, new OutputLayer.Builder(LossFunctions.LossFunction.MSE)
                    .activation(Activation.IDENTITY)
                    .nIn(numHidden).nOut(numOutput).build())
            .pretrain(false).backprop(true).build()
    );
    net.init();
    net.setListeners(new ScoreIterationListener(1));

    //Train the network on the full dataset, and evaluate in periodically
    double startTime = System.currentTimeMillis();
    for( int i=0; i<nEpochs; i++ ){
        trainingDataIterator.reset();
        net.fit(trainingDataIterator);
    }
    double endTime = System.currentTimeMillis();
    System.out.println("Model Training Time = " + (endTime - startTime));
    return net;
}
```

이 모델은 다음과 같이 서로 다른 하이퍼 파라미터들을 전달함으로써 테스트할 수 있다.

```
public static void main(String[] args){

    //Generate the training data
    DataSetIterator iterator =
generateTrainingData(batchSize,randomNumberGenerator);

    // Test 1: -----------------------------------------------------
        //Set the values of hyperparameters
        int nHidden = 10;
        int iterations = 1;
        double learningRate = 0.01;
        int nEpochs = 200;
        double startTime = System.currentTimeMillis();
        MultiLayerNetwork net =
```

```
generateModel(nHidden,iterations,learningRate,nEpochs,iterator);

        double endTime = System.currentTimeMillis();
        double trainingTime = (endTime - startTime);

        // Test the addition of 2 numbers
        INDArray input = Nd4j.create(new double[] { 0.6754345,
0.3333333333333 }, new int[] { 1, 2 });
        INDArray out = net.output(input, false);
        double actualSum = 0.6754345 + 0.3333333333333;
        double error = actualSum - out.getDouble(0);
        System.out.println("Hidden Layer Count, Iterations, Learning Rate,
Epoch Count, Time Taken, Error");
        System.out.println(""+nHidden + "," + iterations + "," +
learningRate + "," + nEpochs + "," + trainingTime + "," + error );
        // ------------------------------------------------------
```

이 코드와 함께, 출력값은 다음과 같이 콘솔에 프린트된다.

```
Hidden Layer Count, Iterations, Learning Rate, Epoch Count, Time Taken,
Error -----------------------------------------------------------
---10,1,0.01,200,11252.0,-3.5079920391032235 10,1,0.02,200,1,3781.0,-
2.8320863346049325 10,1,0.04,200,1,3152.0,-9.223153362650587
10,1,0.08,200,1,3520.0,NaN 5,1,0.01,200,2960.0,-0.725370417017652
```

대안으로, deeplearning4j 라이브러리는 UI 라이브러리 시각화 인터페이스를 제공한다. 다음과 같이 UI 라이브러리 Maven 의존성을 포함할 수 있다.

```
<dependency>
    <groupId>org.deeplearning4j</groupId>
    <artifactId>deeplearning4j-ui_2.10</artifactId>
    <version>$dl4j.version</version>
</dependency>
```

사용자 인터페이스는 신속하게 다음 코드 줄을 추가하여 사용할 수 있다.

```
//Initialize the user interface backend
static UIServer uiServer = UIServer.getInstance();

//Configure where the network information (gradients, score vs. time) is to be stored.
static StatsStorage statsStorage = new InMemoryStatsStorage();

// Once the MultiLayerNetwork object is initialized, register the StateStorage instance as a //listener.

net.setListeners(new StatsListener(statsStorage));
```

이 간단한 코드를 이용하면, 프레임워크는 locahost의 포트 9000에서 동작될 것이다.

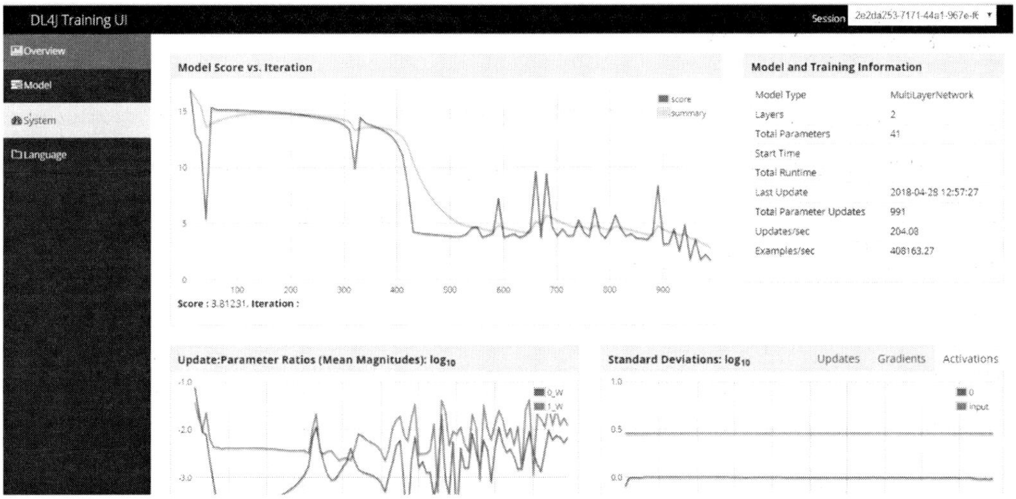

네트워크 구조는 Maven 사용자 인터페이스에서 가시화된다.

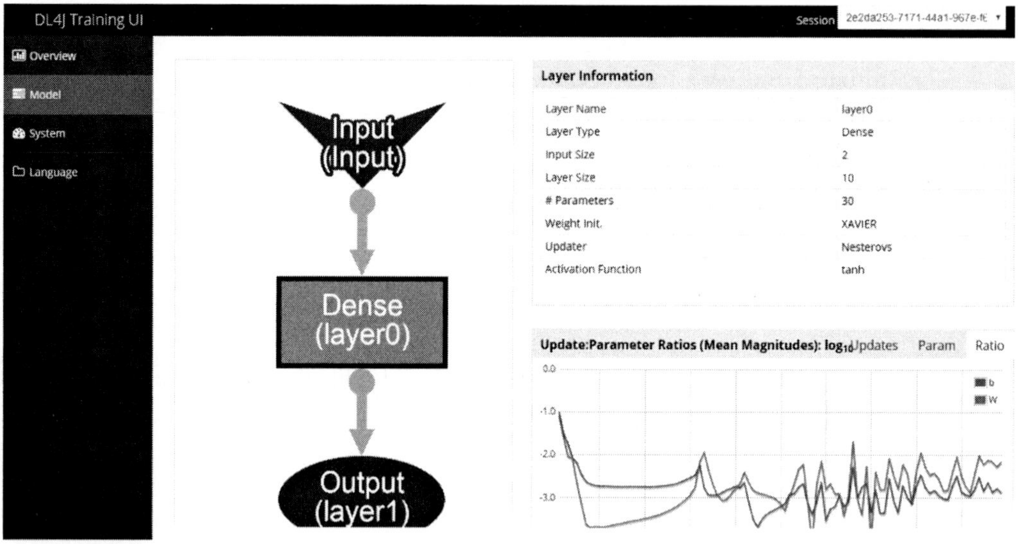

분산 컴퓨팅

그림 5.5에서 보았듯이, 신경망은 훈련 데이터의 양이 증가하면 성능이 향상된다. 점점 더 많은 장치가 개발되어 잠재적으로 훈련 과정과 모델 생성에 사용할 수 있는 데이터를 생성할 수 있다면, 모델은 확률적으로 환경을 일반화하고 복잡한 작업을 더 잘하게 될 것이다. 그러나, 딥 신경망에서는 더 많은 데이터가 더 복잡한 구조로 생성되면, 계산 요구량은 그만큼 더 많이 증가할 것이다.

딥 신경망 훈련을 위해 GPU를 활용하기 시작했음에도 불구하고, 컴퓨팅 인프라의 수직 스케일링은 한계 비용을 가지며 비용 문제가 있다. 비용 의미를 떠나, 그것은 상당히 큰 데이터 셋을 딥 신경망에서 훈련하는 데 걸리는 시간은 매우 많이 걸리고 합리적이지 않다. 그러나 신경망의 특성과 네트워크 토폴로지로 인해, 동시에 여러 시스템의 연산을 분산 및 후면 중앙 프로세스 결과를 병합할 수 있다. 이는 in-memory 분산 컴퓨팅 프레임워크인 Spark와 분산 컴퓨팅 배치 프로세싱 엔진과 같은 Hadoop과 매우 유사하다. 딥 신경망으로, 분산 컴퓨팅을 활용하기 위한 두 가지 방법이 있다.

- **분산 모델** : 이 접근법에서, 딥 신경망은 계산적 관점에서 독립 모델로 취급되고 있는 논리적인 조작들로 나뉜다. 이 모델의 결과는 이 다이어그램에 나와 있는 것처럼 중앙 프로세스에 의해 결합된다.

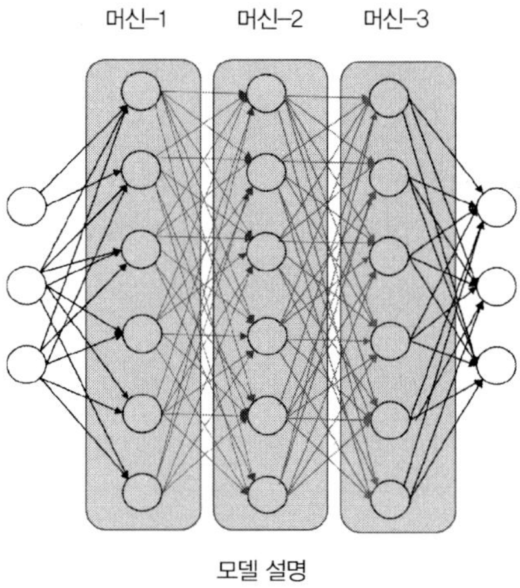

그림 5.12 분산 컴퓨팅 모델

- **데이터 분배** : 이 방법은 전체 모델이 클러스터에 참여하는 모든 노드에 복사되고 데이터는 처리를 위해 데이터 조각으로 분산된다. 마스터 프로세스는 개별 노드의 출력을 수집하고 다음과 같이 최종 결과를 생성한다.

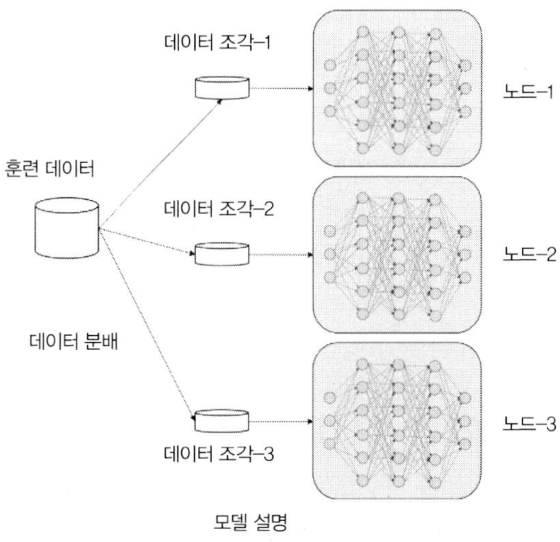

그림 5.13 데이터 분배 방식

데이터 분배 방식은 하둡의 맵리듀스 프레임워크와 매우 유사하다. 맵리듀스 작업은 미리 정의된 런타임 구성 파라미터를 기반으로 입력 분할을 만든다. 이러한 데이터 조각들은 병렬 방식으로 지도 태스크(map task)로 처리하도록 독립적 노드로 전송된다.

맵 태스크의 출력은 관련성(단순 정렬)을 위해 섞어지고 중간 결과를 생성하기 위한 축소 태스크에 대한 입력으로 제공된다. 개별 MapReduce 덩어리가 결합되어 최종 결과를 산출한다. 데이터 배포 방식은 Hadoop 및 Spark 프레임워크에 더 자연스럽게 적합하며 현재로서는 더 광범위하게 연구된 접근 방식이다. 우선적으로 데이터 배포를 활용하는 딥 신경망은 주로 모델 훈련을 위한 매개 변수 평균화 전략을 구현한다.

다음은 데이터 분포를 가진 딥 신경망 훈련을 위한 간단하지만 효율적인 방법이다.

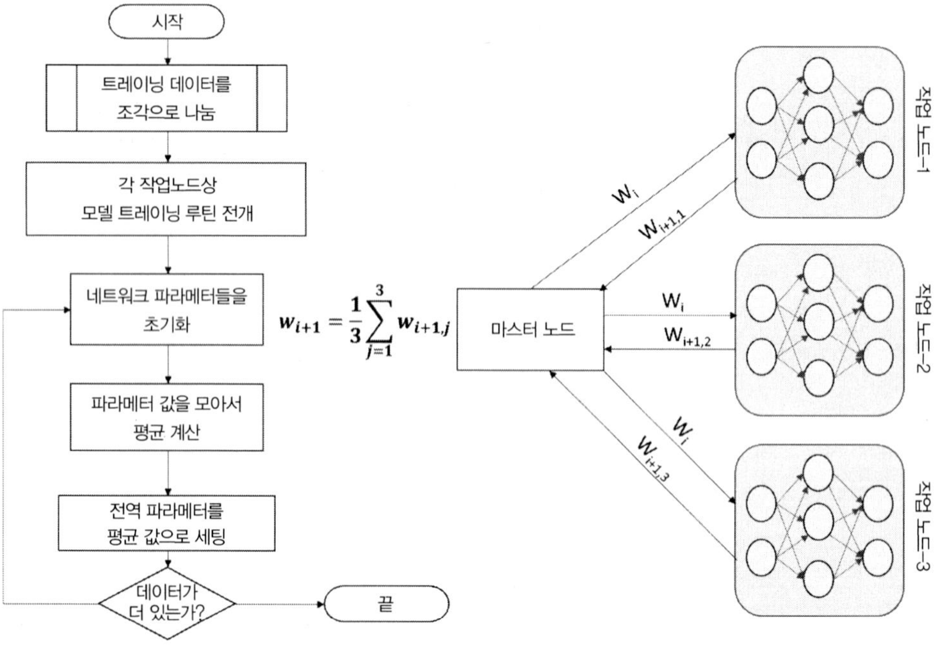

그림 5.14 데이터 분배 방식의 딥 신경망 접근 방식

분산 처리의 이러한 기본 개념을 바탕으로, 이제 병렬화된 딥 신경망을 가능하게 하는 가장 널리 사용되는 라이브러리와 프레임워크의 일부를 살펴보자.

분산 딥 러닝

데이터 소스 및 데이터 크기의 지속적 증가, 딥 러닝 응용 프로그램과 연구를 위해서는 분산 컴퓨팅 프레임워크의 힘을 활용하는 것이 필수적이다. 이 단원에서는 효과적으로 분산 컴퓨팅을 활용하는 라이브러리와 프레임워크의 일부를 검토한다. 이들은 이들의 능력, 도입 수준, 활성화 커뮤니티 지원 등에 기반한 가장 인기 있는 프레임워크들이다.

DL4J 및 Spark

여기서 deeplearning4j 라이브러리를 이용하여 예제를 코딩해 보자. DL4J의 코어 프레임워크는 Spark 기반 프로세싱뿐 아니라 하둡 (HDFS와 MapReduce에서)에서 원활하게 작동하도록 설계되었다. Spark와 DL4J를 통합하는 것은 쉽다. DL4J와 Spark가 통합된 것은 대용량 데이터 집합을 다루기 쉬운 조각으로 분할하고 각각의 개별 노드에서 딥 신경망을 병렬로 훈련시킴으로써 데이터 병렬 처리를 활용한다. 모델이 파라미터 값 (가중치 및 바이어스)을 생성하면 최종 결과를 산출하기 위해 반복적으로 평균화된다.

API 개요

DL4J를 사용하여 Spark에서 딥 신경망을 학습하기 위해서는 두 가지 기본 래퍼 클래스가 사용되어야 한다.

- SparkDl4jMultiLayer : A wrapper around DL4J's MultiLayerNetwork
- SparkComputationGraph : A wrapper around DL4J's ComputationGraph

래퍼뿐만 아니라 분산 모드는 동일하게 유지된다. 이는 MultiLayerConfiguration을 작성하여 네트워크 속성을 구성한다는 것이다. Spark와 DL4J 통합은 다음과 같이 표현될 수 있다.

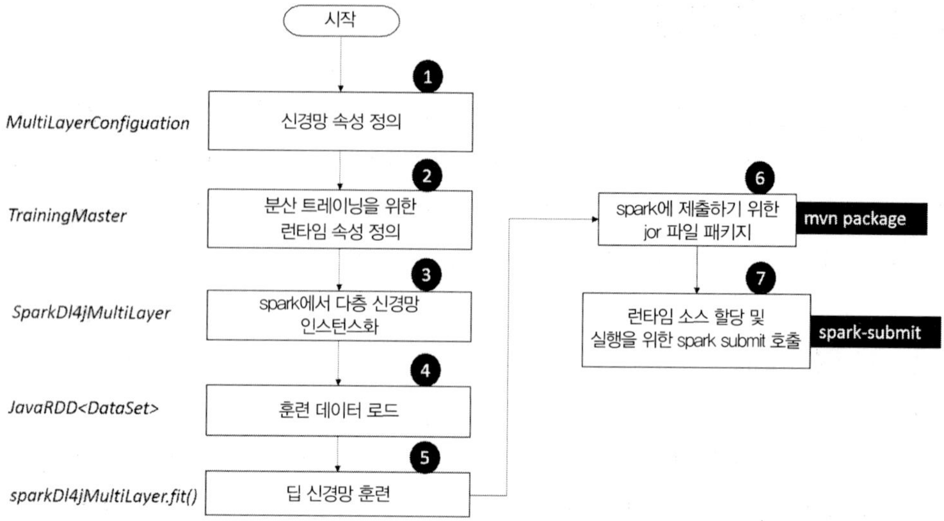

그림 5.15 DL4J를 가진 Spark 상에서의 딥 러닝 워크플로우

워크플로우 각 단계에 대한 샘플 코드들은 다음과 같다.

1. 다층 네트워크 구성 :

```
MultiLayerConfiguration conf = new NeuralNetConfiguration.Builder()
.optimizationAlgo(OptimizationAlgorithm.STOCHASTIC_GRADIENT_DESCENT
).iterations(1)
    .learningRate(0.1)
    .updater(Updater.RMSPROP) //To configure: .updater(new
RmsProp(0.95))
    .seed(12345)
    .regularization(true).l2(0.001)
    .weightInit(WeightInit.XAVIER)
    .list()
    .layer(0, new
GravesLSTM.Builder().nIn(nIn).nOut(lstmLayerSize).activation(Activa
tion.TANH).build())
    .layer(1, new
GravesLSTM.Builder().nIn(lstmLayerSize).nOut(lstmLayerSize).activat
ion(Activation.TANH).build())
    .layer(2, new
RnnOutputLayer.Builder(LossFunctions.LossFunction.MCXENT).activatio
n(Activation.SOFTMAX) //MCXENT + softmax for classification
```

```
    .nIn(lstmLayerSize).nOut(nOut).build())
.backpropType(BackpropType.TruncatedBPTT).tBPTTForwardLength(tbpttL
ength).tBPTTBackwardLength(tbpttLength)
    .pretrain(false).backprop(true)
    .build();
```

2. 분산 학습을 위한 런타임 구성 설정 :

```
ParameterAveragingTrainingMaster tm = new
ParameterAveragingTrainingMaster.Builder(examplesPerDataSetObject)
        .workerPrefetchNumBatches(2) //Async prefetch 2 batches
for each worker
        .averagingFrequency(averagingFrequency)
        .batchSizePerWorker(examplesPerWorker)
        .build();
```

3. TrainingMaster를 사용하여 Spark에서 Multilayer 네트워크 인스턴스화 :

```
SparkDl4jMultiLayer sparkNetwork = new SparkDl4jMultiLayer(sc,
config, tm);
```

4. shardable 학습 데이터 로드 :

```
    public static JavaRDD<DataSet> getTrainingData(JavaSparkContext
sc) throws IOException
    List<String> list = getTrainingDatAsList(); // arbitrary sample
method
    JavaRDD<String> rawStrings = sc.parallelize(list);
    Broadcast<Map<Character, Integer>> bcCharToInt =
sc.broadcast(CHAR_TO_INT);
    return rawStrings.map(new StringToDataSetFn(bcCharToInt));
```

5. 딥 신경망 학습 :

```
sparkNetwork.fit (trainingData);
```

6. a.jar파일로 Spark 응용 프로그램을 패키지화 :

```
mvn package
```

6. 런타임 스파크 응용 프로그램 제출 :

```
spark-submit --class <<fully qualified class name>> --num-executors
3 ./<<jar_name>>-1.0-SNAPSHOT.jar
```

> DeepLearning4j 공식 웹 사이트는 Spark에 딥 신경망을 실행하기 위한 광범위한 문서를 제공한다 : https://deeplearning4j.org/spark.

■ TensorFlow

TensorFlow는 Google에서 제작하고 오픈 소스화된 가장 널리 쓰이는 라이브러리이다. 이것은 기본적인 빌딩 블록으로서 텐서(tensor)를 다루고, 수치 연산을 위해 데이터 플로우 그래프를 사용한다. 텐서는 단순히 n차원 매트릭스로 볼 수 있다. TensorFlow 응용 프로그램을 원활하게 플랫폼에 배포할 수 있으며 모바일 및 임베디드 장치와 함께 GPU 상에서 실행할 수 있다. TensorFlow는 새로운 머신 러닝 모델 연구, 세분화된 수준의 최적화를 지원하는 대규모 분산 훈련에 사용될 수 있다.

> TensorFlow를 빠르게 설치하고 실험할 수 있다. TensorFlow의 최신 버전에서 다운로드할 수 있다. Https://www.tensor.org/.. 이 사이트는 또한 광범위한 문서와 튜토리얼이 포함되어 있다.

■ Keras

Keras는 높은 수준의 신경망 API이며, 파이썬으로 작성되고 TensorFlow의 상단에서 실행할 수 있다. 자세한 내용은 다음 웹 사이트를 참조하라. Https://keras.io/ .

TensorFlow 및 Keras는 과학 논문에서 연구자들에 의해 많이 언급되었고, 프레임워크와 라이브러리의 스택 순위는 arxiv.org 와 같다.

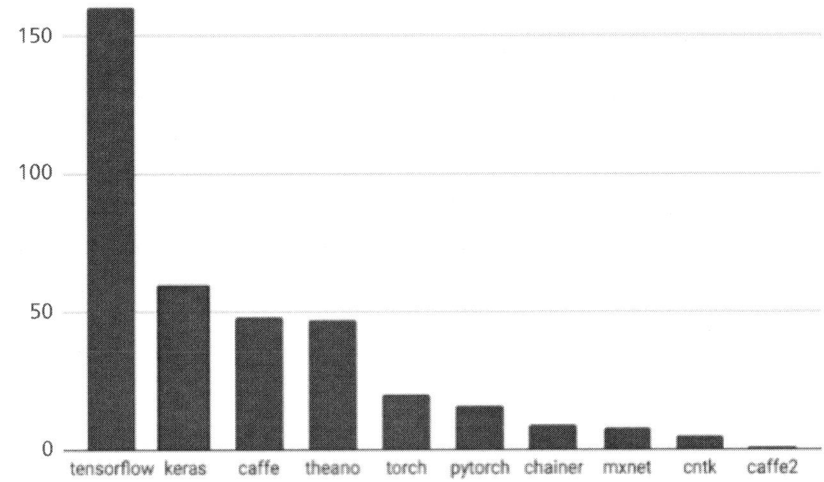

출처 : arXiv (2017. 10월)

자주 묻는 질문

Q: 머신 러닝과 딥 러닝의 차이점은 무엇인가?

A: 딥 러닝은 추상적 개념으로서 머신 러닝의 특수화된 하나의 구현이다. 머신 러닝 알고리즘은 주로 지도 학습 알고리즘의 경우 데이터 포인트를 통해 선을 그리는 기능이다. 특징 공간은 다차원 표현으로 매핑된다. 이 표현을 통해 데이터 셋을 일반화하고 새로운 환경 상태에 대한 액터의 가치 또는 상태를 예측할 수 있다. 또한 딥 러닝 알고리즘은 문맥 내에서 실제 데이터를 모델링한다. 그러나 그들은 모델을 만드는 데 있어 계층화된 접근법을 사용한다. 네트워크의 각 계층은 입력 신호의 특정 부분을 전문화 하며, 높은 수준에서 시작하여 좀 더 일반적인 모양으로 초기 계층까지, 출력층 향한 후속 계층의 보다 깊고 세분화된 기능까지 다양하다. 이러한 네트워크는 오류 역전파와 같은 널리 사용되는 알고리즘을 기반으로 스스로 학습할 수 있다. 딥 러닝과 머신 러닝의 또 다른 차이점은 데이터 추가에 대한 성능이다. 그림 5.1에서 볼 수 있듯이, 머신 러닝 알고리즘은 특정 데이터 양의 임계 값에서 평탄함을 학습한다. 그러나 딥 러닝 알고리즘은 학습 데이터를 추가하여 계속 향상시키다. 일반적으로 딥 러닝 알고리즘은 전통적인 머신 러닝 모델에 비해 학습에 더 많은 시간과 계산 능력이

필요하다.

Q: 딥 신경망의 에포크, 배치 크기, 반복의 차이점은 무엇인가?

A: 데이터 크기가 클 때 이러한 용어를 사용한다. 에포크(epoch)는 전체 학습 데이터 셋을 통과하는 하나의 전방향 및 후방향 통과 패스이다. 실제 시나리오의 대부분은 학습 데이터 셋이 너무 많아 전체 데이터를 한 에포크로 전달하는 것이 계산상 매우 어렵다. 딥 신경망을 통해 훈련을 가능하게 하기 위해, 전체 데이터 셋은 훈련 배치로 나누어진다. 하나의 배치에서 훈련 예제의 수를 배치 크기(batch size)라고 한다. 한 에포크를 완료할 배치 수를 반복(iteration)한다고 한다. 예를 들어, 훈련 데이터 크기가 10,000이고 배치 크기가 2,000인 경우, 한 에포크는 다섯 번의 반복으로 완료된다.

Q: 왜 딥 신경망의 비선형 활성화 함수를 필요로 하는가?

A: 실세계, 확률론적 환경 및 특징 공간 내에서 비선형성은 선형 관계보다 더 일반적이다. 신경망은 각 계층이 학습 데이터의 특정 기능 셋을 저장하는 계층 구조로 기능을 학습함으로써 학습한다. 서로 다른 계층 내의 모든 노드에 적용되는 선형 활성화 함수를 사용하면 선형성을 하나의 계층에 집약할 수 있고 다중 계층 네트워크를 가질 필요가 없다. 다층 네트워크가 없으면 확률론적 입력을 모델링하고 모델을 일반화할 수 없다.

Q: 어떻게 딥 신경망의 성능을 측정하나?

A: 일반적으로 네트워크가 프로덕션 환경에 배포되면 실제 데이터를 얼마나 잘 일반화할 수 있는지가 딥 신경망 성능의 중요한 요소이다. 모델이 훈련 데이터에서 매우 잘 수행되지만 오버피팅으로 인해 테스트 데이터에서 잘 수행되지 않는 경우가 있다. 딥 신경망을 평가할 필요가 있는 많은 매개 변수가 있지만 세 가지 주요 메트릭은 광범위한 수준에서 모델 성능을 이해하는 데 도움이 된다.

- **수신기 동작 곡선(ROC, Receiver Operating Curve)** : 예측된 데이터 포인트를 기반으로 하여 x축의 오탐지율과 y축의 실제 양의 비율 사이의 플롯이다. 일반적으로 ROC 곡선은 완벽하게 구분된 테스트로 그릴 때 다음 모양을 취한다. 곡선이 왼쪽 위 모서리에 가까울수록 정확도가 높아지고 따라서 네트워크 성능이 향상된다.

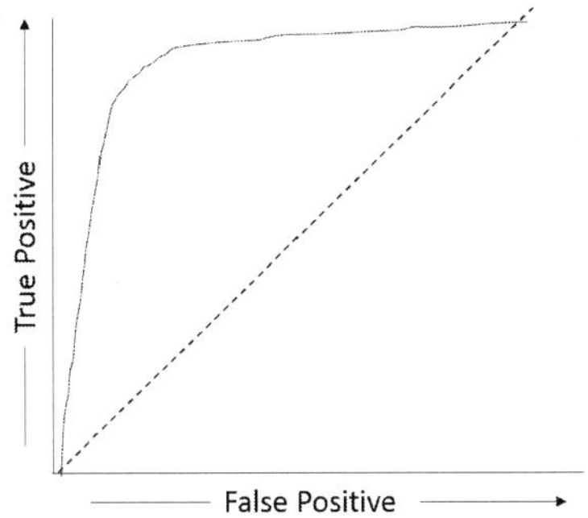

- **정확률과 리콜(Precision and Recall)** : 정확률은 학습 입력의 총 수에 대한 정확한 분류의 수의 비율을 나타낸다. 이 모델이 얼마나 정확한가를 나타내는 표시이다. 리콜은 올바른 출력을 찾는 측면에서 검색 공간 내에서 모델의 유용성을 측정한다. 이 두 값은 항상 함께 볼 수 있다. 그리고 이들은 모델의 F1점수를 구성한다. 이 두 개의 매개 변수 중 하나가 낮은 경우, 전체 F1점수도 낮다.

Q: 딥 신경망의 구현 영역은 무엇인가?

A: 딥 러닝은 자동 음성 인식, 영상 인식, 자연어 처리, 의료용 화상 처리, 추천 시스템, 생물 정보학 분야 등의 다양한 적용할 수 있다.

요약

이 장에는 ANN에 대한 이해를 하나 이상, 수백, 수천 개의 은닉 층을 포함하는 딥 신경망에 대해 살펴보았다. 이러한 딥 신경망을 기반으로 하는 학습을 딥 러닝이라고 한다. 딥 러닝은 확률적 환경에서 매우 복잡한 문제 중 일부를 해결하기 위한 가장 보편적인 알고리즘 중 하나로 진화하고 있다. 딥 신경망 작업의 근본적인 이론을 수립하고 기울기 기반 학습, 오류 역전파, 비선형성, 정규화 기법- 드롭아웃의 기본 요소를 살펴보았다. 또한 전문 신경망 아키텍처인 CNN 및 RNN 중 일부도 검토하였다.

또한 데이터 준비 파이프라인을 구축하기 위한 실제적인 방법을 연구하고 DataVec 라이브러리와 함께 Weka 라이브러리를 사용하여 정규화를 적용하는 예를 살펴보았다. 그리고 신경망 아키텍처를 구현하기 위한 몇 가지 구체적인 방법을 연구하였다. 또한 딥 신경망의 성능에 영향을 미칠 하이퍼 파라미터의 설정을 검토하고 이러한 하이퍼 파라미터를 조정하기 위한 모범 사례를 정의하였다.

여기서 하이퍼 파라미터 튜닝을 입증하는 deeplearning4j 라이브러리와 deeplearning4j의 UI 라이브러리를 사용하여 신경망을 시각화하는 실험을 하였다. 딥 신경망은 계산상 무겁기 때문에 더 많은 데이터를 추가할 때 처리 능력이 더 필요하다. 따라서 더 많은 은닉층과 각 은닉층 내에서 많은 노드가 필요하다. 딥 러닝을 위해서는 분산 컴퓨팅 프레임워크를 활용하는 것이 필수적이다. 또한 분산 컴퓨팅의 기본 사항 중 일부와 deeplearning4j를 Spark와 통합하는 방법도 검토하였다.

다음 장에서는 인공지능 영역으로부터 머신 러닝 영역으로 변화하여 설명할 것이다. 수학적 직관과 실제적인 지침과 함께 NLP 기반 시스템의 구현을 통해 NLP의 기초를 이해할 것이다.

제 6 장

자연어 처리

Natural Language Processing

머신 러닝 또는 인공지능은 구조화 또는 비구조화 할 수 있는 데이터를 기반으로 한다. 자연어 처리(NLP, natural language processing)는 비구조화된 데이터 처리에 초점을 맞춘 알고리즘의 영역이다. 이번 장은 자연어 텍스트 형식으로 비구조화된 데이터에 초점을 맞추고 있다. 조직은 항상 워드 문서, PDF, 이메일 본문 또는 웹 문서의 형태로 된 매우 큰 비정형 텍스트 데이터의 코퍼스(corpuses)가 있다. 기술의 발전과 함께, 조직은 대량의 텍스트 정보에 의존하기 시작했다. 예를 들어, 법률 회사는 채권 서류, 법적 계약, 법원 명령, 법률 문서 등의 형태로 정보를 많이 가지고 있다. 이러한 정보 자산은 특정 도메인(이 경우 법률)에 종속적인 텍스트 정보로 구성되어 있다. 또한, 이러한 가치 있는 텍스트 자산을 활용, 지식에 정보를 변환하기 위해서는 지능형 기계-그대로 텍스트를 이해할 수 있을 것을 요구하는 것이 필수적이다. 어떤 사람의 개입없이 빅 데이터를 위한 NLP는 그러한 소스로부터 받은 내용을 통해 관계와 패턴을 결정하기 위해 다양한 소스에서 텍스트 데이터의 톤을 사용한다. 그것은 추천 엔진 등의 사용 사례에 활용될 것이며, 동향을 파악하는 데 도움이 된다. 이 장에서는 실제적인 예제와 함께 NLP 기본 개념을 소개한다.

이에 대한 접근 방식을 두 가지 유형인 지도 NLP와 비지도 NLP로 나눌 수 있다. 지도 학습 NLP 접근 방식은 Naive Bayes 및 랜덤 포레스트(random forest)와 같은 지도 학습 알고리즘을 사용하는 것이다. 이러한 알고리즘에서 모델은 입력 집합을 학습하기 위해 주어진 예상 출력을 기반으로 생성된다. 즉, 지도 학습 방식은 자가 학습이 아니라 학습자가 제공한 목표 출력을 기반으로 모델을 학습하고 세부적으로 조정한다. 비지도 학습 알고리즘은 모델 출력을 위해 목표 출력이 제공된다는 사실에 의존하지 않는다. 이전 반복의 결과로부터 얻은 데이터 학습에 대한 여러 번 반복한 결과로서 결과를 최적화하기 위해 가중치 및 매개 변수를 조정하여 입력 레코드에서 공제를 받는다. RNN(recurrent neural nets)은 자연어 처리에 사용되는 일반적인 비지도 학습 알고리즘 중 하나이다. 이 장에서 이 모든 기술들을 탐구할 것이다.

전반적으로, 다음과 같은 주제를 다룰 것이다.

이번 장에서 다룰 주제

- 자연어 처리 기초
- 텍스트 전처리
- 특징 추출
- NLP 기술 적용
- 감정분석 구현

자연어 처리(NLP)의 기초

NLP와 관련된 고급 단계를 설명하기 전에 NLP의 정의를 설정하는 것이 중요하다. 간단히 말하면, NLP는 지능형 시스템이 실행 가능한 통찰력을 위해 인간 언어로 작성된 텍스트 데이터를 해석하는 데 사용되는 프로세스, 알고리즘 및 도구 모음을 말한다. 텍스트 데이터에 대한 언급은 NLP에 대한 한 가지 사실을 아주 분명하게 한다. NLP는 모두 구조화되지 않은 비정형 데이터를 해석하는 데 사용된다. NLP는 구조화되지 않은 비정형 텍스트 데이터를 구성하고 정교한 분석, 문서 분류 및 텍스트 요약과 같은 많은 문제를 해결하는 정교한 방법을 사용한다. 이 단원에서는 NLP와 관련된 몇 가지 기본 단계에 대해 설명한다.

다음 다이어그램은 NLP와 관련된 몇 가지 기본 계층 구조 단계를 나타낸 것이다.

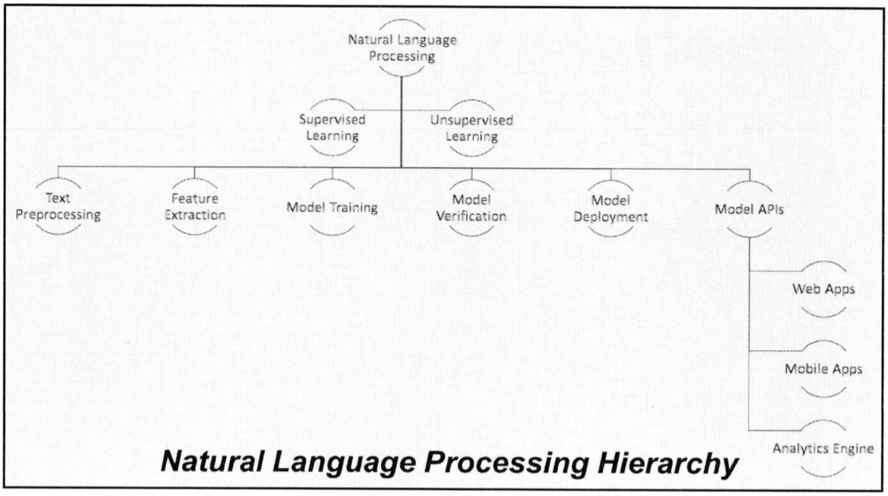

그림 6.1 NLP 계층 구조

다음 개념을 살펴보자.

- **머신 러닝의 종류** : NLP는 지도 학습 알고리즘 또는 비지도 학습 알고리즘을 사용하여 수행할 수 있다. 지도 학습 알고리즘은 베이즈, SVM, 및 랜덤 포레스트 등이 있다. 비지도 학습 알고리즘은 다음과 같다. 전방향 신경망(feed forward neural networks (다층 퍼셉트론))과 재발성 신경망(recurrent neural network, RNN)이다. 여기에서 주목해야 할 한 가지 중요한 점은 전처리 및 특징 추출 단계는 알고리즘의 두 클래스에 대한 동일하다는 것이다. 다른 것은 모델을 학습하는 방법이다. 지도 학습은 입력이 있을때 출력을 요구하고, 비지도 학습은 라벨을 출력하지 않고도 결과를 예측하는 것이다.

- **텍스트 전처리** : 원시 자연의 텍스트 NLP 시스템에서 사용할 수 없기 때문에 이 단계가 필요하다. 이 단계는 매우 정확한 출력을 해줄 것이다. 일반 텍스트 전처리 단계 중 일부는 불용어(stop word)를 제거, 대문자 단어를 교체, 특수 문자를 제거하는 것이다. 텍스트 전처리의 또 다른 일반적인 단계는 주석이라고 하는 일부의 음성 태그이다. 형태소 분석(stemming) 및 원형화(lemmatization)의 형태로 텍스트 정규화도 적용된다.

- **특징 추출** : 어떤 머신 러닝 알고리즘의 텍스트가 작동하려면 이 텍스트는 숫자 입력의 형태로 변환해야 한다. 특징 추출은 벡터 형태로 수치 입력에 입력된 텍스트를 변환하는 일반적인 방법을 이용한다.

- **모델 학습** : 모델 학습은 구축하거나 주어진 입력에 따라 결과를 예측하는 데 사용할 수 있는 수학 함수를 찾는 과정이다. 함수를 찾는 과정은 여러 번 반복 및 파라미터 조정을 포함한다.

- **모델 검증** : 이 단계는 모델 학습 과정에 따른 모델을 검증하는 과정이다. 일반적으로, 80:20의 비율로 훈련 데이터 셋을 나눈다. 데이터의 80%가 모델 훈련을 위해 사용되며, 데이터의 20%는 모델의 정확성을 검증하기 위해 사용된다. 불일치의 경우에는 미세 조정 모델 생성 단계와 검증을 다시 실행한다.

- **모델 구축 및 API** : 모델이 검증된 후에 엔터프라이즈 응용 프로그램에서 결과를 예측하는 데 사용할 수 있도록 모델을 배포할 수 있다. 이러한 모델을 메모리에서 읽을 수 있는 저장 위치에 저장할 수 있으며 결과를 예측하기 위해 데이터 셋에 적용할 수 있다. 분산 처리에서는 일반적으로 Hadoop 배포 파일 시스템에 저장되므로 Hadoop 배치 프로세스가 해당 모델을 읽고 적용할 수 있다. 웹 응용 프로그램의 경우 Python pickle 파일 형태로 저장되며, 각 pickle 요청 시 이 pickle 파일을 읽고 처리한다. 응용 프로그램에서 이를 사용하려면 API 레이어가 그 위에 노출되어야 한다. 이러한 API 계층은 안심할 수 있는 API이거나 응용 프로그램이 호스팅되는 위치에 배포된 패키지 된 jars 형태로 제공될 수 있다. API가 공개되면 다양한 웹 응용 프로그램이나 모바일 응용 프로그램 또는 분석 또는 BI 엔진에서 사용할 수 있다.

텍스트 전처리

텍스트 전처리는 데이터를 전처리하는 분류 및 의미의 유도에 대한 텍스트를 제조하는 공정이다. 일반적으로 데이터는 소음같은 HTML 태그 등의 가치가 없는 부분을 많이 가질 수 있기 때문에, 제거하거나 다시 정렬해야 한다. 단어 수준에서 텍스트 컨텍스트의 전체적인 의미에 큰 영향을 주지 않는 많은 단어가 있을 수 있다. 텍스트 사전은 형태소 분석 및 원형화 추출, 토큰화, 단어 제거를 중지, 텍스트 농축 및 표준화 등의 몇 가지 단계를 포함한다. 이 외에도 정확성을 향상시키는 기본 기술 및 일반 기술 중 일부는 텍스트를 소문자로 바꾸고, 문맥에 따라 숫자를 제거하고, 구두점을 제거하고, 공백을 제거하고 (때로는 이러한 것들이 입력 신호의 노이즈에 추가) 문서에서 자주 사용되지 않는 용어를 제거한다. 다음 단원에서는 이러한 기술 중 일부를 자세히 분석해 보겠다.

❁ 불용어 제거

불용어(stop words)는 문장에서 보다 빈번히 발생하는 단어이며 분석을 위해 텍스트를 무겁고 덜 중요하게 만들 때 입력에서 제외해야 한다. 텍스트에 불용어가 있으면 이러한 불용어는 문맥적 의미가 없고 용어 벡터의 차원 특징을 증가시키므로 알고리즘이 혼란스럽다. 따라서 더 나은 모델 정확성을 위해 이러한 불용어를 제거해야 한다. 불용어의 예는 I, am, is 및 the이다. 불용어를 제거하는 방법 중 하나는 미리 컴파일된 불용어 목록을 작성한 다음 문서에서 해당 불용어를 제거하는 것이다 (텍스트는 모델을 학습하는 데 사용된다).

> Spark를 사용하면 StopWordsRemover 라이브러리를 사용할 수 있다. 많은 자연어에 대한 기본 불용 목록 또한 stopWords 매개 변수로 불용 목록을 제공할 수 있다. 또 다른 방법으로 문서에서 덜 중요한 단어를 제거하는 것은 발생 빈도에 의한 것으로, 단어의 빈도가 낮으면 제거할 수 있다. 이러한 방법을 가지치기(pruning)라고 한다.

다음은 스파크 라이브러리를 사용하는 샘플 코드의 예이다. 불용어 제거 과정은 이 라이브러리를 이용하여 병렬화하고 신속하게 분산 방식으로 많은 양의 데이터에서 불용어를 제거할 수 있다.

```
import java.util.Arrays; import java.util.List;
import org.apache.spark.ml.feature.StopWordsRemover;
import org.apache.spark.sql.Dataset; import org.apache.spark.sql.Row; import org.
apache.spark.sql.RowFactory; import org.apache.spark.sql.types.DataTypes; import
org.apache.spark.sql.types.Metadata; import org.apache.spark.sql.types.StructField;
import org.apache.spark.sql.types.StructType;
StopWordsRemover remover = new StopWordsRemover()
  .setInputCol("raw")
  .setOutputCol("filtered");
List<Row> data = Arrays.asList(
  RowFactory.create(Arrays.asList("I", "am", "removing", "the", "stop",
"words")),
  RowFactory.create(Arrays.asList("from", "a", "large", "volume",
"of","data"))
);
StructType schema = new StructType(new StructField[]
  new StructField(
```

```
    "raw", DataTypes.createArrayType(DataTypes.StringType), false,
Metadata.empty())
);
Dataset<Row> dataset = spark.createDataFrame(data, schema);
remover.transform(dataset).show(false);
```

형태소 분석

다른 형태의 단어라 해도 종종 같은 의미로 전달되기도 한다. 사용자가 shoe를 검색하거나 shoes를 검색할 때 검색 엔진의 예를 생각해 보자. 사용자의 의도는 동일하며 검색 결과는 여전히 다른 브랜드의 shoes가 될 것이다. 그러나 두 단어의 존재는 모델을 혼동시킬 수 있다. 따라서 정확성을 높이기 위해 이러한 다양한 형식의 단어를 행 형식으로 변환해야 한다. 형태소 분석(stemming)이란 텍스트의 단어를 원시 형식으로 변환하는 것이다. 예를 들어, introduction, introducted는 형태소 분석 후에 introduction으로 분류된다. 이 방법의 목적은 다양한 접미어를 제거하여 단어 수를 줄이는 데 있다. 또한 이것은 훈련받을 때 모델이 혼동을 피할 수 있게 도와준다. porter 형태소 분석, snowball 형태소 분석 및 Lancaster 형태소 분석과 같은 많은 형태소 분석 알고리즘을 사용할 수 있다. 다음 단원의 형태소 분석 알고리즘들은 대부분 여러 자연어로 사용할 수 있다.

■ 포터 형태소 분석

포터 형태소 분석(porter stemming) 방법은 영어 사전의 기본 단어나 용어에서 접미사를 제거하는 형태소 분석 알고리즘의 한 형태이다. 포터 형태소 분석기의 전체 목적은 NLP 모델 훈련의 성능을 개선하는 것이다. 이는 단어에서 접미사를 제거하고 단어의 기본형을 가져와서 용어의 수를 감소시키고 메모리 공간 및 복잡성을 최소화시킨다. 포터는 사전을 기반으로 하지 않는다. 즉, 제거해야 접미사를 식별할 수 있는 형태소 사전을 사용하지 않는다. 이는 일반적인 일련의 규칙을 기반으로 한다. 일부 사람들은 이 작업을 단점으로 보고 있는데, 영어 단어의 하위 수준 맥락을 다루지 않기 때문이다. 포터 형태소 분석 방법은 단순성과 속도에 사용되는 형태소 분석 방법이다. 포터 형태소 분석 방법은 다섯 가지 단계가 있다. 예를 들어, 포터 등의 다음 블록들에 설명되어 있는 형태소 1 단계를 고려해 변환된다.

SSESS –〉 SS – 이 규칙은 SS로 단어의 SSESS 접미사를 변환한다.

(예) prepossess ––〉 preposs

IES − −> I − 이 규칙은 접미사 IES를 I로 변환한다.
(예) ties −−> ti

SS −> SS − 단어는 접미사에 SS가 있는 경우 변환하지 않는다.
(예) Success −−> Success

S는 −> − 단어가 접미사로 S가 있는 경우 접미사를 제거한다.
(예) Pens −> Pen

TIP 포터 형태소 분석 방법을 좀더 자세히 알고 싶으면 http://www.cs.toronto.edu/~frank/csc2501/Readings/를 참조하라.

■ 스노우볼 형태소 분석

스노우볼 형태소 분석(snowball stemming)은 포터2 형태소 분석 방법으로 알려져 있다. 포터2 알고리즘은 눈덩이(snowball 기준)로 영어 형태소 분석 방법으로 구현된다. 이 알고리즘은 영어 이외의 언어에 사용하는 프레임워크로 개발되었다. 스노우볼 형태소 분석 방법은 앞의 포터 알고리즘에 비해 정확도가 더 좋다. 다음과 같이 스노우볼 규칙을 살펴보자.

```
ied 또는 ies -> 하나 이상의 문자 앞에 있으면 i로 대치한다.
ties -> tie
cries -> cri
```

포터 형태소 분석 방법에서는 ties가 ti로 되었는데, 스노우볼 형태소 분석 방법에서는 tie로 된다.

좀더 자세한 방법은 http:/ / snowballstem. org/ algorithms/ english/ stemmer. html을 참조하라.

■ 랭커스터 형태소 분석

랭커스터 형태소 분석(lancaster stemming)은 매우 공격적인 형태소 분석 알고리즘이다. 포터와 스노우 볼을 사용하면 대부분의 짧은 단어가 완전히 더 모호해질 수 있고 사용자들에게는 더 낯설게 보여질 수 있다. 그러나 앞의 다른 방법보다 랭커스터 방법은 좋은 결과를 보여준다. 여기에서 가장 빠른 알고리즘은 작업 집합을 크게 줄이는 것이다. 그러나 더 많은 구별을 원한다면 이 방법을 사용하지 않는 것이 좋겠다. 랭커스터 형태소 분석 방법의 예제는 다음과 같다.

```
ies -> Y  -이 규칙은 접미사 ies인 단어를 y로 변환한다.
cries -> cry
cries가 cry로 형태소 분석되는 것이 더 바람직하다.
```

■ 로빈스 형태소 분석

1968년 Lovins JB는 형태소 분석 알고리즘을 발표했다. Lovins가 취한 접근법은 조금 다르지만 단어에서 접미사를 제거하는 것으로 시작한다. 결론은 두 단계로 진행된다. 먼저 단어에서 가능한 가장 긴 접미어를 제거한다. 한 단어에서 하나의 가장 큰 접미사를 제거하는 것이 싱글 패스 알고리즘이다. 둘째, 결과를 가장 긴 접미사에 적용하여 단어로 변환한다. 이 알고리즘은 규칙 기반 및 사전 기반 방법이다. 속도가 빠르고 대개 메모리 집약도가 적다. 마우스나 마우스와 같은 단어를 얻을 수 있는 단어로 변환할 수 있다. 때때로 이 알고리즘은 사전에 없는 많은 접미사로 인해 정확하지 않을 수 있다. 더욱이, 그것은 종종 형태소 한 단어로부터 단어를 형성하지 못하거나 단어가 형성되더라도 원래의 단어와 동일한 의미를 가지지 않을 수 있다.

■ 도슨 형태소 분석

이 형태소 분석기는 영어로 천 개 이상의 접미사 목록을 가진 로빈스의 형태소 분석기와 같은 접근 방식을 확장한 것이다. 다음은 도슨의 형태소 분석기에 대한 일반적인 알고리즘이다.

1. 입력 워드를 가져온다.
2. 일치하는 접미사를 가져온다.
2a. 접미사 풀은 길이에 의해 역 색인된다.
2b. 접미사 풀은 마지막 단어에 의해 역 색인된다.
3. 일치한 단어로부터 가장 긴 접미사를 제거한다.
4. 매핑 테이블을 사용하여 단어를 다시 코드화한다.
5. 올바른 단어로 형태소를 변환한다.

도슨 형태소 분석 방법의 장점은 다음과 같다.

접미어의 넓은 범위를 커버하기 때문에 좀 정확한 형태소 분석 결과를 산출한다.

이것이 효율적인 싱글 패스(single-pass) 알고리즘이다.

❁ 원형화

원형화(lemmatization)는 형태소 분석과는 약간 다르다. 형태소 분석은 일반적으로 올바른 기본 단어를 얻을 수 있다고 기대하면서 단어의 끝 문자를 제거한다. 그러나 때로는 단어에 의미를 더하는 접미어를 제거하는 결과를 가져올 수 있다. 원형화는 이러한 형태소 분석의 한계를 극복하고자 하는 방법이다. 단어에 대한 어휘와 단어에 대한 형태학적 분석을 바탕으로 보조 정리(lemma)라는 기본 단어 형식을 찾는다. WordNet 어휘 지식 사전을 사용하여 정확한 기본 단어 형식을 얻는다. 그러나 이것은 제한이 있다. 예를 들어, 품사 태그 지정이 필요하다. 그렇지 않으면 모든 것을 명사로 취급한다.

❁ N-그램

N-그램(N-gram)은 주어진 문장에서 연속된 N 단어 또는 토큰 또는 연속된 텍스트 시퀀스이다. N은 1부터 시작하는 정수 값으로 정의된다. 따라, N-그램은 Uni-그램 (N = 1), Bi-그램 (N = 3) 또는 Tri-그램 (N = 3)일 수 있다. N-그램 알고리즘 또는 프로그램은 주어진 문장 토큰에서 연속적인 단어 시퀀스를 모두 식별한다. 가장 왼쪽 단어 위치부터 시작하여 한 단계씩 윈도우를 움직이는 Windows 기반을 수행한다. 예를 들면, 'This is Big Data AI Book'이라는 문장에서 Uni-그램, Bi-그램 및 Tri-그램을 각각 적용한 경우의 예를 보면 다음과 같다.

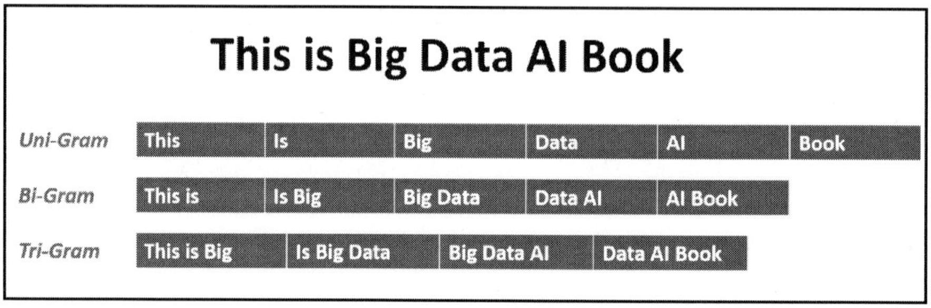

그림 6.2 N-그램 예

N-그램은 학습 및 예측을 위해 SVM 및 나이브 베이즈 같은 지도 학습 모델에 전달되는 효율적인 기능을 개발하는 데 사용된다. 기본 개념은 머신 러닝이 효율적으로 작용하기 위해 Uni-그

램 대신 Bi-그램과 같은 토큰을 사용하는 것이다.

N-그램을 사용하면 단어가 주어진 문서에 함께 사용되는 컨텍스트를 캡처하는 경향이 있다. 앞의 예와 같이 단어의 다음 집합을 더 잘 예측할 수 있도록, Tr-그램은 머신 러닝 알고리즘 더 많은 컨텍스트를 제공할 수 있다. 그러나 데이터 집합에 충분한 데이터 탐색 및 분석을 수행한 후 N의 최적값을 결정해야 한다. N의 값이 클수록 항상 더 나은 결과를 의미하지는 않는다. 우리는 가치에 대한 의사 결정을 잘 내릴 수 있도록 해야 한다.

특징 추출

앞부분에서 언급한 바와 같이, NLP 시스템은 문자열 값을 이해하지 못한다. 때때로 수치적 기능이라 불리우는 모델을 구축하기 위해 숫자 입력이 필요하다. NLP의 특징 추출(feature extraction)은 텍스트 정보의 집합을 수치 기능 집합으로 변환시킨다. 훈련하려고 하는 모든 머신 러닝 알고리즘은 문자열에 대한 이해 없어도 수치 벡터 형태로의 특징을 필요로 한다. 텍스트는 숫자 벡터로 표현 될 수 있는 여러 가지 방법이 있다. 이 중 하나가 단일 핫 인코딩(one hot encoding)인 TF-IDF, Word2Vec 및 CountVectorizer 등이다.

단일 핫 인코딩

단일 핫 인코딩(one hot encoding)은 텍스트의 바이너리 스파스 벡터를 표현한다. 이 인코딩에서 생성된 이진 벡터는 오직 하나의 토큰 위치나 인덱스를 제외하고 모두 0을 갖는다. 다음의 예제로 살펴 보자. 두 문장이 있다고 가정하자. This is Big Data AI Book. This is book explains AI algorithms on Big Data. 이전 문장의 고유 토큰(명사)은 data, AI, book, algorithms이다. 이 토큰에 대한 단일 핫 인코딩 표현은 다음과 같이 될 것이다.

	data	*AI*	*book*	*Algorithms*
data	1	0	0	0
AI	0	1	0	0
book	0	0	1	0
Algorithms	0	0	0	1

인코딩된 희소 벡터(sparse vector) 표현은 다음과 같을 것이다.

$$
\begin{aligned}
&data = [1,0,0,0]\\
&AI = [0,1,0,0]\\
&book = [0,0,1,0]\\
&Algorithms = [0,0,0,1]
\end{aligned}
$$

TF-IDF

특징 추출을 위한 TF-IDF는 토큰 또는 용어의 수치 벡터를 계산하기 위해 사용 용어 주파수(TF)와 역 문서 빈도(IDF)의 스칼라 곱을 사용한다. TF 또는 용어 빈도는 문서에서 용어가 나타나는 빈도를 말한다. Spark의 HashingTF 라이브러리를 사용하여 용어의 빈도를 계산할 수 있다. HashingTF는 인덱스와 빈도를 나타내는 각 문서에 해당하는 희소 벡터를 만든다. 예를 들어, HashingTF 추출을 사용하여 측징 추출을 고려하여 메소드 텍스트 문자열이면 HashingTF를 사용하는 이전 문서의 모든 단어의 TF는 다음과 같다.

```
import org.apache.spark.ml.feature.{HashingTF, IDF, Tokenizer}

val exampleData = spark.createDataFrame(Seq(
  (0.0, "extraction of the feature using HashingTF extraction method")
)).toDF("label", "sentence")

val tokenizer = new Tokenizer().setInputCol("sentence").setOutputCol("words")
val tokensData = tokenizer.transform(exampleData)

val hashingTF = new HashingTF()
  .setInputCol("words").setOutputCol("rawFeatures").setNumFeatures(10)
val features = hashingTF.transform(tokensData)
features.select("rawFeatures")show(truncate=false)
```

그림 6.3 Hashing TF를 이용한 TF

HashingTF를 사용한 결과는 다음과 같다.

```
+---------------------------------------------+
|rawFeatures                                  |
+---------------------------------------------+
|(10,[0,3,4,5,6,8],[1.0,1.0,2.0,1.0,1.0,2.0])|
+---------------------------------------------+
```

위의 스크린 샷에서는 문서로부터 추출된 특징이 첫 번째 배열에 있고, 두 번째 배열에는 인덱스와 빈도수를 나타내는 Array[SparseVector]가 있다. 예를 들면, extraction 단어는 한 문서에서 2번 나타나므로 이 단어의 빈도수는 2이다. HashingTF를 사용하면 토큰화된 단어 배열은 벡터 배열과 동일한 순서로 하지 않을 수 있다.

TF는 문서의 전체 코퍼스에 대한 특정 문서에서 단어의 중요성을 측정한다. 또한, 큰 문서의 지나치게 빈번한 전체 단어 코퍼스에 대해서 중요하지 않을 수 있다. 이것은 자주 나타나지 않은 단어가 전체 코퍼스에 더 중요할 수 있으므로 예측 결과를 방해할 수 있다. IDF는 용어를 찾을 수 있는 문서의 비율의 역수를 나타내며, 코퍼스의 크기에 비례하여 문서를 포함하는 수가 적을수록 요소가 높아진다. 이 비율을 직접 사용하지 않는 이유는, 그렇지 않으면 두 문서에 나타나는 효과적인 득점률이 너무 심하기 때문이다. 다음은 TF-IDF를 함께 계산하는 방법에 대한 샘플 예제이다.

```
import org.apache.spark.ml.feature.{HashingTF, IDF, Tokenizer}

val exampleData = spark.createDataFrame(Seq(
  (0.0, "extraction of the feature using HashingTF extraction method")
)).toDF("label", "sentence")

val tokenizer = new Tokenizer().setInputCol("sentence").setOutputCol("words")
val tokensData = tokenizer.transform(exampleData)

val hashingTF = new HashingTF()
  .setInputCol("words").setOutputCol("TF").setNumFeatures(10)
val features = hashingTF.transform(tokensData)
val idf = new IDF().setInputCol("TF").setOutputCol("IDF")
val idfModel = idf.fit(features)
val rescaledData = idfModel.transform(features)
rescaledData.select("label", "TF","IDF").show(truncate=false)
```

그림 6.4 IDF를 계산하는 코드

IDF를 계산하는 코드의 출력 결과는 다음과 같다.

```
+-----+----------------------------------------+----------------------------------------+
|label|TF                                      |IDF                                     |
+-----+----------------------------------------+----------------------------------------+
|0.0  |(10,[0,3,4,5,6,8],[1.0,1.0,2.0,1.0,1.0,2.0])|(10,[0,3,4,5,6,8],[0.0,0.0,0.0,0.0,0.0,0.0])|
+-----+----------------------------------------+----------------------------------------+
```

TF-IDF의 목표는 더 높은 관련성의 단어를 찾는 것이다. 이 알고리즘은 TF 계산 및 IDF 계산을 사용하여 전체 학습 코퍼스에서 단어의 글로벌 관련성을 사용하여 문서에서 단어의 로컬 관련성을 추적한다. 마지막으로, 모두 계산은 단어의 최종 가중치를 얻기 위해 곱해진다. 그러나 TF-IDF 순위 지정 동작이 유스 케이스에서 관련 결과를 제공하지 않을 수 있으므로 NLP 시스템에 이 기능을 적용하는 방법을 권장한다. 코퍼스에 여러 조정을 적용하여 원하는 동작을 얻을 수 있다.

TF-IDF의 수학은 다음과 같다.

$$tf_{t,d} = n_{t,d} / \sum_{i=0}^{i=N} n_{i,d}$$

여기서 t는 하나의 문서에 있는 단어나 용어를 말하고, d. $n^{t,d}$는 용어 t의 개수이고, $d.\ \sum_{i=0}^{i=N} n_{i,d}$는 하나의 문서 안에 있는 모든 용어들의 개수이다.

IDF(I verse Document requency)는 다음과 같이 계산된다.

$$idf_t = \log_{10}(N/df_t)$$

여기서 dft는 한 문서 내의 용어 빈도수이고, N은 한 코퍼스 내 모든 문서들의 총 개수이다.

TF-IDF 가중치 식은 다음과 같다.

$$w_{t,d} = (1 + (1 + tf_{t,d})).\, idf_t$$

CountVectorizer

CountVectorizer과 CountVectorizerModel 단어(토큰)의 수를 계산하는 데 사용된다. 이 토큰의 수를 포함하는 벡터를 구축할 텍스트 문서에 있는 단어들을 사용한다. 이 알고리즘의 입력으로 사용할 수 있는 토큰을 식별하기 위해 단어 사전을 사용해도 된다. 사전을 사용할 수 없는 경우 CountVectorizer는 어휘를 구축하는 자신의 예측기를 사용한다. 이 결과에 기반하여 CountVectorizerModel은 훈련된 문서의 스파스 (희소) 표현을 생성한다. 이 모델은 LDA 등 NLP 알고리즘의 입력으로서 작용한다. TF-IDF는 전체 코퍼스에 관한 단어들의 중요성을 주는 반면 CountVectorizer는 문서의 빈도수를 계산한다. CountVectorizer는 머신 러닝 모델 기능으로 통과할 수 있는 벡터로 텍스트를 변환하는 데 사용되는 도구 중 하나이다. TF-IDF와 마찬가지로 이 모델은 어휘를 통해 문서 희소 표현을 생성한다. 예를 들면, extraction of the feature using countvectorizer extraction method 텍스트 문자열인 경우 출력은 다음과 같다.

```
import org.apache.spark.ml.feature.{CountVectorizer, CountVectorizerModel,Tokenizer}


val exampleData = spark.createDataFrame(Seq(
  (0.0, "extraction of the feature using countvectorizer extraction method")
)).toDF("label", "sentence")

val tokenizer = new Tokenizer().setInputCol("sentence").setOutputCol("words")
val tokensData = tokenizer.transform(exampleData)

val cvModel: CountVectorizerModel = new CountVectorizer()
  .setInputCol("words")
  .setOutputCol("features")
  .setVocabSize(3)
  .setMinDF(1)
  .fit(tokensData)

cvModel.transform(tokensData).select("words","features").show(false)
```

그림 6.5 CountVectors를 계산하는 코드

CountVector 코드의 출력은 다음과 같다.:

```
+--------------------------------------------------------------------------+-------------------------+
|words                                                                     |features                 |
+--------------------------------------------------------------------------+-------------------------+
|[extraction, of, the, feature, using, countvectorizer, extraction, method]|(3,[0,1,2],[2.0,1.0,1.0])|
+--------------------------------------------------------------------------+-------------------------+
```

첫 번째 단어 배열은 TF-IDF와 유사한 문서로부터 추출된 특징이며 두 번째 기능은 어레이인 Array[SparseVector]의 결과이다. 이는 가장 높은 순위부터 가장 낮은 순위로 정렬된 인덱스와 단어 주파수를 나타낸다. 또한 여기에 3은 어휘 크기로 CountVectorizer 문서에서 뚜렷한 단어와 동일하며, 이 경우 3이다. 이것을 Spark 안에서 사용자 정의를 할 수 있다.

Word2Vec

텍스트의 전형적인 특징 추출에서 수치 벡터는 그들에게 주어진 고유의 라벨을 기반으로 만들어진다. 그러나 이러한 고유하게 분류된 희소 벡터는 각 단어가 표시된 문맥을 나타내지 않는다. 다른 말로 표현하면, 주어진 단어가 코퍼스에서 다른 단어들과 갖는 관계를 나타낸다. 즉, 데이터 처리에서 배우는 자율 학습 알고리즘을 많이 활용할 수는 없다. 이러한 알고리즘은 단어에 대한 관계 또는 문맥 정보를 활용할 수 없다. 그러므로 단어들 간의 문맥이나 관계 정보를 보존하는 새로운 형태의 특징 추출 알고리즘이 개발되었다. 이 새로운 클래스의 알고리즘을 단어 포함 기능 추출 알고리즘이라고 한다. 이러한 클래스의 알고리즘은 희소 행렬을 연속 벡터 공간 모델(VSM)로 나타낸다.

VSM에서 유사한 단어가 비슷한 단어의 클러스터를 형성하도록 가까운 점에 매핑된다. Word2Vec은 워드 임베딩 알고리즘을 기반으로 하는 예측 방법으로, 연속된 단어 모음(CBOW)과 스킵 그램(Skip-Gram)의 두 가지 방식으로 구현할 수 있다.

CBOW

예측 모델의 대부분은 과거의 단어에 출연한 단어나 문맥을 기반으로 한다. 과거의 단어에서 자신의 학습을 바탕으로 다음 단어를 예측하고 있다. CBOW은 예측을 위해 사용된 단어 앞뒤의 단어를 이용한다. 이 결과를 예측하는 단어라는 하나의 가방 형태로 지속적으로 표현한다. 그러나 여기에 순서는 중요하지 않다. CBOW 단어의 윈도우 형태의 문맥을 취하고 단어를 예측한다.

CBOW 작동 방법 다음 그림과 같다.

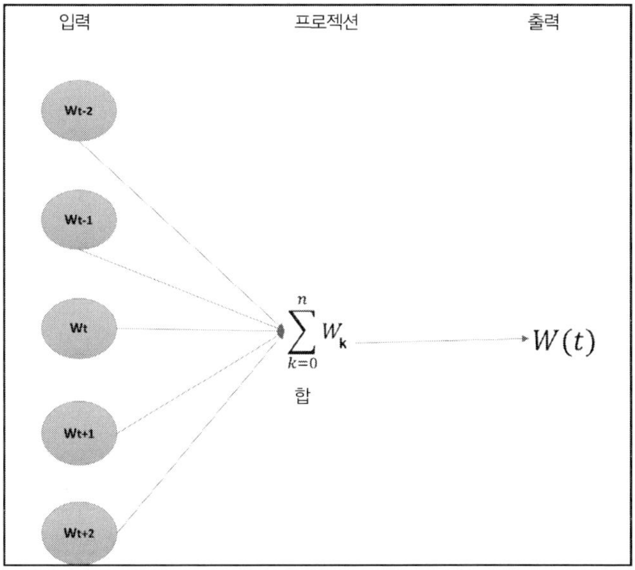

그림 6.6 Word2Vec : CBOW

앞의 그림으로 부터 CBOW 는 다음과 같이 공식화될 수 있다.

$$J_{\varnothing} = \frac{1}{T}\sum_{t=1}^{T} \log_p(W_t|W_{t-n},\ldots,W_{t-1},\ldots.W_{t+1},\ldots W_{t+n})$$

앞의 수식들은 타겟 단어의 n개 단어들의 윈도우 형태에 기반한다. t는 타임스텝이다. 단어 윈도우는 앞의 단어들과 다음 단어들 사이에 걸쳐서 분포된다.

■ 스킵-그램 모델

스킵-그램(Skip-Gram) 모델은 CBOW 모델과 반대로 작동한다. 이는 현재 단어를 기반으로 상황을 예측하고 있다. 즉, 이전과 주요 단어 뒤에 나타나는 단어를 예측하는 방법을 사용한다. 다음 그림은 스킵-그램 모델을 나타낸 것이다.

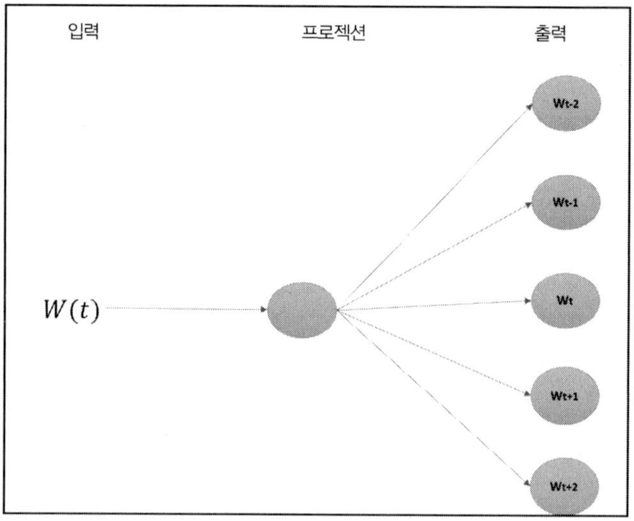

그림 6.7 Word2Vec : 스킵-그램 모델

이 그림에 기초하여, 스킵-그램 모델은 다음과 같이 공식화될 수 있다.

$$J_{\varnothing} = \frac{1}{T}\sum_{t=1}^{T}\sum_{-n\leq j\leq n}\log_p(W_{t+j}|W_t)$$

스킵-그램 모델은 타겟 단어 Wt에 둘러싸인 단어 앞 뒤의 n개 단어들의 로그 확률들을 계산하고 더한다.

다음은 Spark에서 스킵-그램 모델을 사용한 Word2Vec을 계산하는 코드이다.

```scala
import org.apache.spark.ml.feature.{Word2Vec,Tokenizer}
import org.apache.spark.ml.linalg.Vector
import org.apache.spark.sql.Row

val exampleData = spark.createDataFrame(Seq(
  (0.0, "extraction of the feature using word2Vec extraction method")
)).toDF("label", "sentence")

val tokenizer = new Tokenizer().setInputCol("sentence").setOutputCol("words")
val tokensData = tokenizer.transform(exampleData)

val word2Vec = new Word2Vec()
  .setInputCol("words")
  .setOutputCol("features")
  .setVectorSize(3)
  .setMinCount(0)
val model = word2Vec.fit(tokensData)
val result = model.transform(tokensData)
result.select("words","features").show(false)
```

그림 6.8 Word2Vec : Spark에서 스킵-그램 코드

다음과 같이 스킵 Word2Vec 그램 spark 코드가 출력된다.

```
+--------------------------------------------------------------+--------------------------------------------------------------+
|words                                                         |features                                                      |
+--------------------------------------------------------------+--------------------------------------------------------------+
|[extraction, of, the, feature, using, word2vec, extraction, method]|[-0.036735267378389835,-0.017351628514086734,0.014259896153816953]|
+--------------------------------------------------------------+--------------------------------------------------------------+
```

NLP 기법 적용

일반적으로, NLP 문제의 모든 클래스를 들어, 첫 번째 텍스트 전처리 및 특징 추출 기술을 적용할 수 있다. 일단 텍스트의 노이즈 감소 및 텍스트에서 특징을 추출한 후에는 NLP 문제의 다른 NLP 클래스를 해결하기 위해 다양한 머신 러닝 알고리즘을 수행한다. 이 단원에서는 텍스트 분류에 관해 다룰 것이다.

❁ 텍스트 분류

텍스트 분류(text classification)는 NLP의 가장 일반적인 사용 사례 중 하나이다. 텍스트 분류는 스팸 메일 탐지, 소매 제품 계층 구조를 파악하고, 감정 분석으로 사용하는 경우에 사용할 수 있다. 이 과정은 일반적으로 대량의 데이터의 자연 언어 소스에서 특정 주제를 파악하려고 하는 특징 분류 문제이다. 데이터의 각 그룹 내에서 여러 주제를 논의할 수 있다. 따라서 기사나 텍스트 정보를 논리적 그룹으로 분류하는 것이 중요하다. 텍스트 분류 기술은 이러한 것을 하기 위한 기술이다.

이 기술은 데이터 크기가 큰 경우 좋은 컴퓨팅 파워와 함께, 텍스트 분류를 위해서는 분산 컴퓨팅 프레임워크를 사용하는 것이 좋다. 인터넷에서 지식 저장소에 존재하는 법률 문서를 분류하려는 경우 예를 들어, 문서의 다양한 유형의 논리적 분류를 위해 텍스트 분류 기술을 사용할 수 있다. 다음 그림은 텍스트 분류 과정의 두 단계를 나타낸다.

Spark를 이용하여 현재 텍스트 분류를 사용하여 수행할 수 있는 방법을 살펴 보자. 텍스트 전처리, 특징 추출, 모델 학습 / 검증 및 예측과 같이 네 부분으로 구분된다. 모델 학습 및 예측을 위해 나이브 베이즈 알고리즘을 사용하며, 코드 작성전 나이브 베이즈 알고리즘의 작동 방법을 안내해 주며 또한 텍스트 분류에 사용될 수 있는 다른 알고리즘이나 랜덤 포레스트(random forest) 에 관한 간략한 개요도 제공해 준다.

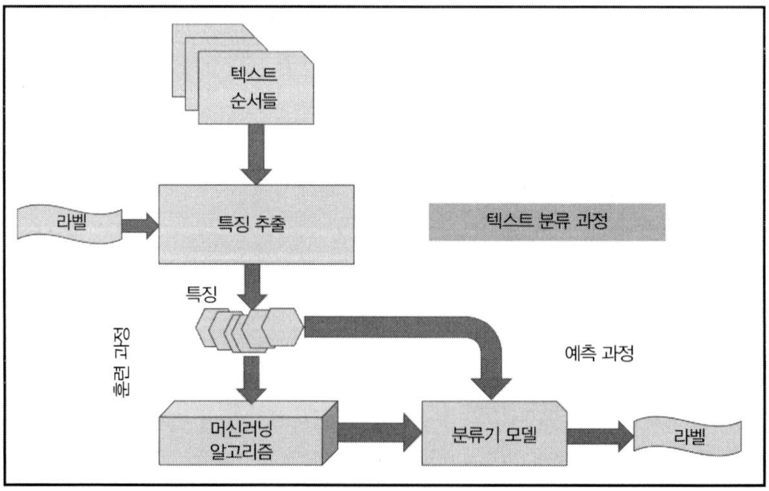

그림 6.9 텍스트 분류 과정

■ 나이브 베이즈 알고리즘 소개

나이브 베이즈(naive bayes, NB) 분류는 분류 작업에 대한 매우 강력한 알고리즘이다. NB는 텍스트 분석을 위한 자연 언어 처리를 사용하는 경우에 매우 좋다. '나이브(naive)'란 이름과 같이 독립적이거나 관계없음을 의미하며, NB 알고리즘은 특징 사이에 관계가 없다는 것을 가정한다.

베이스 정리(bayes theorem)란 무엇인가? '베이스(bayes)'이름에서 알 수 있듯이, 베이즈 정리는 이미 발생한 이벤트를 기반으로 향후 이벤트의 가능성을 발견한다는 것이다. 이러한 가능성을 **조건부 확률**(conditional probability)이라고 한다. 이 확률은 컨텍스트 기반 컨텍스트가 이미 발생한 이벤트에 대한 지식에 의해 결정된다는 것이다.

다음은 베이즈 정리의 수학적 표현이다.

$$P(A/B) = \frac{P(B/A)P(A)}{P(B)}$$

주어진 두 개의 이벤트 A와 B가 있으면, 베이즈 정리에 의해 P (B | A) (이벤트 A가 일어났을 때 이벤트 B가 일어날 확률)에 의해 P (A | B) (이벤트 B가 발생했을 때 이벤트 A가 일어날 확률)가 계산된다.

나이브 베이즈는 클래스로 데이터 포인트를 분류하려고 한다. 이 클래스에 속하는 각 데이터 포인트의 확률을 계산한다. 그런 확률은 각각 가장 높은 확률을 얻기 위해 비교하고, 두 번째로 높은 확률이 결정된다. 가능성이 가장 높은 클래스가 기본 클래스가 되며, 두 번째로 높은 확률 보조 클래스 여겨진다. 여러 클래스가 있을 때 예를 들어, 우리는 하나 사과, 바나나, 오렌지, 또는 망고 같은 과일을 분류한다고 가정할 때, 다항 나이브 베이즈(multinomial naive bayes)를 사용한다. 만약 2개의 과일만을 분류한다면, 이중 다항 나이브 베이스(Binomial MultiNomial Naive Bayes)를 사용한다. NB 알고리즘은 다음 예제를 보면 명확해질 것이다.

> ***병리학 실험실은 질병 (D)의 검사를 양성 또는 음성의 두 가지 결과로 수행한다. 시험 결과가 99% 정확하다는 것을 보장한다. 질병에 걸렸다면 99%의 양성 반응을 보일 것이다. 질병이 없다면, 99%의 음성을 테스트 할 것이다. 모든 사람의 3%가 이 질병을 갖고 있고 검사가 양성 결과를 나타내면 질병에 걸릴 확률은 얼마인가?***

이 문제를 해결하기 위해, 조건부 확률을 사용해야 한다. 다음 수학 계산은 NB 조건부 확률을 수학적으로 적용하는 방법을 보여준다.

```
Probability of people suffering from Disease D, P(D) = 0.03 = 3%
Probability that test gives "positive"result and patient have the disease,
P(Pos ¦ D) = 0.99 =99%
Probability of people not suffering from Disease D, P(~D) = 0.97 = 97%
Probability that test gives "positive"result and patient does have the
disease, P(Pos ¦ ~D) = 0.01 =1%
For calculating the probability that the patient actually have the disease
i.e, P( D ¦ Pos) we will use Bayes theorem:
P( D ¦ Pos) = (P(Pos ¦ D) * P(D)) / P(Pos)
We have all the values of numerator but we need to calculate P(Pos):
P(Pos) = P(D, pos) + P( ~D, pos)
                 = P(pos¦D)*P(D) + P(pos¦~D)*P(~D)
                 = 0.99 * 0.03 + 0.01 * 0.97
                 = 0.0297 + 0.0097
                 = 0.0394
Let's calculate, P( D ¦ Pos) = (P(Pos ¦ D) * P(D)) / P(Pos)
                 = (0.99 * 0.03) / 0.0394
                 = 0.753807107
```

위의 예는 대략적으로 이러한 질병을 가진 환자가 75% 존재한다는 것을 보여준다.

■ 랜덤 포레스트

랜덤 포레스트(random forest) 알고리즘은 지도 학습 알고리즘 중 하나로서, 어떤 경우에는 의사 결정 트리와 유사하다. 랜덤 포레스트 알고리즘은 분류 및 회귀 문제에 모두 사용할 수 있다. 의사 결정 트리는 예측을 위한 테스트 데이터 셋에 대해 실행할 수 있는 모델을 구축할 때 규칙의 집합을 제공한다. 의사 결정 트리에서는 먼저 루트 노드를 계산한다. 루트 노드를 계산하기 위해, 정보의 게인(gain)을 사용한다. 예를 들어, 친구가 어떤 일자리를 수락할지 말지를 결정할 때 예측해줄 수 있다. 이때 의사 결정 트리는 예측을 위한 일련의 규칙의 집합을 마련할 것이다. 이 규칙을 보면, 급여〉 50K 경우가 일자리를 수락할 수 있다고 하면, 그 친구는 제안을 받아들일 것이다. 의사 결정 트리는 매우 유연하다. 의사 결정 트리에 오버피팅을 방지하기 위해, 가지치기(prunning)를 수행할 수 있다. 다음은 랜덤 포레스트 알고리즘의 의사 코드이다.

1. m개 특징에서 무작위로 k 특징을 선택한다($k \ll m$).
2. k 특징 중, 최고의 분할 포인트를 사용하여 노드 d를 계산한다.
3. 최적의 분할을 사용하여 노드를 딸 노드로 분할한다.
4. 1개의 노드에 도달할 때까지 1~3단계를 반복한다.

5. *n*번에 대해 *n*개의 트리를 생성해 낼 때까지 1~4단계를 반복하여 포레스트를 만든다.

이전 단계를 사용하여 모델을 훈련하면 예측을 위해 포리스트의 다른 트리에서 생성된 모든 규칙을 통해 테스트 기능을 전달해야 한다. 예를 들어, 휴대 전화를 구매할 때 가장 적합한 휴대전화가 무엇인지 친구에게 물어보기로 결정했다고 가정해 보자. 이 경우 친구는 좋아하는 기능에 대해 임의의 질문을 하고 적합한 전화를 제안할 수 있다. 여기에서 각 친구는 나무(tree)이고, 모든 친구들의 조합으로 숲(forst)을 형성한다.

친구 (랜덤 포레스트 알고리즘의 관점에서 나무에 해당)의 제안을 수집하면 가장 많은 표를 얻은 전화 유형이 무엇인지 계산할 수 있으므로, 구매할 수 있을 것이다. 마찬가지로 Random Forest에서 각 트리는 해당 키와 관련하여 다른 대상 변수를 예측한다. 최대 나무의 숫자가 예상되는 키값이 최종 대상 변수가 된다.

■ 나이브 베이즈 텍스트 분류 코드 예제

다음 코드는 NB 알고리즘을 사용하여 텍스트 분류를 수행하는 방법을 나타낸다.

```
import org.apache.spark.ml.Pipeline, PipelineModel
import org.apache.spark.ml.classification.NaiveBayes, NaiveBayesModel
import org.apache.spark.ml.feature.StringIndexer, StopWordsRemover,
HashingTF, Tokenizer, IDF, NGram
import org.apache.spark.ml.linalg.Vector
import org.apache.spark.sql.Row

//Sample Data
val exampleDF = spark.createDataFrame(Seq(
(1,"Samsung 80 cm 32 inches FH4003 HD Ready LED TV"),
(2,"Polaroid LEDP040A Full HD 99 cm LED TV Black"),
(3,"Samsung UA24K4100ARLXL 59 cm 24 inches HD Ready LED TV Black")
)).toDF("id","description")

exampleDF.show(false)

//Add labels to dataset
val indexer = new StringIndexer()
    .setInputCol("description")
    .setOutputCol("label")

val tokenizer = new Tokenizer()
```

```
    .setInputCol("description")
    .setOutputCol("words")

val remover = new StopWordsRemover()
    .setCaseSensitive(false)
    .setInputCol(tokenizer.getOutputCol)
    .setOutputCol("filtered")

val bigram = new
NGram().setN(2).setInputCol(remover.getOutputCol).setOutputCol("ngrams")
val hashingTF = new HashingTF()
    .setNumFeatures(1000)
    .setInputCol(bigram.getOutputCol)
    .setOutputCol("features")

val idf = new IDF().setInputCol(hashingTF.getOutputCol).setOutputCol("IDF")

val nb = new NaiveBayes().setModelType("multinomial")
val pipeline = new
Pipeline().setStages(Array(indexer,tokenizer,remover,bigram,
hashingTF,idf,nb))
val nbmodel = pipeline.fit(exampleDF)
nbmodel.write.overwrite().save("/tmp/spark-logistic-regression-model")

val evaluationDF = spark.createDataFrame(Seq(
(1,"Samsung 80 cm 32 inches FH4003 HD Ready LED TV")
)).toDF("id","description")

val results = nbmodel.transform(evaluationDF)
results.show(false)
```

이 코드의 출력 결과는 다음과 같다.

```
--------------------------------------------------------+
|id |description                                        |label|words                                                   |filtered
     |ngrams                                                                                              |features
              |IDF
                                                        |
+---+---------------------------------------------------+-----+--------------------------------------------------------+----------
------+-------------------------------------------------------------------------------------------------+----------------------------
--------------+-------------------------------------------------------------------------------------------------------------------
--------------------------------------------------------+
|1  |Samsung 80 cm 32 inches FH4003 HD Ready LED TV|1.0  |[samsung, 80, cm, 32, inches, fh4003, hd, ready, led, tv]|[samsung, 80, cm, 32, inches, fh4003, hd, ready, le
d, tv]|[samsung 80, 80 cm, cm 32, 32 inches, inches fh4003, fh4003 hd, hd ready, ready led, led tv]|(1000,[166,245,358,376,440,570,757,816,893],[1.0,1.0,1.0,1.0,1.0,1.
0,1.0,1.0,1.0])|(1000,[166,245,358,376,440,570,757,816,893],[0.0,0.28768207245178085,0.6931471805599453,0.6931471805599453,0.6931471805599453,0.6931471805599453,0.6931471805599453,0.2876
8207245178085,0.6931471805599453,0.6931471805599453])|
+---+---------------------------------------------------+-----+--------------------------------------------------------+----------
------+-------------------------------------------------------------------------------------------------+----------------------------
--------------+-------------------------------------------------------------------------------------------------------------------
--------------------------------------------------------+
```

감정 분석의 구현

다음 코드는 이 장에서 배운 NLP 이론을 기반으로 감정 분석에 관한 것이다. 이 같은 감정을 식별하기 위한 모델을 훈련 트위터 JSON 레코드 상에서 SPARK 라이브러리를 사용하여 '행복' 또는 '불행' 같은 키워드를 찾고자 한다. 행복 트위터 메시지에서 '행복' 키워드를 찾은 후 행복 감정을 표현하는 메시지를 1로 세팅한다. 다른 메시지는 값 플래그가 0인 어떤 불행한 감정을 나타낸다. 마지막으로 TF-IDF 알고리즘은 모델을 학습하기 위해 사용된다.

```
import org.apache.spark.ml.feature.HashingTF, RegexTokenizer,
StopWordsRemover, IDF
import org.apache.spark.sql.functions._
import org.apache.spark.ml.classification.LogisticRegression
import org.apache.spark.ml.Pipeline
import org.apache.spark.ml.classification.MultilayerPerceptronClassifier import
org.apache.spark.ml.evaluation.MulticlassClassificationEvaluator
import scala.util.Success, Try import sqlContext.implicits._

val sqlContext = new org.apache.spark.sql.SQLContext(sc)

var tweetDF = sqlContext.read.json("hdfs:///tmp/sa/*") tweetDF.show()

var messages = tweetDF.select("msg")
println("Total messages: " + messages.count())

var happyMessages =
messages.filter(messages("msg").contains("happy")).withColumn("label",lit("1"))
val countHappy = happyMessages.count() println("Number of happy messages: " +
countHappy)

var unhappyMessages = messages.filter(messages("msg").contains("
sad")).withColumn("label",lit("0")) val countUnhappy = unhappyMessages.count()
println("Unhappy Messages: " + countUnhappy)

var allTweets = happyMessages.unionAll(unhappyMessages)
val messagesRDD = allTweets.rdd

val goodBadRecords = messagesRDD.map(
   row =>{
          val msg = row(0).toString.toLowerCase()
          var isHappy:Int = 0
          if(msg.contains(" sad"))
                 isHappy = 0
          else if(msg.contains("happy"))
                 isHappy = 1
```

```
            }
            var msgSanitized = msg.replaceAll("happy", "")
            msgSanitized = msgSanitized.replaceAll("sad","")
            //Return a tuple
            (isHappy, msgSanitized.split(" ").toSeq)
    }
)

val tweets = spark.createDataFrame(goodBadRecords).toDF("label","message")

// Split the data into training and validation sets (30% held out for
validation testing)
val splits = tweets.randomSplit(Array(0.7, 0.3))
val (trainingData, validationData) = (splits(0), splits(1))

val tokenizer = new
RegexTokenizer().setGaps(false).setPattern("\pL+").setInputCol("msg").se
tOutputCol("words")

val hashingTF = new
HashingTF().setNumFeatures(1000).setInputCol("message").setOutputCol("featu res")

val idf = new IDF().setInputCol(hashingTF.getOutputCol).setOutputCol("IDF")

val layers = Array[Int](1000, 5, 4, 3)
val trainer = new MultilayerPerceptronClassifier().setLayers(layers)
val pipeline = new Pipeline().setStages(Array(hashingTF,idf,trainer))

val model = pipeline.fit(trainingData)
val result = model.transform(validationData)
val predictionAndLabels = result.select("message","label","prediction")
predictionAndLabels.where("label==0").show(5,false) predictionAndLabels.
where("label==1").show(5,false)
```

이 코드의 출력 결과는 다음과 같다.

```scala
import org.apache.spark.ml.feature.{Word2Vec,Tokenizer}
import org.apache.spark.ml.linalg.Vector
import org.apache.spark.sql.Row

val exampleData = spark.createDataFrame(Seq(
  (0.0, "extraction of the feature using word2Vec extraction method")
)).toDF("label", "sentence")

val tokenizer = new Tokenizer().setInputCol("sentence").setOutputCol("words")
val tokensData = tokenizer.transform(exampleData)

val word2Vec = new Word2Vec()
  .setInputCol("words")
  .setOutputCol("features")
  .setVectorSize(3)
  .setMinCount(0)
val model = word2Vec.fit(tokensData)
val result = model.transform(tokensData)
result.select("words","features").show(false)
```

그림 6.10 감정 분석을 실행한 후 결과

이것은 NLP 기반 감성 분석의 가장 기본적인 형태이고 감성 분석을 이해하는 단순한 예로 볼 수 있다. 기업 수준의 응용 프로그램에 대한 더 적응하려면 이 예에 고급 기술을 적용해야 한다.

자주 묻는 질문

Q: 자연 언어 처리(NLP)의 일반적인 사용 사례에는 어떤 것들이 있는가?

A: NLP는 프로세스 텍스트 데이터가 의미 있는 통찰력을 생산하는 머신 러닝 알고리즘의 한 종류이다. NLP의 일반적인 사용 사례는 사용자, 감성 분석, 외국어에 대한 언어 번역, 검색 엔진, 그리고 문서분류 등에 의해 문의된 질문들에 대한 답을 보면 알 수 있다. 여기서 이해해야 할 중요한 점은 텍스트 / 문장 / 단어 형식으로 표시되는 데이터를 분석 / 머신 러닝을 수행하려 하는 경우 NLP는 필요하다.

Q: NLP와 관련된 특징 추출은 어떻게 하는가?

A: 머신 러닝 알고리즘은 수학적 형태에서 작동한다. 텍스트와 같은 다른 형태의, 머신 러닝 알고리즘을 적용하는 수학적인 형태로 변환될 필요가 있다. 특징 추출은 벡터로서 기능 수치로 이러한 텍스트 / 이미지로 변환하는 형태이다. 이 수치 기능은 머신 러닝 알고리

즘의 입력으로 작용한다. 이러한 TF-IDF와 Word2Vec 같은 기술은 수치 기능으로 텍스트를 변환하는 데 사용된다. 요약하면, 특징 추출은 텍스트 데이터에 NLP를 수행하기 위한 필수 공정이다.

요약

이 장에서 자연어 형태로 인간의 언어를 해석하는 지능형 시스템의 발전을 위한 가장 중요한 기술 중 하나를 검토하였다. 또한 샘플 코드 및 예제와 함께 NLP 내에서의 일반적인 개념을 포함하였다. NLP 기술과 텍스트에 대한 이해는 학습에 사용되는 더 많은 데이터 자산을 더 좋아지게 할 것이다.

NLP와 존재론적 세계관을 결합한 지능형 시스템은 인터넷 규모에서 텍스트 기반 자산의 의미를 파생시킬 수 있으며 방대한 양의 지식을 이해할 수 있는 능력을 보완할 수 있는 지식 시스템으로 발전하여 문맥에 기반한 최선의 행동을 나타내는 데 사용하는 등 적시에 사용할 수 있다.

다음 장에서는 퍼지 시스템을 살펴볼 것이다. NLP 기술과 결합된 시스템을 통해 컴퓨터보다는 사람에 의한 모호한 입력에서 의미를 파생시킬 수 있는 인간의 능력에 매우 근접한 시스템을 만들 수 있을 것이다.

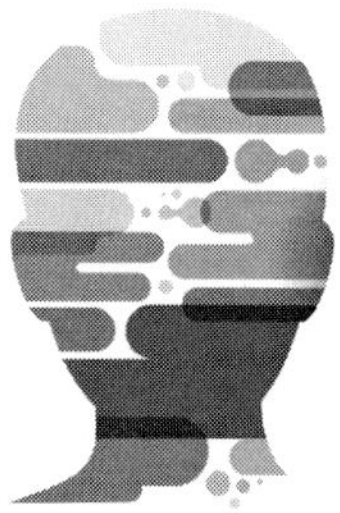

제 7 장

퍼지 시스템

Fuzzy Systems

Artificial Intelligence for Big Data

Complete guide to automating Big Data solutions using Artificial Intelligence techniques

제6장에서, 자연 처리 언어를 입력할 수 있는 지능형 시스템을 구축하기 위한 이론과 기술의 개요를 살펴보았다. 자연 언어를 통해 인간과 상호 작용할 수 있는 기계에 대한 수요가 증가할 것이라고 확신한다. 자연 언어 입력을 해석하고 가장 합리적이고 신뢰할 수 있는 방법으로 반응할 수 있는 시스템을 위해, 시스템은 퍼지정도(fuzziness)가 필요하다. 생물학적 뇌는 아주 쉽게 우리가 컴퓨터로 구축한 기존의 로직에 비해 입력에 근사치를 처리할 수 있다. 예를 들어, 사람을 볼 때 나이는 몰라도 그 사람의 oldness를 예측할 수 있고, 어린 아이를 보면 정확한 나이는 몰라도 'not old'나 'young' 정도를 예측할 수 있다.

지능형 시스템을 구축하려는 경우 퍼지정도(fuzziness)는 필수적이다. 인공지능 모델 (예를 들어 딥 신경망)이 실제 입력을 필요로 하지만 실제 시나리오 상의 시스템에서 작동하도록 하려면 정확한 수학적 양적 투입에만 의존할 수는 없다. 불확실성은 더 자주 발생하고 실제 시나리오에서는 특징 임의성, 데이터의 무지의 불완전 등이 증폭된다. 인간의 추론 수준은 현실 세계에서 이러한 특성을 처리하기에 충분하다. 퍼지정도의 비슷한 수준의 용어의 진정한 의미에서, 인간의 능력을 보완할 수 있는 지능형 시스템을 구축하기 위한 필수적이다. 이 장에서는 퍼지 논리 이론의 기초를 이해하고 다음을 어떻게 구축하는지를 이해할 것이다.

- 적응형 네트워크기반 퍼지추론 시스템
- 퍼지 c-means를 이용한 분류
- 뉴로퍼지 분류기

이번 장에서 다룰 주제

- 퍼지 논리 기초
- ANFIS 네트워크
- 퍼지 c-means 분류
- NEFCLASS

퍼지 논리의 기초

우리가 보통 사용하는 문장에서 모호함(vaguness)의 정도가 얼마나 많은지 먼저 해 보자. 'John is tall'과 같은 문장에서 John이 얼마나 큰지 인치 또는 센티미터로 정확히 표시를 하지 않는다. 그러나 대화의 맥락에서 보면, 서로 통신하는 두 사람의 대화에서 추론할 수 있다. 이 대화는 2학년 학생, John에 대해 학교에서 두 교사 사이에 발생하고 있다고 생각한다. 그러나 대화의 맥락에서 서로 통신하는 두 사람이 그것을 이해하고 추론할 수 있다. John이 키가 크다는 말은 특정 높이를 의미하며 우리는 이 모호한 정보로부터 문맥적 의미를 이해하고 추론하는 것은 매우쉽다. 퍼지 논리의 기본 개념은 환경적 맥락의 복잡성이 증가함에 따라 국가에 대한 정확한 진술을 할 수 있는 능력이 줄어들지만 인간의 두뇌는 정확한 추론을 도출할 수 있다는 사실에서 기인한다. 퍼지 논리는 절대(수학적으로는 때때로) 진리 대신 진리의 정도를 나타낸다. 전통적 논리 및 퍼지 논리를 간단한 다이어그램으로 보여준다.

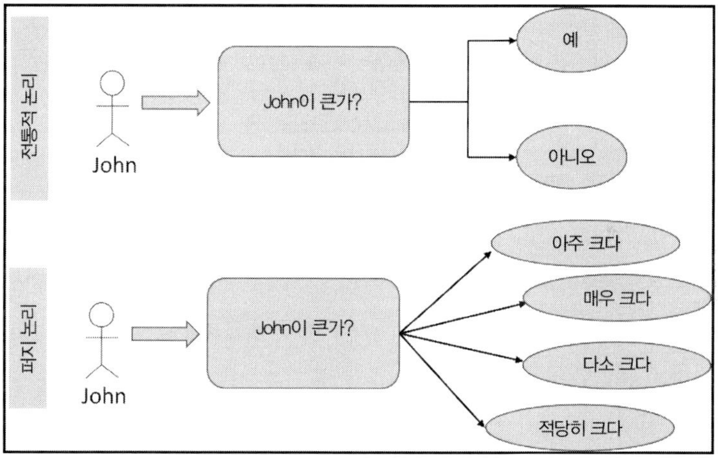

그림 7.1 퍼지 논리와 전통적 논리

전통적인 컴퓨팅 프레임워크는 전통적인 논리에 더 적합하지만, 우리가 의도하는 지능형 시스템은 상황에 따라 퍼지 입력에 적응해야 한다. 컴퓨팅 프레임워크는 절대적인 진실, 예 / 아니오에서 부터 부분 진실, 즉 아주 키가 크다(extremely tall), 매우 크다(very tall) 등으로 전환해야 한다. 이것은 인간의 추론과 매우 흡사하다. 진리가 부분적이며 거짓인 패러다임은 진리 정도가 점차 감소된다.

❁ 퍼지 집합 및 퍼지 멤버십 함수

사람 키의 질문에 가능한 모든 응답 집합을 구성해 보면, 각 값 내에서 충분한 불확실성이 존재한다. 따라서 이것을 퍼지 집합(fuzzy set)이라고 한다. 이 경우 퍼지 집합 = K는 "매우 크다", "어느 정도 크다", "약간 크다"가 된다. 집합의 각 구성원은 구성원의 레벨 또는 정도를 나타내는 수학적 값을 갖는다. 이 예에서 집합은 다음과 같이 멤버십 정도와 함께 표현될 수 있다. "엄청 크다":0.1, "매우 크다":0.8, "어느 정도 크다":0.6, "약간 크다":0.2. 이러한 입력들은 퍼지 집합과 멤버십 정도를 그래프로 같이 나타낼 수 있다.

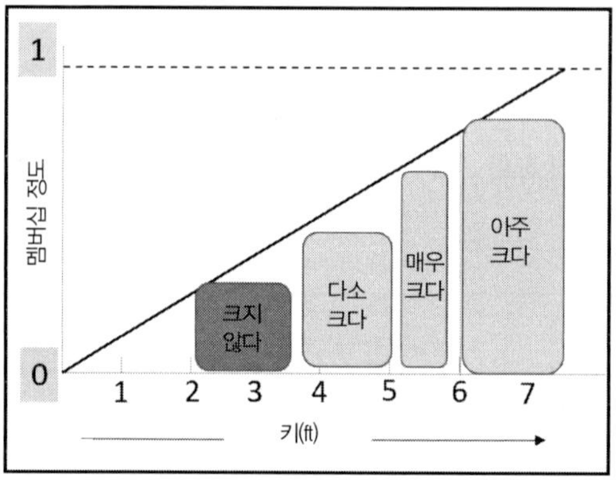

그림 7.2 '키'에 대한 멤버십 정도

퍼지 집합에 관해서는 몇 가지 표준 용어를 정의해 보자. 퍼지 집합은 일반적으로 데이터 공간 파라미터 X(이 예에서는 크다 정도를 나타냄)와 함께 'A'와 같은 문자로 표시된다. 퍼지 집합 A는 멤버십 함수 $\mu_A(X)$,로 나타낸다. 여기서 A는 실수 0과 1사이 값으로 매핑되는 멤버십 함수와 같이 연관되어 표시된다.

멤버십 공간을 전체 집합(universe of discourse)이라고 하는데, 퍼지 집합 A안의 가능성 값과 연관된다. 가치 공간내에서 멤버십 함수는 다음과 같은 조건 하나를 만족해야 한다. 모든 퍼지 집합 멤버들의 멤버십 값은 0과 1사이에 분포되어야 한다. 이러한 조건들은 데이터 셋이나 환경에 따라 멤버십 함수가 삼각형, 시그모이드, 계단형, 가우시안 등과 같은 임의의 형태를 취할 수 있다.

다음 그림은 한 사람의 키큰 정도를 나타내는 데이터 셋에 대한 멤버십 함수를 나타낸 그림이다.

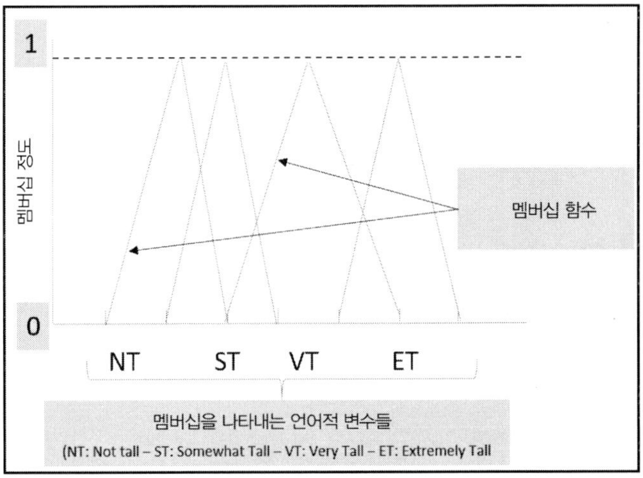

그림 7.3 멤버십 정도와 멤버십 함수

언어적 변수 (NT / ST / VT / ET) 는 대략적 퍼지함 정도를 갖는 수치적 변수(사람의 실제 킷값)와 관련 될 수 있다.

✿ 크리스프 집합의 특징 및 표기법

크리스프(crisp) 집합은 멤버와 비멤버로 명확하게 구분할 수 있는 엔티티들의 집합으로 전통논리에 기반한다. 예를 들면, 무생물 물체 대 생물체의 집합과 같은 것이다. 이 경우에, 완전히 포함시키거나 또는 완전히 제외하게 된다. 크리스프 집합을 정의할 수 있는 몇 가지 방법이 있다.

- 0보다 크고 10보다 작은 짝수들의 집합
  $A = \{2, 4, 6, 8\}$
- P, Q에 속하는 요소들의 집합
  $A = \{x \mid x$는 P와 Q에 속하는 원소$\}$
- $\mu_A(X) = 1\ iff\ (x \in A),\ 0\ if\ (x \notin A)$
- Φ : 공집합
- $(A) = \{X \mid x \subseteq A\}$: 이것은 모든 가능한 A의 부분 집합을 포함하는 집합
- X 범위내에서 요소들의 super set을 포함하는 크리스프 집합 A와 B에 대해
  - $x \subset$ A ==> x는 A에 속한다.
  - $x \notin$ A ==> x는 A에 속하지 않는다.
  - $x \subset$ X ==> x는 X 전체에 속한다.

- X 공간상에서 크리스트 집합 A, B에 대해
  - $A \subset B$ ==> A는 B의 부분집합이다. 단, $\{x \in A$ 이면 $x \in B$일 때$\}$ – 묵시적 추론
  - $A \subseteq B$ ==> A는 B에 포함되거나 동일하다.
  - $A = B$ ==> $A \subset B$ 또는 $B \subset \mathrm{A}$

■ 크리스프 집합의 연산들

수학적 숫자와 마찬가지로, 크리스프 집합은 다음과 같은 연산을 수행한다.

- **합집합(Union)** : $A \cup B = \{x \mid x \in A \text{ OR } x \in B\}$
- **교집합(Intersection)** : $A \cap B = \{x \mid x \in A \text{ AND } x \in B\}$
- **여집합(Complement)** : $\bar{A} = \{x \mid x \notin A, x \in X\}$
- **차집합(Difference)** : $A - B = A \mid B = \{x \mid x \notin A \text{ and } x \notin B\}$ ==> $A - (A \cap B)$

연산을 그림으로 나타내면 다음과 같다.

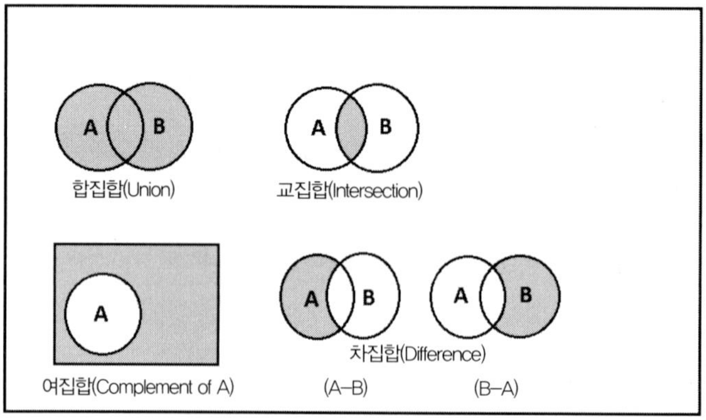

그림 7.4 멤버십 정도와 멤버십 함수

■ 크리스프 집합의 속성

크리스프 집합은 다음과 같은 속성이 있다.

- **교환법칙(Commutivity)** :
  - $A \cup B = B \cup A$
  - $A \cap B = B \cap A$

- **연관법칙(Associativity :**
    - $A \cup (B \cup C) = (A \cup B) \cup C$
    - $A \cap (B \cap C) = (A \cap B) \cap C$
- **분배법칙(Distributivity) :**
    - $A \cup (B \cap C) = (A \cup B) \cap (A \cup C)$
    - $A \cap (A \cup C) = (A \cap B) \cup (A \cap C)$
- **멱등법칙(Idempotency) :**
    - $A \cup A = A$
    - $A \cap A = A$
- **전이법칙(Transitivity) :**
    - If $A \subseteq B \subseteq C$ then $A \subseteq C$

퍼지화

디지털 컴퓨터들은 크리스프 집합과 함께 작동하도록 프로그래밍되어 있다. 이것은 그들이 전통적 집합을 기반으로 논리 연산과 연산 논리를 적용할 수 있음을 의미한다. 지능형 기계를 만들기 위해 퍼지화(fuzzification)라는 프로세스를 필요로 한다. 이 프로세스에 의해 디지털 입력값들이 퍼지 집합으로 변환된다. 퍼지 집합의 멤버십은 퍼지 집합 확실성 정도에 대응한다. 퍼지화는 인간의 언어를 수치로 측정 가능하도록 변환하여 표현하기 위해 정확한 심볼들로부터 점차적으로 모호성으로 이동하는 과정이다. 정수 값 5에 가까운 숫자의 집합을 고려해 보자.

- $A_{classic} = \{3,4,5,6,7\}$
- $A_{fuzzy} = \{0.6/2, 0.8/3, 1.0/4, 1.0/5, 1.0/6, 0.8/7, 0.6/8\}$

퍼지화는 정회원의 회원 등급을 정의하는 과정이다. 전통적 집합의 경우 멤버십 등급은 1 또는 0이다. 퍼지 집합에서 멤버십 등급은 0과 1 사이에서 나타난다. 다음 다이어그램은 성적의 부실에 대한 데이터 집합의 표현을 보여준다. 학생이 시험에서 0에서 100점의 성적을 받았다고 가정해 보자. 0은 최솟값이므로 최하 등급이며 100은 최댓값이므로 전혀 나쁜 성적이 아니다.

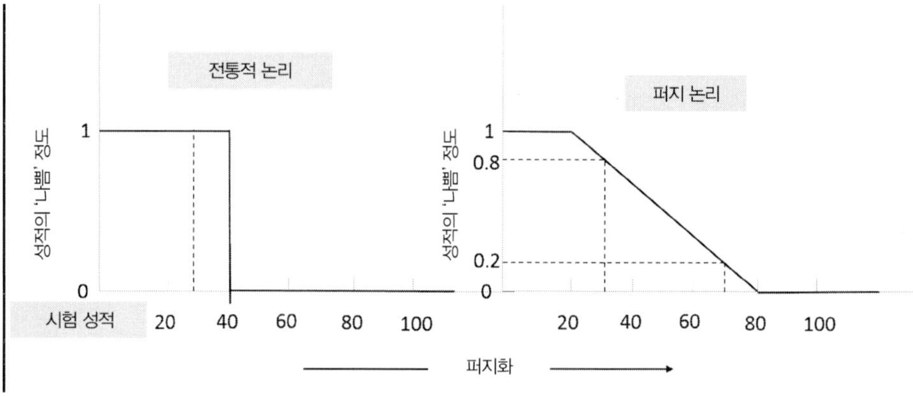

그림 7.5 시험 성적에 대한 퍼지 논리와 전통적 논리

학생이 시험에서 30점을 얻었을 때, 전통적인 논리로 보면, 40점 이하의 모든 과목을 나쁜 성적으로 보고, 40점 이상을 좋은 성적으로 간주하는 단계 함수(step function)을 사용하기 때문에 나쁜 성적을 받았다고 할 수 있다. 그러나 퍼지 논리의 경우 학생이 30점을 받으면 점수는 0.8점으로 떨어지며 점수가 70점이면 점수가 0.2점으로 떨어지게 된다.

<table>
<tr><td>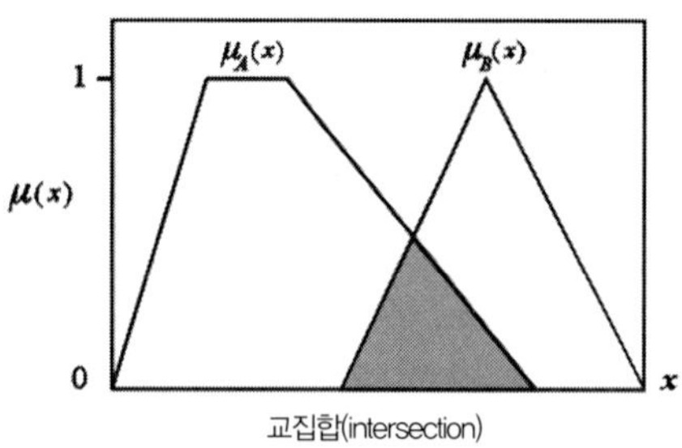
교집합(intersection)</td><td>$\mu_{A\cap B}(x) = min\ (\mu_A(x), \mu_B(x))\ \forall_x \in X$</td></tr>
<tr><td>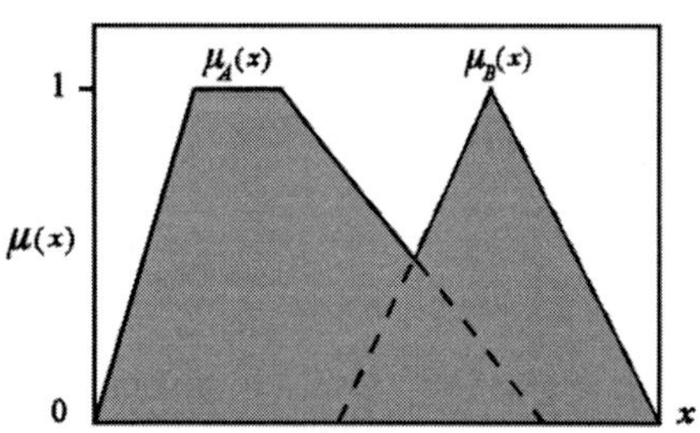
합집합(union)</td><td>$\mu_{A\cup B}(x) = max\ (\mu_A(x), \mu_B(x))\ \forall_x \in X$</td></tr>
</table>

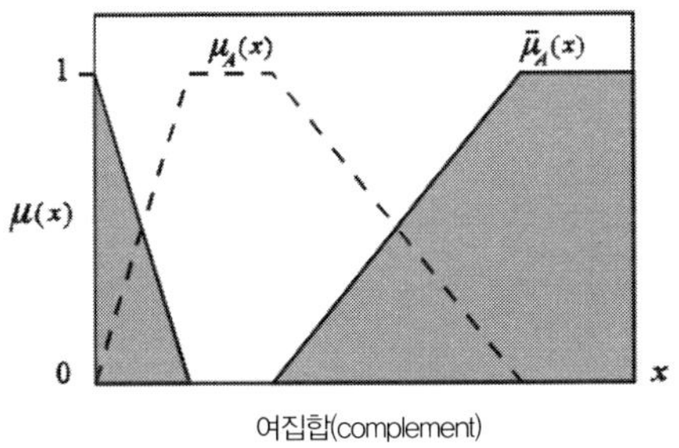

$$\bar{\mu}_A(\chi) = 1 - \mu_A(\chi)\forall \in X$$

그림 7.6 퍼지 집합의 연산들

퍼지 함수는 문맥 기반 데이터 기반의 복잡한 형식을 취할 수 있다. 퍼지 함수를 따르는 퍼지 집합의 요소에 대한 멤버십은 다음과 같은 컨텍스트에 따라 여러 가지 방법으로 보장할 수 있다.

- 유사성의 멤버십
- 확률의 멤버십
- 친밀성의 멤버십
- 근사성의 멤버십
- 적합성의 멤버십
- 가능성의 멤버십

멤버십 함수는 두 가지 방법으로 생성할 수 있다.

- 주관적: 직관 / 전문 / 지식
- 자동적: 클러스터링 / 신경망 / 유전자 알고리즘

비퍼지화

비퍼지화(defuzzification)는 액션 결과를 정량화된 값으로 생성하는 프로세스를 말한다. 컴퓨터는 오직 크리스프 집합만을 이해할 수 있기 때문에 크리스프 출력의 컨텍스트 출력을 기초로 하여 퍼지 집합의 값을 변환하는 과정을 의미한다. 실수들의 퍼지 멤버십 함수로 매핑한 것에 기초하여 비퍼지화 값을 해석한다. 비퍼지화된 값은 문맥의 입력에 기초한 지능 시스템에 의해 수행되는 동작을 나타낸다. 가능한 여러 비퍼지화 방법들이 있다. 주어진 문제에 사용되는 사람은 상황에 따라 달라진다.

■ 비퍼지화 방법들

다음과 같은 비퍼지화 방법이 있다.

- 합 중심 방법(center of sum method, COS)
- 중력 중심(center of gravity, COG) / 면적 중심법(centroid of area method, COA)
- 면적 중심 / 면적의 이분법 방법(bisector of Area, BOA)
- 가중치 평균 방법(weighted average method)
- 최대 방법들
    - 최초 맥시마 방법(first of maxima method ,FOM)
    - 마지막 맥시마 방법(last of maxima method, LOM)
    - 평균 맥시마 방법(mean of maxima method, MOM)

❁ 퍼지 추론

퍼지 추론은 모든 것을 하나로 모아서 지능형 기계에 실제적인 행동을 산출하는 과정이다. 프로세스는 다음과 같이 설명될 수 있다.

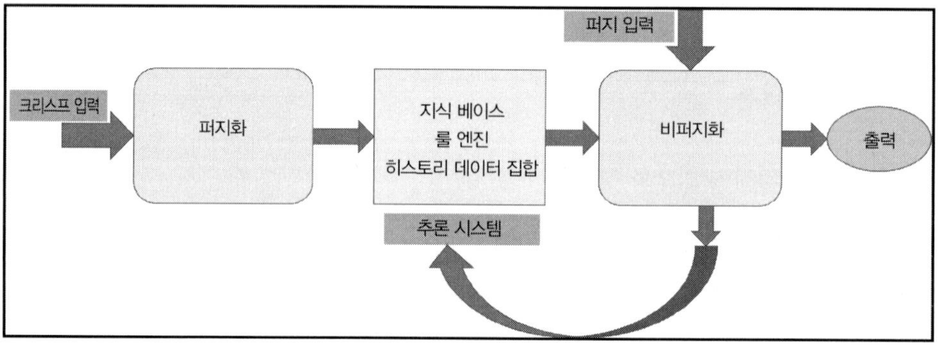

그림 7.7 퍼지추론 과정

전통적 시스템에서는 입력은 크리스프 집합으로서 전달된다. 크리스프 입력은 멤버십 함수로 퍼지화되고 입력 퍼지 집합은 합집합 / 여집합 / 차집합 등의 방법을 통해 모아진다. 일단 모아진 멤버십 함수들은 지식 기반, 규칙을 적용하고, 실행 가능한 출력 값으로 입력 집합을 비퍼지화하기 전에 히스토리 데이터 셋을 이용한다.

현대의 지능형 시스템은 퍼지 입력을 직접 사용해야 한다. 퍼지화 프로세스는 환경적 맥락의 일부이다. 최종 사용자가 자연스러운 경험을 할 수 있도록 자연 언어 입력을 해석해야 한다. 퍼지화 유닛은 크리스프 입력을 퍼지 집합으로 변환하기 위해 다양한 퍼지화 메소드의 적용을 지원해야 한다.

ANFIS 네트워크

앞 장에서 ANN의 이론과 실제 응용을 보았다. ANNs의 일반적인 이론과 퍼지 논리를 결합하면, 지능형 기계로의 실제 입력을 모델링하고 적응형 판단을 기반으로 한 출력을 생성하는 매우 효율적이고 강력한 메커니즘인 뉴로-퍼지 시스템을 얻을 수 있다. 이것은 컴퓨터 프레임워크를 인간의 두뇌가 정보를 어떻게 해석하고 초 단위로 행동을 취할 수 있는지에 매우 가깝게 만드는 것이다. 퍼지 논리 자체는 사람과 기계가 데이터, 정보 및 지식을 해석할 때 상호 침투할 수 있는 능력을 가지고 있다. 그러나 인간의 사고 과정을 규칙 기반, 자기 학습, 퍼지 추론 시스템(FIS)으로 변환하고 모델링하는 고유한 기능이 없다.

ANN은 오류 상황을 줄이기 위해 환경 컨텍스트에 따라 자동으로 멤버십 기능을 조정하고 네트워크를 대화식으로 학습하는 데 사용할 수 있다. 이것은 인공 뉴로-퍼지 추론 시스템(artificial neuro-fuzzy syustems, ANFIS)의 기초를 형성한다. ANFIS는 하이브리드 학습 알고리즘을 사용하는 퍼지 추론 시스템과 동등한 클래스 또는 유형의 적응형 네트워크로 간주될 수 있다.

적응형 네트워크

적응형 네트워크(adaptive network) 종종 지도 학습 알고리즘을 사용하여 다중 계층을 갖는 전방향 신경망의 한 형태이다. 이 형태의 네트워크에는 가중치 없이 상호 연결된 여러 적응 노드가 있다. 이 네트워크의 각 노드에는 다른 기능과 작업이 있다. 사용되는 학습 규칙이 노드의 파라미터에 영향을 준다. 출력 계층에서는 오류 수준을 줄인다.

이 신경 네트워크는 일반적으로 역전파 또는 기울기 하강 방식으로 학습한다. 수렴 속도 저하를 방지하기 위해 하이브리드 방식이 사용되며, 이는 수렴을 가속화하여 지역 최솟점(local minima)에 빠지는 것을 방지한다.

❁ ANFIS 아키텍처 및 하이브리드 학습 알고리즘

ANFIS 아키텍처의 핵심은 지도 학습 알고리즘을 사용하는 적응형 네트워크라는 점이다. 간단한 예제를 보자. 두개의 입력이 x와 y가 있다고 하자. 여기서 매우 간단한 if-then 규칙을 생각할 수 있다.

규칙 1: *If* x *is* A_1 *and* y *is* B_1 *then* $z_1 = p_1x + q_1x + r_1$

규칙 2: *If* x *is* A_2 *and* y *is* B_2 *then* $z_2 = p_2y + q_2y + r_2$

> A1, A2와 B1, B2는 각각 입력값 x, y의 멤버십 함수이다. p1, q1, r1 과 p2, q2, r2 등은 퍼지 추론 모델의 선형 파라미터 들이다.

다음과 같은 다이어그램을 살펴보자.

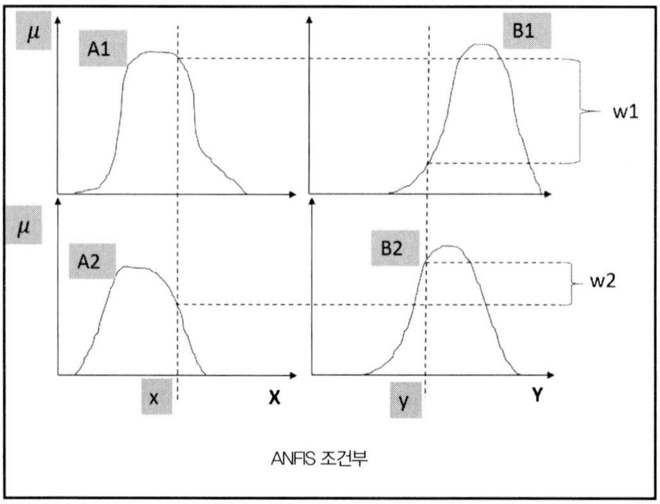

그림 7.8 ANFIS

이 경우 ANFIS 구조는 다섯 개의 계층으로 된 신경망으로 간주될 수 있다. 첫 번째와 네 번째 층은 적응형 노드를 포함하고 다른 층은 고정 노드가 포함되어 있다. 네트워크는 다음 그림과 같다.

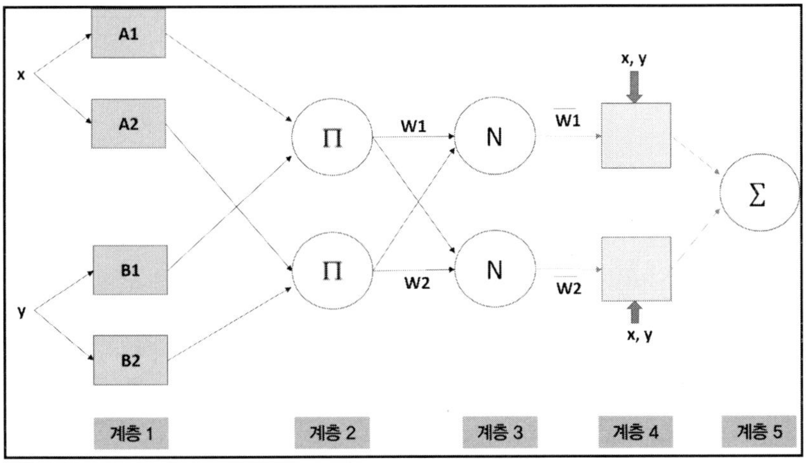

그림 7.9 5개 계층으로 된 ANFIS 구조

- **계층 1** : 이 계층은 x, y 입력값에 기반한 함수 파라미터에 적응하는 두 개의 적응 노드로 구성되어 있다. 이들 노드 각각으로부터의 출력이 입력 값에 해당되는 멤버십 정도를 나타낸다 (이전 도면에서 ANFIS 전제를 참조). 앞 단원에서 본 바와 같이 멤버십 함수는 (가우스, 벨 함수 등) 임의의 형태를 취할 수 있다. 이 계층에서의 매개 변수는 조건부 매개 변수(premise parameters)가 된다.

$$z1 = p1x\ q1y + r1 + z2 = p2x + r2 + q2y$$

- **계층 2** : 이 계층의 노드는 본질적으로 비적응된 고정 노드들이며, 이는 신경회로망의 은닉층과 유사하다. 이들 노드의 출력은 적응 노드들로부터 오는 신호를 곱하여 얻은 다음 층의 노드로 전달된다. 이 계층의 노드는 이전 계층에 적응 노드에서 상속된 규칙의 각각의 분사 강도를 나타낸다.

- **계층 3** : 이 계층의 노드는 고정된 노드들이다. 각 노드 N번째 규칙의 분사된 강도와 모든 규칙들의 분사된 강도간의 비율로 계산된다. 전체적인 결과는 정규화된 파이어링 강도를 나타낸다.

- **계층 4** : 이 계층의 노드는 적응형 노드들이다. 이 층에서는 위의 이전 계층의 노드에서 정규화 분사 강도들이 각 규칙 함수로부터의 출력값과 곱해진다 ($p_1x + q_1x + r_1$ 과 $p_2y + q_2y + r_2$). 이 층의 출력 파라미터들은 결과 파라미터로 불리운다.

- **계층 5** : 이것은 출력 층이고 ANN을 닮은 한 개의 고정된 출력 노드를 갖는다. 이

노드는 앞의 계층에서의 신호들의 합산을 수행한다. 이것은 ANFIS 네트워크의 전체 출력이 된다. 이 퍼지 시스템에서 양적 실행 가능한 결과를 나타낸다. 이 출력은 제어 루프에 이용될 수 있고, 결국 오류가 최소화되도록 역전파 방식으로 훈련된다.

이 네트워크 토폴로지를 사용하여 출력을 최적화하고 오류를 줄이기 위해 하이브리드 학습 알고리즘을 적용할 수 있다. 하이브리드 알고리즘은 더 빨리 수렴하고 지역 최소점을 피할 수 있게 한다. 하이브리드 알고리즘은 규칙 집합에 기초하여 계층 1 및 계층 4 적응 층에 대한 파라미터를 본질적으로 조정하는 두 단계 프로세스이다.

전방향 패스 동안, 계층 1에 대한 파라미터(조건부 파라미터)는 일정하게 유지되고, 계층 4에 대한 파라미터(결과 파라미터)는 재귀적 **최소 자승 추정기**(recursive least square estimator, RLSE) 방법에 기초하여 조정된다.

> 출력층 파라미터들은 선형이고 더 빠르게 학습하기 위해 수렴 비율을 조절할 수 있다. 결과적인 파라미터 값이 얻어지면, 데이터는 입력 공간 및 상기 집합 멤버쉽 함수를 통해 전달되고 출력이 생성된다. 출력 후, 실제 출력과 비교된다.

출력층 파라미터들은 선형이고 더 빠르게 학습하기 위해 수렴 비율을 조절할 수 있다. 결과적으로 파라미터 값이 얻어지면, 데이터는 입력 공간 및 상기 집합 멤버쉽 함수를 통해 전달되고 출력이 생성된다. 출력 후 실제 출력과 비교된다.

역방향 패스가 실행되면, 첫 번째 단계에서 얻은 결과의 파라미터는 일정하게 유지되고 전체 파라미터는 기울기 하강 또는 역방향 전파 학습 방법을 취하게 된다. 출력은 다시 한번 조건부(premise) 파라미터에 대한 변경된 값을 생성하고 상기 튜닝 및 최적화에 대한 실제 출력과 비교된다. RLSE 및 경사 하강을 결합한 하이브리드 알고리즘의 사용은 더 빠른 수렴을 보장한다.

퍼지 C-means 클러스터링

제3장 빅 데이터 학습 단원에서 첫 번째 반복 단계에서 무작위 중심으로부터의 거리를 기반으로 데이터 집합에 대한 k개의 클러스터를 만드는 반복적인 비지도 학습 알고리즘인 K-means 클러스터링 알고리즘을 보았다. 중심점은 새로운 데이터 포인트를 수용하기 위해 각 반복에서 계산된다. 이 과정은 중심점이 한 지점 이후 크게 변하지 않을 때까지 반복된다. K-means 클러스터링 알고리즘의 결과로 데이터 포인트가 있는 개별 클러스터가 생성된다. 각 데이터 포인트는 클러스터에 속하거나 속하지 않는다. 클러스터 멤버십과 관련하여 데이터 포인트에는 두 가지 상태만 있다. 그러나 실제 시나리오에서는 서로 다른 등급의 멤버십을 가진 여러 클러스터에 속할 수 있는 데이터 포인트가 있다. 클러스터 내의 데이터 요소에 대한 크리스프 멤버십 대신 퍼지 멤버십을 생성하는 알고리즘을 소프트 클러스터링 알고리즘이라고 한다.

C-means 클러스터링은 본질적으로 반복적이고 K-means 클러스터링 알고리즘과 매우 유사한 가장 보편적인 알고리즘 중 하나이다.

N개의 데이터 포인트를 포함하는 S 데이터 집합을 생각해 보자. 목표는 이 N개의 데이터 포인트를 C 클러스터로 클러스터하는 것이다.

$$S = \{x_1, x_2, x_3, \ldots, x_N\}$$

이때 μ로 표시된 C 클러스터 멤버십 함수를 가질 것이다.

$$\mu_1 = [\mu_1(x_1), \mu_1(x_2), \mu_1(x_3), \ldots\mu_1(x_n)]$$
$$\mu_2 = [\mu_2(x_1), \mu_2(x_2), \mu_2(x_3), \ldots\mu_2(x_n)]$$
$$.$$
$$.$$
$$\mu_c = [\mu c(x_1), \mu c(x_2), \mu c(x_3), \ldots\mu_c(x_n)]$$

멤버쉽 함수에 의해 표현되는 각 클러스터에 대해 퍼지 클러스터 Cl_i $(i = 1,2,3, \ldots C)$에 해당하는 V_i로 표시되는 중심 데이터 포인트를 갖게 된다. 이 배경 정보와 이러한 표기법을 사용하여 C-means 클러스터링 알고리즘의 최적화 목표는 다음과 같이 정의된다.

$$J_m = \sum_{i=1}^{c}\sum_{k=1}^{N_s}[u_i(k)]^m d^2(x_k, V_i)$$

N_s는 총 입력 벡터 수이다. m은 i 번째 클러스터에 대한 퍼지 인덱스를 나타낸다 (m 값이 높을수록 퍼지(fuzziness)가 높음). 퍼지 C–means 알고리즘은 반복 프로세스에 의해 V_i 및 μ_i (i = *1,2,3, ... C*)를 선택함으로써 J_m을 최소화한다. 이러한 표기법과 알고리즘 목표를 사용하여 퍼지 C–means 알고리즘을 나타내는 순서도는 다음과 같다.

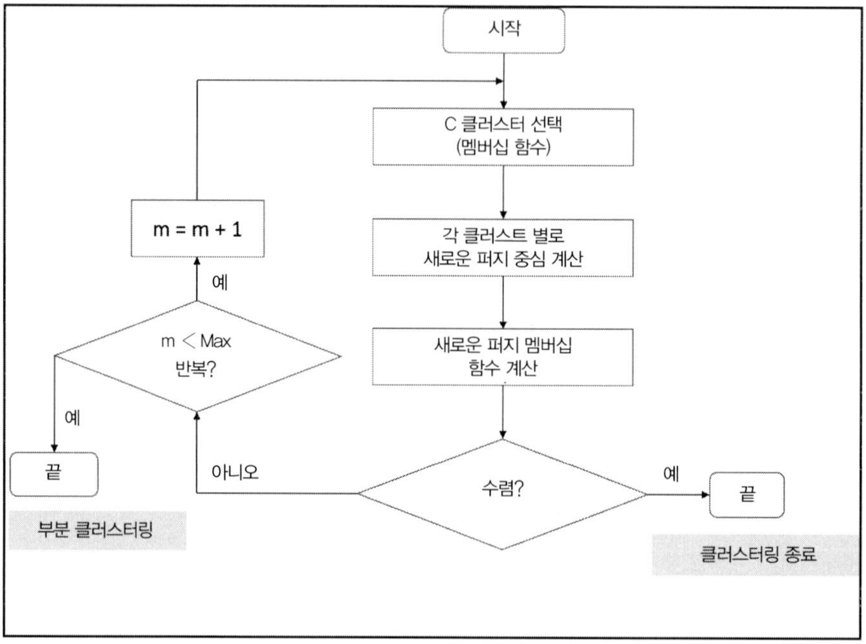

그림 7.10 퍼지 C–means 클러스터링 알고리즘

이 순서도를 설명하면 다음과 같다.

- 초기화 (멤버십 함수 선택) :

$$0 < \mu_i(x_k) < 1$$

i = *1, 2, 3, C* ....에 대해

$$\sum_{i=1}^{C} \mu_i(x_k) = 1 \qquad k = 1,2,3,N_s\text{............에 대해}$$

$$0 < \sum_{k=1}^{N_s} \mu_i(x_k) < N_s \qquad i = 1,2,3,C\text{ ....에 대해}$$

- i = 1,2,3, ... C와 K = 1,2,3, ... N에 대해 퍼지 무게 중심을 계산한다.

$$V_i = \frac{\sum_{k=1}^{N_s} [\mu_i(x_k)]^m x_k}{\sum_{k=1}^{N_s} [\mu_i(x_k)]^m}$$

- 새로운 퍼지 멤버십 함수를 계산한다.

$$\mu_i(x_k) = \frac{\left(\frac{1}{d^2(x_k, V_i)}\right)^{\frac{1}{(m-1)}}}{\sum_{j=1}^{C} \left(\frac{1}{d^2(x_k, V_j)}\right)^{\frac{1}{(m-1)}}}$$

- 수렴 확인
  - 멤버십 함수는 반복을 통해 변경하지 않으면 반복을 중지할 수 있고 알고리즘은 수렴하게 된다.
  - 일단 알고리즘이 수렴하면 μ_i는 퍼지 클러스터를 나타낸다.
  - 만약 알고리즘이 수렴하지 않고, 반복의 횟수는 파라미터로서 설정한 최대 반복과 같으면 그것이 퍼지 클러스터를 나타내는 것이며, 최적의 퍼지 클러스터를 찾지 못하고 루프를 종료한다.

초기 임의의 조건에 의존성이 있기 때문에 이 알고리즘에 의해 얻어진 데이터 포인트의 구성원은 고유값이 아니다. 지역 최솟점으로 수렴이 알고리즘일 가능성이 있다. 멤버십 함수에 대한 임계값을 설정하면 하드 클러스터(K-means 클러스터링 알고리즘) 를 생성할 수 있다. 예를 들어, 임계값을 0.8로 설정하면, 클러스터 멤버십 값이 0.8보다 크면 1로 적으면 0으로 분류할 수 있다.

이제 Spark를 이용하여 알고리즘을 구현해 보자.

```
import org.apache.spark.mllib.linalg.Vectors
import scala.util.Random
import org.apache.spark.mllib.clustering._ import org.apache.spark.ml.clustering._
import org.apache.spark.mllib.clustering.KMeans import org.apache.spark.mllib.
clustering.FuzzyCMeans import org.apache.spark.mllib.clustering.FuzzyCMeans._
import org.apache.spark.mllib.clustering.FuzzyCMeansModel

val points = Seq(
        Vectors.dense(0.0, 0.0),
        Vectors.dense(0.0, 0.1),
        Vectors.dense(0.1, 0.0),
        Vectors.dense(9.0, 0.0),
        Vectors.dense(9.0, 0.2),
        Vectors.dense(9.2, 0.0)
    )
    val rdd = sc.parallelize(points, 3).cache()

    for (initMode <- Seq(KMeans.RANDOM, KMeans.K_MEANS_PARALLEL))  {

        (1 to 10).map(_ * 2) foreach  fuzzifier =>

           val model = FuzzyCMeans.train(rdd, k = 2, maxIterations = 10, runs = 10,
initMode, seed = 26031979L, m = fuzzifier)

        val fuzzyPredicts = model.fuzzyPredict(rdd).collect()
        rdd.collect() zip fuzzyPredicts foreach  fuzzyPredict =>
            println(s" Point $fuzzyPredict._1")
            fuzzyPredict._2 foreachclusterAndProbability =&gt;
                println(s"Probability to belong to cluster
$clusterAndProbability._1 " +
                    s"is $"%.6f".format(clusterAndProbability._2)")
            }
        }
    }
}
```

프로그램의 출력 결과는 다음과 같은 퍼지 클러스터링을 보여준다.

반복 – 1	반복 – 10
Point [200.0] Probability to belong to cluster 0 is 0.000219 Probability to belong to cluster 1 is 0.999781 Point [204.0] Probability to belong to cluster 0 is 0.006037 Probability to belong to cluster 1 is 0.993963 Point [5.0] Probability to belong to cluster 0 is 0.998991 Probability to belong to cluster 1 is 0.001009 Point [198.0] Probability to belong to cluster 0 is 0.001727 Probability to belong to cluster 1 is 0.998273 Point [198.0] Probability to belong to cluster 0 is 0.001727 Probability to belong to cluster 1 is 0.998273 Point [4.0] Probability to belong to cluster 0 is 0.999958 Probability to belong to cluster 1 is 0.000042 Point [4.0] Probability to belong to cluster 0 is 0.999958 Probability to belong to cluster 1 is 0.000042 Point [203.0] Probability to belong to cluster 0 is 0.004299 Probability to belong to cluster 1 is 0.995701 Point [2.0] Probability to belong to cluster 0 is 0.997964 Probability to belong to cluster 1 is 0.002036 Point [195.0] Probability to belong to cluster 0 is 0.006995 Probability to belong to cluster 1 is 0.993005 Point [3.0] Probability to belong to cluster 0 is 0.999244 Probability to belong to cluster 1 is 0.000756 Point [201.0] Probability to belong to cluster 0 is 0.001303 Probability to belong to cluster 1 is 0.998697	Point [200.0] Probability to belong to cluster 0 is 0.497199 Probability to belong to cluster 1 is 0.502801 Point [204.0] Probability to belong to cluster 0 is 0.497317 Probability to belong to cluster 1 is 0.502683 Point [5.0] Probability to belong to cluster 0 is 0.502447 Probability to belong to cluster 1 is 0.497553 Point [198.0] Probability to belong to cluster 0 is 0.497136 Probability to belong to cluster 1 is 0.502864 Point [198.0] Probability to belong to cluster 0 is 0.497136 Probability to belong to cluster 1 is 0.502864 Point [4.0] Probability to belong to cluster 0 is 0.502424 Probability to belong to cluster 1 is 0.497576 Point [4.0] Probability to belong to cluster 0 is 0.502424 Probability to belong to cluster 1 is 0.497576 Point [203.0] Probability to belong to cluster 0 is 0.497288 Probability to belong to cluster 1 is 0.502712 Point [2.0] Probability to belong to cluster 0 is 0.502379 Probability to belong to cluster 1 is 0.497621 Point [195.0] Probability to belong to cluster 0 is 0.497036 Probability to belong to cluster 1 is 0.502964 Point [3.0] Probability to belong to cluster 0 is 0.502401 Probability to belong to cluster 1 is 0.497599 Point [201.0] Probability to belong to cluster 0 is 0.497229 Probability to belong to cluster 1 is 0.502771

NEFCLASS

앞 장에서, 서로 연결된 계산 단위의 네트워크의 관점에서 인간의 뇌를 닮은 신경망의 일반적인 이론을 배웠다. 신경망은 시냅스(커넥터)에 가중치를 조정하여 훈련하는 것이다. 신경망은 이러한 이미지 인식 등의 분류 문제를 해결하기 위해 훈련을 할 수 있다. 물론 신경망은 크리스프 입력을 받아들이고 (클래스로 분류)의 출력 값을 생성하기 위해 가중치를 조정할 수 있다. 그러나 실제 입력은 입력에 퍼지의 정도뿐만 아니라 출력에 대한 모호성의 정도도 가지고 있다.

특정 클러스터 또는 유형의 입력 및 출력 변수의 멤버십은 크리스프 집합으로 표현된다. **뉴로 퍼지 분류기**(neuro-fuzzy-classifier, NEFCLASS)를 구성하기 위해 두 가지 접근 방법을 융합한다. 분류 문제점을 해결하기 위해 퍼지 입력에 기초하여 다층 신경망을 융합한다. 이 단원에서는

NEFCLASS 입력값, 규칙 및 출력 층으로 구성된 NEFCLASS를 이해할 것이다. 이들 층의 뉴런들은 입력 뉴런, 규칙 뉴런 및 출력 뉴런으로 불리운다. NEFCLASS 망의 일반적인 구조적 표현은 다음과 같다.

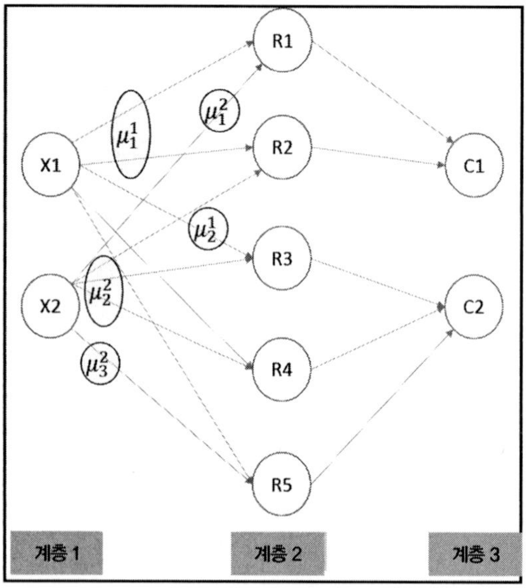

그림 7.11 NEFCLASS 구조

계층 1은 입력 데이터를 갖고 있다. 이 층의 활성 함수는 일반적 항등 함수(identity function)이다. 계층 2의 뉴런들은 퍼지 규칙들 즉, 조건부와 결론부를 포함하는 퍼지 규칙들을 나타낸다 (간략화를 위해, 입력 및 출력만 표시).

> 수학에서, 식별 함수, 또는 식별 관계, 식별 맵 또는 식별 변환 등은 변수를 사용하였을 때 같은 값을 산출하는 하나의 함수이다. 함수로는 f(x)=x로 표시된다.

일반적으로, 삼각형의 멤버십 함수와 퍼지 집합이 사용되며 싱글 멤버십 함수와 퍼지 집합이 결론부에서 사용된다. 퍼지 규칙의 조건부는 계층 2에서 규칙 뉴런들에 대한 가중치를 갖는다. 마지막으로 한 규칙의 결론부는 규칙 뉴론과 출력 층과의 연결을 의미한다. 계층 2에서 규칙 뉴런들로부터 활성화를 계산하려면 최소화 함수인 T-노름을 사용한다.

$$a_R{}^p = \min_{x \in U_1}\{W(x,R)(a_x{}^p)\}$$	W (x, R)는 입력 뉴런 x와 규칙 뉴론 R간의 연결의 가중치를 의미한다.

이 식에 의해 주어진 규칙 뉴런에 대한 가중치는, 각 퍼지 입력 값을 공유하며 하나의 퍼지 집합이 사용된다. 규칙 뉴런 층(계층 2)으로부터 분류 층(계층 3)까지 오직 하나의 연결이 사용된다. 이것은 규칙과 클래스 간의 연결을 의미한다.

마지막 계층은 주어진 클래스를 출력으로 나타내는 규칙의 활성화를 기반으로 주어진 클래스의 활성화 값을 계산하는 출력 계층이다. 이 경우 다음과 같은 최대 함수를 사용한다.

$$a_c{}^p = \max_{R \in U_2}\{a_R{}^p\}$$

출력 뉴런의 활성화를 계산한 후, 가장 높은 활성을 가진 뉴런이 분류 결과로서 선택된다.

자주 묻는 질문

Q: 왜 퍼지 시스템이 필요한가?

A: 지능형 시스템을 구축하기 위해 선명하고 양적이며 명확한 입력을 통해 세계를 계속 모델링 할 수 없다. 우리는 인간의 뇌와 같은 시스템을 모델링할 필요가 있다. 이 퍼지 시스템은 수학적이지 않고 어느 정도 모호성이 있더라도 입력을 쉽게 이해하고 처리할 수 있다. 퍼지 시스템은 입력값을 퍼지화 및 비퍼지화 할 수 있다.

Q: 크리스프 집합과 퍼지 집합이 무엇인가? 어떻게 서로 다른가?

A: 크리스프 집합은 모든 멤버들에 대한 두 가지 가능성이 있다. 특정 요소 / 데이터 포인트 / 이벤트가 멤버이거나 아니거나 둘 중 하나이다. 예를 들어, 월요일부터 일요일까지는 '일주일'이라는 크리스프 집합의 한 멤버들이다. 만약 여기에 속하지 않는 요소들은 멤버가 아니다. 그러나 퍼지 집합의 구성원은 멤버십 정도로 표시한다. 이는 자연 언어의 대화가 일어나는 방법이다. 어떤 사람이 키를 말할 때, 보통 그 사람의 정확한 키를 말하지 않는다. '키큰 정도'를 가지고 어떤 사람의 키가 주어지면 키큰 정도로 표현하여 멤버십 정도를 나타낸다.

Q: 퍼지 집합은 크리스프 집합에서 지원하는 모든 작업을 지원하는가?

A: 당연하다. 퍼지 집합은 합집합, 교집합, 여집합, 차집합 등과 같은 크리스프 집합에서 사용하는 모든 연산을 수행한다.

요약

이 장에서는 퍼지 논리의 기본 이론을 학습했다. 구조화되었거나 비구조화되었거나 아니면 반구조화된 형태의 개별 소스에서 제공되는 계속 증가하는 데이터 볼륨을 지능형 시스템에 구축할 때 기계는 인간과 동일한 방식으로 실제 세계와 인터페이스할 수 있어야 한다. 인간은 일반적으로 의사 결정을 하기 위해 명시적인 수학적 입력이 필요하지 않다. 마찬가지로 자연어를 해석하고 퍼지 기술을 계산에 적용할 수 있다면 인간을 보완하는 지능형 시스템를 만들 수 있을 것이다.

퍼지 시스템의 수학적 이론은 수십 년 전이다. 그러나 대용량 데이터 저장 및 프로세싱 프레임워크의 출현으로 특히 퍼지 논리와 딥 신경망의 통합을 통해 실제 구현이 가능하며 진정한 지능형 자가 학습 시스템이 곧 현실화될 것이다. 이 장은 인간과 더욱 유사하게 시스템을 모델링하고 인간의 두뇌에 더 가깝게 만드는 기반을 만들었다.

다음 장에서는 인공지능 시스템에 강력한 힘(brute-force) 접근법이 계산적으로 실행 가능하지 않은 경우 적용 가능한 진화의 자연적 과정으로부터 영감을 얻는 유전 알고리즘에 대해 다룰 것이다.

제 8 장

유전자 프로그래밍

Genetic Programming

Artificial Intelligence for Big Data

Complete guide to automating Big Data solutions using Artificial Intelligence techniques

빅 데이터 마이닝 도구는 효율성을 높이기 위해 효율적인 계산 기술에 의해 권한을 부여해야 한다. 데이터 마이닝을 통해 유전자 알고리즘을 사용하면 크고 강력한 효율적인 계산 및 적응 시스템을 만들 수 있다. 사실, 데이터의 기하급수적인 폭발과 함께 데이터 분석 기술은 더 많은 시간을 투자하게 되어 역으로 처리량에 영향을 미친다. 또한, 그들의 정적 특성으로 숨겨진 복잡한 패턴은 종종 드러나지 않는다. 이 장에서는 효율적으로 데이터를 마이닝하는 유전자를 사용하는 방법을 보여주고자 한다. 이 목표를 달성하기 위해, 유전자 프로그래밍의 기초 및 기본 알고리즘의 일부를 학습하고자 한다. 여기서 자연(생물) 유전학의 가장 기본 원칙들과 함께 시작하고 컴퓨터 알고리즘에 대한 일반 이론을 적용에 관해 병렬적으로 설명하고자 한다.

이번 장에서 다룰 주제

- 유전 알고리즘 구성
- KEEL 프레임워크
- Encog 머신 러닝 프레임워크
- Weka 프레임워크
- Weka에서 유전 알고리즘을 이용한 속성 검색

유전 알고리즘은 자연에서 많은 영감을 도출하고 있고 지능 기계의 진화에 대한 자연 연구로 다음과 같은 인용을 하고 있다.

"자연은 자체 내에서 모든 해답을 가지고 있다. 우리는 인류를 괴롭히는 모든 질문에 대한 답을 찾기 위해 자연과 조화되는 마음의 상태가 필요하다."

– 그루나스 패트워르단 (Gurunath Patwardhan (vishnudas))

지구상의 생명체는 기본적인 사항을 일정하게 유지하면서 수백만 년에 걸쳐 독특한 방식으로 진화해 왔다. 다양한 생물의 진화 과정의 핵심, 자연 현상, 그리고 우리가 확실하게 인식할 수 있는 모든 것, 특정 법칙의 틀 안에서 작동하는 보편 의식이 있다. 인간의 지능과 일치하는 지능 시스템을 개발하려는 목표는 보편적인 의식에서 의미를 도출하지 않고 자연이 무한한 시간 동안 활용하고 있는 복잡한 알고리즘을 모방하려고 시도하면 완성될 수 없다. 그러한 현상 중 하나는 생물학의 기본 원리 중 하나인 유전자 이론이다. 이 이론의 핵심 원리는 특성이 유전자 전달을 통해 부모로부터 자손에게로 전달된다는 것이다. 유전자는 염색체에 위치하며 DNA로 구성된다. 생물학적 진화의 자연 법칙을 연구하기에 매우 흥미로우나 이 책의 범위를 벗어나서 생략한다. 이 책에서는 유전자 진화의 일반적인 원칙을 살펴보고 대량의 데이터를 합리적으로 마이닝하고 지능형 기계에 대한 실행 가능한 통찰력을 유도하는 데 도움이 되는 컴퓨터 알고리즘을 모방하는 데 어떻게 적용할 수 있는지를 살펴볼 것이다.

세대를 거치면서 유전 이론을 정의하고 자연 진화 생성을 유지하는 핵심 원칙은 다음과 같다.

- **유전(Heredity)** : 이것은 부모로부터 선택된 특성을 물려받을 다음 세대의 자식 프로세스를 말한다. 예를 들어, 키가 큰 부모의 자손은 키가 클 가능성이 높다.
- **변이(Variation)** : 발전을 유지하기 위해, 재생 파트너 간 특성 변화의 레벨이 있어야 한다. 변화가 부족할 경우 조합 및 특성의 새로운 진화는 없다.
- **선택(Selection)** : 이것은 현저하게 더 나은 성격을 나타내는 인구 집단 구성원이 매칭 과정에 참여하고 다음 세대를 낳는 것으로 선정되는 메커니즘이다. 자연의 선택 기준은 종종 주관적이며 컨텍스트 종속적이며 종에 따라 다르다.
- **생식(Reproduction)** : 이 과정에서 부모의 특성은 교차 선택과 일치 과정에 의해 다음 세대로 이어진다. 간단히 말해서 두 부모의 각각의 특성이 선택되고 눈에 띄게 옮겨지면서 동일한 속성이 다른 부모에 대해 휴면 상태가 된다. 특성의 선택을 위한 자연의 알고리즘은 완전히 무작위가 아니지만, 완전히 이해되는 것과는 거리가 멀다. 이것은 모든 세대와 함께 더 많은 변화를 만드는 자연의 방식이다.
- **돌연변이(Mutation)** : 이것은 자연의 진화에서 선택이지만 필수적인 단계이다. 특정한 최소한의 경우에, 자연은 자손의 특징적인 행동을 완전히 수정하기 위해 염색체 구조(때로는 외부 자극 및 대부분의 경우 알려지지 않은 또는 명백한 방아쇠가 없기 때문에)를 수정한다. 이것은 자연 선택 과정이 너무 많은 변화만을 가질 수 있기 때문에 자연이 훨씬 더 많은 다양성을 도입하는 또 다른 방법이다.

진화의 자연적 과정으로부터 동기를 이끌어내는 유전 알고리즘의 전제를 정의해 보자. 최적의 자기 개발 방식으로 가능한 솔루션의 검색 공간 내에서 진화하는 지능형 컴퓨터 프로그램이 필요하다. 일반적으로 검색 공간이 크고 합리적인 시간에 솔루션을 가져 오기 위해 강력한 대입을 적용하는 것은 불가능하다. 유전 알고리즘은 자연스러운 진화 과정과 매우 유사한 과정을 통해 검색 공간 내에서 신속한 돌파구를 제공한다. 다음 단원에서는 일반 유전 알고리즘의 구조와 검색 공간에서 솔루션 검색을 단순화하고 최적화하는 방법을 정의한다. 먼저 몇 가지 용어를 정의해 보자.

- **세대(Generation)** : 유전 알고리즘의 반복이다. 초기 임의 세대를 세대 제로라고 한다.
- **유전자형(Genotype)** : 이것은 유전 알고리즘에 의해 생성된 용액의 구성을 정의한다. 예를 들어, # FF0000 의 16진수 표현으로 빨간색을 나타내는 것으로 빨간색의 유전자형이다.
- **표현형(Phenotype)** : 이는 유전자형에 대응하는 물리적/유형/인식 특성을 나타낸다. 앞의 예에서, 빨간색은 유전자형 # FF0000의 발현형이며 표현형이다.
- **디코딩(Decoding)** : 이는 유전자형에서부터 표현형으로 전환하는 과정이다.
- **부호화(Encoding)** : 이는 표현형으로부터 유전자형으로 전환하는 과정이다.
- **인구(Population)** : 이것은 주어진 문제에 대한 모든 가능한 솔루션들의 하위 집합이다.
- **다양성(Diversity)** : 이것은 선택한 인구의 각 요소의 상대적 고유성을 정의하는 것이다. 다양성은 유전 알고리즘 수렴 시 장점으로 작용한다.

유전 알고리즘 구조

이 단원에서는 검색 공간이 너무 커서 무작정 답을 찾아야 하는 최적의 유전 알고리즘 구조를 생각해 보자. 핵심 알고리즘은 일반적으로 1975년 John Holland에 의해 제안되었다. 유전 알고리즘은 합리적이고 빠른만큼 충분히 좋은 솔루션을 제공할 수 있는 기능이 있다. 유전 알고리즘의 일반적인 다이어그램은 다음과 같다.

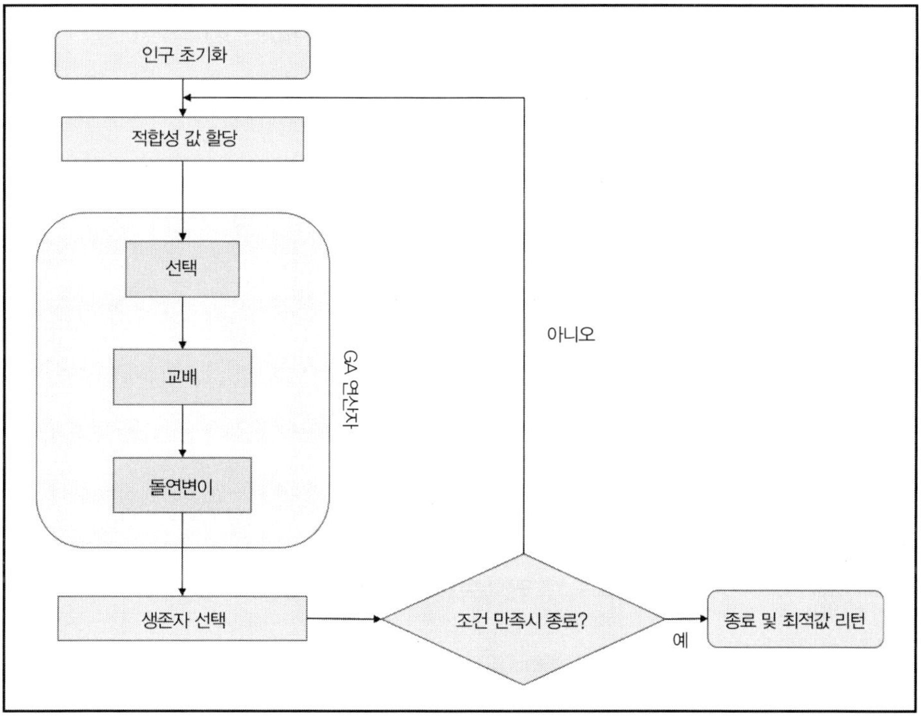

그림 8.1 유전 알고리즘 구조

간단한 예제를 통해 유전 알고리즘을 설명해 보겠다. 만약 솔루션 공간에서 수백만의 숫자 (정수)를 발견해야 한다고 생각해 보자. 이때 위의 알고리즘을 수행하면 강력한 대입 방법(brute force)의 응용 프로그램보다 훨씬 더 빨리 목표 솔루션에 도달할 수 있다. 자바 알고리즘의 구현 예는 다음과 같다.

1. 세대(generation)를 초기화하기 위한 간단한 생성자 클래스를 갖는 GA 클래스를 정의한다.

```
    public GA(int solutionSpace, int populationSize,int targetValue,
int maxGenerations, int mutationPercent)
        this.solutionSpace = solutionSpace; // Entire solution space in
which the algorithm needs to search
        this.populationSize = populationSize; // Size of the random
sample from the solution space
        this.targetValue = targetValue; // Value of the target solution
        this.maxGenerations = maxGenerations; // Maximum number of
generations (iterations) of the GA
        this.mutationPercent = mutationPercent; // This field defines
the percentage of new generation members to be mutated
        population = new int[this.populationSize]; // Initialize the
first generation
        for(int i=0; i< this.populationSize; i++)
            population[i] = new Random().nextInt(this.solutionSpace);
        }
}
```

2. 특정 솔루션에 대한 적합성 수준을 실제 솔루션과의 친밀성 관점에서 정의하는 적합성 함수(fitness)를 만든다. 솔루션의 적합성 값이 높을수록 GA의 후속 세대에 유지될 기회가 커진다. 이 경우 목표 값과의 거리에 반비례한다.

```
private int getFitness(int chromosome)  {
    int distance = Math.abs(targetValue - chromosome);
    double fitness = solutionSpace / new Double(distance);
    return (int)fitness;
}
```

3. 적합성 값에 따라 풀에서 다음 세대를 선택한다. 적합성이 높을수록 다음 세대에 나타날 가능성이 더 높다.

```
private ArrayList <Integer> getSelectionPool()
    ArrayList <Integer> selectionPool = new ArrayList <Integer>();
    for(int i=0; i<this.populationSize; i++ )
        int memberFitnessScore = getFitness(this.population[i]);
        //System.out.println("Member fitness score = " +
memberFitnessScore);
        Integer value = new Integer(this.population[i]);
        for(int j=0; j<memberFitnessScore; j++)
```

```
                selectionPool.add(value);
            }
        }
        return selectionPool;
    }
```

4. 각 세대에서 하위 요소를 변경하는 최소한의 돌연변이를 적용한다. 이것은 변화를 포함하고 짧은 시간 내에 해결책을 성공적으로 찾을 수 있는 기회를 증가시킨다.

```
        for (int g=0; g<algorithm.maxGenerations; g++)
        System.out.println("********** Generation  " + g + "
************");
        ArrayList <Integer> pool = algorithm.getSelectionPool();
        Random randomGenerator = new Random();
        int[] nextGeneration = new int[algorithm.populationSize];
        for(int i=0; i<algorithm.populationSize; i++)
            if(pool.size() == 0)
                break;
            int parent1RandomIndex =
randomGenerator.nextInt(pool.size());
            int parent2RandomIndex =
randomGenerator.nextInt(pool.size());
            int parent1 = pool.get(parent1RandomIndex).intValue();
            int parent2 = pool.get(parent2RandomIndex).intValue();
            if(parent1 == algorithm.targetValue || parent2 ==
algorithm.targetValue)
                System.out.println("Found a match !!!  ");
                System.exit(1);
            }
            int child1 = (parent1 + parent2) > algorithm.solutionSpace ?
algorithm.solutionSpace - (parent1 + parent2) : (parent1 +
parent2);
            int child2 = Math.abs(parent1 - parent2);
            if (child1 == algorithm.targetValue || child2 ==
algorithm.targetValue)
                System.out.println("Found a match !!!  ");
                System.exit(1);
            }
            double mutatioRate = 0.001;
            float randomizer = new Random().nextFloat();
            if(randomizer < mutatioRate)
```

```
                System.out.println("Mutating....");
                child1 += new Random().nextInt(1);
                child2 -= new Random().nextInt(1);
            }
            if(algorithm.getFitness(child1) >
    algorithm.getFitness(child2))
                nextGeneration[i] = child1;
            else
                nextGeneration[i] = child2;
        }
            algorithm.population = nextGeneration;
```

다음은 다수의 실행 프로그램의 출력 결과이다. 유전 알고리즘의 최적의 성능을 위해 다양한 매개 변수를 조정할 필요가 있다.

Solution Space	Population Sample Size	Target Value	Mutation %	# of Generations to find the match
5000	1000	1234	1%	2
50000	1000	1234	1%	3
500000	1000	1234	1%	6
500000	2000	1234	1%	2
500000	2000	1234	10%	2
500000	10000	1234	1%	2

유전 알고리즘을 구현하는 것은 간단하며 인간 유전자 프로파일, 신호 처리, 이미지 프로세싱 등과 같은 더 복잡한 문제에 적용될 수 있다. 이 장에서 다룬 기본 개념을 바탕으로 진화 알고리즘(EAs)을 다양한 데이터 마이닝 및 관련 문제에 활용하기 위해 많은 개발 프레임워크가 있다. 다음 단원부터 이러한 프레임워크의 일부를 살펴볼 것이다.

KEEL 프레임워크

KEEL(knowledge extraction based on evolutionary learning)은 지식 자산으로 데이터를 정보로 변환하는 다양한 작업에 사용할 수 있는 프레임워크이다. KEEL은 구체적으로 회귀, 분류, 자율 학습에 기초하여 데이터 마이닝을 위한 진화 알고리즘을 평가한다. 컴퓨터 프로그램이 텍스트를 읽고 해석하고 인간이 해야 할 방법을 이해할 수 있을 때 머신 인텔리전스의 궁극적인 위업이 완성될 것이다. 기하급수적으로 증가하는 컴퓨팅 파워와 결합하면 게놈 해독 등의 다양한 문제, 항체의 연구 등 수세기동안 인류를 괴롭혀온 문제들에 대해 초자연적인 힘을 소유하는 지식 시스템을 만들 수 있을 것이다.

KEEL 프레임워크와 유사한 프레임워크는 진화 알고리즘을 사용하여 데이터 셋에서 지식을 자동으로 발견한다는 근본적인 아이디어로 인류의 목표에 한 발 더 가까이 다가가게 하고 있다. EAs는 광범위한 과학적 문제를 해결하는 데 강력하지만 광범위한 프로그래밍 전문 지식을 보유하고 신중하게 파라미터를 조정하고 오랜 시간에 걸쳐 결과를 실험해 볼 수 있다. KEEL을 사용하면 광범위한 프로그래밍이 필요없이 아주 쉽게 EAs를 사용할 수 있으므로 핵심 데이터 마이닝 및 추출 문제에 집중할 수 있고 사용하기 쉽도록 툴킷을 제공할 수 있다. KEEL은 사용하기 쉬운 소프트웨어와 함께 광범위한 EAs 라이브러리를 제공하며, 진화 컴퓨팅 분야의 연구자들이 필요로하는 경험과 지식 수준을 상당히 줄여준다.

KEEL은 학습 및 전처리 작업의 여러 영역에서 진화 학습의 행동을 분석하여 사용자가 쉽게 관리할 수 있도록 하는 Java 기반 데스크톱 응용 프로그램이다. KEEL의 최신 버전 (3.0)은 다음 모듈로 구성된다.

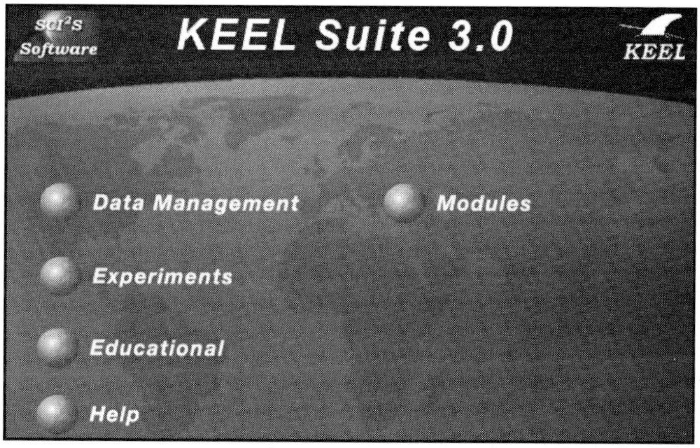

그림 8.2 KEEL 버전 3.0

• **데이터 관리** : 이것은 다양한 알고리즘 및 시각화 기술을 사용하여 분석 및 실행 실험에 데이터를 사용할 수 있게 만드는 핵심 구성 요소이다. 다양한 소스의 데이터 가져 오기, 데이터를 아웃 바운드 시스템 및 스토리지로 내보내기, 데이터 시각화 및 편집(사용 사례를 기반으로 한 변환), 가장 중요한 것은 데이터 크기가 크기 때문에 컴퓨팅 및 스토리지 클러스터가 사용되는 경우 다양한 노드(예 : hadoop 프레임 워크)에 분포될 수 있도록 파티션을 배포할 수 있는 경우 파티션 만들기다. 이 응용 프로그램에는 빠른 실험을 위해 미리 로드된 데이터 셋에 포함되어 있다. 다음은 KEEL 내의 데이터 관리에 대한 뷰를 나타낸다.

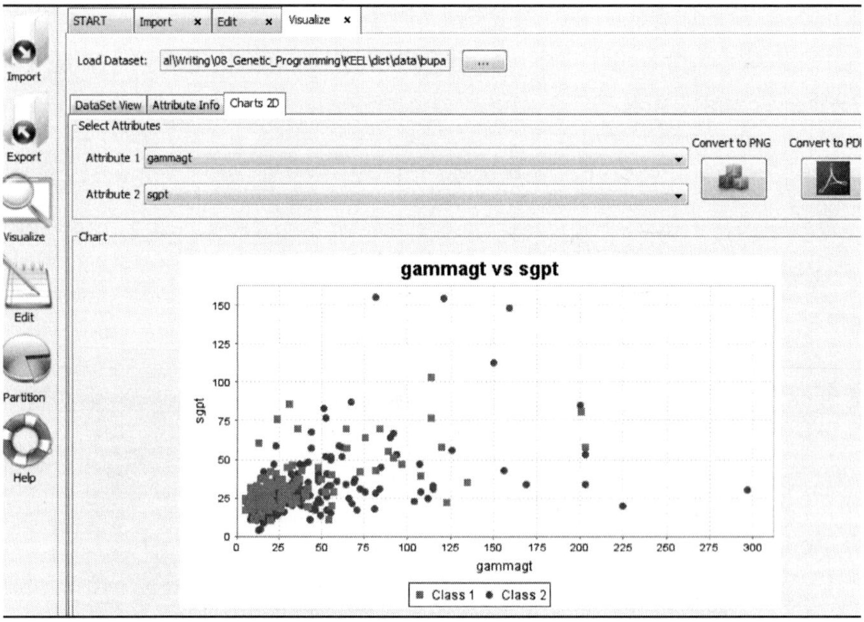

그림 8.3 KEEL 네이터 관리 뷰

• **실험** : 사용자가 가져온 데이터 셋을 기반으로 실험을 만들 수 있다. 사용자가 그들의 사용 사례와 KEEL 내에서 사용할 수 있는 알고리즘을 기반으로 자신의 실험을 만들 수 있는 몇 가지 미리 정의된 실험을 시작할 수 있다. 이 프레임워크는 검증의 유형, 학습의 유형(다양한 사용하기 쉬운 옵션을 제공) 분류 / 회귀 / 비지도 학습) 등 다양성을 제공한다.

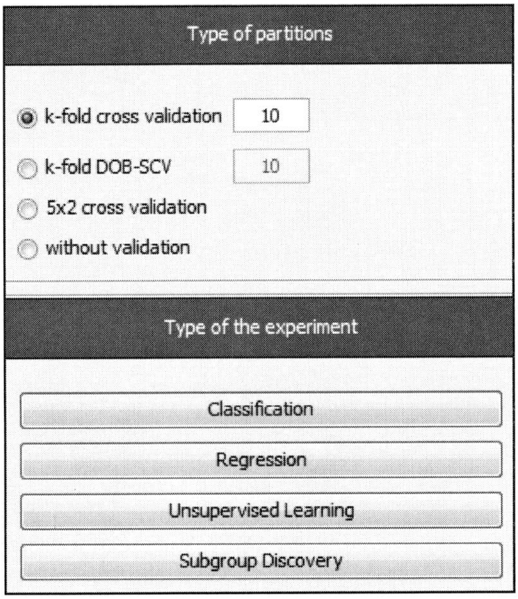

그림 8.4 KEEL 실험화면

실험은 사용자가 데이터를 사전 처리 및 사후 처리 동안 사용되는 알고리즘에 따라 데이터 셋을 선택할 수 있도록 하는 직관적인 사용자 인터페이스를 구성할 수 있다. 여러 경로는 비교를 위해 다양한 알고리즘을 활용, 같은 실험 내에서 구성할 수 있다. 다음 화면은 해당 파라미터를 설정함으로써 조정될 수 있는 화면이다.

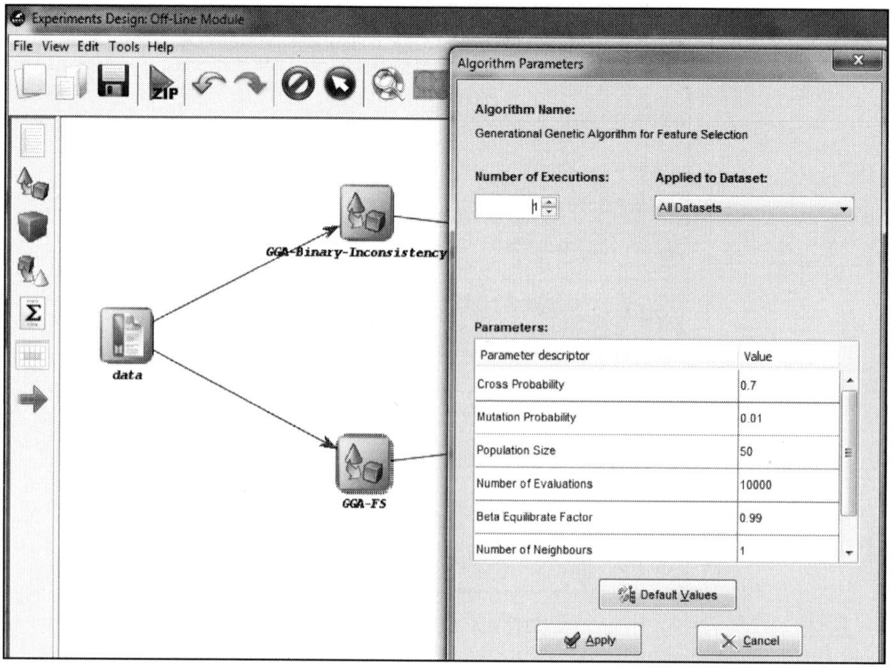

그림 8.5 KEEL 파라메터 조정화면

일단 실험 구성 및 실행되면, KEEL 프레임워크는 디렉토리 구조 및 로컬 컴퓨터에서 이를 실행에 필요한 파일뿐만 아니라 분산 컴퓨팅 환경을 생성한다. 예를 들어, 자바 클래스는 하둡 생태계 구성 요소의 병렬 프로세싱 패러다임을 활용하기 위해서 사용자 정의 기능(user defined function, UDF)이 실행되도록 임베디드할 수 있다. KEEL 프레임워크는 확장을 위한 API를 제공하여 코어 라이브러리 및 알고리즘 커버리지를 연장할 수 있다.

KEEL 철학은 이 도구 내에서 새로운 알고리즘의 포함을 단순화하기 위해, 개발자에 대한 최소한의 가능한 제약 조건을 포함하려고 한다. 사실, 각각의 알고리즘은 하나의 폴더에 소스 코드를 가지고 있으며, 새로운 방법의 통합이 간단하고, 클래스의 특정 구조에 의존하지 않는다.

Encog 머신 러닝 프레임워크

Encog는 신경망과 유전 알고리즘을 포함하여 다양한 알고리즘을 지원하는 고급 머신 러닝 프레임워크이다. 이것은 데이터 셋과 함께 다양한 테스트와 실험을 실행하기 위한 사용자 인터페이스를 사용하기 쉬운 워크 벤치와 함께 Java 및 .NET API를 지원한다. 학습 알고리즘의 구현은 멀티 스레드이며, 멀티 코어 하드웨어를 지원한다. 이 단원에서 특히 일반 Encog 프레임워크의 사용에 대한 지원을 살펴 볼 것이며, 특별히 **유전자 알고리즘**(GAs)을 구현하기 위한 **유전자 프로그래밍**(GP)을 살펴볼 것이다.

Encog 개발 환경 설정

다음과 같이 Encog 프레임 워크의 핵심 라이브러리는 개발 환경 내에서 Maven 프로젝트로 Git 저장소로부터 획득하고 구축할 수 있다.

```
https://github.com/encog/encog-java-core
mvn package
```

Encog API 구조

핵심 API는 세 가지 핵심 기능 블록을 갖는 간단한 객체 지향 패러다임이다.

- **머신 러닝 방법** : Encog의 각 모델 유형은 머신 러닝 방법으로 표현된다. 이 머신 러닝 방법은 마커 인터페이스로서 org.encog.ml.MLMethod 인터페이스를 개발한다. 이 슈퍼 클래스는 어떤 방법을 포함하거나 상속 인터페이스에 대해 동작을 정의하고 단지 머신 러닝 방법으로 태그하지 않는다. 하나의 MLMethod 데이터를 받아 통찰력의 일종을 제공하는 알고리즘이다. 이것은 신경망, SVM(support vector machine), 클러스터링 알고리즘 또는 다른 것일 수 있다.
    - **MLRegression** : 회귀 모델, 수치 출력을 생성하는 방법을 정의하는 데 사용된다.
    - **MLClassification** : 분류 모델, 출력 클래스 중 하나에 입력 변수를 분류하는 방법을 정의하는 데 사용된다.
    - **MLClustering** : 여러 클러스터를 입력 데이터를 가지고 배치 클러스터링 알

고리즘을 정의하는 데 사용된다.

Encog 프레임워크의 기본 빌딩 블록인 인터페이스의 클래스 다이어그램은 다음과 같다.

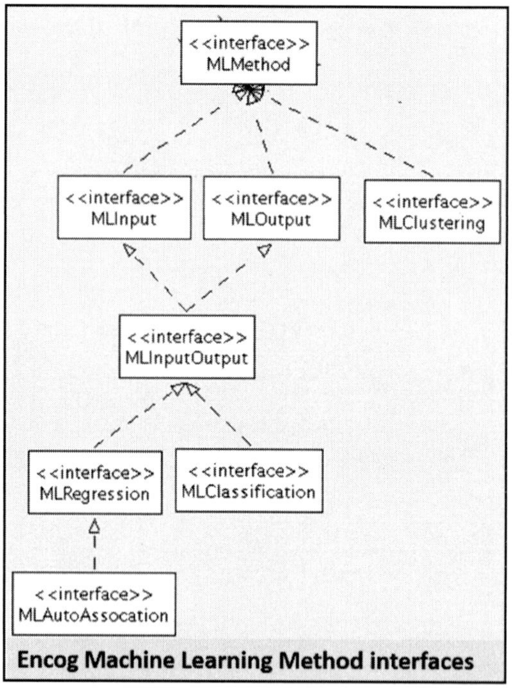

그림 8.6 Encog 인터페이스 클래스 다이어 그램

- **Encog 데이터 셋** : Encog는 다양한 머신 러닝 방법에 맞게 데이터를 필요로 한다. 데이터는 데이터 셋의 다양한 클래스를 사용하여 액세스된다. 오브젝트를 처리하는 Encog 데이터는 다음과 같은 인터페이스와 함께 작동한다.

웨카의 최신 버전 (3.8)은 아래에서 다운로드할 수 있다.

https://www.cs.waikato.ac.nz/ml/weka/downloading.html.

- **MLData** : 모델에서 입력이나 출력이 될 벡터를 유지하는 데 사용된다.
- **MLDataPair** : 입력으로 사용 MLData 지도 학습을 위한 벡터로 학습 셋을 이 데이터 유형으로 내장하고 있다.

- **MLDataSet** : 트레이너 기능을 위한 MLDataPair 객체의 목록을 제공한다.

일반적으로 세 가지 인터페이스의 새로운 버전을 만들 수 있다. Encog 또한 BasicMLData, BasicMLDataPair과 BasicMLDataSet와 같이 이러한 클래스의 기본 구현을 제공한다.

Encog 유전 프로그래밍을 지원하는 진화 알고리즘의 광범위한 구현을 지원한다. 다양하게 사용 가능한 클래스의 스냅 샷은 다음과 같다.

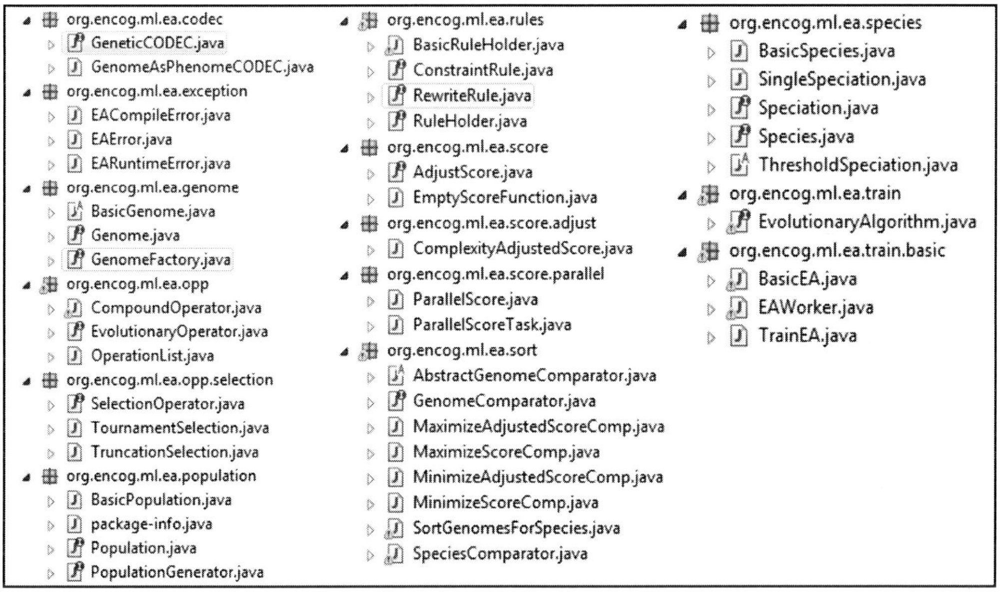

그림 8.7 Encog 클래스들

이러한 API를 이용하면 유전 알고리즘의 구현은 Encog 추상화의 수준을 사용하면 아주 쉽다. 여기 Encog와 유전 알고리즘의 구현에 대한 몇 가지 의사 코드는 다음과 같다.

```
    Population pop = initPopulation();          // Initialize the initial
population (generation 0)
    CalculateScore score = new ScorererClass(pop.solutionSpace); // This is
the implementation of // the scorer class

    genetic = new TrainEA(pop,score);                              // Train
the model with
    genetic.addOperation(0.9,new SpliceNoRepeat(POPULATION_SIZE)); // apply
```

```
crossover operation
    genetic.addOperation(0.1,new MutateShuffle());                    // apply
mutation
    while (solutionCount < MAX_SAME_SOLUTION)                         //
iterate over generations
        genetic.iteration();                                          // next
generation
        double thisSolution = genetic.getError();                     //
solution from next generation
    }
```

Encog 프레임워크는 다양한 데이터 셋과 빠른 실험을 실행하기 위한 편리한 사용자 인터페이스 애널리스트 워크 벤치를 제공한다. 워크 벤치는 Encog 코어 라이브러리를 사용하며, 다양한 알고리즘 및 시험 주기의 출력을 가시화한다. 다음은 Encog 워크 벤치의 빠른 스냅 샷이다.

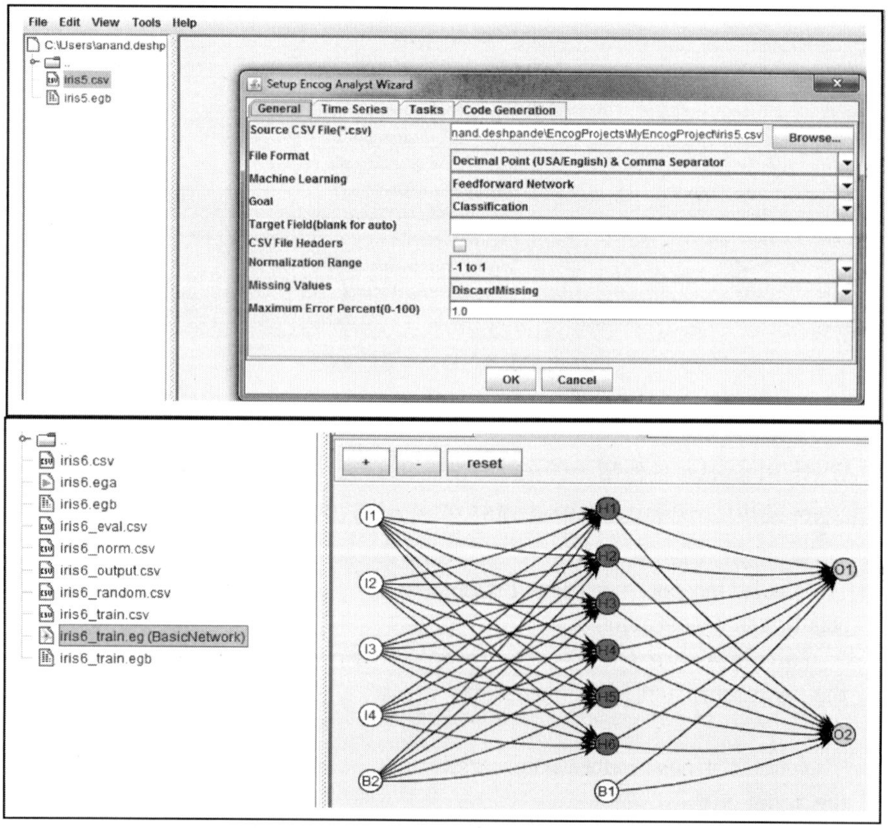

그림 8.8 Encog 워크벤치

Weka 프레임워크 소개

Weka(waikato environment for knowledge analysis)는 다양한 데이터 과학 알고리즘을 평가하는 편리한 도구 중 하나이다. 이것은 Java 프로그램 언어로 기술된 머신 러닝 소프트웨어의 모음이다. Weka는 추가 알고리즘과 데이터 마이닝 기법을 활용하여 확장할 수 있기 때문에 매우 인기가 있다. 이 단원에서는 Weka의 일반적인 개념을 소개하고 특히 유전 알고리즘의 구현을 위해 그것을 사용해 보고자 한다.

Weka는 데이터 마이닝, 분석 및 예측 모델링을 위한 훌륭한 직관적 시각적 사용자 인터페이스를 제공한다. Weka의 지역 사회를 위한 대중적인 선택을 하는 기능 중 일부는 다음과 같다.

- Weka는 GNU 공개 라이선스에서 사용 가능한 무료 툴이다.
- Weka는 자바 프로그래밍 언어로 작성되어 쉽게 휴대용 플랫폼 간에 바이트 코드로 컴파일된다.
- Weka는 머신 러닝 알고리즘의 풍부한 라이브러리를 포함하고 있다. 또한 APT 등을 통해 후크를 작성함으로써 프레임워크 내에서 더 확장할 수 있도록 한다.
- Weka는 사용이 간편한 GUI가 쉽게 학습 및 다양한 분류, 클러스터 및 회귀를 비교할 수 있도록 만들어 준다.

Weka 프레임워크의 개념도는 다음과 같다.

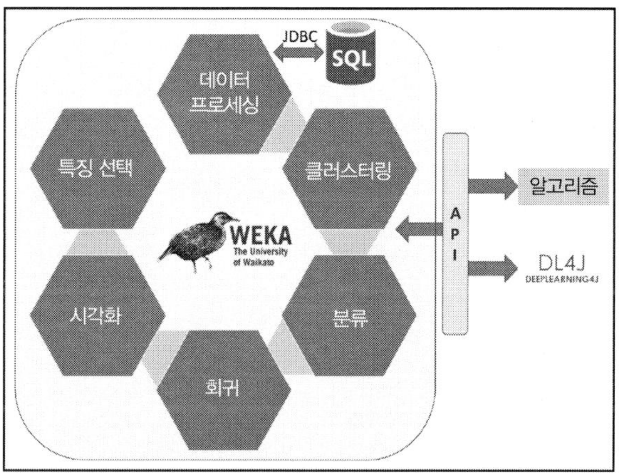

그림 8.9 WEKA 프레임워크 개념도

Weka는 ARFF(attribute-relation file format), CSV(comma separated values) 그리고 데이터 셋에 대한 데이터 포맷을 지원한다.

ARFF 파일은 두 가지 부분이 있다. 첫 번째 파트는 데이터 정보 뒤에 헤더 정보이다. ARFF 파일의 헤더는 관계 속성의 목록(데이터의 열), 그 유형의 이름을 포함한다. 다음과 같이 표준 및 일반적으로 사용되는 IRIS 데이터 셋의 헤더 예는 다음과 같다.

```
% 1. 제목 : 아이리스 데이터베이스 식물
%
% 2 출처 :
%  (a) 제작자 : RA 피셔
%  (b) 도너 마이클 마샬 (MARSHALL%PLU@io.arc.nasa.gov)
%  (C) 날짜 : 7월, 1988
%
@RELATION 조리개

@ATTRIBUTE sepallength NUMERIC
@ATTRIBUTE sepalwidth NUMERIC
@ATTRIBUTE petallength NUMERIC
@ATTRIBUTE petalwidth NUMERIC
@ATTRIBUTE class Iris-setosa,Iris-versicolor,Iris-virginica
```

ARFF 파일 데이터는 다음과 같다.

```
@DATA
5.1,3.5,1.4,0.2,Iris-setosa
4.9,3.0,1.4,0.2,Iris-setosa
4.7,3.2,1.3,0.2,Iris-setosa
4.6,3.1,1.5,0.2,Iris-setosa
5.0,3.6,1.4,0.2,Iris-setosa
5.4,3.9,1.7,0.4,Iris-setosa
4.6,3.4,1.4,0.3,Iris-setosa
```

%로 시작하는 줄은 주석이다. @RELATION, @ATTIRBUTE, @DATA 선언은 대소문자를 구별하지 않는다.

Weka의 두가지 장점은 회귀 및 분류를 위한 다양한 알고리즘의 풍부한 라이브러리를 포함하고, 사용 가능한 데이터 셋(들)에 따라 알고리즘을 비교하는 쉬운 방법이 있다는 것이다.

> Weka의 최신 버전 (3.8)은 아래에서 다운로드 할 수 있다.
> https://www.cs.waikato.ac.nz/ml/weka/downloading.html.

Weka를 런치하면 선택할 수 있는 다섯 가지 응용 프로그램이 있다.

- **탐색기(Explorer)** : 이 응용 프로그램은 Weka와 데이터 셋의 탐험을 위한 환경을 제공한다.
- **실험기(Experimenter)** : 실험을 수행하고 학습 스키마 사이의 통계적 시험을 수행하기 위한 환경을 제공한다.
- **지식 흐름(Knowledge Flow)** : 이 환경은 Explorer와 같은 기능을 지원하지만, 드래그 앤 드롭 인터페이스를 지원한다. 또한 점진적 학습을 지원한다.
- **워크 벤치(Workbench)** : 이것은 사용자가 선택할 수 있는 관점에서 모든 다른 것들을 결합한 올인원 응용 프로그램이다.
- **간단한 CLI** : Weka의 직접 실행이 자신의 명령어 인터페이스를 제공하지 않는 운영체제 명령을 할 수 있는 간단한 명령어 인터페이스를 제공한다.

Weka의 초기 시작 화면의 통합 뷰는 다음과 같다.

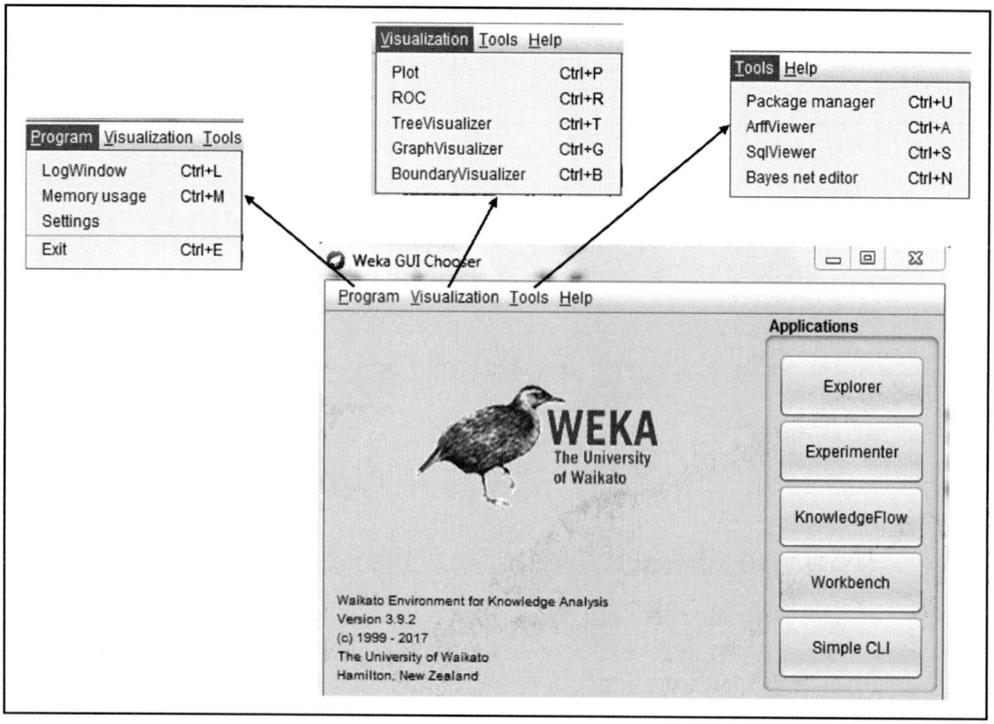

그림 8.10 Weka 초기화면 뷰

시각화를 사용하면 시작 시각화 메뉴에서 제공되는 몇 가지 기본 옵션을 사용하여 데이터 셋을 시각적으로 탐색할 수 있다. 도구 섹션에서 패키지 관리자는 Weka의 패키지 관리 시스템에 그래픽 인터페이스를 제공한다. 이것은 Weka의 주요 이점 중 하나이다. 추가 패키지를 완벽하게 포함하도록 쉽게 확장할 수 있다.

Weka가 제공하는 또 다른 편리한 도구는 ARFF-Viewer이다. 이를 통해 데이터 파일의 구조와 내용을 .arff 형식으로 빠르게 볼 수 있다. Weka는 설치 시 사전 로드된 데이터 셋 중 일부를 제공한다. Weka의 탐색기 기능 중 일부를 보여주기 위해 예제로 사용할 데이터 셋 중 하나를 검토해 보자. Weka는 독립 변수 집합과 당뇨병 여부를 정의하는 하나의 종속 변수가 있는 당뇨병 데이터 집합을 포함한다. 다음은 .arff 파일 뷰어의 스냅 샷이다.

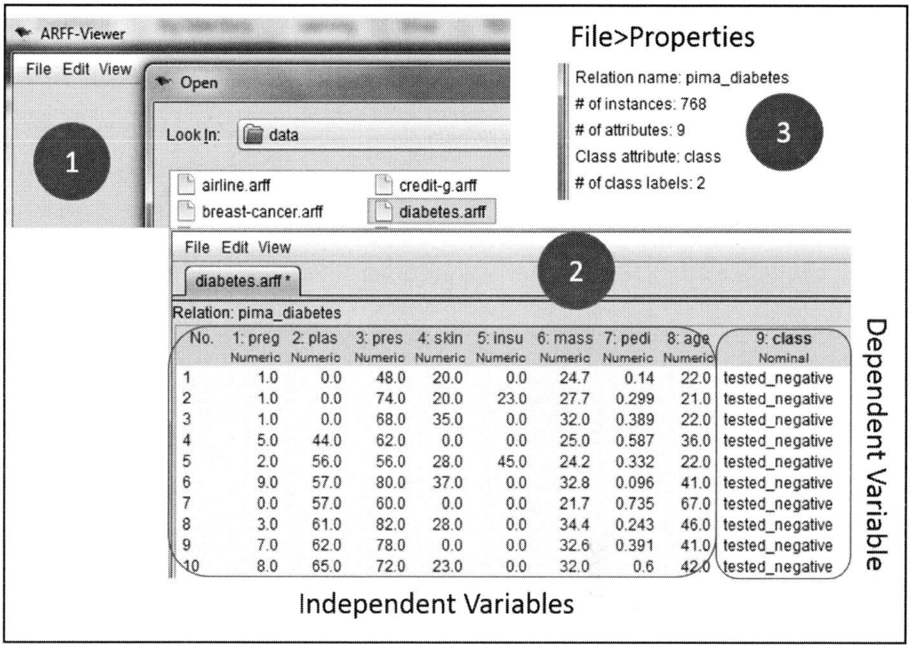

No.	1: preg Numeric	2: plas Numeric	3: pres Numeric	4: skin Numeric	5: insu Numeric	6: mass Numeric	7: pedi Numeric	8: age Numeric	9: class Nominal
1	1.0	0.0	48.0	20.0	0.0	24.7	0.14	22.0	tested_negative
2	1.0	0.0	74.0	20.0	23.0	27.7	0.299	21.0	tested_negative
3	1.0	0.0	68.0	35.0	0.0	32.0	0.389	22.0	tested_negative
4	5.0	44.0	62.0	0.0	0.0	25.0	0.587	36.0	tested_negative
5	2.0	56.0	56.0	28.0	45.0	24.2	0.332	22.0	tested_negative
6	9.0	57.0	80.0	37.0	0.0	32.8	0.096	41.0	tested_negative
7	0.0	57.0	60.0	0.0	0.0	21.7	0.735	67.0	tested_negative
8	3.0	61.0	82.0	28.0	0.0	34.4	0.243	46.0	tested_negative
9	7.0	62.0	78.0	0.0	0.0	32.6	0.391	41.0	tested_negative
10	8.0	65.0	72.0	23.0	0.0	32.0	0.6	42.0	tested_negative

그림 8.11 arff 파일 뷰어

1. 파일 선택 메뉴에서 사용 가능한 데이터 파일에서 .artf 데이터 파일을 선택한다.
2. 데이터 유형 및 출력 클래스 (종속 변수)와 함께 데이터 세트의 모든 필드(독립 변수)를 보여준다.
3. 레코드 수, 속성 수 및 출력 클래스 수의 헤더 속성이 표시된다.

Weka Explorer 기능

전체 도구에 대한 소개는 이 책의 범위를 벗어나 있지만, 여기서는 Weka 툴킷 중 탐색기를 소개한다.

■ 전처리

전처리에서는 우리가 선택하고 작용되는 데이터를 수정할 수 있다. Weka는 사용자가 지원하는 형식의 대형 셋에서 데이터 파일을 선택할 수 있다. 다음은 Weka 탐색기의 스크린 샷이다.

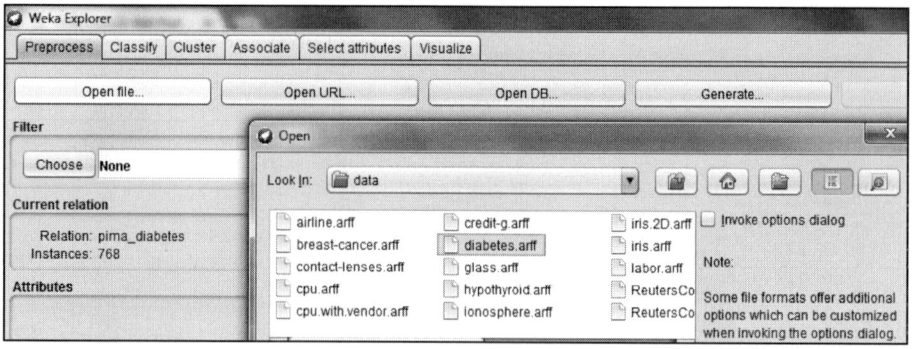

그림 8.12 Weka 탐색 화면

위의 스크린 샷에서 볼 수 있듯이 데이터 셋을 선택하는 여러 옵션들이 있다.

- **파일 열기(Open file) ...** : 이 옵션은 로컬 디스크 또는 네트워크 위치에서 데이터 파일을 선택하는 파일 선택 상자를 표시한다.
- **Open URL** : 이 옵션은 데이터 셋에 대한 HTTP URL 엔드 포인트를 허용하는 URL 입력 상자를 표시된다.
- **Open DB** : 이 옵션에서 사용자는 데이터베이스에 연결하고 데이터 셋을 가져올 수 있다. 데이터베이스의 네트워크 위치가 Weka가 실행되는 시스템에 액세스할 수 있는 경우 JDBC 프로토콜을 통해 데이터베이스에 액세스할 수 있다.
- **Generate**: 사용자가 다양한 데이터 생성기에서 인공 데이터를 생성할 수 있다.

응용 가능한 데이터 셋의 **dibetes.arff** 파일을 열어 보자. 다음과 같은 사용자 인터페이스를 열어보자.

그림 8.13 Weka dibetes.arff 화면

1. **필터(Filter)** : 전처리 부분에서는 필터를 정의하여 다양한 방식으로 데이터를 변환할 수 있다. 필터 상자는 필요한 필터를 설정하는 데 사용된다. Weka는 필터 및 데이터에 적용되는 다른 개체 유형을 선택하기 위한 일관된 사용자 인터페이스를 제공한다. 필터가 선택되면 적용 단추는 필터에 지정된 기준에 따라 데이터를 필터링한다.

2. **현재 관계(Current relation)** : 일단 데이터가 로드되면 전처리 패널은 데이터 셋에 대해 다양한 정보를 보여 준다.

    - Relation : ARFF 파일 내의 @Relation에서 주어진 relation의 이름
    - Instances : 데이터 내의 레코드들의 수
    - Attributes : 데이터에 있는 애트리뷰트(특징들)의 수

3. **애트리뷰트(Attributes)** : 데이터 파일에 존재하므로 같은 시퀀스 내의 모든 애트리뷰트 등을 보여 준다.

4. **선택된 애트리뷰트(Selected attribute)** : 이름, 유형, 누락 값, % 고유 값, 속성의 최소

/ 최대 / 평균 및 표준 편차와 같은 선택된 속성에 대한 세부 정보가 표시된다.

5. **시각화(Visualization)** : 선택한 속성의 함수로 출력 클래스를 표시한다. 모든 시각화 버튼은 다음과 같이 별도의 창에 있는 데이터의 모든 속성에 대한 히스토그램을 표시한다.

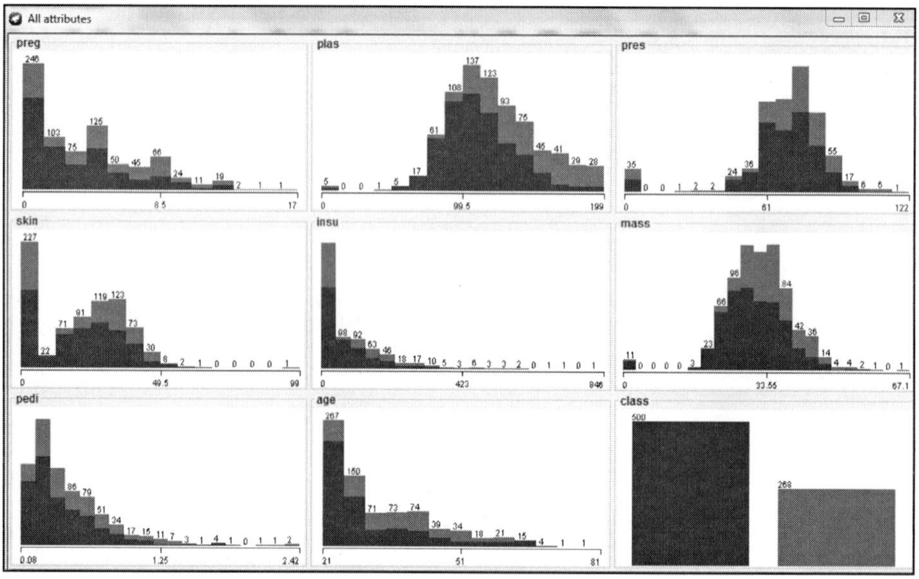

그림 8.14 시각화 히스토그램

6. **상태바(Status bar)** : 탐색기 내의 최신 활동에 기반한 정보 및 로그 항목의 자리를 표시한다.

■ 분류(classify)

이 부분은 출력 클래스로 데이터의 분류에 대해 서로 다른 알고리즘을 훈련할 수 있다. Weka는 다양한 분류 기술 사이의 빠른 비교를 수행할 수 있는 방법을 제공한다. 이는 실제 문제 공간에 적용할 최적의 파라미터 수와 함께 오른쪽 알고리즘의 선택을 용이하게 한다. 다음은 스크린 샷이다.

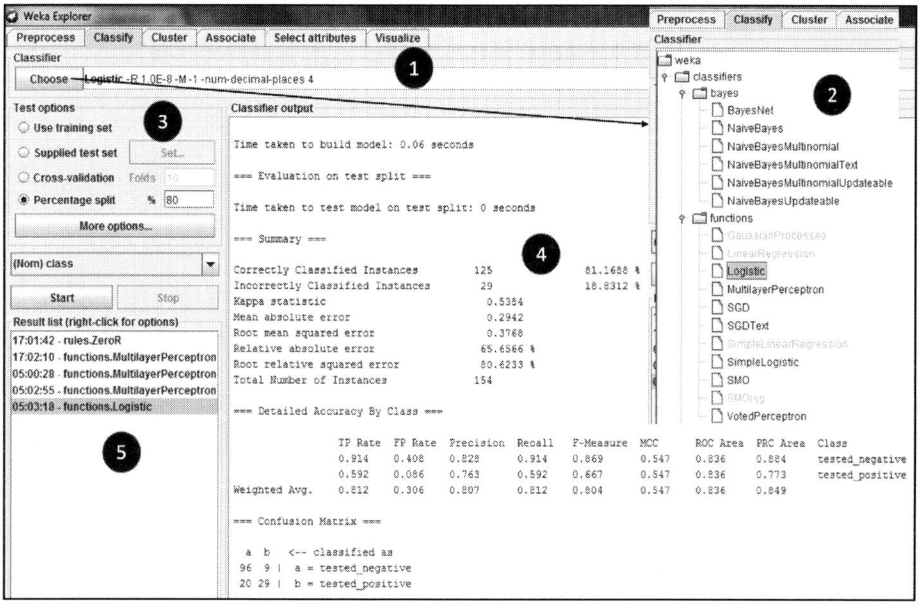

그림 8.15 Weka 분류 관련 화면

다음은 Classify 명령어에 있는 분류기들이다.

1. **분류 기준 선택(Selectinga classifier)** : 여기에는 현재 선택된 분류기들의 이름을 표시하는 텍스트 필드가 있다.

2. **분류 기준 목록(List of classifiers)** : 선택 버튼을 클릭하면 선택할 수 있는 분류 기준이 열린다. Weka는 완벽하게 사용할 수 있는 다양한 분류 기준을 제공한다. 이것은 Weka 프레임워크에서 제공하는 확장 API 및 라이브러리를 사용하여 매우 쉽게 확장할 수 있다.

3. **테스트 옵션(Test options)** : 선택한 분류 기준을 적용한 결과는 테스트를 위해 제공된 옵션에 따라 테스트된다. 네 가지 기본 테스트 모드가 있다.

    - **훈련 셋 사용**(Use Training set) : 분류기는 훈련된 인스턴스의 클래스를 얼마나 잘 예측하는지에 의해 평가된다.

    - **제공된 테스트 셋**(Supplied Test Set) : 분류기는 파일에서 로드된 인스턴스 세트의 클래스를 얼마나 잘 예측하는지에 의해 평가된다.

- **교차 유효성 검사**(Cross Validation) : 분류 기준은 Folds 텍스트 필드에 입력된 여러 개의 Folds를 사용하여 교차 유효성 검사를 통해 평가된다.

- **분류 비율**(Percentage Split) : 분류 기준은 테스트를 위해 보유된 일정 비율의 데이터를 얼마나 잘 예측하는지에 의해 평가된다. 보관되는 데이터의 양은 % 필드에 입력된 값에 따라 다르다.

4. 분류자 출력(Classifier Output) : 사용된 분류기에 따라 출력에는 다양한 정보가 표시된다.

- **실행 정보**(Run Information) : 프로세스와 관련된 학습 계획 옵션, 관계 이름, 인스턴스, 속성 및 테스트 모드를 제공하는 정보의 목록

- **분류 모델**(Classifier Model) : 전체 학습 데이터에서 생성된 분류 모델의 텍스트 표현

- **요약**(Summary) : 분류기가 선택한 테스트 모드에서 인스턴스의 실제 클래스를 얼마나 정확하게 예측할 수 있었는지를 요약한 통계 목록

- **클래스 별 세부 정확도**(Detailed Accuracy by Class) : 분류기의 예측 정확도에 대한 보다 상세한 사전적인 클래스 분류

- **혼동 매트릭스**(Confusion Matrix) : 각 클래스에 할당된 인스턴스 수를 표시

당뇨병 데이터베이스에 대한 로지스틱 회귀 분석의 분류 출력은 다음과 같다.

```
=== Run information ===

Scheme: weka.classifiers.functions.Logistic -R 1.0E-8 -M -1 -numdecimal-
places 4
Relation: pima_diabetes
Instances: 768
Attributes: 9
              preg
              plas
              pres
              skin
              insu
              mass
```

```
                 pedi
                 age
                 class
Test mode: split 80.0% train, remainder test

=== Classifier model (full training set) ===

Logistic Regression with ridge parameter of 1.0E-8
Coefficients...
                        Class

Variable tested_negative
==============================
preg -0.1232
plas -0.0352
pres 0.0133
skin -0.0006
insu 0.0012
mass -0.0897
pedi -0.9452
age -0.0149
Intercept 8.4047

Odds Ratios...
                        Class

Variable tested_negative
==============================
preg 0.8841
plas 0.9654
pres 1.0134
skin 0.9994
insu 1.0012
mass 0.9142
pedi 0.3886
age 0.9852

Time taken to build model: 0.06 seconds

=== Evaluation on test split ===

Time taken to test model on test split: 0 seconds
```

```
=== Summary ===

Correctly Classified Instances 125 81.1688 %
Incorrectly Classified Instances 29 18.8312 %
Kappa statistic 0.5384
Mean absolute error 0.2942
Root mean squared error 0.3768
Relative absolute error 65.6566 %
Root relative squared error 80.6233 %
Total Number of Instances 154

=== Detailed Accuracy By Class ===

                  TP Rate FP Rate Precision Recall F-Measure MCC ROC
Area PRC Area Class
                  0.914 0.408 0.828 0.914 0.869 0.547 0.836 0.884
tested_negative
                  0.592 0.086 0.763 0.592 0.667 0.547 0.836 0.773
tested_positive
Weighted Avg. 0.812 0.306 0.807 0.812 0.804 0.547 0.836 0.849

=== Confusion Matrix ===

   a b <-- classified as
96 9 | a = tested_negative
20 29 | b = tested_positive
```

5. **실행 결과(Results List)** : 한 세션 내에서 여러 분류 기준으로 여러 테스트를 실행하면 비교 분석에 사용할 수 있다. Weka는 다음과 같이 생성된 분류 모델을 시각화하기 위한 다양한 옵션을 제공한다.

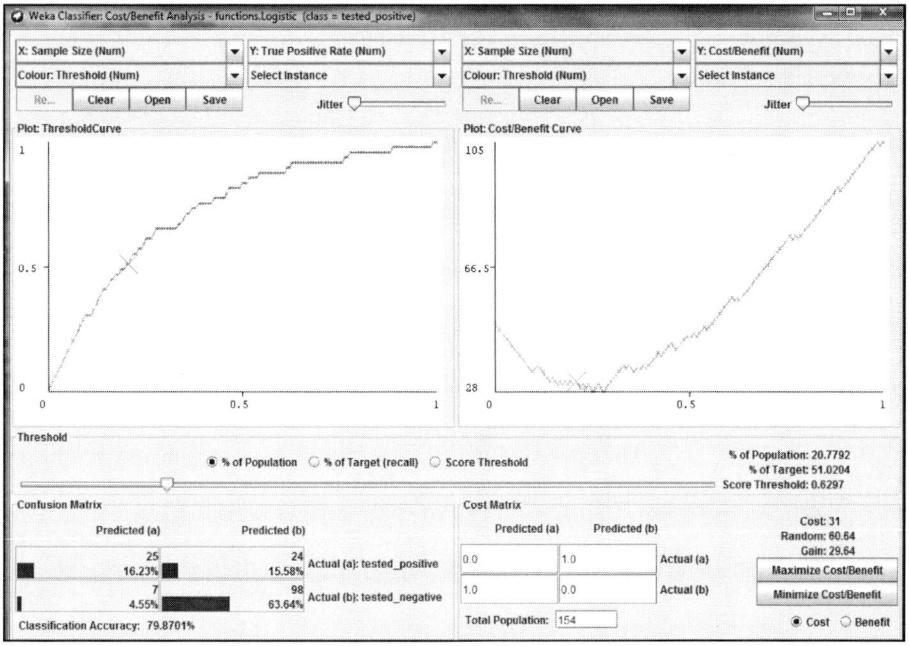

그림 8.16 시각화 옵션들

이 단원에서 Weka 프레임워크와 직관적인 그래픽 사용자 인터페이스에 대한 간략한 소개를 하였다. 다음 단원에서, 유전 알고리즘을 분석하고 데이터 셋 내에서 속성 검색을 위해 Weka를 사용하는 방법을 설명한다.

Weka의 유전 알고리즘과 속성 검색

다시 한번, Preprocess 메뉴에서 당뇨병 데이터 셋을 선택하고 Select Attributes 메뉴로 이동한다. 검색 방법 선택 상자에서 Genetic Search를 선택한다. 유전 검색의 구성 파라미터는 검색 방법 텍스트를 오른쪽 클릭하여 설정할 수 있다. 이 장의 앞 부분에서 알 수 있듯이 알고리즘의 다양한 파라미터를 조정하고 최적의 성능으로 실험할 수 있다. 다음은 Weka와 함께 유전 검색을 대표하는 크론 샷이다.

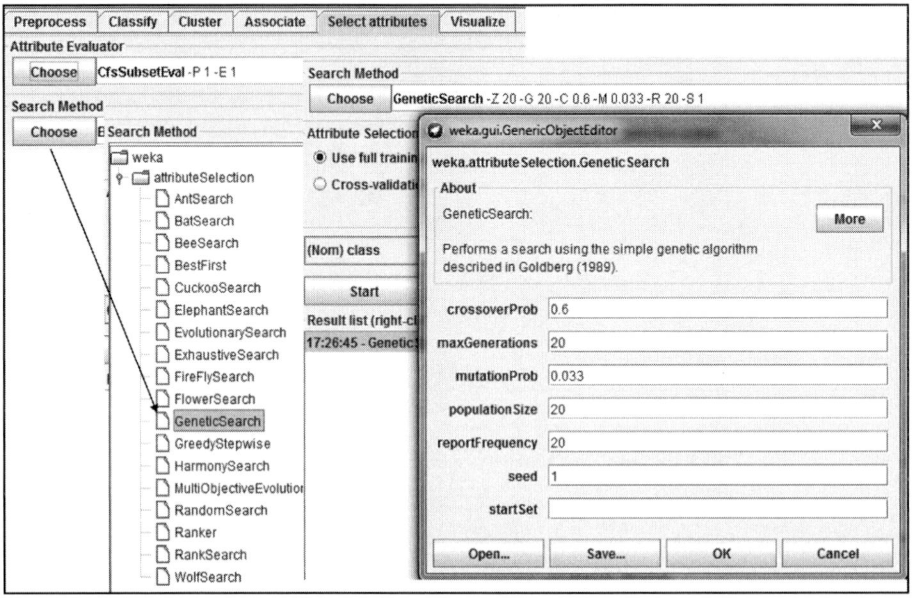

그림 8.17 크론 샷

시작 버튼을 클릭하면 알고리즘이 학습 데이터를 검색하고 GA로 관련 속성을 선택한다. 다음은 당뇨병 데이터 셋의 GA 실행 결과이다.

```
=== Run information ===
Evaluator: weka.attributeSelection.CfsSubsetEval -P 1 -E 1
Search: weka.attributeSelection.GeneticSearch -Z 20 -G 20 -C 0.6 -M 0.033 -
R 20 -S 1
Relation: pima_diabetes
Instances: 768
Attributes: 9
            preg
            plas
            pres
            skin
            insu
            mass
            pedi
            age
            class
Evaluation mode: evaluate on all training data
```

```
=== Attribute Selection on all input data ===

Search Method:
    Genetic search.
    Start set: no attributes
    Population size: 20
    Number of generations: 20
    Probability of crossover: 0.6
    Probability of mutation: 0.033
    Report frequency: 20
    Random number seed: 1

Initial population
  merit scaled subset
  0.0147 0 3
  0.07313 0.06963 4 8
  0.13 0.1374 2 3 6
  0.04869 0.04051 5
  0.1413 0.15086 1 2 3 6 7 8
  0.14492 0.15517 2 3 5 6 7 8
  0.08319 0.08162 6
  0.03167 0.02022 3 4
  0.02242 0.0092 7
  0.12448 0.13082 2 3 5 7 8
  0.07653 0.07368 1 8
  0.10614 0.10896 2 4 7
  0.11629 0.12106 5 6 8
  0.0147 0 3
  0.1258 0.13239 1 2
  0.13042 0.1379 1 2 4 5 8
  0.08771 0.087 5 6 7
  0.13219 0.14001 2 4 5 6
  0.10947 0.11294 2 7
  0.11407 0.11842 1 2 4 7

Generation: 20
merit scaled subset
  0.16427 0.18138 2 6 8
  0.16427 0.18138 2 6 8
  0.16108 0.17237 2 5 6 8
  0.15585 0.1576 1 2 6 8
  0.16427 0.18138 2 6 8
  0.14809 0.13569 2 4 5 6 8
```

```
  0.16427 0.18138 2 6 8
  0.14851 0.13688 2 3 5 6 8
  0.16427 0.18138 2 6 8
  0.10004 0 1 3 6 8
  0.14851 0.13688 2 3 5 6 8
  0.16427 0.18138 2 6 8
  0.1465 0.13119 2 5 6
  0.16108 0.17237 2 5 6 8
  0.16108 0.17237 2 5 6 8
  0.14851 0.13688 2 3 5 6 8
  0.14851 0.13688 2 3 5 6 8
  0.16427 0.18138 2 6 8
  0.15585 0.1576 1 2 6 8
  0.16427 0.18138 2 6 8

Attribute Subset Evaluator (supervised, Class (nominal): 9 class):
  CFS Subset Evaluator
  Including locally predictive attributes

Selected attributes: 2,6,7,8 : 4
                     plas
                     mass
                     pedi
                     age
```

여기서 볼 수 있듯이, Weka는 확장하기 쉽고 유전 알고리즘을 적용하여 다양한 파라미터를 실험하는 데 있어서 사용하기 매우 쉽다.

자주 묻는 질문

Q: 데이터 마이닝에 대한 유전 알고리즘의 중요성은 무엇인가?

A: 데이터 소스와 볼륨이 기하급수적으로 증가하게 되어 계산 능력이 향상됨에도 불구하고, 적절한 시간에 이러한 데이터 자산에서 실행 가능한 통찰력을 도출하기가 어렵다. 따라서 솔루션 공간을 검색할 스마트 알고리즘이 필요하다. 자연은 지구상의 생명의 진화와 영감을 제공한다. 유전 알고리즘의 사용으로 검색 및 데이터 마이닝의 활동을 크게 최적화할 수 있다.

Q: GA의 기본 구성 요소는 무엇인가?

A: 인구 초기화, 피트니스 할당, 선택, 교차, 돌연변이, 그리고 생존자의 선택은 GA의 기본 구성 요소이다. 최적화된 방식으로 해결책을 찾기 위한 조정 과정에서 이러한 구성 요소에 대한 파라미터 값이 필요하다.

요약

이 장에서는 GA와 관련된 유전 알고리즘(GAs)과 프로그래밍 기법을 소개했다. 이 알고리즘은 자연스러운 진화 과정에서 영감을 얻는다. 살아있는 종은 상속, 파트너 선택의 다양성, 따라서 유전자 코드(DNA 구조)에서 자손과 가끔(무작위) 돌연변이의 속성에 의해 진화된다. 동일한 개념이 가능한 옵션의 방대한 공간에서 최상의 솔루션을 검색하기 위해 GAs에 적용된다. 알고리즘은 합리적인 시간 내에 각각의 해결책이 될 수 없는 문제에 가장 잘 적용된다.

일반적으로 GA 구조를 살펴 보았고 Java의 간단한 문제에 대한 해결책을 구현했다. KEEL 프레임워크의 일부 기능과 데이터를 지식으로 쉽게 변환하는 방법을 살펴보았다. KEEL은 학습 및 전처리 작업의 여러 영역에서 진화 학습의 행동을 분석하여 사용자가 쉽게 관리할 수 있도록 하는 Java 기반 데스크톱 응용 프로그램이다.

또한 Encog 프레임워크와 API 구조를 간략하게 살펴본 후 프레임워크를 확장하는 것이 얼마나 쉬운지 살펴 보았다. Weka 프레임워크와 다양한 알고리즘을 비교하기 위한 GUI도 살펴보았다. Weka는 사용하기 쉽고 풍부한 사용자 인터페이스를 제공하며 샘플 데이터 셋과 함께 제공된다. 마지막으로 Weka를 이용하여 유전 알고리즘을 사용하여 신속한 속성 검색을 실현해 보았다.

다음 장에서는 자연의 영감, 살아 있는 생물의 지능적인 행동, 미래의 지능형 기계를 만드는 데 사용할 수 있는 개념을 어떻게 활용할지를 다시 한 번 살펴볼 것이다.

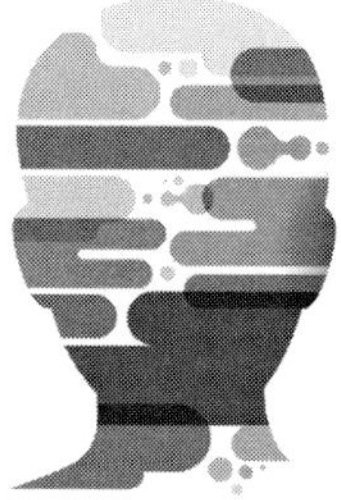

제 9 장

스웜 인텔리전스

Swarm Intelligence

Artificial Intelligence for Big Data

Complete guide to automating Big Data solutions using Artificial Intelligence techniques

개미의 행동을 관찰해 보자. 그들이 서로를 조화롭게 움직이는 방식, 음식을 수집하여 자신의 둥지로 옮기는 방식(더 큰 간격을 커버하기 위해 다리를 형성하는 방식), 이러한 모든 행동은 이 작은 생명체의 두뇌가 뉴런의 수와 연결성 측면에서 인간의 뇌와 아무 관련이 없다는 사실을 고려할 때 놀라운 것이다. 이러한 유형의 순서는 자연적 과정에 내재되어 있으며 현저하게 통제된다. 여기에서 주목해야 할 중요한 점은 이 곤충은 매우 작고 더 큰 목표를 성취할 수 있는 개인의 능력이 없다는 것이다. 그러나 그룹으로 활동할 때 더 큰 목표를 달성할 수 있다. 그 점을 고려할 때 이 곤충은 사회적 곤충(social insects) 이라고도 한다.

사회적 곤충에는 어떤 두드러진 특징이 있다. 그들은 콜로니에 살고 있고 노동 분업 및 강한 그룹 상호 작용(직접 또는 간접)을 가지고 있으며, 융통성이 있다. 이러한 모든 행동은 그룹의 집단 지성을 성취하기 위해 함께 적용된다. 이러한 유형의 현상은 연구원들로 하여금 **스웜 인텔리전스**(swarm intelligence, SI)로 불리우는 **인공지능**(artificial intelligence, AI)을 달성하는 새로운 방법을 연구하게 만들었다. SI라는 용어는 셀룰러 로봇 시스템의 맥락에서 1989년 Gerardo Beni와 Jing Wang에 의해 처음 만들어졌다. 개미, 꿀벌, 흰개미와 같은 작은 곤충의 자연스런 행동과 조화된 기능에 영감을 받은 것은 인공지능 분야이다. 어떤 SI 시스템이라도 단순한 매개체(개미 콜로니의 개별 개미와 동일함)의 콜로니가 있을 것이며, 이들은 또한 boids라고 불리운다. 이 각각의 boid는 자신의 개인 목표를 달성하기 위해 이웃과 환경(컨텍스트)과 상호작용할 것이다. 이와 함께 그들은 문제를 해결하는 하나의 큰 목표를 성취할 것이다.

SI의 아이디어는 연구자들에게 호소력을 발휘했으며 실제 문제를 해결하는 데 SI를 적용하는 데 더 많은 노력을 기울이고 있다. 정보의 유입을 통제할 수 없는 오늘날의 세계에서 이러한 정보를 부지런히 처리하는 것은 데이터 양이 계속 증가함에 따라 단일 인간의 뇌 또는 단일 중앙 시스템의 용량 내에 더 이상 존재하지 않는다. 인력 또는 기계 하드웨어의 개별 용량에 따라 항상 제한된다. SI는 정보 처리가 분산되고, 자율적이며 자연스럽게 제어되는 대안으로 떠오르고 있다. 다음 절에서는 SI가 실제 복잡한 문제를 해결하는 방법에 대해 보다 명확하게 설명할 것이다.

이번 장에서 다룰 주제

- 스웜 인텔리전스 개요
- 경찰 군단 최적화 모델
- 개미 콜로니 최적화 모델
- 메이슨 도서관
- Opt4J 라이브러리
- 대규모 데이터 분석의 응용 프로그램
- 동적 데이터 처리
- 다목적 최적화

스웜 인텔리전스

스웜 인텔리전스(swarm intelligence, SI)는 개미, 흰개미, 꿀벌 같은 종의 집단 행동에 의해 영감을 받은 것이다. 이러한 종에서 그룹의 행동이 일반적인 더 큰 목표를 달성하기 위해 그룹에 속한 개인의 능력을 넘어서고 있다. 그러나, 그들의 능력에 따라 자신의 제한된 용량의 각 개인은 그룹의 일반적인 동작을 달성하는 데 도움이 된다. 이 종은 과도한 중앙 당국 또는 관리 없이 그룹으로 지능적으로 동작한다. 컴퓨터 과학 분야에서, SI는 지능형 그룹의 행동을 공식화 모델 및 알고리즘과 개념의 모음이다.

SI는 그룹에 속한 개인의 공동 노력의 결과이다. 유용한 스마트 동작 달성에 초점을 맞춘 시스템으로 볼 수 있다. 전반적으로 이러한 에이전트는 서로 협력하거나 의도적으로 또는 무의식적으로 그룹의 지능형 동작을 정의하고 일부 특정 목표를 달성하기 위해 각 자연에서 균일하게 동작한다. 그들은 중앙 집중식 제어 또는 과도하게 지배하지 않고 비동기 병렬로 작동한다. AI 또는 컴퓨터 과학의 관점에서, 스웜 인텔리전스를 다음과 같은 정의한다.

스웜 인텔리전스는 그룹의 집단 지성에 의한 영감 지능형 시스템의 모음이다. 이 집단 지성은 본질적으로 에이전트와 직접 또는 간접적인 상호 작용을 통해 달성된다. 그러나 아직 국제적인 컨택스트나

패턴 인식은 하지 않고 지역적인 환경에서 서로 공동-운영하고 있다.

어떤 SI 기반의 시스템을 구축할 때 최소한 준수해야 할 속성 세 가지가 있다. 이 세 가지 기본 속성은 **자기 조직**(self organization, SO), **스티그머지**(stigmergy), 그리고 **분업**(division labor)이다. 지금부터 이러한 속성을 하나 하나 살펴 볼 것이다.

자기 조직

자기 조직(self-organization)은 SI 시스템의 가장 중요한 특성 중 하나이다. SO는 원하는 집단 행동을 달성하기 위해 SI 요원 간의 기본 협력을 결정하는 SI 시스템의 속성이다. SO는 저수준 에이전트 또는 봇 간의 상호 작용에 의해 달성되는 하나의 전체적인 행동 또는 현상이다. 이러한 상호 작용은 에이전트가 작동하는 로컬 컨텍스트 또는 환경을 기반으로 통합되는 일련의 규칙에 따라 다르다. 이 에이전트는 전역 패턴이나 동작을 인식하지 못한다. 그러나 글로벌 행동은 에이전트의 개별 기능에서 급하게 발생한다. 핵심은 에이전트의 지역 행동을 통제하는 외부 운영 기구가 없다는 것이다. 간단히 말해, 모든 SI 시스템의 글로벌 그룹 행동은 기능 범위가 로컬 환경에 제한되는 개별 에이전트의 자체 구성 기능에 의해 달성된다. 다음 네 가지 기본 측면이 있다.

- 긍정적인 피드백
- 부정적인 피드백
- 임의의 행동 변동
- 에이전트 사이의 여러 상호 작용

긍정적인 피드백은 스웜의 최선의 행동을 구축하는 데 도움이 되는 특정 규칙이다. 예를 들어, 꿀벌의 모집이나 새로운 팀 구성원의 강화는 더 나은 음식 소스에서 더 나은 품질의 음식을 수집하는 긍정적인 피드백의 한 예이다. 꿀벌 콜로니가 식품 품질과 관련하여 본질적으로 유사하고 동일한 거리에 있는 두 가지 음식 공급원으로 제시되면 꿀벌은 두곳에서 동시에 음식을 수집하려고 한다. 그러나 한 음식 소스의 품질이 열등하다면, 꿀벌은 음식 소스에서 받은 긍정적인 피드백에 기초하여 더 나은 음식 소스를 우선 이용할 것이다.

긍정적인 피드백에서 나타날 수 있는 다른 행동은 다른 출처의 음식을 수집하는 중간에 꿀벌에게 보다 우수한 품질의 음식 소스가 제공된다고 가정하면 꿀벌 콜로니가 그 음식 소스를 완전히 또는 부분적으로 포기할 수 있다. 그들은 새롭게 확인되거나 더 좋은 음식물에서 음식을 수집하기 위해 더 많은 벌을 모집하거나 보강할 것이다. 전체 커뮤니티의 생존 기회를 증가시키는 이러한 행동은 SO의 결과이다. 각각의 꿀벌 유형은 역할과 실행 가능성을 알고 주어진 작업을 완료할 수 있는 행동을 수행한다.

SO의 유사한 동작은 개미에서 관찰된다. 전체 개미 콜로니는 항상 사용할 수 있는 모든 음식 소스 중 가장 가까운 음식의 소스를 찾을 수 있도록 열악한 환경에서 안전한 둥지를 구성하고 개별 개미의 활동을 조직하기 위해 노력하고 있다. 개미는 가장 가깝고 가장 풍부한 음식 소스를 찾기 위한 매우 독특하고 스마트한 알고리즘을 적용할 수 있다. 콜로니가 설정되면, 콜로니의 생존을 위한 가장 중요한 부분은 음식의 가장 가까운 가장 풍부한 소스를 찾는 것이다. 이러한 자기 조직 방식으로 작업자 개미는 독립적인 방향으로 일괄적으로 움직이기 시작한다. 다양한 장소를 탐험하는 동안 **페로몬**이라는 화학 물질을 분비한다. 그들은 음식 소스를 탐험하는 동안, 페로몬의 양이 일정하고 검색은 여전히 계속된다. 소스가 발견되자마자, 개미는 그 길을 콜로니로 가로지른다. 그러나 이번에는 다양한 양의 페로몬을 분비한다. 페로몬의 양이 많을수록 음식의 원천이 커지고 풍부 해진다. 이 신호는 콜로니의 다른 개미가 즉시 같은 길을 가로 지르는 것을 시작하기에 충분하다. 자기 조직화된 방식이며 특정 경로에 있는 모든 개미를 추적하는 중앙 명령 및 제어 메커니즘이 없다. 그러나 전반적인 목표 달성 (이 경우 음식을 찾는 것)은 자기 조직화하는 개미에 대한 중앙 명령에 의존하지 않는다. 갑자기 음식물이 사라지면, 개미는 다른 개미들에 의해 발견되고 대체 경로에 있는 페로몬의 수준에 기초하여 2차 음식에 기초한 대체 계획을 가지고 있다.

분명한 사실은 개개인의 책임을 완수하는 것이 개미가 생존하는 열쇠라는 것이다. 인공지능 시스템은 이러한 예에서 많은 영감을 얻었으며 응용 프로그램 환경의 맥락에서 특정 직무를 담당하는 자가 조직 요원으로 구축해야 한다. 그러나 중요한 측면은 개별 에이전트가 환경 내에서의 작업에 대한 간단한 규칙을 기반으로 하는 리더 또는 중앙 제어 없이 작동한다는 것이다. 이러한 단순한 규칙은 조화롭게 작동할 때 모든 개별 에이전트의 기능을 합한 것 이상의 지능적인 행동을 유도한다.

스티그머지

규칙은 환경 상태의 변화에 반응해야 하고 에이전트가 자율적으로 변화에 적응할 수 있어야 하고, 그 기능을 수행하기 위해 계속해야 한다. 이러한 행동을 **스티그머지**(stigmergy)라고 한다. 이 속성이 없으면, 에이전트는 자기 조직화되지 못할 수 있으며, 중앙 집중식 제어 에이전트를 필요로 할 것이다. 스티그머지로 인해 에이전트는 환경이 에이전트 이전의 상호 작용 변경하는 경우에도 작동된 환경을 인식하게 된다.

예를 들어, 음식 소스 경로로 이동하는 개미를 붙잡아서 이동 경로에 물을 부어 보자. 개미가 가다가 물을 발견하면 페로몬 신호에 기반하여 즉시 대체 경로를 찾을 것이다. 또한 콜로니는 길을 거쳐 다른 경로에서 다시 시작될 수도 있다 (중앙 통제 장치없이). 동시에, 개미는 다른 개미들에게 흔적을 남기고 식량 공급원에 대한 특정 경로에서 길에 문제가 있다는 것을 알게 한다. 다른 개미들은 이전 개미의 경험을 토대로 즉시 환경 변화에 적응하고 간단한 규칙에 따라 궤도를 수정한다. 개미들은 명확한 의사소통 없이 서로 환경을 변화시키면서 상호 작용한다.

이 시점에서 개미들은 앞에서 보았듯이 강화 학습(reinforcement learning)의 법칙을 적용한다. 식량 공급원으로 돌아오는 길에 개미는 각 개별 행동과 환경 상태에 대한 보상을 기반으로 환경에 지속적으로 적응하고 있다. 개별 에이전트 (이 경우 개미)의 목표는 자율적으로 보상을 최대화 (식량원을 찾거나 콜로니로 음식을 가져 오는 것)하는 것이다.

노동 분업

노동 분업(division of labor)은 SI의 가장 기본적인 사항이다. 스웜 내에서 각각의 에이전트는 전체 무리의 목표를 달성하기 위해 능력이 매우 제한된다. 자연 시스템은 개별 에이전트가 스웜의 전반적인 성공에 기여하는 매우 구체적인 책임의 집합을 수행하기 위해 노동 분업을 적용한다는 것이다.

예를 들어, 하이브에 있는 모든 꿀벌들은 같은 일을 하지 않는다. 꿀벌의 유형에 따라 벌집 안에서 분명한 노동 분업이 있다. 여왕벌은 알을 낳고 남성 드론은 번식을 책임지고, 벌들은 벌집을 만들고 전체 개미를 위한 식량을 구하기 위해 일한다. 그들은 또한 여왕벌과 드론 등을 먹이로 돌보아 준다. AI 시스템에서 각 개별 상담원은 특정 업무를 수행하기 위해 환경 컨텍스트를 기반으로 자체 규칙을 갖도록 프로그래밍해야 한다. 분업을 통해 병렬 처리 시스템은 전체 보상 및 목표를 놓치지 않고 작업 부하를 효율적으로 작업하고 배포할 수 있다.

SI에 대한 배경 지식을 바탕으로 보상을 극대화하기 위한 집단 지성의 장점을 살펴 보자.

집단 지능 시스템의 장점

집단 지능 시스템은 다음과 같은 장점이 있다.

- **유연(Flexibility)** : 에이전트는 환경 컨텍스트 내의 작업에 개별 규칙이 있다. 에이전트는 환경의 변화에 반응하고 전체 인구는 환경의 변화에 적응하기 위해 유연성을 보여준다.

- **견고성(Robustness)** : 에이전트는 전체적으로 매우 작은 단위이기 때문에, 하나의 에이전트가 실패하더라도 지역 사회는 고통받지 않으며 전체 목표는 달성할 수 있다.
- **확장성(Scalability)** : 개별 에이전트는 독립적인 작은 단위이기 때문에, 사용 사례를 기반으로 수백, 수천, 수백만까지의 지능형 에이전트를 확장할 수 있으며 기하 급수적으로 높은 수익률과 누적 정보를 얻을 수 있다.
- **분산(De-centralization)** : 콜로니에는 중앙 통제가 없으므로 계산 도구의 가장자리에 에이전트를 배치 할 수 있다(IoT 사용 사례의 경우 현실적인 시나리오). 중앙 노드 서버가 점진적으로 강력해야 하는 분산 컴퓨팅 프레임워크와 달리 SI의 경우 에이전트가 환경 내의 규칙을 기반으로 작동하기 때문에 중앙 집중식 제어가 필요하지 않다.
- **자기 조직(Self-Organization)** : SI를 기반으로 알고리즘을 배포하는 가능한 솔루션은 환경의 변화에 따라 진화하고 적응할 수 있으며 예고 없이 나타날 수 있다.
- **적응(Adaptation)** : 전체 에이전트 및 시스템 적응과 환경의 새로운 변화와 함께 미리 정의된 환경에 적응할 수 있다. 적응은 중앙 통제되지 않는 개별 에이전트의 고유한 특징이다.
- **민첩성과 속도(Agility and Speed)** : 스웜 알고리즘을 기반으로 정보 시스템은 환경과의 모든 상호 작용과 민첩성 그리고 향상된 속도를 보여준다.

SI 기반으로 시스템을 설계하는 동안, 자립 시스템 개발을 위하여 지켜야 할 특정 원칙이 있다.

SI 시스템 개발을 위한 디자인 원칙

SI 시스템을 개발하기 위해서는 다음과 같은 설계 원칙이 고려되어야 한다.

- **근접의 원칙(Proximity Principle)** : 무리(스웜) 내에서 각각의 에이전트는 개별적으로 검색 공간을 탐험하면서 합리적인 시간 내에 인구 센터로 의사소통을 할 수 있어야 한다. 예를 들어, 음식을 찾는 개미는 음식 소스가 발견 될 때, 즉시 콜로니로 보고할 수 있어야 한다. 이 보고서는 음식 소스가 관련성을 갖기 위해 빠른 시간에 민감한 방식으로 일어날 필요가 있다. 근접의 원칙은 회원에 대한 암시적 인구 통계학적 경계를 정의한다.
- **품질 원칙(Quality Principle)** : 독립적인 에이전트는 검색 공간 내에서 독립적으

로 솔루션을 얻지만 스웜은 솔루션의 품질을 결정하고 그 방향으로 이동할 수 있어야 한다. 다시 한 번, 여러 개미가 음식 소스를 발견하면 음식 소스의 품질과 양에 비례하여 각기 다른 수준의 페로몬으로 돌아온다. 이것은 그룹 전체가 어떤 음식을 먹을지 결정하는 데 도움이 된다. 그러나 품질의 표준을 결정하고 경로를 결정하는 중앙 명령은 없다. 반면에 에이전트는 의사소통 및 협업을 통해 올바른 식량 원천에 도달한다.

- **다양한 반응 원리**(Diverse Response Principle) : 에이전트가 공통의 문제를 해결하는 동안, 그들은 전체 검색 공간 내에서 작은 지역에 집중되어서는 안 된다. 이전의 이해 패턴을 활용하면서 그들은 탐사를 사용하도록 설정해야 한다. 스웜은 에이전트의 생존 경계를 정의하는 특정 임계값을 가지고 다변화해야 한다.

- **적응성 원리**(Adaptability Principle) : 스웜은 환경의 변화에 적응할 수 있어야 한다. 에이전트는 변화하는 환경과 조화를 스스로 조직해야 한다.

SI의 기본의 기본 이해를 바탕으로, 집단적으로 많은 작업을 수행할 크기가 있는 그룹에서 인공 에이전트를 구축하는 데 사용할 수 있는 두 가지 알고리즘을 이해해 보자.

입자 스웜 최적화 모델

입자 스웜 최적화 모델(the particle swarm optimization model, PSO)은 새가 몰려 들었을 때와 물고기의 훈련 운동에서 영감을 얻었다. PSO 모델의 목표는 동적 공간 내에서 최적의 솔루션 (식량 원 또는 살 곳)을 찾는 것이다. 스웜은 무작위 위치와 무작위 속도에서 시작하여 검색 공간을 탐색하고 악용하는 집단 행동을 기반으로 한다. PSO의 고유한 기능은 에이전트가 검색을 최적화하고 최적의 솔루션으로 수렴하는 데 필요한 공동 노력을 최소화하는 형태로 운영된다는 것이다. PSO 모델을 따르는 스웜 내의 에이전트는 다음과 같은 몇 가지 지침 원칙을 따른다.

- **분리**(Separation) : 각각의 개별 요원은 서로가 마주 치지 않도록 스웜들과 충분한 거리를 유지할 수 있는 방법으로 프로그래밍되며 동시에 자체가 형성물의 일부가 되도록 별도의 존재 공간을 유지한다. 에이전트는 최적의 해결책을 찾아서 분리의 적절한 수준을 보장하기 위해 자사의 위치와 속도를 조절하기 위

해 가장 가까운 이웃을 따른다.

- **공동 협력(Alignment)** : 각 개별 에이전트는 스웜의 전반적인 패턴 형성 및 검색 공간 내에서 평균 그룹의 속도로 공동 협력한다.

원칙적으로는 PSO 모델을 따르는 무리의 각 구성원은 전체, 특히 가장 가까운 이웃 그룹에 지속적으로 경험을 전달한다. 에이전트는 가장 가까운 회원들과 자신의 행동과 학습 패턴의 보기가 있다. 에이전트는 가까운 회원을 위한 더 나은 경험을 바탕으로 관찰과 경험의 적합성 검색 공간 내에서 지역 최적의 솔루션이나 움직임을 조정에 따라 이웃 에이전트의 이동 (위치와 속도)에 영향을 준다. 핵심 원리는 가장 가까운 이웃과 정렬하는 것으로 더 큰 목표의 이익을 위해 전체 스웜을 따른다. 원래 PSO는 실제 값 연속 검색 공간 내에서 최적화 알고리즘으로 제안되었다. 바이너리 또는 개별 검색 사용 사례를 다루는 것으로 확장된다.

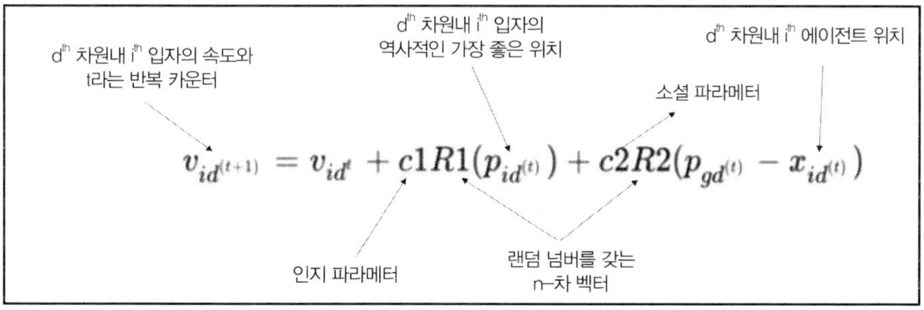

그림 9.1 PSO의 속도 함수

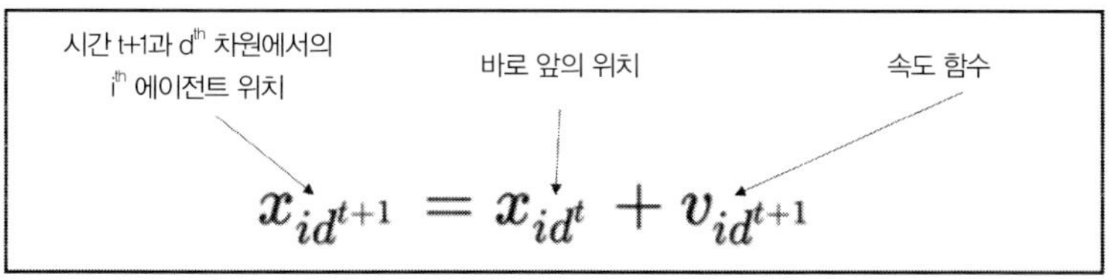

그림 9.2 PSO의 위치 함수

속도 (개별 에이전트의 위치의 변화 속도)을 정의하기 위해 두 개의 파라미터는 각각 중요한 역할을 한다. 에이전트의 타임 라인에 걸쳐 최적의 위치는 $P_{id}^{(t)}$와 환경적 맥락에서 스웜의 글로벌 위치를 나타내는 $P_{gd}^{(t)}$로 표시된다. 이러한 두 파라미터는 스웜의 전체 속도에 기여할 때, 공간 내의 용액을 검색하기 위한 최적의 속도가 환경 결정론을 제공한다.

그러나 확률적 환경의 경우 R1과 R2 환경 상태의 변화를 조절하는 역할을 한다. 이러한 파라미터는 효율적인 방법으로 검색 공간을 탐구하기 위해 스웜에 필요한 임의성을 소개한다. C1과 C2는 최적의 위치에 대한 특정 에이전트의 상대적 중요성을 나타내는 인지 파라미터와 소셜 파라미터들이다. 이러한 매개 변수의 상대적인 값은 지속적으로 환경 변화를 겪는다 해도 스웜 내에서 가장 좋은 위치로 개인 에이전트를 이동한다. C1과 C2의 상대적인 차이의 영향은 다음과 같이 표현될 수있다.

C1	C2	탐사 레벨
높음	높음	먼 지역에서 높은 탐사
작음	작음	정제된 검색 및 낮은 수준의 탐사
높음	작음	특정 에이전트의 세계 최고의 위치를 향한 바이어스
작음	높음	스웜의 세계 최고의 위치를 향한 바이어스

속도 함수는 세 가지 구성 요소로 되어 있다.

- **관성**($v_{id}{}^{t}$) : 관성의 변화에 대한 실 물체의 저항을 나타낸다. 이것은 나머지 객체의 속도, 방향, 또는 상태 변경 사항이 포함되어 있다.

  속도는 $t + 1$ 시간의 함수이며 시간 t의 함수이다. 어느 스웜이 갑자기 속도를 변경할 수 없다는 것을 의미한다. 대신, 환경 변화 또는 스웜이 검색 공간을 효율적으로 탐색하기 위해 속도를 변경해야 하는 경우 속도의 점진적인 변화가 있다. 이 관성으로 인해, 새의 스웜이 같은 시간에 계속 움직이며 시간 t+1에서 에이전트의 속도는 시간 t에서 에이전트의 속도에 의존하므로 이와 같은 형성으로 이동한다는 것을 관찰했다. 이 용어는 또한 스웜 내에서 세계 최고의 에이전트를 변경하는 것은 매우 중요하다. 에이전트의 피트니스 기능은 스웜의 글로벌 피트니스에 비해 최적의 경우에 세계 최고의 에이전트로 위치를 전환한다.

  변화하는 동안($p_i = x_i = p_g$), 사회적 표현은 제로가 된다.
  $p_{id^{(t)}} - x_{id^{(t)}} = p_{ig^{(t)}} - x_{id^{(t)}} = 0$. 이때 새 에이전트에서 새로운 속도로 이동

하고, 따라서 스웜 내의 위치를 변경함으로써 세계 최고의 입자가 된다.

- **자기 지식** ($p_{id^{(t)}} - x_{id^{(t)}}$) : 속도 함수의 요소가 스웜 내에서 에이전트의 개별성을 정의한다. 이 솔루션 공간을 통한 검색을 최적화하는 입자가 자신의 세계 최고 수준의 입자에 대한 매력으로 변환한다.

- **사회 지식** ($p_{gd^{(t)}} - x_{id^{(t)}}$) : 속도 함수의 요소가 스웜 내에서 모든 에이전트를 통해 사회적 행동에 적합성을 정의한다. 이 표현을 통해 개별 회원 간의 그룹 학습 및 경험 공유의 등급이 정의된다.

PSO 모델은 다음과 같이 표현될 수 있다.

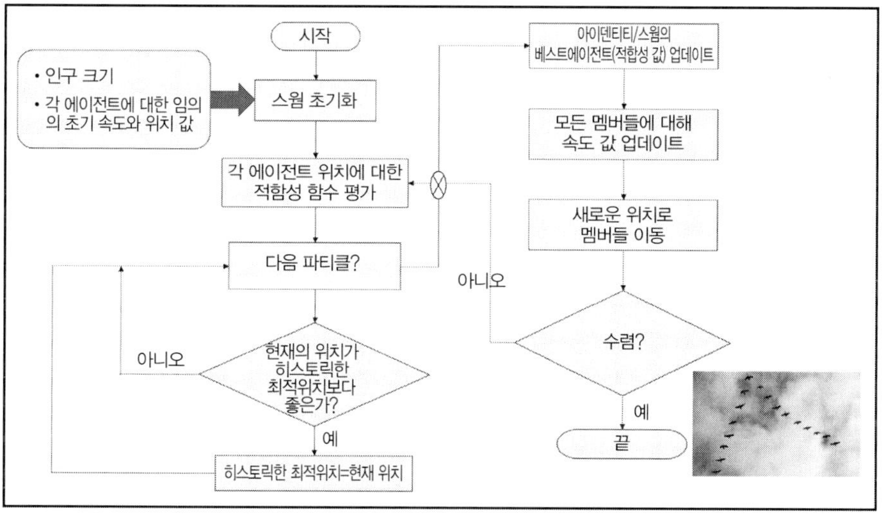

그림 9.3 PSO 모델

PSO 구현 시 고려 사항

PSO 구현 시 고려 사항은 다음과 같다.

- PSO는 스웜을 위한 세계 최고의 위치와 함께 상당한 관련 타임 라인에서 에이전트의 최적의 위치를 저장한다. 이와 함께, 최대 피트니스의 에이전트는 스웜의 전반적인 동작에 영향을 미치며, 이러한 에이전트는 융합이 빠르다.

- 속도와 위치에 대한 수학 방정식으로 인해 쉽게 구현할 수 있기 때문에 PSO는 구

현이 간단한 알고리즘이다.

- PSO는 각 반복을 통해 신속하게 회원의 속도와 위치를 조정하여 매우 효율적으로 환경 변화에 적응할 수 있다.

개미 콜로니 최적화 모델

개미 콜로니 최적화(ant colony optimization model, ACO)는 SI 알고리즘의 또 다른 널리 사용되는 모델이다. 최소한 개미 콜로니 또는 인공 에이전트 스웜의 목적은 되도록 최적의 방식으로 저작물(개미 경우 식품 판매점 창고에서 로봇 콜로니의 경우 패키지)의 검색에서 설정하는 것이며, 이를 통해 자산 및 기본 위치에서 최소 거리를 통과하는 것이다. 이 모델은 감시 드론, 자율적인 차량 경로 계획 등에 유용하다.

개미 콜로니의 작동 원리의 일부를 이해하고 ACO 모델을 기반으로 인공 스웜을 설계하여 적용할 수 있도록 용어를 소개하겠다. 여기에 개미 콜로니와 음식 소스의 그림이 있다.

이 예에서, 개미 콜로니 근방에 음식 소스가 있으며, 음식에 대한 두 가지 경로가 있다. 경로-1은 음식 소스와 거리가 멀고, 경로-2는 최단 거리이다. 개미는 독립적으로 검색 공간의 탐험을

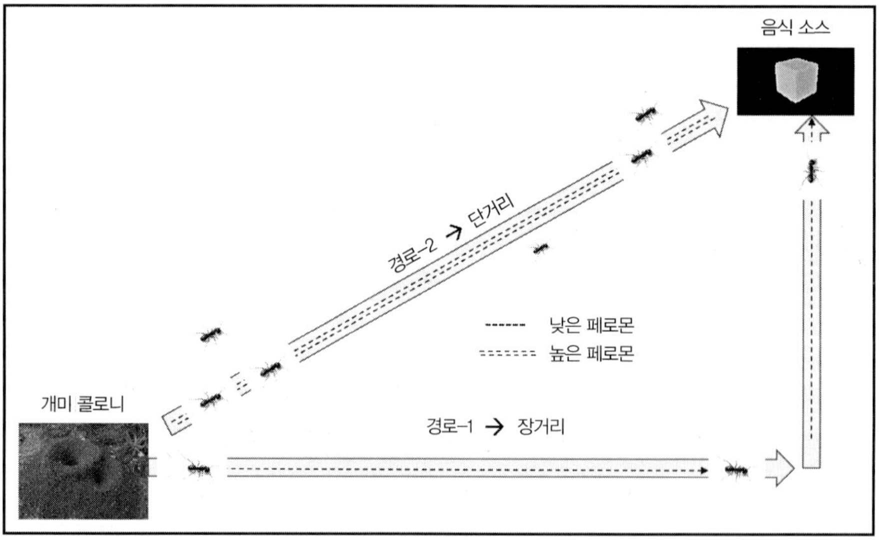

그림 9.4 개미 콜로니 최적화 모델(Ant colony optimization model)

시작한다. 각각의 개미는 음식 소스를 찾을 수 있는 작업이 있다. 몇몇 개미는 긴 경로를 타고 음식 소스를 찾아 길에 페로몬 흔적을 분비한다. 개미가 콜로니로 돌아오면 다른 개미는 식량 공급원이 발견되어 경로를 지나가기 시작한다는 신호를 받는다. 한편, 짧은 경로에 있는 개미는 긴 경로 보다 빠르므로 더 많은 개미는 짧은 경로 탐색을 시작한다. 시간이 지나면 장거리 경로의 페로몬이 증발하고 경로가 사라진다. 궁극적으로 개미들은 식량 공급원에 대한 긴 경로를 거치지 않고 콜로니의 집단 행동을 완전히 최적화한다.

자연 개미와 인공 에이전트 설계를 위한 그들의 최적화 기법의 개념을 모방할 때 개념은 향상되고 더 환경에 따라 최적화할 수 있다. 예를 들어, 자연 개미는 메모리가 필요없다. 그들은 그들의 움직임과 전반적인 행동 (페로몬 분비)을 정의하는 규칙의 집합 내에서 작동한다. 인공 개미 (에이전트)는 과거 행동에 따라서 지능형 동작을 향상시킴에 따라 보상을 저장하는 제한된 메모리를 가질 수 있다. 자연 개미는 생태 수정이 되거나 제약 될 수 있다. 예를 들어, 물은 음식 소스로 가는 길에 떨어진다. 인공 에이전트는 생태 변경에 따라 정상적으로 제어 및 예측 가능한 환경에서 실행할 수 없다.

또한 인공 에이전트는 더 많은 페로몬 농도로 경로를 횡단한다. 최적의 동작을 위한 메모리 구성 요소로 보완해야 한다. 인공 개미의 경우, 콜로니가 더 많은 최적화를 시도 할 수 있도록 페로몬을 빠르게 증발시킨다. 이것은 기본적인 본능처럼 생존을 위해 일하는 진짜 개미와는 다르다. ACO 기반 에이전트를 개발하는 동안 핵심 사항은 길에서 최대 페로몬 수준을 반환하는 에이전트에 대한 동작을 정의하는 적합성 기능을 기반으로 한다는 것이다. 또한 콜로니가 검색 공간 내에서 목표물에 도달하는 누적 비용을 줄이는 비용 최적화 문제로도 간주된다.

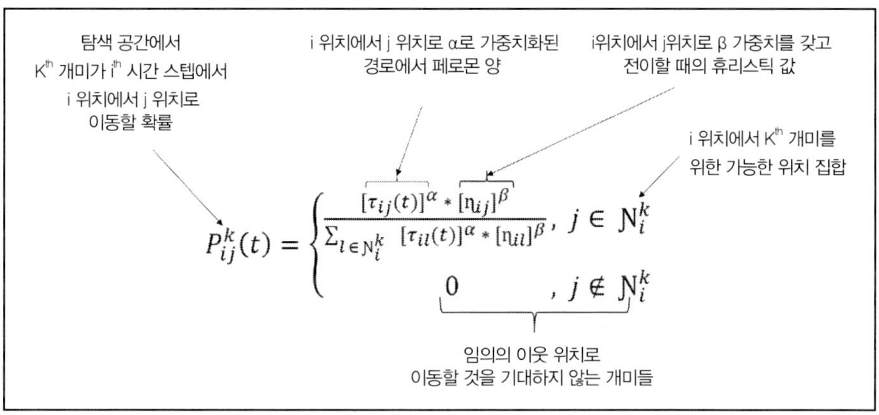

$$P_{ij}^{k}(t) = \begin{cases} \dfrac{[\tau_{ij}(t)]^{\alpha} * [\eta_{ij}]^{\beta}}{\sum_{l \in N_i^k} [\tau_{il}(t)]^{\alpha} * [\eta_{il}]^{\beta}}, & j \in N_i^k \\ 0, & j \notin N_i^k \end{cases}$$

그림 9.5 ACO의 수학적 표현

알고리즘 수준에서 개별 에이전트는 방법과 환경 변화에 페로몬 수준을 활용하는 구성 요소(순차적 단계)를 선택하는 데 도움이 되는 확률 규칙에 따라 작동한다. 인공 개미 확률 함수에 기초하여 솔루션 공간을 이동하면서 축적을 위해 페로몬의 양을 측정할 필요가 있다. 확률 규칙은 상태 전이 규칙(state transition rule)이라고 불리운다.

다음 식에 있어서, α와 β는 확률 함수를 도출하는 데 페로몬 및 경험적 방법의 전체적인 효과를 제어하는 매개 변수이다. 이는 PSO에서 C1, C2와 유사하다. α와 β 사이의 상대적인 차이는 다음과 같이 표현될 수 있다.

α	β	융합 효과
높음	낮음	페로몬 정보가 중요하다. 에이전트의 경우 이전에 다른 에이전트가 수행한 작업 및 직책을 선택할 가능성이 더 높다. 이것은 같은 지역에 많은 에이전트가 포화 상태가 되어 검색 공간을 탐색하여 최적의 결과를 얻지 못하게 할 수 있다.
높음	낮음	이 알고리즘은 확률론적인 다중 그리디 알고리즘으로 행동하며, 개인의 콜로니 구성원은 낮은 수준의 협력과 제한된 학습을 통해 각자의 경로 통과에서 스스로 최적을 찾는 역할을 담당한다.
제로	높음	이 경우, 알고리즘은 개별 멤버가 담당하고 다른 사람들의 경로 통과에서 제로 학습을 하는 확률론적 그리디 알고리즘으로 작동한다. 최소 비용의 노드가 선호도를 가지며 경로의 페로몬 수준에 가중치 연령이 부여되지 않는다.
높음	제로	이 경우, 알고리즘은 페로몬 만이 지침 원리를 사용하고 문제 공간을 탐색하는 데 사용되는 휴리스틱 정보가 없는 자연 개미와 동일하게 작동한다.

MASON 라이브러리

Multi-Agent Simulation Of Neighborhoods 또는 Netwoks(MASON)는 일반적으로 SI 알고리즘을 쉽게 시뮬레이션할 수 있도록 일반 API 라이브러리가 있고 일반적인 독립 에이전트를 사용하여 검색 공간을 탐색하는 일반 알고리즘을 사용하는 Java 기반 다중 에이전트 시뮬레이션 라이브러리이다. 이 라이브러리는 University of Social Complexity 및 Computer Science 학부의

George Mason이 제작했다. Java 프로그래밍 언어로 작성된 빠르고 이식 가능한 코어를 제공하며, 가설 테스트 및 시각화를 위한 시각화 프레임워크에서 지원된다. 새로운 아키텍처와 알고리즘을 모델링하기 위한 편리한 프레임워크이다. MASON 라이브러리의 디자인 목표는 다음과 같다.

- 다양한 시뮬레이션과 구성 실험을 하도록 제공한다. 라이브러리는 추가 시뮬레이션과 사용 사례를 연장하는 것은 매우 쉽다.
- 높은 모듈성과 유연성 – 프레임워크는 계층화된 아키텍처로 구축되어 있으며, 느슨하게 결합된 개별 빌딩 블록의 책임을 유지하기 위한 객체 지향 기초를 배포한다.
- 분리된 시각화 도구 – 프레임워크 코드 엔진으로부터 분리하고, 또한 사용하는 경우 및 시험 중인 애플리케이션 가설의 컨텍스트에 기초하여 확대될 수 있는 시각화 층을 갖는다.

MASON은 효율적으로 다수의 에이전트를 지원하는 단일 프로세스로 실행되는 다목적 이벤트 시뮬레이터이다. MASON의 응용 프로그램 모델링 사회의 복잡성, 검색 공간의 물리적 모델링, 환경과 에이전트의 상호 작용, 독립적이고 기본적인 규칙을 준수하고, 무리의 구성원으로 작동하도록 프로그래밍할 수 있다. 추상적인 에이전트도 다양하다. 이 프레임워크는 AI와 머신러닝 연구와 여러 시뮬레이션에 편리하다.

MASON 계층 구조

MASON은 느슨한 결합 및 일반적인 인터페이스와 통합된 별개의 구성 요소와 계층화된 아키텍처를 갖는다. 다음 그림은 계층 구조 내의 다양한 구성 요소를 보여 준다.

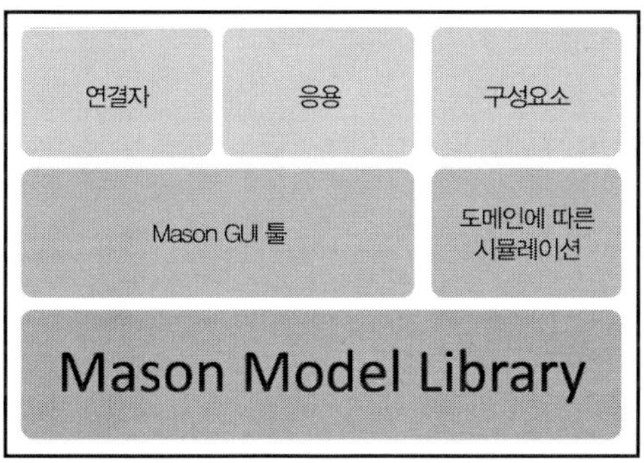

그림 9.6 Mason 라이브러리 구성요소

메이슨 라이브러리는 두 가지 주요 구성 요소인 모델 라이브러리와 시각화 프레임워크가 포함되어 있다. 시각화 지원 2D와 2D 렌더링이다. 모델과 시각화를 완전히 분리하고, 모델은 독립적으로 실행 결과를 콘솔 또는 출력 파일로 복귀할 수 있다. UI는 객체의 현재 상태에 따라 느슨하게 결합되어 모델 객체 내에서 동작한다.

사용자 인터페이스로 시작하여 사용자 인터페이스를 시작하는 하향식 접근 방식 대신 모델인 MASON 프레임워크는 모델 및 시각화 구성 요소를 완벽하게 유지한다.

이 접근 방식은 필요에 따라 다양한 시각화(Java 기반 또는 필요한 경우 웹 기반)를 만들 수 있는 유연성을 제공한다. Mason이 구현한 핵심 기능 중 하나는 체킹포인트이다. 모델은 디스크에 직렬화될 수 있으며, 다른 시간에 완전히 다른 플랫폼에서 호출될 수 있으며, 동일한 상태로 초기화된다. 이를 통해 연구 팀 간 상호 운용성과 협업이 용이하다. 다음은 MASON 아키텍처의 또 다른 표현이다.

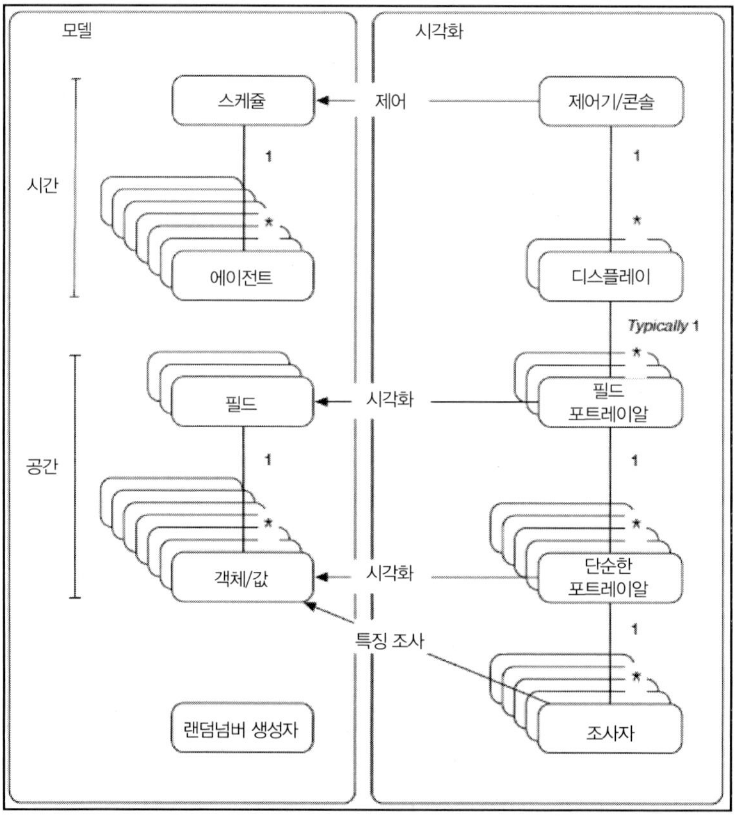

그림 9.6 MASON 아키텍처 그림 (출처 : 메이슨 공식 메뉴얼)

Mason 라이브러리는 새로운 시뮬레이션을 제작하는 간단한 API를 제공한다. 새 에이전트 객체를 생성하기 위해서는, sim.engine.SimState 클래스를 확장할 필요가 있다. 간단한 골격 구현은 다음과 같다.

```
import sim.engine.*;

public class SWARMAgent extends SimState

   public SWARMAgent(long seed)
        super(seed);
   }
   // method used for initialization of the model including the
configurations and the UI
   public void start()
        super.start();
   }
   public static void main(String[] args)
        doLoop(SWARMAgent.class, args);
        System.exit(0);
   }
}
```

MASON은 시뮬레이션 인스턴스의 전역 상태를 SimState의 하위 클래스로 만든다. SimState는 이벤트 스케줄러(sim.engine.schedule)를 캡슐화한다. 에이전트는 sim.engine.Schedule 클래스의 인스턴스를 단계별로 예약한다. 그만큼 스케줄러는 시뮬레이터의 시간 표현이다.

Mason 라이브러리는 사전 빌드된 시뮬레이션을 포함한다. 개미 콜로니를 보자. MASON 라이브러리의 최적화 시뮬레이션은 단순한 구현이다. [그림 9.4]에서 볼 수 있는 시나리오인 Ant colony representation and terms를 구현한 것이다. 탐색 공간에는 두 가지 장애물, 식량 공급원 및 콜로니 위치가 있다. 개미의 수 등의 다양한 파라미터는 다음과 같이 구성할 수 있다.

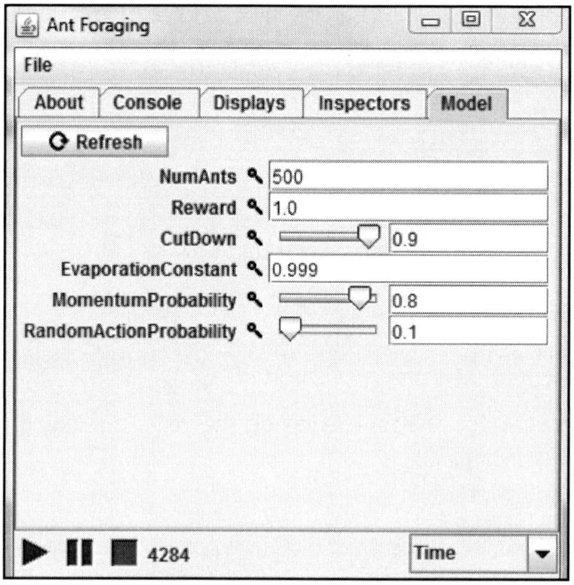

그림 9.8 개미의 먹이 찾아 돌아다니기 구성도

시뮬레이션이 시작되면 개미는 개별적으로 임의의 경로로 이동하여 도중에 페로몬 흔적을 남긴다. 증발 상수가 높으면 개미가 이미 탐험한 경로에 끌리는 대신 검색 공간을 탐색할 수 있다. 첫 번째 개미가 음식 소스를 발견하자마자 음식 소스와 기본 위치 사이를 오가며 페로몬 트레일을 두 방향으로 떠나기 시작한다. 개미는 페로몬 흔적을 따르도록 프로그래밍되어 결국 모델이 수렴하고 개미는 최적화된 최단 경로를 얻는다. 다음 그림은 ACO 시뮬레이션을 보여 준다.

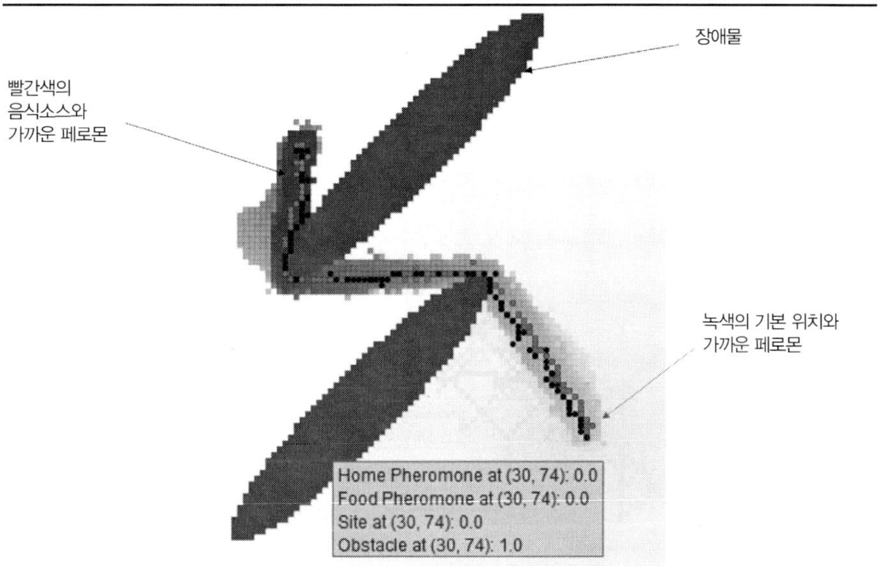

그림 9.9 MASON에서 ACO 시뮬레이션

MASON 라이브러리는 많은 시뮬레이션 패키지에 미리 내장되어 있으며, 다양한 옵션을 실험할 수 있다. API는 최소 코드로 애플리케이션의 범위를 확장하고 워크 기능과 시각화 층을 활용하여 사용할 수 있다. 다음 단원에서는 진화 컴퓨팅 구축도 SI 알고리즘을 이용해서 간단히 실험할 수 있는 또 다른 프레임워크, Opt4J을 살펴볼 것이다.

Opt4J 라이브러리

Opt4J는 진화 알고리즘의 범위에 적용할 수 있는 메타 휴리스틱 최적화 모듈 프레임워크이다. 라이브러리를 사용하여 ACO와 PSO와 같은 SI 알고리즘의 구현 방법을 찾고 있다. 최적화 문제를 다루는 라이브러리는 추상적인 수준에서 생성자(creator), 디코더(decoder) 및 평가가(evaluator)의 세 가지 주요 구성 요소가 있다. 생성자는 탐색공간으로부터 임의의 유전자형을 제공한다. SI 알고리즘의 경우 에이전트를 나타낸다. 에이전트는 creator object에 의해 만들어진다.

Opt4J 라이브러리는 제작자로 작동하는 클래스 `org.opt4j.optimizers.mopso.Particle`를 제공한다. 스웜 내의 에이전트는 실제로 팩토리 클래스 `org.opt4j.optimizers.mopso.`

ParticleFactory에 의해 생성되는 클래스의 인스턴스이다. 디코더는 표현형을 유전형으로 변환시킨다. 디코더는 그와 유형 객체와 연관 행동 패턴에 추상적인 특성으로 변환시킨다. 표현형에 기반하여 평가자는 PSO 알고리즘의 경우 현재 에이전트의 품질을 정의하고 평가자 기능은 에이전트의 속도와 위치를 반환하고, 그것이 스웜 내에서 최고의 위치와 속도인지 여부를 결정한다. 핵심 구성 요소가 정의되면 프레임워크가 최적화 문제를 처리할 수 있다. Opt4J 라이브러리의 아키텍처 구성 요소는 다음과 같다(출처 : Opt4J 문서).

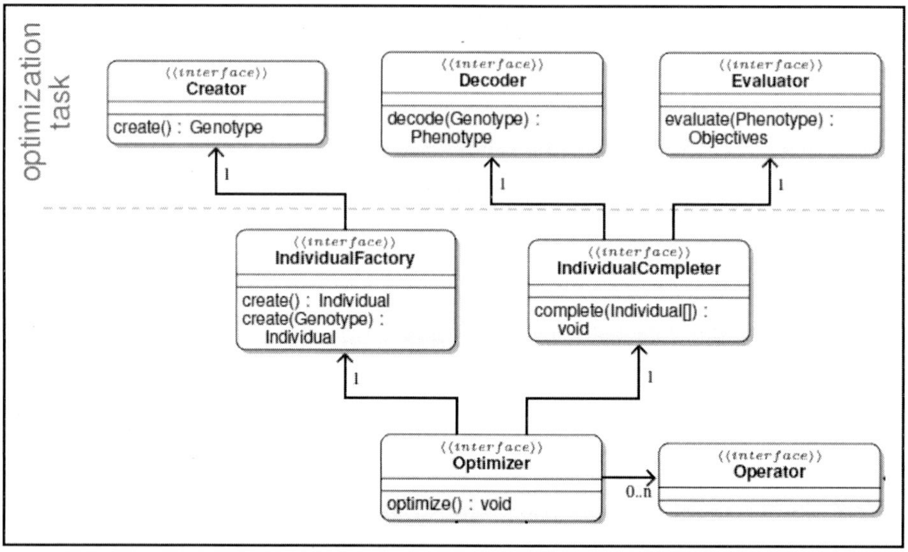

그림 9.10 Opt4J 아키텍쳐 구성 요소 (출처 : Opt4J 문서)

Opt4J는 제한된 방식으로 시각화 또한 모델을 로드하기 위한 간단하고 직관적인 UI를 제공한다.

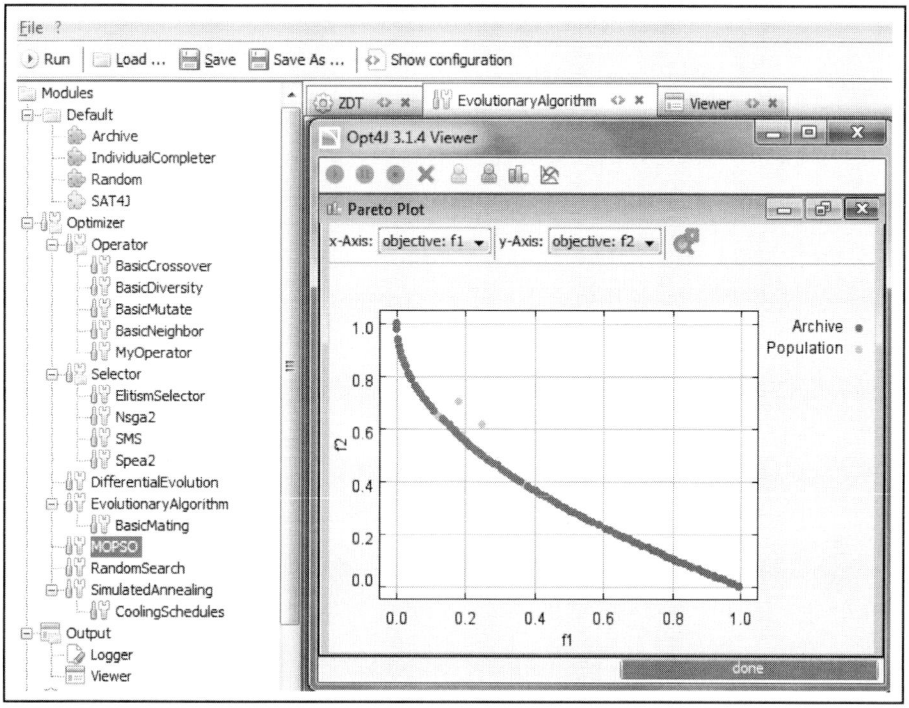

그림 9.11 Opt4J의 모델 시각화

현재, 이기종 소스로 부터 데이터 크기는 날로 증가하고 있다. 심지어 클라우드 컴퓨팅과 함께 병렬 처리 프레임워크가 더 많은 데이터를 처리함에도 불구하고, 데이터 크기의 증가에 대처할 수 없게 된다. 앞으로 유전자 프로그래밍, 강화 학습 등 자연에서 영감받은 스마트 기술을 적용해야 하며, SI 큰 데이터를 처리할 수 있다. 다음 단원에서, 빅 데이터 및 기본 계산 자산을 다루는 몇 가지 가능한 사용 사례에서 살펴 볼 것이다.

빅 데이터 분석의 응용 프로그램

전 세계적으로 더 많은 데이터를 수집하고, 저장하고 데이터 자산을 처리하는 컴퓨팅 파워를 가지고 있다. 빅 데이터 시스템의 기본 구조를 알아보자. 현재 빅 데이터 컴퓨팅 프레임워크는 전 세계에 걸쳐 분포되어 있는 계산 노드의 엄청난 모음이다. 배포에는 두 가지 주요 차이점이 있다. 이 시스템은 기업을 위해 구내에 배치될 수 있으며, 컴퓨팅 인프라가 가상화되고 클라우드 컴퓨팅을 향한 패러다임의 변화가 있으며 지리적으로 다양한 지역에 분포한다.

노드는 컴퓨팅의 독립적인 단위로 불린다. 노드는 모든 노드와 이러한 노드의 다양한 작업을 추적하는 중앙 집중식 계산 장치에 의해 상호 연결되고 제어된다. 노드가 독립적인 작업 단위라는 점에서 자연스러운 군중과 큰 데이터 노드 사이에는 유사점이 있다. 대규모 데이터 배포 노드는 하나 이상의 마스터 노드에 의해 관리되며 작업자 노드는 마스터 노드의 지침에 따라 동기화되어 작동한다. 자연의 스웜은 (개미 콜로니, 조류의 함대 등) 중앙 명령과 개인 회원 (에이전트) 규칙에 따라 자율적인 방식으로 일을 하고 에이전트가 없는 그들이 작동하는 환경의 확률적 특성에 기초하여 자신을 조정할 수 있다. SI의 개념은 노드가 완전히 균형을 유지할 수 있을 뿐만 아니라 대규모 데이터 인프라를 보호하는 데 적용할 수 있다. 주된 접근 방법으로는, 계산 작업은 먼저 마스터 노드에 제출되고, 차례로 데이터 또는 계산 노드에 의해 수행될 여러 조각들로 분할된다.

이 시점에서, 작업은 슬레이브 노드에 의해 독립적으로 실행된다. 슬레이브 노드에서 사용할 수 있는 자원을 바탕으로 작업이 서로 다른 시간에 완료하고 계산 및 스토리지의 변화도 필요하다. 결국 코어 계산 부하가 여러 노드에 고르게 분산되지 않을 수도 있다. 이 장에서 배웠던 몇 가지 개념을 기반으로, 분산 컴퓨팅 환경에 배포 할 수 있는 SI 기반의 일반적인 (ACO) 알고리즘이 있다. 이 알고리즘을 사용하여 일반적인 프로세스는 다음과 같다.

- **생식** : 이는 새로운 인공 개미가 생성하는 과정이다. 제어기는 주기적으로 플랫폼을 확인하고 클러스터 노드의 부하에 따라 개미를 생성한다. 노드에 과부하 또는 경부 경우, 새로운 개미를 통해 메시지를 전달 생성된다.
- **탐구** : 이 과정에서 에이전트는 과부하 노드를 찾는 독립적인 역할을 한다. 그들은 네트워크를 통해 추적하고 작동 매개 변수를 점검할 수 있으며, 부하의 다른 구성원이 과부하 또는 부하 부족 노드에 대한 알림을 얻으려면 모의 페로몬 (증분 카운터)을 시험 사용해 볼 수 있다.

이 스웜에서의 개미는 순방향 및 역방향으로 이동한다. 로드 밸런싱 알고리즘을 용이하게 하기 위해, 개미의 두 가지 유형의 손에서 독립적인 작업을 각 방향으로 이동한다. 전방향으로 이동하는 개미는 과부하되었거나 과소 적재된 노드를 찾는 책임이 있다. 이 에이전트는 태어난 동일한 위치 (노드)에서 시작하여 공간을 탐색하기 시작한다. 역방향으로 이동하는 에이전트는 신호(정량 가능한 페로몬)를 전달하고 특정 노드가 과부하되었거나 적재되었다는 것을 알리는 길을 만든다. 간단히 하기 위한 모델에서 역방향으로 이동하는 에이전트는 대상 노드(로드 밸런싱이 필요함)가 발생하는 경우에만 생성된다. 순방향으로 이동하는 에이전트는 노드 활동 임계 값에 도달할 때(높거나 낮음) 대상 노드의 프로세스 내에서 생성된다.

이러한 배경과 접근 방법에 대한 기본적인 이해를 바탕으로, 분산 컴퓨팅 환경에 대한 흐름의 부하 분산은 다음 단계로 나눌 수 있다.

- 에이전트는 계산이 현재 연결되어 있는 노드(미만과 이상)에 로드를 계산하고 정량화한다.
- 로드 밸런싱에 대한 적합성을 계산하는 임의의 새로운 노드의 방향으로 시작한다.
- 후보 노드가 발견되면 역방향 개미가 생성된다. 이 에이전트는 대상 노드의 흔적을 남기기 위해 페로몬 정보를 업데이트한다.
- 에이전트에 의해 발견된 후보 노드에 기반하여 로드 밸런싱을 위한 공동 요구 사항을 계산한다.
- 클러스터의 부하를 균형 있게 한다.

로드 밸런싱 알고리즘은 다음과 같이 표현될 수 있다.

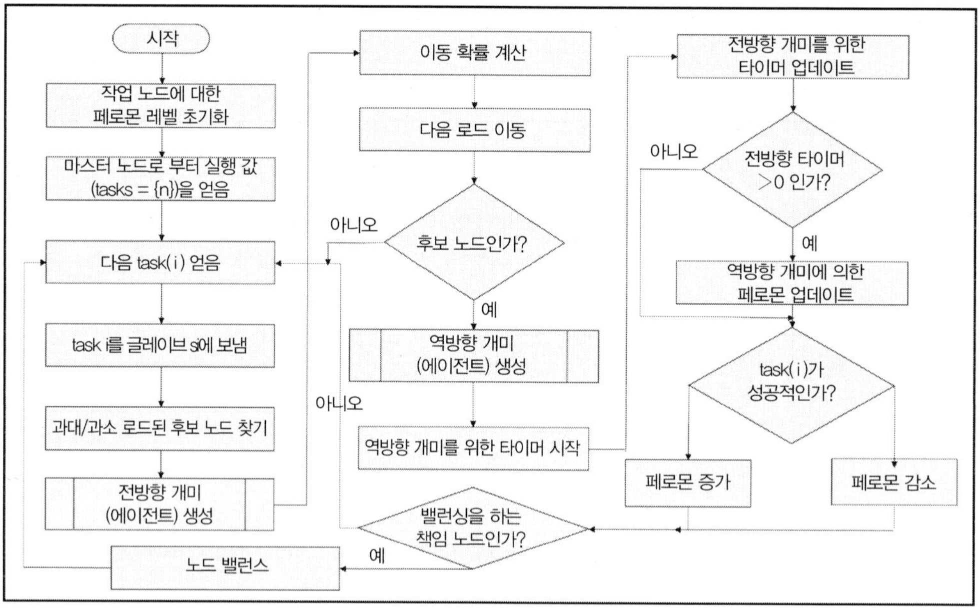

그림 9.12 로드 밸런싱 알고리즘

SI의 적용 가능성은 IoT의 경우 계산이 에지 컴퓨팅으로 이동하고 데이터를 수집하는 센서가 스웜의 구성원들로 취급될 수 있으며 운영 체제를 기반으로 시스템의 전반적인 이익을 위해 독립적인 작업을 수행할 수 있다. 하드 코드된 함수 대신 퍼지 규칙을 사용하고 에지 장치는 사전 정의된 목표 중 일부를 집합적으로 달성하기 위해 작업 환경 내에서 탐색하고 악용할 수 있는 기능으로 프로그래밍할 수 있다.

데이터 크기 및 분산 컴퓨팅과 관련하여 큰 데이터 처리의 최적화를 지금까지 보아 왔다. 그러나 빅 데이터에는 데이터의 다양성과 속도 측면에서 두 가지 중요한 측면이 있다. 데이터의 다양성과 속도는 큰 데이터의 다차원적인 문제를 다루어야 한다. 다음 단원에서는 데이터 처리 시스템에 대한 하나 이상의 목표 (실제 시나리오의 경우)가 있을 때 동적 데이터 및 다중 목표 최적화 처리에 대해 간략하게 살펴볼 것이다.

동적 데이터 처리

데이터의 출처가 증가함에 따라 그로부터 의미를 찾고 보다 나은 의사 결정을 내리고 자율적인 행동을 이끌어내는 탐구가 있다. 그러나 차원과 입력 변수의 수가 증가함에 따라 솔루션 공간을 통한 검색은 계산 집약적이 되고 단순한 무차별 대입 및 분산 컴퓨팅의 적용만으로는 충분하지 않다. SI 알고리즘을 활용하여 중요한 차원에 더 높은 가중치로 태그하여 전체 결과에 영향을 줄 수 있다. 이 특정 시나리오에서 데이터 생성 속도는 수신되는 데이터의 변화로 인해 복잡성 수준을 추가한다.

인공 에이전트의 스웜을 디자인할 때 해결해야 할 과제 중 일부는 동적 대상 공간과 관련이 있으며 환경의 상태가 매우 빠르게 변경된다(최적화가 수행되고 페로몬 수준이 지능형 에이전트에 의해 결정된 후에도). 일단 스웜이 전역적 최적 값을 찾으면 실제 값이 동적으로 변경될 수 있다. 이를 위해서는 환경의 역동성을 다루는 에이전트에 다른 규칙 집합을 구축해야 한다. 이 시점에서 알고리즘은 동적 검색 공간 내에서 증가하는 최적화 비용을 고려하여 획득한 솔루션의 품질과 균형을 이루도록 발전시켜야 한다. 인공 에이전트는 역동적인 데이터를 효율적으로 처리하기 위해 객관적 기능에 내장된 모호함을 필요로 한다.

다중 목적 최적화

지금까지 이 장에서, 명시적인 목적(개미 콜로니의 음식 소스를 찾는)과 함께 문제를 살펴보았다. 그러나 실제 시나리오에서 종종 개별 에이전트뿐만 아니라 스웜에 의해 충족될 필요가 있는 하나 이상의 목적이 있다. 예를 들어, 꿀벌의 경우 그들은 음식 소스를 찾아 음식을 수집하고, 벌집을 안전하게 지키고, 실행 가능한 장소를 찾을 필요가 있다. 하나의 목적은 다른 목적의 비용으로 수행할 수 있는 장점이 있다. 에이전트는 스웜에 큰 관심을 가지고 관계를 고려하여 프로그램되어야 한다.

가능한 한 에이전트의 최적화 기능은 하나 이상의 목적을 위한 최적의 솔루션을 가지고 있어야 하지만 상호 배타적이지는 않다. 이 경우 대리인은 중앙 통제없이 운영할 수 있어야 하며, 환경적 맥락을 기반으로 객관적인 가중치를 결정할 수 있어야 하며, 단기적으로 결정하는 대신 장기간 동안의 전체적인 목표를 달성해야 하는 목표를 선호해야 한다. 최적화의 목표는 전체적으로 파레토 최적화(pareto optimality)에 도달하는 것이다.

파레토 최적화는 할당이 최적인 스웜을 결정하기 위해 공식적으로 정의된 개념이다. 다른 참가자의 복지를 감소시키지 않으면서 적어도 하나의 참가자의 복지를 향상시킬 수 있는 대체 배정이 있는 경우 배분은 파레토 최적이 아니다. 이 조건을 만족하는 전송이 있는 경우 재할당을 파레토 개선이라고 한다. 추가적인 파레토 개선이 더 이상 가능하지 않으면. 이때의 할당이 파레토 최적이다.

자주 묻는 질문

Q: 분산 컴퓨팅 패러다임과 스웜 지능의 차이는 무엇인가?

A: 분산 컴퓨팅하는 경우, 또한 각 노드에 의해 처리되는 조각 내의 작업 단위를 나눈다. 시스템의 두 유형 간의 기본적인 차이점은 분산 컴퓨팅 시스템은 중앙 제어된다는 점이다. 모든 작업자 노드의 트랙과 가용성에 따라 할당된 작업 단위를 유지하는 마스터 노드 또는 처리 장치가 있다. 시스템은 작업자 노드 중 하나의 실패의 경우 신뢰할 수 있도록 프레임워크는 중복의 수준을 유지한다. 사회 생물에 의해 입증 지능형 무리 행동의 경우, 중앙 집중식 제어가 없는 모든 에이전트는 자신의 작동 원리 내에서 독립적으로 작동한다. 에이전트는 스스로 조직하고 직관적으로 암시하는 대신 중앙 제어 장치에 의해 관리 명시적 협력의 공동 작업을 수행할 수 있다.

Q: 어떻게 SI 알고리즘을 기반으로 한 시스템은 페로몬 생성과 같은 자연 현상을 모방하는가?

A: 페로몬은 주위에 음식 소스가 다른 개미에 신호하는 개미에 의해 분비되는 화학 물질이다. 이 화학 물질은 페로몬의 농도 조절을 통해 개미가 서로 통신하는 주요 메커니즘이다. 인공 에이전트의 경우, 에이전트는 추가 페로몬을 나타내기 위해 증가하는 숫자 값으로 페로몬의 부피를 유지하며 시간 파라미터를 기반으로 한 증발 프로세스도 있다. 어떤 면에서는 자연 현상과 일치하도록 동작이 시뮬레이션 된다.

Q: 사용 사례 및 인공 스웜 인텔리전스의 실제 응용 프로그램은 무엇인가?

A: SI의 원칙은 산업에 걸쳐 다양한 문제와 유스 케이스에 적용할 수 있다. 이미 노드의 로드 밸런싱을 위한 분산 컴퓨팅의 사용 사례를 보았다. 또한 고객 서비스 운영에 공장 운영 및 인력 최적화, 물류 계획 및 공급망 최적화, 네트워크 및 통신 라우터, 지능형 교통 및 차량 제어 등에 SI 알고리즘을 배포할 수 있다.

요약

이 장에서는 인공지능 구축에 대한 흥미로운 점을 살펴보았다. 대규모 규모의 매우 복잡한 생태계를 조화롭게 관리하는 데에는 자연이 가장 좋다. 자연과 인간과 비교하여 작은 두뇌를 가진 아주 적은 수의 뉴런을 가진 작은 생물 중 일부로부터 영감을 얻었다. 그러나 이 작은 생물들은 집단적으로 개별 능력의 합보다 훨씬 큰 업적을 달성할 수 있다. 인간의 능력을 보완하고 증대시키는 인공지능 시스템을 구축하고자 할 때 이러한 공동체 생물의 작동 원리는 무시할 수 없다.

이 장에서는 자연 스웜의 기본 개념을 살펴보았다. SI를 기반으로 현대 시스템을 개발하는 동안 우리가 고려해야 할 몇 가지 원칙 및 정보를 보았다. 수학적 형태로 집단 행동을 표현하고 PSO 및 ACO 알고리즘을 사용하는 인공 에이전트의 알고리즘 동작을 개발하는 데 있어 일부 패턴을 도출하려고 노력하였다. 이 장에서는 다양한 실험과 고급 분석에 쉽게 활용할 수 있는 두 가지 계산 프레임워크와 라이브러리인 MASON과 Opt4J를 살펴보았다. 이 라이브러리는 효과적인 시각화 레이어를 제공한다. 분산 컴퓨팅 환경에서 서버를 로드 밸런싱하는 유스 케이스를 다뤘다.

다음 장에서는 다시 한 번 자연에서 영감을 얻는 강화 학습이라는 중요한 알고리즘을 살펴볼 것이다. 지도 학습과는 달리 강화 학습은 보상과 처벌을 인공 에이전트의 학습 행동에 대한 입력으로 활용한다.

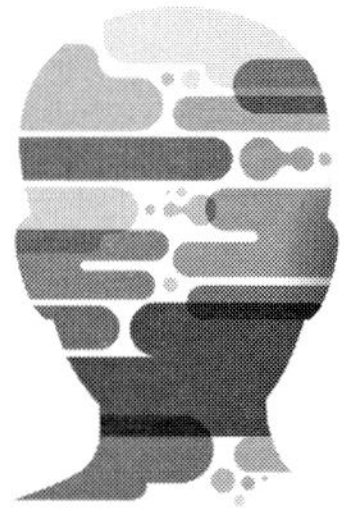

제 10 장

강화 학습

Reinforcement Learning

Artificial Intelligence for Big Data

Complete guide to automating Big Data solutions using Artificial Intelligence techniques

제3장, 빅 데이터로부터 학습 단원에서 머신러닝의 두 가지 기본적인 유형은 지도 학습과 비지도 학습으로 설명하였다. 지도 학습의 경우, 모델은 새로운 데이터 입력에 따라 결과를 예측하는 히스토리 데이터(관찰)에 따라 학습된다. 비지도 학습의 경우, 모델은 데이터 셋에서 패턴을 도출하고, 솔루션 공간을 분리하기 위해 논리적 그룹의 경계를 정의하려고 한다. 인공지능의 발전을 위해 중요한 머신 러닝 알고리즘의 세 번째 유형이있다.

자전거 타기를 학습하는 과정을 생각해 보라. 먼저 자전거를 타고 가는 어떤 사람을 관찰하는 방법에 대한 정신 모델을 만들고, 나 자신에게 적용해 본다. 바로 첫 번째 탈때에는 자전거에 균형과 움직임을 얻을 수 없다. 우리는(배우) 처음 길(환경)에 (행동)을 여러번 반복해보고 넘어(보상)설 수 있다. 서로 다른 속도와 전략을 왼쪽과 오른쪽 페달에 적용해 보고, 다른 균형을 또 다시 적용해보면서 이번에는 좀 더 멀리(높은 보상을) 가서 마지막으로 자전거를 잘 탈 수 있게 된다(목표!). 여러 번의 반복 프로세스는 보상을 극대화하기 위해 특정 시점에서의 환경 조건에 따라 행동의 집합 권리를 강화한다.

여기서 구상한 이 과정을 강화 학습이라고 한다. 이것이 이 장에서 공부하려고 하는 머신 러닝 알고리즘의 세 번째 기본 범주이다.

이번 장에서 다룰 주제

- 강화 학습 알고리즘의 개념
- Q-학습
- SARSA 학습
- 딥 강화 학습

강화 학습 알고리즘의 개념

기본적인 용어의 정의를 통해 강화 학습에 대한 단순한 모델을 만들어 보면 다음과 같다.

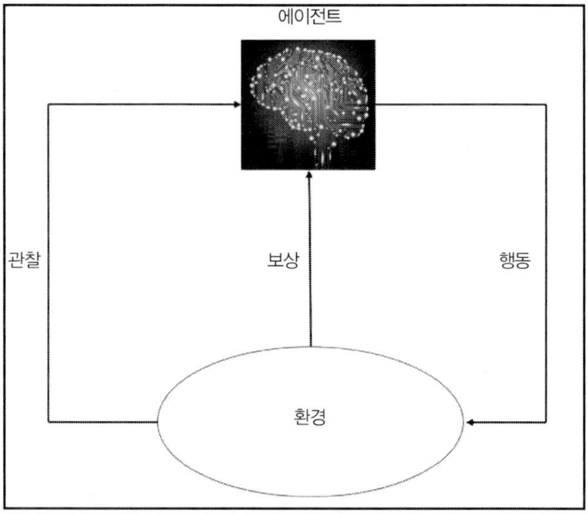

그림 10.1 강화학습 개념

각 단계와 시간 (t)에서 에이전트는 다음과 같이 행동한다.

- 작업 a_t를 실행한다.
- 관찰 o_t을 받는다.
- 보상 r_t을 받는다.

각 단계와 시간 (t)에서 환경은 다음과 같이 행동한다.

- 행동 a_t를 받는다.
- 관찰 $ot+1$을 받는다.
- 스칼라 보상 r_{t+1}을 받는다.

환경은 비 결정적으로 간주된다(행동 a_t는 관찰 o_t에 기반하여 보상 r_t을 받는다. 동일한 행동 동일한 상태는 서로 다른 보상을 받는다.)

에이전트(지능형 시스템)는 관찰 및 행동을 갖는 환경 컨텍스트에 연결된다. 에이전트는 대중적이고 진화하는 기술의 일부를 기반으로 작업을 고유한 방식으로 환경을 인식하고 결정한다. 각 시간 단계에서, 에이전트는 환경의 상태를 나타내는 신호를 수신한다. 에이전트는 그 시점에서 몇 가지 옵션 중 하나이다. 행동으로 응답한다. 동작 환경의 상태를 변화시키는 출력을 생성한다. 첫 번째 챕터의 결과 피라미드를 기억 하는가? 에이전트를 개선하는 결과의 경우 그것의 존재에 대한 환경과 전반적인 목표에 따라 적절한 조치를 취할 수 있다. 이로 인해 에이전트의 행동 환경 상태의 변화는 강화 신호 에이전트로 재강화와 함께 에이전트로 다시 소통한다. 전체적인 결과는 에이전트가 최대화 또는 보상 (강화 신호)의 합을 늘릴 필요가 있는 개별 동작의 조합이다. 이것은 진화 알고리즘의 일부가 지원하는 시행 착오 전략에 따라 일정 기간 동안 알게 된다.

이러한 배경으로, 명확하게 강화 학습을 달성할 수 있는 두 가지 방법이 있다는 것을 알 수 있다.

- **유전 알고리즘과 프로그래밍을 사용한다** : 이 방식에서, 에이전트는 환경 상황에 따라 최적의 솔루션 또는 동작 가능한 경로의 공간 내에서 검색한다. 유전 알고리즘 모델의 사용은 보상을 극대화하는 에이전트의 전반적인 목표를 달성하기 위한 무차별에 대한 의존도를 제거하는 경향이 있지만, 이 방법은 에이전트에 대한 하위 최적화 작업을 얻을 수 있다.
- **통계적 기법 및 동적 프로그래밍 모델을 사용한다** : 이것은 몇 가지 도전 과제 (예 : 체스와 바둑과 같은 게임)에서 인간의 지능을 능가하는 에이전트의 개발에 분산 컴퓨팅과 병렬 처리의 현대 컴퓨팅 패러다임이 취한 접근 방식이다.

강화 학습과 지도 학습 모델 사이의 근본적인 차이가 있다. 지도 학습의 경우는, 출력 변수(들) 독립 변수 매핑에 과거 데이터에 대한 액세스를 갖는다. 이 기록 데이터는 지도 학습 모델을 훈련에 대한 입력으로 사용된다. 이 모델은 입력 데이터 셋의 새로운 셋의 출력 값을 예측할 수 있다. 강화 학습의 경우, 에이전트는 사용 가능한 솔루션 공간 내에서 검색할 필요가 있고, 최대 보상으로 이어질 액션의 히스토리 셋에 액세스할 수 없다.

다음과 같이 에이전트의 행동에 따라 환경에 대한 상태 전이가 가시화 될 수 있다.

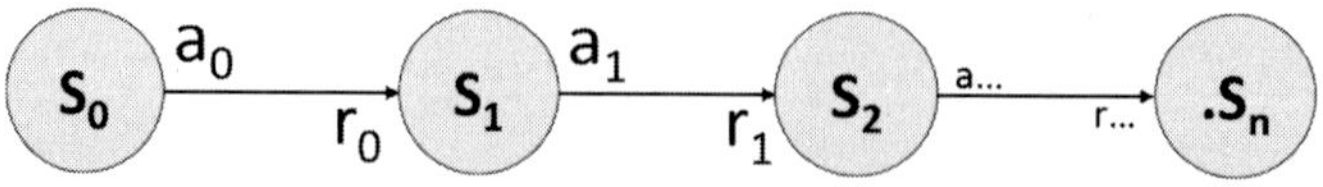

강화 학습 알고리즘의 전반적인 목표는 정책을 도출하는 것이다. 피 결합된 모든 행동에 대한 보상의 합을 극대화한다.

$$\mathbb{P} = Max(\sum_{t=0}^{n} r(t))$$

알고리즘이 강화 학습을 신청해야 하는 두 가지 기본 전략이 있다. 길을 따라 긍정과 부정 보상을 얻을 수 있는 미로를 탐색으로 강화 학습을 상상해 보라. 탐사와 탐색 정책을 도출하고, 보상은 여러 작업을 이상 감소하는 경우 다시 경로를 추적하는 기술은 보상에 초점을 맞추므로 탐사라고 한다. 그러나 단순히 미로에 제한된 가시성 내 최대 보상의 경로를 따르면 최적의 경로를 찾는 최종 상태에 도달할 수 없다.

새로운 방향으로 무작위로 알 수 없는 지역을 이용해야 한다. 이것은 공식적으로 검색 공간의 착취로 불리운다. 탐사 및 개발 단계의 조합은 강화 학습의 전반적인 목표에 연결된다. 에이전트가 탐사 및 보상을 극대화의 전반적인 목표를 달성하기 위해 착취를 적용하면서, 최적의 행동에 대한 고려가 필요하다. 에이전트가 눈에 보이는 환경 내에서 솔루션 공간을 통해 검색을 최적화할 수 있는 세 가지 모드가 있다.

- **유한 수평선 모델(Finite horizon model)** : 특정 시점에서 에이전트는 전체 검색 공간의 가시성을 가질 수 없다. 에이전트는 다음 m 스텝에 대해 최대 보상을 위해 탐색을 나눈다.

$$\mathbb{P} = Max(\sum_{t=0}^{m} r(t))$$

  에이전트는 m^{th} 단계를 넘는 것에 대해 걱정하지 않는다. 이 방법에서는 에이전트가 있는 **비-고정 정책**(non-stationary policy) 에 따라 변경될 수 있다. 이 시점에서 에이전트는 m-단계 최적 행동을 산출하고 강화에서 m 단계를 위한 행동의 가장 좋은 서열을 산출한다. 다음 단계에서 에이전트는 $m-1$ 단계를 위해 최적화하고 제한된 탐색공간에서 끝나게 된다.

- **무한 수평선 모델(Infinite horizon model)** : 이 모델의 주목할 만한 차이점은 검색 공간 및 상태 전이가 무한한 것으로 간주된다는 것이다. 이 모델은 전체 검색 공간을 통해 마음에 장기 보상의 극대화와 함께 훈련한다. 보상은 할인 요인 β에 따

라 기하학적으로 비례하여 0과 1 사이의 값의 범위로 할인된다.

$$\mathbb{P} = Max(\sum_{t=0}^{\infty} \beta^t r(t))$$

- **평균 보상 모델(Average reward model) :** 이 경우, 에이전트는 액션 단계에 걸쳐 평균 보상의 최적 값에 기초하여 동작을 수행한다. 이것은 무한한 수평선 모델의 제한적인 경우이며, 잠정적으로 최적화되지 않은 솔루션에 대한 회귀 측면에서 더 보수적인 것으로 간주된다.

알고리즘이 여러 모델 중 하나가 있을 경우, 특정 성능 기준은 다음 세 가지이다.

- **최적의 둔화 및 최종 컨버전스 :** 결국 천천히 학습을 시작하고 에이전트는 신속하게 90% 최적의 행동으로 수렴하는 사람에 비해 덜 바람직하다. 최대 보상을 위한 실천 단계에서 최적의 상태로 수렴한다.
- **최적의 수렴 속도 측정 :** 최적의 상태가 불확실하기 때문에, 수렴의 속도가 상대적 주관적 척도 및 거의 최적의 허용 가능한 차이의 함수가 될 필요가 있다. 주어진 시간이나 행동 단계 후에 성능의 수준을 측정할 수도 있다. 실수가 발생하지 않으며, 따라서 최소 시간은 신중 에이전트가 작동하는 환경의 컨텍스트 내에서 선택해야 하는 기간이 일반적이다. 에이전트 시간 연장 환경 내에서 작동하는 경우 때때로 그것은 부적절한 측정이 된다. 이 에이전트는 전체 학습 기간 동안 높은 패널티를 지불하는 것도 가능하다. 임계 성능과 정확성에 신속하게 수렴 모델이 측정 값을 선택할 수 있다.

강화 학습 기법

강화 학습에 대한 배경 지식을 바탕으로 다음 단원에서 최적의 방법으로 보상을 극대화한다는 목표로 검색 공간을 탐색하기 위한 형식적인 기술들을 살펴볼 것이다.

마코프 의사 결정 프로세스

마코프 의사 결정 프로세스(markov decision processes, MDPS)를 이해하기 위해 다음 두 가지 환경 유형을 정의한다.

- **결정적 환경** : 결정적 환경에서는 환경의 특정 상태에서 취해진 동작은 소정의 결과를 결정한다. 예를 들어, 게임 시작 시 모든 가능한 동작에서 체스 게임을 할 때, 폰을 e4에서 e5로 이동할 때 즉각적인 다음 단계를 확실한다. 이는 다양한 게임에서도 차이가 없다. 또한 확실한 수준의 다음 가능한 상태 (들)와 함께 결정론적 환경에서 확실한 보상도 있다.

- **확률적 환경** : 확률적 환경의 경우, 이전 상태에서 에이전트의 행동에 따라 환경의 다음 상태의 측면에서 임의성과 불확실성의 수준은 항상 있다.

에이전트는 지능형 시스템을 구축할 때의 일부가 되고자 하는 실제 환경의 대부분은 자연의 확률이 될 것이다. MDPS는 컨텍스트 내에서 일련의 작업을 기반으로 최종 의도된 상태에 도달하는 정책을 찾을 수 있는 에이전트의 전반적인 목표와 확률적 환경에서 의사 결정을 용이하게 하는 프레임워크를 제공한다. MDPS는 행동을 결정하고, 환경 조건에 따라 조정한다는 의미에서 단순한 계획에서 이탈한다. MDPS는 확률적 환경에서 에이전트에 대한 의사 결정 과정에 대한 형식적인 정량화 모델을 제공한다.

에이전트는 현재 상태 s내의 시간 t에서 사용 가능한 모든 동작 집합에서 단계 (행동 a)를 취한다. 환경은 에이전트 R_a (s, s')에게 보상을 주는 동안 새로운 상태 s'로 이동한다. 환경의 확률적 특성으로 인해 국가에서 특정 국가로의 이행은 확실하게 보장될 수 없다. 이 전이는 확률 값 P_a (s, s')로 가능하다. 상태 s내의 각 동작 단계는 이전 상태 및 동작과 독립적이며 Markov 속성을 충족시킨다.

> 확률론적 과정은 프로세스의 미래 상태의 조건부 확률 분포 (과거와 현재 상태 모두에 대한 조건부)가 이전 상태의 순서가 아니라 현재 상태에만 의존하는 경우 Markov 속성을 갖는다. 이 속성을 가진 프로세스를 Markov 프로세스라고 한다.

다음과 같이 일련의 작업에 대한 상태 변화와 환경의 확률적 특성은 가시화될 수 있다.

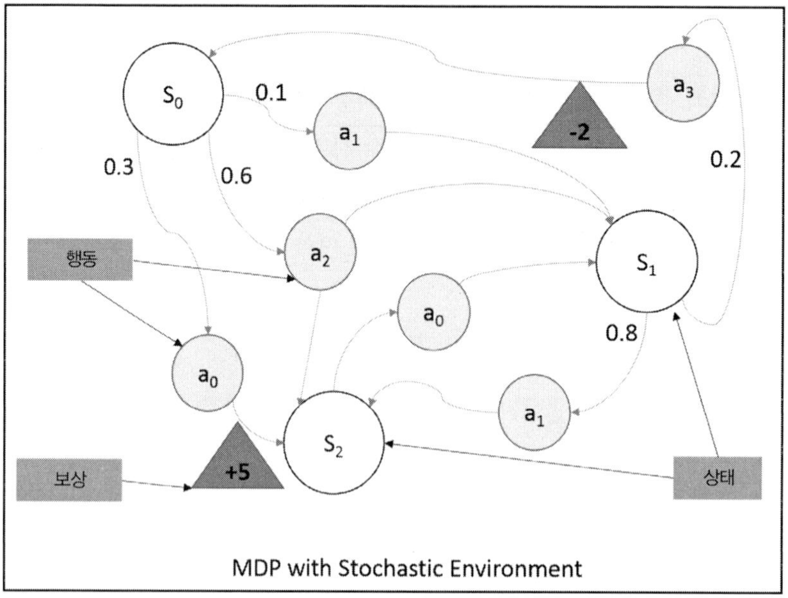

그림 10.2 확률적 환경을 갖는 MDP

MDP는 다섯 개의 기본 구성 요소가 있다.

- **S** : 환경의 모든 가능한 상태의 집합을 말한다.
- **A** : 에이전트에 대한 모든 가능한 조치의 집합을 말한다. As는 상태 s에서 행동들의 집합을 나타낸다.
- **Pa(s,s')** : 상태 s에서 행동 a가 상태 s'로 이어질 확률. 앞의 다이어그램에서 상태 s1에서의 작업 a2가 환경 상태를 s1로 전환할 확률은 0.6이다.
- **Ra(s,s')** : 이것은 행위 a의 결과로 환경이 상태 s에서 상태 s'로 전환될 때 행동 a의 결과로서의 보상을 나타낸다. 이전 다이어그램에서, 에이전트는 상태 s1에서 액션 a3에 대해 −2의 보상을 받고 상태 s0x로 전이된다.
- Y ∈ [0,1] : 이것은 미래의 보상과 특정 작업에 기초한 상태 전이에 대한 현재 보상의 차이는 할인 요인을 나타낸다.

MDP는 유한 집합 내의 모든 행동에 대한 누적 보상을 극대화하는 정책을 찾기 위해 시도한다. 목표는 동적 프로그래밍 프레임워크의 도움으로 달성될 수 있다.

❁ 동적 프로그래밍 및 강화 학습

강화 학습의 맥락에서, 동적 프로그래밍 접근 방식은 컨트롤러 또는 조치를 취할 필요가 있는 에이전트와 환경 내에서 프로세스 사이의 상호 작용을 다룬다. 이 상호 작용은 세 가지 유형으로 이루어진다.

- **상태 신호(state signal)** : 프로세스의 상태를 설명한다.
- **동작 신호(action signal)** : 이에 의해, 에이전트(제어기)는 프로세스에 영향을 끼친다.
- **보상 신호(reward signal)** : 가장 최근의 행동에 따라 컨트롤러에 피드백을 제공한다.

에이전트는 상태-보상-동작의 반복 주기와 반복 솔루션 공간을 통해 이동한다. 정책은 에이전트의 전반적인 동작을 정의한다. 정책은 동적 (또는 결정적 확률) 환경의 특성에 기초하여 정렬 될 수 있다. 동적 프로그래밍의 경우, 에이전트의 전반적인 목표는 에이전트의 존재에 걸쳐 누적 보상 극대화 최적의 정책을 파악하는 것이다(결정적 또는 확률적). 주어진 상태에 대한 최적의 행동의 선택은 항상 동일하다. 주어진 상태에 대해 최적의 행동의 선택이 항상 동일하고 고정된 최적의 정책으로 이끄는 무한 수평선 이상의 수익률을 고려할 것이다. 동적 프로그래밍(DP)와 강화 학습(RL)은 무한 수평선에 걸쳐 동일한 목표를 공유하지만 응용 프로그램과 알고리즘 면에서 몇 가지 차이점이 있으니 다음 표에서 비교를 해보자.

DP와 RL 자신의 최적화 목표를 달성하기 위해 공통적으로 같은 값의 반복, 정책의 반복과 같은 전략뿐만 아니라 검색 정책을 적용할 수 있다.

	동적 프로그래밍(DP)	**강화학습(RL)**
응용영역	자동제어	인공지능
문제에 대한 응용	비선형 및 통계적 최적제어 문제	적응적 최적 제어
용어	제어기 / 프레스	에이전트 / 환경
알고리즘 유형	모델 기반	모델 프리

DP와 RL 결정적 환경 설정의 맥락에서 알고리즘을 먼저 살펴보자. 이러한 환경에서, 시간 t 상태에서 에이전트에 의해 동작이 취해지면, 천이 함수 $f : S \times A \rightarrow S$에 따라 상태는 s_{t+1}로 바뀌

며 $s_{t+1} = f(s_t, a_t)$가 된다. 이 때 에이전트는 보상 함수 ρ에 따라 스칼라 보상 신호 r_{t+1}을 받는다.

$S \times A \rightarrow R$ 이고 $r_{t+1} = \rho(s_t, a_t)$이다. 에이전트는 정책 $\pi : S \rightarrow A$에 따라 $at = \pi(s_t)$를 사용하여 추가 작업을 선택한다. 전이 함수 f, 보상 함수 ρ, 현재 상태 s_t 및 현재 동작 a_t을 알면 다음 상태 s_{t+1}과 다음 보상 r_{t+1}을 결정할 수 있다.

■ 정책의 반복과 결정적 환경에서의 학습

다음 그림에 설명된 결정적인 환경에서 동적 프로그래밍 모델을 기반으로 에이전트의 학습 과정을 이해해 보자. 간단한 키보드에서 음악을 재생하는 학습 에이전트를 가정해 보자.

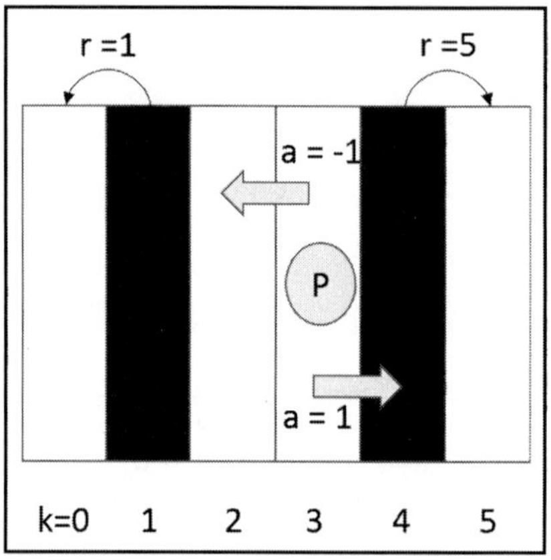

그림 10.3 결정적 환경에서 동적 프로그래밍 모델

이 다이어그램에서 P는 키보드 연주 에이전트를 나타내고, K = {0,1,2,3,4,5}는 0에서 5까지 번호가 매겨진 키를 나타낸다. 이 간단한 설정에서 에이전트는 A = {−1,1}. 오른쪽으로의 이동은 a = 1로 표시되고 왼쪽은 a = −1로 표시된다. 에이전트가 특정 노드를 재생할 때 보상을 받는 것으로 가정하고, 이 경우 키 번호 4에서 5로 이동하면 보상은 5이고, 키 1에서 키 0으로 이동하면 보상은 1이다. 다른 트랜지션인 경우 보상은 0이다. 간단하게 키 0과 5는 사운드 노드의 터미널 상태이고 에이전트가 도달하면 에이전트는 퇴장할 수 없다.

다음으로 이 경우에, 전환 기능이 표현 될 수 있다.

$$f(k,a) = k + a \qquad \text{만약 } 1 \leq \ K \langle 4$$

$$f(k,a) = k \qquad \text{만약 } K = 0 \text{ 또는 } K = \ 5$$

다음과 같이 보상 함수가 표현된다.

$$\rho\,(s,a) = \begin{cases} 5 & \text{If s = 4 and a = 1} \\ 1 & \text{If s = 1 and a = -1} \\ 0 & \text{For other state transitions} \end{cases}$$

에이전트의 목표는 시작 위치 k_x에 따라 키보드의 전환에 따라 가장 높은 누적 보상을 얻을 수 있다. 무한 수평선 보상에 대한 식은 다음과 같다.

$$R(k_x) = \sum_{k=0}^{\infty} \gamma^k r_(k+1_) = \sum_{k=0}^{\infty} \gamma^k \rho(s_k, f(x_k))$$

이 경우, $\gamma \in [0, 1]$ 보상에 관해서 에이전트에 대한 지연 감사 수용을 나타내는 할인 요인이다. 개별 액션 보상이 경계인 경우이므로, 누적 보상은 바인딩되어 있다. 에이전트는 단지 전체 누적 보상을 최대화하기 위하여, 각 작업 단계에서의 피드백을 사용한다.

이 경우에는 현재의 작업 단계 에이전트의 전반적인 보상의 어떤 표시를 제공하지 않는다. 이 보상과 수렴 속도를 최대화 용액의 품질 사이의 trade-off 설정에 적합한 값 γ를 선택하는 것이 필수적이다. 에이전트에 대한 최적의 정책을 유도하기 위해 가치 함수가 사용된다. Q-함수 및 V-함수로 나타내는 두 종류의 함수가 있다. Q-함수는 상태-액션 값 함수이고, V-함수는 상태 값 함수이다.

Q-함수 Q^P: $S \times A \rightarrow \mathbb{R}$은 주어진 상태 s와 주어진 행동 a에서 시작하여 정책 $\mathbb{P}$를 따르면서 시작할때, 정책 $\mathbb{P}$는 다음과 같은 경우에 정책의 수익을 제공한다. 결과적으로

$$Q^p(s,a) = \rho(s,a) + \gamma \mathbb{R}^p(f(s,a))$$

여기서 $\mathbb{R}^p(f(s,a)$는 다음 단계 $f(s,a)$로부터 리턴된다. Q-함수는 s안에서 a를 받아들임으로써 보상의 합을 할인하는 것으로 표현된다. 정책 $\mathbb{P}$는 다음과 같다.

$$Q^p(s,a) = \sum_{k=0}^{\infty} \gamma^k \rho(s_k, a_k)$$

임의의 k=0이고, $a_k = \mathbb{P}(s_k)$에 대해 $(s_0, a_0) = (s,a)$, $s_{k+1} = f(s_k, a_k)$일 때, 첫 번째 용어는 누적치 함수로 부터 분리된다.

$$\begin{aligned} Q^p(s,a) &= \mathbb{P}(s,a) + \sum_{k=1}^{\infty} \gamma^k \mathbb{P}(s_k, a_k) \\ &= \mathbb{P}(s,a) + \gamma \sum_{k=1}^{\infty} \gamma^{k-1} \mathbb{P}(s_k, \mathbb{P}(s_k)) \\ &= \mathbb{P}(s,a) + \gamma \mathbb{R}^p(f(s,a)) \end{aligned}$$

최적 Q-함수는 기능은 탐색 공간의 다양한 제제의 전환을 통해 최대 Q 값을 제공하는 것이다.

$$Q^*(s,a) = max_p Q^p(s,a)$$

V-함수 V^p: S->ℝ (정책 p에 대해)이 특정 키에서 시작하여 다음에 의해 얻어진다. V-함수는 정책 p의 Q-함수로 부터 유도될 수 있다. 최적의 V-함수는 다양한 전이에 대해 최대 V-값을 제공하며 Q-함수로부터 계산될 수 있다. 확률론적 환경에서 학습할 때 에이전트는 a + 1 액션을 취할 때 확실하게 상태 s + 1로 이동할 수 없다. 이 경우 Q 값과 V 값은 탐색 공간을 통해 여러 반복을 통해 에이전트가 학습한 전환 확률로 얻는다.

다음 단원에서, 대중적인 모델-프리 Q-학습 알고리즘 중 하나를 살펴볼 것이다.

Q-학습

Q-학습 에이전트가 탐색 공간 내에서 이러한 상태에 이르게 하는 모든 가능한 상태 및 작업을 알고 있는 경우 유용한 모델-프리 학습 알고리즘이다. Q-학습은 행동의 집합에 축적된 보상을 극대화의 목표 달성을 위해 최적화할 수 있다. 즉각적인 보상과 장기 보상 중에서 선택할 수 있다.

간단한 예제로 이것을 설명할 수 있다 (여섯 개 위치와 미로를 고려해 보자.). L∈{0,1,2,3,4,5} 그 안에서 스웜 에이전트가 위치 번호에 관해서 5를 갖는다. 그것은 보물 (최종 상태 또는 에이전트의 목표)을 찾는 것이다. 미로는 다음과 같은 구조를 가지고 있다. 양방향 화살표는 가능한 상태 전이를 나타내며, 숫자는 보상을 나타낸다.

현재 위치	가능한 위치(s)	보상
0	4	0
1	3,5	0,100
2	3	0
3	1,4	0
4	3,5	0,100
5	1,4,5	0,0,100

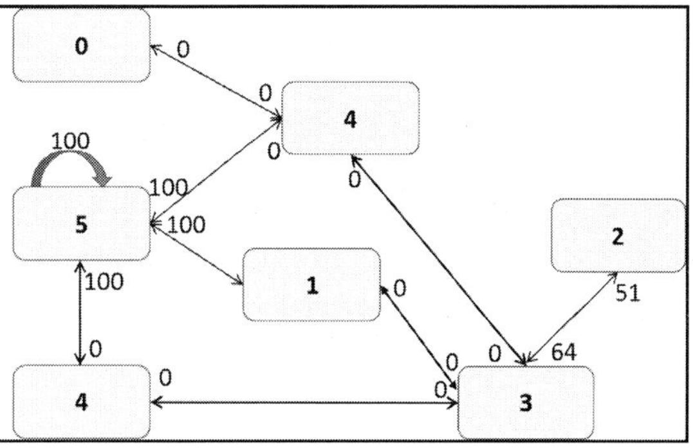

그림 10.4 Q학습의 상태전이 관계

상태 전이는 행 상태를 표시하고, 열 동작을 나타내는 행렬로서 Q가 학습에 표준화된 방식으로 표현된다. − 1은 행동 a가 특정 상태에서 불가능하거나 블록킹되었음을 나타낸다. 100은 100 상태 천이에 대한 포인트를 나타낸다. 다른 모든 전환을 위해 보상은 0이다.

행동

상태 0 1 2 3 4 5

$$R = \begin{array}{c} 0 \\ 1 \\ 2 \\ 3 \\ 4 \\ 5 \end{array} \begin{bmatrix} -1 & -1 & -1 & -1 & 0 & -1 \\ -1 & -1 & -1 & 0 & -1 & 100 \\ -1 & -1 & -1 & 0 & -1 & -1 \\ -1 & 0 & 0 & -1 & 0 & -1 \\ 0 & -1 & -1 & 0 & -1 & 100 \\ -1 & 0 & -1 & -1 & 0 & 100 \end{bmatrix}$$

그림 10.5 상태와 행동간의 보상관계

에이전트는 이제 에이전트가 일련의 동작 및 해당 상태 전이로 수행하는 모든 학습을 저장하는 Q 행렬을 작성해야 한다. Q 행렬에서도 행은 현재 상태를 나타내고 열은 다음 단계로 이어질 수 있는 가능한 조치를 나타낸다. 에이전트가 환경에 대해 알지 못하여 행렬에 모든 0값이 포함되어 있는 경우 Q 행렬의 초기 상태이다. 이 예에서는 에이전트가 환경에 여섯 가지 가능한 상태가 있음을 알고 있다고 가정한다. 그러나 실제 시나리오에서 에이전트는 모든 주에 대한 지식이 없으므로 탐색 공간을 탐색해야 한다. 이 경우, Q-학습 알고리즘은 열을 Q 행렬에 새로운 상태가 발생한다. Q-학습을 위한 전이 규칙은 Q 학습 알고리즘 Q 행렬 열을 추가한다. Q-학습의 전이 규칙은 다음과 같이 표현된다.

$$Q(s,a) = R(s,a) + \gamma * Max[Q(s+1, a_{0,n})].$$

γQ 행렬 내에 할당된 값은 R 행렬에 대응하는 값의 합과 다음 상태의 모든 가능한 동작에 대한 Q의 최댓값을 곱한 학습 파라미터를 나타낸다. 에이전트가 시작 위치에서 목표 상태로 전환할 때 에이전트는 Q 행렬을 업데이트 하며, 이 전이를 하나의 에피소드라고 한다. 이 문맥에서 Q-학습 알고리즘은 다음과 같이 표현된다.

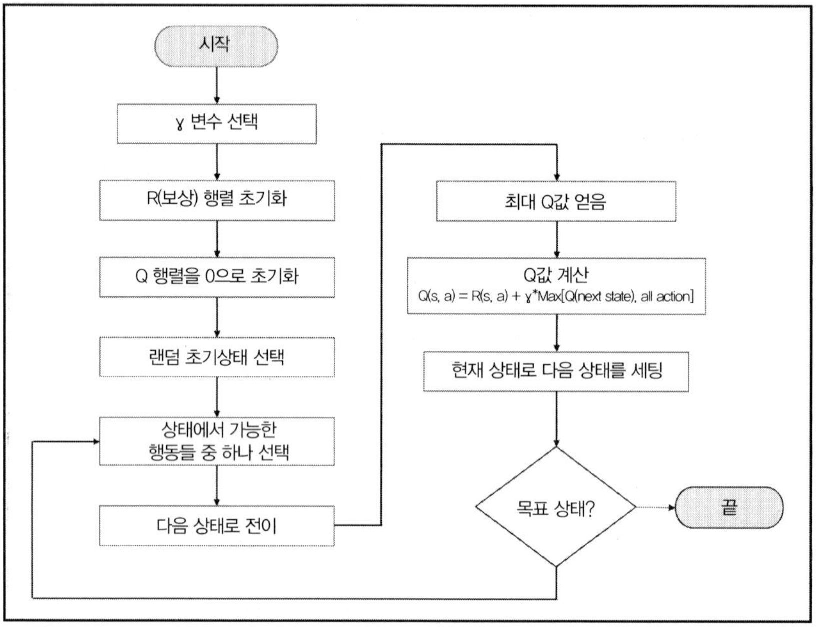

그림 10.6 Q-학습 알고리즘

이 알고리즘을 사용하면 에이전트의 메모리가 각 에피소드 별로 풍부해지고 상태 전이 보상에 대한 자세한 정보가 저장된다. 합리적인 수의 에피소드 동안 학습을 하면 에이전트는 탐색 공간을 통해 최적의 경로를 신속하게 유도할 수 있다. 매개 변수 γ 범위는 0과 1 사이이다. 이 매개 변수 γ이 0에 가까울수록 에이전트는 초기 에피소드 중 보상 우선 순위를 지정한다. γ이 1에 가까울 때, 에이전트는 누적된 이익을 위해 보상을 지연시키려는 더 큰 가중치로 미래의 보상을 고려한다.

이전에 본 미로 예에 따라 몇가지 에피소드 알고리즘을 사용해 보자. 여기서 보상 행렬의 초기 상태는 보상 행렬 R과 Q-행렬 Q이다.

상태 / 행동

$$R = \begin{array}{c} \\ 0 \\ 1 \\ 2 \\ 3 \\ 4 \\ 5 \end{array} \begin{array}{c} \begin{array}{cccccc} 0 & 1 & 2 & 3 & 4 & 5 \end{array} \\ \begin{bmatrix} -1 & -1 & -1 & -1 & 0 & -1 \\ -1 & -1 & -1 & 0 & -1 & 100 \\ -1 & -1 & -1 & 0 & -1 & -1 \\ -1 & 0 & 0 & -1 & 0 & -1 \\ 0 & -1 & -1 & 0 & -1 & 100 \\ -1 & 0 & -1 & -1 & 0 & 100 \end{bmatrix} \end{array} \qquad Q = \begin{array}{c} \\ 0 \\ 1 \\ 2 \\ 3 \\ 4 \\ 5 \end{array} \begin{array}{c} \begin{array}{cccccc} 0 & 1 & 2 & 3 & 4 & 5 \end{array} \\ \begin{bmatrix} 0 & 0 & 0 & 0 & 0 & 0 \\ 0 & 0 & 0 & 0 & 0 & 0 \\ 0 & 0 & 0 & 0 & 0 & 0 \\ 0 & 0 & 0 & 0 & 0 & 0 \\ 0 & 0 & 0 & 0 & 0 & 0 \\ 0 & 0 & 0 & 0 & 0 & 0 \end{bmatrix} \end{array}$$

그림 10.7 보상과 Q-행렬을 위한 상태 초기화

γ에이전트의 초기 상태가 1인지 고려해 보자. 임의의 γ값 0.8을 사용한다. 상태 1로부터 에이전트가 갈 수 있는 가능한 상태는 3과 5이며, 이 시점에서 에이전트가 5로 무작위 상태로 가는 것을 생각해 보자. 5단계에서 에이전트는 1과 4 그리고 5의 세 가지 상태의 선택이 있다. Q-학습 알고리즘을 적용해 보자.

$$Q(s,a) = R(s,a) + \gamma * Max\,[Q(s+1,\ a_{0,n})]$$

Q는 $(1,5) = R(1,5) + 0.8 * Max\,[Q\,(5,1),\ Q\,(5,4),\ Q\,(5,5)]$

$= 100 + 0.8 * MAx\,[0,0,0]$

$= 100 + 0.8 * 0$ (*Q 행렬은 0으로 초기화됨을 기억하라*)

$= 100$

5가 목표 상태이므로 다음과 같은 Q 행렬을 갖는 하나의 에피소드를 완료한다.

$$Q = \begin{array}{c} \\ 0 \\ 1 \\ 2 \\ 3 \\ 4 \\ 5 \end{array} \begin{array}{c} \begin{array}{cccccc} 0 & 1 & 2 & 3 & 4 & 5 \end{array} \\ \begin{bmatrix} 0 & 0 & 0 & 0 & 0 & 0 \\ 0 & 0 & 0 & 0 & 0 & 100 \\ 0 & 0 & 0 & 0 & 0 & 0 \\ 0 & 0 & 0 & 0 & 0 & 0 \\ 0 & 0 & 0 & 0 & 0 & 0 \\ 0 & 0 & 0 & 0 & 0 & 0 \end{bmatrix} \end{array}$$

그림 10.8 에피소드 1 이후 Q-행렬

이 시점에서 에이전트는 상태 1 또는 목표 상태가 아니므로 루프가 목표 상태 (이 경우 5)로 반복된다. 에이전트가 목표 상태인 상태 1에서 상태 5로 무작위로 이동하여 에피소드 2가 종결되었다고 가정해 보자. 다음은 에피소드 2 끝의 Q 행렬이다.

Q =

	0	1	2	3	4	5
0	0	0	0	0	0	0
1	0	0	0	0	0	100
2	0	0	0	0	0	0
3	0	80	0	0	0	0
4	0	0	0	0	0	0
5	0	0	0	0	0	0

⇨

Q =

	0	1	2	3	4	5
0	0	0	0	0	400	0
1	0	0	0	320	0	500
2	0	0	0	320	0	0
3	0	400	256	0	400	0
4	320	0	0	320	0	500
5	0	400	0	0	400	500

그림 10.9 에피소드 1 이후 Q-행렬 과 수렴후 Q-행렬 비교

0이 아닌 모든 숫자를 최대 수로 나눈 다음 100을 곱하여 행렬의 크기를 조정할 수 있다. 정규화를 사용하면 최종 수렴된 Q 행렬은 다음과 같다.

Q =

	0	1	2	3	4	5
0	0	0	0	0	80	0
1	0	0	0	64	0	100
2	0	0	0	64	0	0
3	0	80	51	0	80	0
4	64	0	0	64	0	100
5	0	80	0	0	80	100

그림 10.10 정규화된 Q-행렬

$$Q(s,a) = R(s,a) + \gamma * Max[Q(s+1, a_{0,n})]$$

일단 수렴되고 정규화된 Q 행렬이 획득되면, 에이전트는 목표 상태 (이 경우에는 5)에 도달하기 위해 상태전이에 대한 최적의 동작을 암기하고 학습한다. Q 행렬 값을 갖는 상태전이 다이어그램은 다음과 같다.

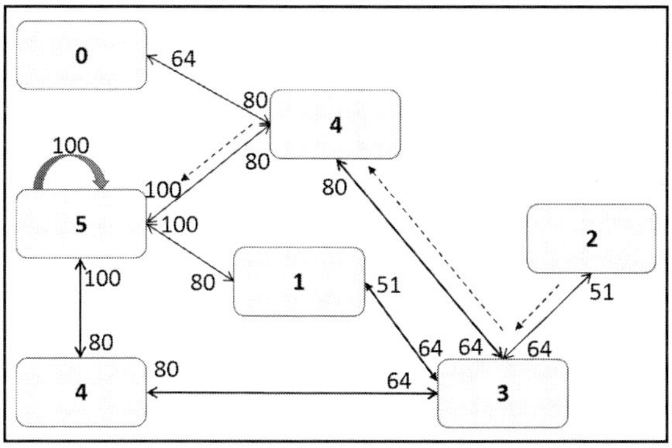

그림 10.11 Q-행렬값을 갖는 상태전이 다이어그램

이 전이 행렬이 정의되면 에이전트는 앞의 다이어그램에서 점선으로 된 화살표로 표시된대로 최대 Q 값을 갖는 각 단계에서 작업을 선택하여 최적의 방식으로 탐색 공간을 탐색할 수 있다.

여기에 이전에 본 것과 동일한 예와 Q-학습 알고리즘을 구현하는 코드는 다음과 같다.

```
package com.aibd.rl;

import java.util.Random;

public class QLearner

    private static final int STATE_COUNT = 6;
    private static final double GAMMA = 0.8;
    private static final int MAX_ITERATIONS = 10;
    private static final int INITIAL_STATES[] = new int[] 1, 3, 5, 2,
4, 0;

    // initialize the R matrix with the state transition combinations
    private static final int R[][] =
         new int[][] -1, -1, -1, -1, 0, -1,
              -1, -1, -1, 0, -1, 100,
              -1, -1, -1, 0, -1, -1,
              -1, 0, 0, -1, 0, -1,
              0, -1, -1, 0, -1, 100,
              -1, 0, -1, -1, 0, 100;
private static int q[][] = new int[STATE_COUNT][STATE_COUNT];
private static int currentState = 0;
public static void main(String[] args)
    train();
```

```
        test();
        return;
    }
    private static void train()
        // initialize the Q matrix to zero values
        initialize();

            // Perform training, starting at all initial states.
            for(int j = 0; j < MAX_ITERATIONS; j++) {
                for(int i = 0; i < STATE_COUNT; i++) {
                    episode(INITIAL_STATES[i]);
                }
            }
            System.out.println("Q Matrix:");
            for(int i = 0; i < STATE_COUNT; i++) {
                for(int j = 0; j < STATE_COUNT; j++)  {
                    System.out.print(q[i][j] + ",");
                }
                System.out.print(" ");
            }
            System.out.print(" ");
            return;
    }
    private static void test() {
        // Perform tests, starting at all initial states.
        System.out.println("Shortest routes from initial states:");
        for(int i = 0; i < STATE_COUNT; i++) {
            currentState = INITIAL_STATES[i];
            int newState = 0;
            do {
                newState = maximum(currentState, true);
                System.out.print(currentState + "  --> ");
                currentState = newState;
            } while(currentState < 5);
            System.out.print("5");
        }
        return;
    }
    private static void episode(final int initialState) {
        currentState = initialState;
        do {
            chooseAnAction();
        } while(currentState == 5);
```

```
        for(int i = 0; i < STATE_COUNT; i++) {
            chooseAnAction();
        }
        return;
    }
    private static void chooseAnAction() {
        int possibleAction = 0;

        // Randomly choose a possible action connected to the current
state.
        possibleAction = getRandomAction(STATE_COUNT);

        if(R[currentState][possibleAction] >= 0){
            q[currentState][possibleAction] = reward(possibleAction);
            currentState = possibleAction;
        }
        return;
    }
    private static int getRandomAction(final int upperBound) {
        int action = 0;
        boolean choiceIsValid = false;

        // Randomly choose a possible action connected to the current
state.
        while(choiceIsValid == false) {
            // Get a random value between 0(inclusive) and 6(exclusive).
            action = new Random().nextInt(upperBound);
            if(R[currentState][action] > -1){
                choiceIsValid = true;
            }
        }

        return action;
    }
    private static void initialize() {
        for(int i = 0; i < STATE_COUNT; i++)
        {
            for(int j = 0; j < STATE_COUNT; j++)
            {
                q[i][j] = 0;
            } // j
        } // i
        return;
```

```
        }
        private static int maximum(final int State, final boolean
ReturnIndexOnly) {
            // If ReturnIndexOnly = True, the Q matrix index is returned.
            // If ReturnIndexOnly = False, the Q matrix value is returned.
            int winner = 0;
            boolean foundNewWinner = false;
            boolean done = false;

            while(!done) {
                foundNewWinner = false;
                for(int i = 0; i < STATE_COUNT; i++)
                {
                    if(i != winner){ // Avoid self-comparison.
                        if(q[State][i] > q[State][winner]){
                            winner = i;
                            foundNewWinner = true;
                        }
                    }
                }

                if(foundNewWinner == false){
                    done = true;
                }
            }

            if(ReturnIndexOnly == true){
                return winner;
            }else{
                return q[State][winner];
            }
        }
        private static int reward(final int Action) {
            return (int)(R[currentState][Action] + (GAMMA * maximum(Action,
false)));
        }
}
```

이 프로그램의 출력결과는 다음과 같다.

Q Matrix:

0, 0, 0, 0, 396, 0,

0, 0, 0, 316, 0, 496,

0, 0, 0, 316, 0, 0,

0, 396, 252, 0, 396, 0,

316, 0, 0, 316, 0, 496,

0, 396, 0, 0, 396, 496,

Shortest routes from initial states:

1 --> 5

3 --> 1 --> 5

5 --> 5

2 --> 3 --> 1 --> 5

4 --> 5

0 --> 4 --> 5

지금까지 살펴본 바와 같이 Q-학습은 할인 보상을 최적화하는 방법으로 일반적으로 단기 보상과 비교하면 미래 보상에 우선 순위를 덜 부여한다. 다음 단원에서는 SARSA 학습이라는 Q-학습 알고리즘의 변형을 살펴볼 것이다.

SARSA 학습

State-Action-Reward-State-Action(SARSA) 는 on-policy 알고리즘으로, 이전 작업을 생성한 정책은 다음 작업을 생성할 수 있다. 이는 알고리즘이 오프 정책인 Q-학습과 달리 진행 중인 정책을 고려하지 않고 현재 상태 및 보상과 사용 가능한 다음 작업만 고려한다.

SARSA 내의 각 단계에서 에이전트의 행동은 Q-함수 평가를 개선하여 평가되고 개선된다. Q-값은 오류의 결과로 업데이트되고 다음과 같이 표시된 학습 속도의 요소에 의해 조정된다. 이 경우, Q-값은 상태 a_t+1에서의 동작의 결과로서 다음 상태 전이로부터 잠재적 보상 및 다음 상태-행동 관찰로부터 수신된 할인 (γ)미래 보상을 나타낸다. 알고리즘은 수학적으로 다음과 같이 나타낼 수 있다.

$$Q(s_t, a_t) \leftarrow Q(s_t, a_t) + \alpha\, [r_t + \gamma Q(s_t+1, a_t+1) - Q(s_t, a_t)]$$

Q-학습의 첫 번째 편차는 SARSA 학습의 경우 에이전트가 상태-값 기능이 아닌 행동-값 함수를 학습하는 것이다. 에이전트는 모든 상태 s 및 행동 a에 대한 정책 ℙ로 현재 정렬을 위해 Q^{ϱ}(s, a)를 추정한다. 에이전트는 하나의 상태-행동 쌍에서 다른 상태-행동 쌍으로의 전환을 고려하고 상태-행동 쌍의 가치를 알아야 한다. 업데이트는 s^t가 비터미널 상태인 s^t 에서 전환한 후에 수행된다. SARSA는 의사 결정 (*st*, *at*, *rt* + *1*, *st* + *1*, *at* + *1*)에서 모든 요소를 이용한다. 하나의 상태에서 다음 상태로 전이할 때. Q-학습과 마찬가지로 SARSA는 다음과 같이 나타낼 수 있는 반복 알고리즘이다.

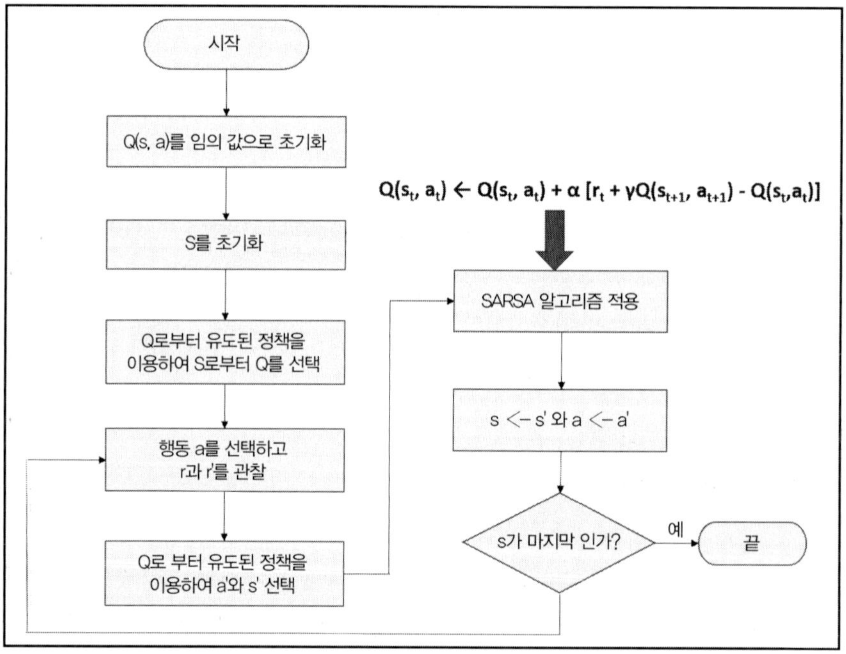

그림 10.12 SARSA 학습 알고리즘

덜 대중적으로 강화 학습에 사용되는 또 다른 방법은 에이전트에 대한 평균 보상을 최적화하려는 R-학습이다. 이는 동등하게 최적의 정책을 결정하는 미래 단기 보상을 고려하고 있다.

딥 강화 학습

실제 사용 사례 및 시나리오에서 배포할 알고리즘을 학습 강화하기 위해서는 인간과 같은 방식으로 환경의 정보를 추론할 수 있는 딥 신경망의 힘을 활용해야 한다. 이것을 딥 강화 학습(deep reinforcement learning)이라고 한다. 인공지능의 목표 중 하나는 시간이 지남에 따라 개선 최적의 행동을 배울 수 있는 환경과 상호작용하는 자율적인 에이전트를 작성하여 인간의 능력을 증대하고, 실수로부터 배우는 것이다.

예를 들어, 비디오 카메라로 부터의 신호는 딥 신경망을 사용하여 해석될 수 있다. 이 신호를 해석하면 카메라에 의해 관찰된 개체와 패턴, 딥 신경망인 인공 신경망(ANNs)의 도움으로 분석 할 수 있다. 이 딥신경망은 학습 피드에 따라 일정 기간 동안 학습 네비게이션 시스템을 만들기 위한 강화 학습 알고리즘의 응용 프로그램을 사용할 수 있다.

기본적으로, 딥 신경망과 강화 학습 알고리즘의 조합은 물체감지, 셀프 드라이빙카, 비디오 게임, 자연 언어 처리등에서 거의 인간의 성능을 달성할 준비가 되고 있다. 이 단원에서 DRL에 대한 다양한 접근 방법과 기술을 검토할 것이다. 딥 신경망(DNNs)은 오디오 / 비디오 신호와 같은 고차원 데이터 셋으로부터 저차원 표현을 추론할 수 있다. 한편, 강화 학습 모델은 학습 데이터에 대한 의존도를 줄이고 에이전트가 확률적 환경을 탐색하는 기간 동안 개선하기 위해 보상 / 처벌 패러다임에 의존한다. 딥 학습은 거의 인간의 성능에 대한 새로운 수준 및 자율적인 에이전트가 인간의 능력을 능가할 수 있는 강제로 요구하는 활동의 일부에 대한 학습 강화를 할 수 있다. DRLs를 사용하여 수행되는 동안, 초기 돌파구는 Atari 2600 비디오 게임을 마스터하고 단지 픽셀 데이터를 공급함으로써 전문 지식의 초인적인 수준을 달성하기 위해 알고리즘을 학습하는 것으로 이루어졌다. 에이전트는 확률적인 환경을 나타내는 픽셀 맵과 함께 보상 신호에 기초하여 순수하게 훈련시킬 수 있다. 또 다른 성공은 지도 및 보강, 그리고 자기 학습 알고리즘과 함께 학습의 조합을 사용하여 훈련받은 신경망의 사용을 기반으로 이동 세계 챔피언을 이길 지능형 에이전트, AlphaGo를 개발하였다.

DRLs는 비디오 신호가 미션 크리티컬 등의 운영 CNC 기계 등의 작업뿐만 아니라 수술을 할 수 있는 시도를 수행하는 컨트롤러를 활성화한다는 ANN로 해석된다. 로봇 공학 분야에서 유용하게 발견된다. DRL 에이전트가 완전히 가까운 장래에 인간의 능력을 보완하기 위해 진화하는 것이 필수적이다. DRLs로 인해 높은 차원, 구조화되지 않은 데이터 셋으로부터 저차원의 학습 기법을 추정할 수 있는 기능에 성공했다. 신경망은 잘 근사화하고 고차원 데이터에 기초하여 학습한다. 컨볼루션 신경망(CNNs)을 본질적으로 차원 높은 실제 원시 데이터 자산에서 직접 학습할 수 있는 DRLs을 위한 빌딩 블록으로 사용될 수 있다. DRLs는 딥 신경망이 최적값 함수, V, Q, A와 함께 사용 상태 전이를 통해 최적의 정책을 마련하기 위해 트레이닝할 수 있다. 신경망과 강화 학습의 조합 가능성이 매우 큰데, DRL 내 정책 탐색 방법의 함수 예측자(approximators)로서 딥 신경망의 응용 프로그램을 평가한다. 가장 대중적인 알고리즘 중 하나는 딥 Q-네트워크(DQN)이다

자주 묻는 질문

Q: 지도 학습 및 강화 학습의 차이점은 무엇인가?

A: 지도 학습 알고리즘의 경우, 모델은 히스토리 데이터의 흐름을 설명하고, 이벤트 데이터 생성 및 출력 사이의 상관 관계를 확립하고, 히스토리 데이터에 기초하여 훈련된다. 이 경우, 지도 학습 모델은 출력 변수(종속 변수들)의 집합에 대한 데이터 요소(독립 변수들)을 맵핑하는 커브 피팅 운동이다. 히스토리 데이터의 가용성 지도 학습에 필수적이다. 강화 학습의 경우, 에이전트는 이 행동은 그 동작 환경의 문맥에서 얻는 것에 기초하여 수신 보상에 기반하여 모델링된다. 자신을 훈련하는 에이전트에 사용 가능한 히스토리 데이터는 없다.

Q: 강화 학습의 기본 구성 요소는 무엇인가?

A: 강화 학습 환경의 컨텍스트 내에서 발생한다. 환경은 RL의 두 번째 구성 요소 에이전트의 성능에 영향을 미칠 수 있는 모든 외부 요소를 정의한다. 에이전트는 상기 단말기의 상태를 달성하기 위한 목표와 방법에 보상을 최대화하고 여러 상태 내의 솔루션 공간으로 전이한다. 에이전트가 수행하는 모든 작업은 보상 또는 처벌 생성 및 환경 상태에 대응하는 변화를 만든다.

Q: 지능형 에이전트가 발생하는 환경의 유형은 무엇인가?

A: 지능형 에이전트는 결정적 또는 통계적 환경 발생에 직면한다. 결정론 환경은 환경 starter 및 에이전트에 의한 최신의 행동에 따라 확실성의 수준을 가지고 있다. 이러한 유형의 환경에서 시간 t의 행동이나 환경이 상태 s_t에 있을 때 결정적 상태 및 보상을 한다. 그러나 확률적 환경의 경우, 동일한 환경 상태 내에서 동일한 행동에 대한 보상뿐 아니라 환경의 상태와 관련된 불확실성의 레벨이 있다.

요약

이 장에서는 가장 중요한 머신 러닝 기술 중 하나인 RL을 살펴보았다. 여기서 RL과 지도학습 간의 차이를 학습하였다. 에이전트에 대한 행동 강화에 기반한 학습은 지능형 시스템을 모델링할 때 매우 중요하다. 여기서 참여와 함께 RL 알고리즘의 기본 개념을 알아 보았다. 또한 일반적인 RL에 대한 수학 방정식을 수립하려고 노력했다. 알고리즘으로 전반적인 목표는 에이전트에 대한 누적 보상을 최대화하는 것이다. 모든 행동을 다양한 상태로 전이한다.

MDP를 결정적이고 확률적으로 이해하기 위해 노력했다. 또한 Q-학습 및 SARSA 학습 알고리즘과 함께 동적 프로그래밍 개념을 간단히 살펴보았다. 딥 신경망과 DRL의 결합으로서의 DRL 학습과 강화 학습 패러다임, 그리고 여기서 파생될 수 있는 유스 케이스의 엄청난 점에 대해서도 알아 보았다. 이 장에서는 창의성을 탐구할 수 있는 토대를 마련하였다.

다음 장에서는 데이터의 가장 중요한 측면 중 하나를 탐구할 것이다. 관리, 보안 등. 사이버 보안은 데이터 양이 증가함에 따라 매우 중요하다. 스트림 보호 및 실시간 위협 탐지에 사용할 수 있는 프레임워크와 함께 인프라 보호의 기본 개념을 살펴 볼 것이다.

제 11 장

사이버 보안

Cyber Security

Artificial Intelligence for Big Data

Complete guide to automating Big Data solutions using Artificial Intelligence techniques

이 책에서는 인공지능을 실현하기 위해 많은 양의 데이터에 액세스해야 한다는 것을 강조해 왔다. 데이터는 인간의 능력을 증대시키고 보완하는 지능형 머신을 구축하는 데 있어서 중심 역할을 한다. 머신 러닝 아키텍처와 알고리즘을 기반으로 개발하는 응용 프로그램은 기본 데이터를 필요로 한다. 데이터의 의존도가 증가하고 있고 특히 의료 기기, 항공, 은행 시스템과 같은 매우 민감한 시스템에서 데이터를 자산으로 활용하려면 데이터의 무결성이 매우 중요하다. 인공지능 기반 시스템을 성공적으로 광범위하게 활용하려면 특히 중요하다. 데이터 침해로부터 데이터 인프라구조의 보호는 일반적으로 사이버 보안(cyber security)으로 알려져 있다.

이 장에서는 중요한 데이터 자산을 보호하고 보안을 유지하기 위해 빅 데이터 관리 및 머신 러닝 프레임워크에 대한 이해를 활용하는 다양한 데이터 거버넌스 프레임워크를 활용할 수 있는 방법을 살펴볼 것이다. 이 장에서 다루는 주제는 다음과 같다.

이번 장에서 다룰 주제

- 중요한 인프라 구조를 보호하기 위한 빅 데이터 활용 방법
- 일반적인 스트림 프로세싱 개념
- 보안 정보와 이벤트 관리
- 사이버 보안을 위한 웹 서버 접근 로그 파일의 구조와 전략
- 사이버 보안 구현을 위한 기업 응용으로서의 Splunk
- 기업 보안관리 플랫폼으로서의 ArcSight

중요 인프라 보호를 위한 빅 데이터

중요 인프라 구조(critical infrastructure, CI)는 직간접적으로 혜택을 받거나 영향을 받는 이해 관계자에 대한 원활하고 조화로운 경험을 제공하기 위해, 최적의 수준에서 작동하는 데 필요한 자산과 작업 모델을 정의하기 위한 방법으로 기업과 정부 기관에서 사용되는 용어이다. 예를 들어, 전력 그리드, 물 공급, 수송, 법 집행, 24시간 내내 원활하게 작동할 필요가 있는 시스템들을 포함한다. 지난 수십 년 동안 CI의 대부분 디지털화되고 있으며, 이기종 소스로부터 더 많은 데이터를 생성한다. 이러한 추가 데이터 자산은 사람의 개입을 통해 지속적으로 개선 및 제거 과정이 필요하며 이로써 오류를 줄일 수 있다.

이러한 시스템에 의해 생성된 데이터는 예방 정비를 위한 일정과 실패를 방지하기 위해 설명 및 예측 분석을 위한 자산으로 사용된다. CI는 핵심 기능에 대한 데이터 중심 접근 방식으로, 효율성과 CI의 전반적인 신뢰성에 엄청난 개선을 보았다. 그러나, CI를 방해하는 악의적인 의도를 가진 공격자가 CI에 위반과 혼란을 만드는 데 성공한 사건이 있다. 예를 들어, 2010년에 발견된 Stuxnet은 SCADA(supervisory control and data acquisition) 시스템이 목표물이었고, PLCs(programmable logic controllers)의 인터페이스를 통해 이란의 연료 농축 계획에 심각한 손해를 끼쳤다. 이와 같이 CI를 방해하고 영구적인 손상을 일으킨 많은 사건과 시도들이 있었다.

사이버 보안 공격을 방지하는 가장 중요한 측면 중 하나는 작업 환경에서 생성된 CI 데이터의 가용성이다. 이 데이터는 가능한 이벤트 시간에 가까운 분석 및 잠재적인 행동에 대해 사용할 수 있어야 한다. 코어 CI 컴포넌트로 데이터와 함께 CI에 간접적으로 연결되어 있는 다른 이기종 시스템에서 데이터의 사이버 공격에 대한 강력한 방어 메커니즘 구축을 위해 사용되어야 한다. 이것은 효과적으로 CI를 보호하기 위해 데이터 크기(volume), 속도(velocity), 다양성(variety)이 필요하다는 것을 의미한다. 여기에 가치(value)를 더하면 빅 데이터의 4V가 된다. 빅 데이터는 사이버 공격을 방어하기 위한 효과적인 전략 수립에 중요한 자산이다. 효과적인 보안 모니터링 및 보호를 위해 빅 데이터 분석을 활용하고 CI의 보호를 위해 지속적으로 진화하는 데이터-구동 프레임워크와 프로세스 개발이 필요하다.

다음과 같이 데이터-구동 프레임워크는 세가지 주요 구성 요소를 갖는다.

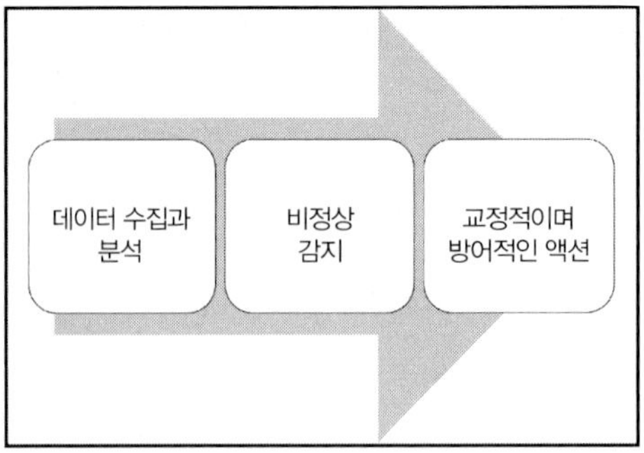

그림 11.1 중요 인프라구조 보호를 위한 데이터 기반 프레임워크 구성 요소

데이터 수집 및 분석

CI를 구성하는 코어 시스템은 이벤트 로그의 형태로 데이터 자산을 생성한다. 데이터 수집 구성 요소는 모든 구성 요소 (소프트웨어 및 하드웨어)에서 이러한 로그를 수집할 필요가 있다. 코어 시스템과는 별개로, 프로세스는 또한 CI 시스템의 문맥 환경으로부터 데이터를 수집한다. 이기종 로그는 전체적인 분석과 보다 정확한 타임 라인 해상도에 도움을 준다. 실행 로그와 함께, CI 시스템에 대한 저장과 히스토리 데이터에 액세스할 수 있는 능력이 있어야 한다.

히스토리 데이터는 과거의 사건과 패턴의 유사성을 기반으로 통찰력을 제공한다. 과거 완화가 빠른 수정 및 중요한 이벤트의 해상도로 이어질 경우, 지도 학습은 경험을 바탕으로 유사한 작업을 수행하기 위해 개발될 수 있다. 또한 히스토리 데이터는 미래에 발생할 수도 있는 공격으로부터 보호해주는 역할도 한다.

CI 구성 요소로부터 생성된 데이터(로그)와 관련된 상황 콘텍스는 다음과 같이 세 가지로 분류될 수 있다.

- **구조화된 데이터** : 구조화된 포맷의 경우, 엔티티의 개별 요소(속성) 기간에 걸쳐 소정의 일관된 방식으로 표현된다. 예를 들어, 웹 서버 (HTTP 로그)에 의해 생성된 로그는 IP 주소, 서버 등이 요청은 HTTP 메소드, 상태 코드, 처리를 완료하는 시간 필드를 나타낸다. 웹 요청의 이러한 모든 속성은 지속적인 요청을 통해 표현된다. 구조화된 데이터를 처리하는 것은 비교적 용이하고, 분석을 위해 사용하기 전에 복잡한 분석 및 전처리를 필요로 하지 않는다. 구조화된 데이터와 함께하면 처리는 매우 신속하고 효율적이다.

- **비구조화된(비정형) 데이터** : 이것은 사전 정의된 구조 규칙을 따르지 않는 자유로운 응용 프로그램 로그 형식이다. 이러한 로그는 일반적으로 응용 프로그램에서 생성하고 문제를 해결하는 사람에 의해 소비되는 것을 의미한다. 그 의도는 로그를 기계가 읽을 수 있도록 명시적으로 이벤트를 기록하는 것이 아니다. 이 로그들은 분석에 사용하기 위해 사전에 다양한 전처리, 분석 및 자연 언어 처리의 형태를 필요로 한다.

- **반구조화된 데이터** : 이것은 구조화된 포맷 내의 속성의 일부가 비체계적 방식으로 표시되는 구조 및 구조적 데이터의 조합을 말한다. 이 정보는 쉽게 구문 분석이 되지만 개별 필드가 분석에 사용되기 전에 추가 전처리를 필요로 할 수 있는 필드로 구성된다.

비정상 감지

이종 시스템으로부터 데이터를 수집하기 시작하면, 데이터 크기, 구조, 정보 내용, 데이터의 속도의 관점에서 설정된 패턴이 있다. 이 패턴은 패턴의 서지 또는 변경이 표준 운영 조건에서 일관성을 유지하고 있을 것으로 예상할 수 있다. 예를 들어, 온라인 소매 업체는 연휴 기간 동안 수주를 기대할 수 있는 이벤트는 비정상으로 간주하지 않는다. 크기, 속도 및 다양성의 관점에서 데이터를 규칙적인 패턴으로 예상치 못한 변경이 있는 경우에 비정상 검출 컴포넌트는 경보 통지를 트리거한다. 크게 진화하고 신뢰할 수 있는 비정상 감지 구성 요소의 중요한 특성 중 하나는 이벤트가 발생할 때 이 이벤트 시간 및 경고 / 알림 시간 사이의 최소 지연으로 즉시 경고를 생성할 수 있다는 것이다.

다음 그림은 이벤트 및 경보 시간의 차이에 따라, 신뢰할 수 있는지 또는 신뢰할 수 없는지에 대한 비정상 감지 요소를 설명하고 있다.

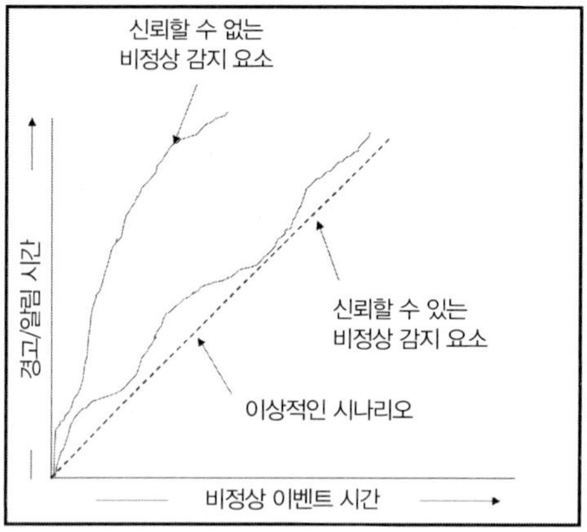

그림 11.2 이벤트 시간 및 경고 · 알림에 따른 비정상 탐지의 신뢰성

시정 및 예방 조치

의심스러운 활동이 이상 요소에 의해 검출될 때, 응답하는 방법은 두 가지가 있다. 첫 번째 경우, 경고 · 알림이 시정 조치를 트리거하기 위해 수동 작업이 필요하다. 두 번째 경우, 상기 시스템 자체 컨텍스트 및 에러 마진의 허용 가능한 임계 값에 기초하여 어떤 시정 조치를 취한다. 온도 조절 회로에 해킹이 예기치 않은 방식으로 냉장 온도가 증가하는 경우, 예를 들어, 시스템은 다른 온도 조절기로 제어를 전환한 다음 온도를 다시 정상 수준으로 유지되도록 할 수 있다. 이 구성 요소는 기록 데이터 또는 보상 기능을 기반으로 자신에 대한 시정 조치를 트리거 지도 학습뿐만 아니라 강화 학습 알고리즘을 사용할 수 있다.

개념 데이터 흐름

일반적인 빅 데이터 환경에서 계층화된 아키텍처가 구현된다. 데이터 처리 파이프 라인 내의 레이어는 중요한 인프라를 보호하기 위해 데이터가 통과하는 다양한 단계를 분리하는 데 도움이 된다. 데이터 섭취, 저장, 처리 및 흐름을 구현하기 위해 사용되는 대중적인 프레임워크들과 함께 다음 그림에 나타난 actionize 사이클이 있다.

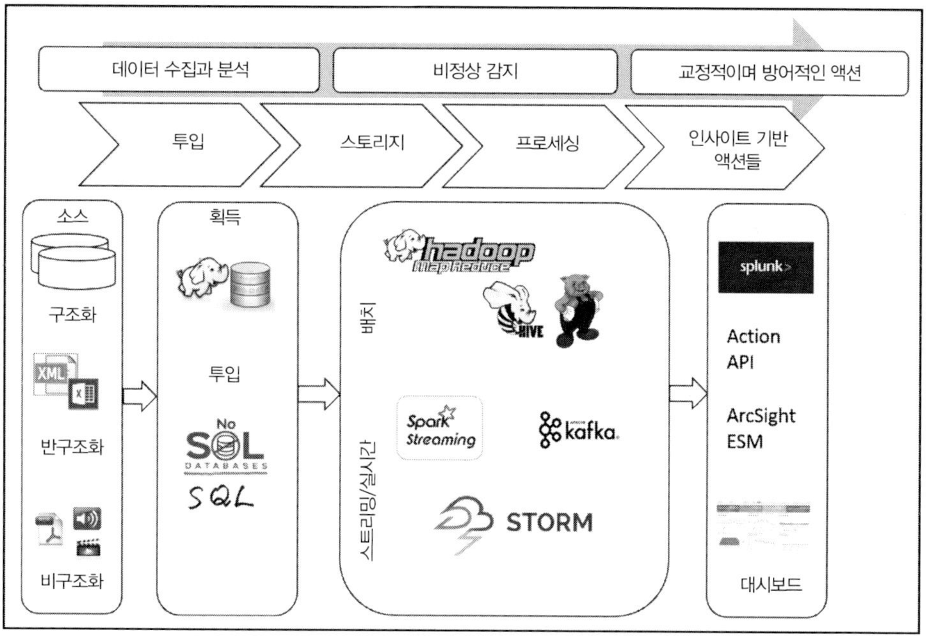

그림 11.3 사이버 보안을 구현하기 위한 인기 있는 프레임워크에 따른 개념 데이터 흐름

이 그림에 사용되는 구성 요소의 대부분은 오픈 소스와 대형 커뮤니티의 공동 노력의 결과이다. 이러한 모든 구성 요소에 대한 자세한 설명은 이 장의 범위를 벗어난다. 하지만 사이버 보안 컨텍스트 내의 높은 수준에서 이러한 구성 요소를 이해하자.

구성 요소 개요

CI 보호전략을 성공적으로 구현하려면, 서버 로그에서뿐 아니라 이기종 소스로부터 데이터를 수집하는 것이 필수적이다. 그러나 데이터 증가 속도를 고려하면, 전통적 스토리지보다는 분산 파일 시스템을 사용하는 것이 좋을 것이다.

■ 하둡 분산 파일 시스템

그만큼 하둡 분산 파일 시스템(HDFS)은 분산 파일 시스템의 가장 인기 구현 중 하나이다. 이는 분산 컴퓨팅 플랫폼인 하둡의 핵심이다. HDFS 설계되었으며 CI의 보호를 위한 스토리지 요구사항을 보완 염두에 두고 다음과 같은 목표로 진화하고 있다 :

- **하드웨어 실패** : HDFS는 세가지(기본) 노드에서 각 파일 블록을 복제한다. 분산 컴퓨팅을 사용하는 핵심 아이디어는 상용 하드웨어를 활용할 수 있을 것이다. 따라

서 클러스터는 상대적으로 작은 크기의 많은 수의 노드로 구성되어 있다. 많은 수의 노드는 노드의 실패 확률이 높다. 데이터의 손실 없이 이러한 하드웨어 오류에서 감지 및 복구는 HDFS의 주요 목표 중 하나이다. CI 보호 시스템은 사이버 보안 위협을 탐지하기 위해 신뢰성 및 내결함성과 동일한 수준을 필요로 한다.

- **대형 데이터 셋 :** 기본 데이터 저장소로 HDFS을 이용하는 애플리케이션은 테라 등 여러 기가 바이트 범위의 대용량 데이터를 처리하는 것으로 가정한다. HDFS는 본질적으로 대용량 데이터 파일을 지원하기 위해 제작되었다. CI 보호 시스템은 대규모의 데이터 크기를 생성하고 처리한다. 좋은 예는 국가의 인터넷 백본을 모니터링하고, 수백 초의 데이터를 처리하는 국가의 중앙 관리 기관이다.
- **간단한 일관성 모델 :** CI 응용 프로그램은 한 번 쓰고 여러 번 읽어야 하는 로그 파일을 생성한다. 일관적인 모델은 HDFS의 주요 설계 목표 중 하나이다. 한 번 생성 및 작성한 파일은 이 모델을 변경할 필요가 없다. 이 목표는 또한 사이버 보안 애플리케이션을 보완한다.
- **이기종 하드웨어 및 소프트웨어 플랫폼 이식성 :** HDFS는 다양한 플랫폼에서 포트에 용이하다. 이 목표는 또한 사이버 보안 시스템의 핵심 요구 사항을 보완한다. 사이버 보안 시스템은 서로 다른 다양한 플랫폼과 추가적인 장점이 될 수 있는 기본 파일 시스템으로 HDFS의 이식성에 배포된다.

■ NoSQL 데이터베이스

NoSQL (뿐만 아니라 SQL)에 데이터가 아닌 일반적인 RDBMS 관계형 테이블 형식의 엔티티의 형태로 저장되는 패러다임이다. NoSQL 데이터베이스의 주요 목표 중 하나는 수평 확장 및 고가용성이다. NoSQL 데이터베이스의 기본 데이터 구조를 기반으로 분류된다.

- **문서 데이터베이스 :** 데이터베이스의 각 키는 문서에 매핑된다. 문서는 바이너리 파일이나 XML 또는 JSON과 같은 중첩된 구조일 수 있다. 문서 데이터베이스의 예로는 MongoDB, CouchDB, 카우치베이스 등 이다.
- **그래프 데이터베이스 :** 이는 소셜 미디어 연결과 같은 연결 그래프의 형태로 된 데이터와 함께 할 때 유용한 데이터베이스이다. 그래프 데이터베이스의 예로는 Neo4j, OrientDB, 아파치 Giraph 등이 있다.

- **칼럼 데이터베이스** : 이 데이터베이스는 행 대신 열과 함께 데이터를 저장함으로써 데이터를 나타낸다. 그들은 분산 저장 및 대용량 데이터베이스를 통해 빠른 쿼리 액세스에 최적화되어 있다. 칼럼 데이터베이스의 예로는 카산드라, HBase 등이 있다.

이들은 쉽게 CI 주변 이종 출처 수집 구성 및 반구조화된 데이터 및 비구조화된 데이터의 대용량을 처리할 수 있기 때문에 NoSQL 데이터베이스는 효과적으로 사이버 보안 애플리케이션의 구현에 사용될 수 있다. NoSQL 데이터베이스는 영향을주지 않고 필요에 따라 밖으로 확장할 수 있다. 지리적으로 분산된 아키텍처를 지원하는 데이터가 이미 지속되었다. 이 기능은 점진적으로 내장되어 원격 지역에 통신 서비스로 CI 인프라의 점진적 성장의 경우에 편리하다.

■ MapReduce

MapReduce(MR)는 하둡의 핵심 프로그래밍 패러다임이다. 이는 대규모로 대량의 데이터의 프로세싱을 확장할 수 있다. 데이터 처리는 수평 확장성을 위해 수백, 수천 개의 노드에 배포할 수 있다. 이름에서 알 수 있듯이, MR 작업은 두 단계를 포함한다.

- Map 단계
- Reduce 단계

Map 단계에 있어서, 데이터 셋은 조각들로 분할하고 결과를 수집하는 과정을 독립적으로 전송한다. 이러한 병렬 매퍼 프로세스는 클러스터에서 사용 가능한 여러 노드에서 독립적으로 작동한다. 자신의 처리 (지도 작업)가 완료되면, 그 결과를 섞어서 Reduce 작업을 시작하기 전에 분류되어 있다. Reduce 작업은 다시 한 번 사용 가능한 노드에서 독립적으로 실행하고 전체 계산은 전체 완료된다. 중간 결과는 파일 시스템(HDFS)에 저장 및 IO 동작들을 포함한다. IO의 이러한 동작으로 인해 상기 MR 패러다임은 데이터 셋의 매우 많은 양이 처리되는 배치 지향 작업에 적합하다. 사이버 보안의 컨텍스트에서, MR 프레임워크는 CI 및 주변 환경 애플리케이션 컨텍스트에서 발생한 데이터를 처리하기 위해 사용될 수 있다.

■ 아파치 Pig

HDFS와 MR은 하둡의 핵심 스토리지 및 컴퓨팅 엔진이다. 병렬 처리 애플리케이션은 구현이 원시적이며 복잡하고 오류가 발생하기 쉽다. 아파치 하둡 Pig의 병렬 처리 작업 래퍼를 제공한다. Pig는 쉽고 간단한 프로그래밍 인터페이스와 API를 제공하여 대규모 데이터 셋을 처리할 수 있다. Pig 작성하는 작업과 행동은 본질적으로 기본 하둡 클러스터에서 병렬 처리된다. 사이버 보안의 컨텍스트에서 Pig는 CI 보호 프로그램이 머신 러닝 알고리즘을 활용되는 경우 지도 학습을 위한 훈련 데이터의 준비와 함께 복합 병렬 데이터 셋과 이상 검출 작업의 구현에 사용될 수 있다.

■ 하이브

아파치 하이브(Hive)는 하둡 위에 구축된 데이터웨어 하우스이다. 하이브는 HDFS에 있는 데이터에 대한 SQL과 유사한 인터페이스를 제공한다. 쿼리는 하둡 클러스터에서 MR, TEZ, 또는 스파크 작업으로 실행된다. 하이브는 ORC와 같은 압축 스토리지 유형과 함께 빠른 쿼리에 대한 인덱싱을 지원한다. 사이버 보안의 컨텍스트에서 하이브 CI 애플리케이션에 의해 생성되는 다양한 로그 집합체 뷰를 저장하는 데 사용될 수 있다. 하둡에 MR과 같은 일괄 처리 프레임 워크는 효율적인 방법으로 데이터의 매우 큰 볼륨을 처리할 때 유용하지만, CI에 보안을 제공하는 임무는 적합하지 않다. 이러한 CI 시스템은 빠르게 경고하며, 알림 시의 적절한 행동에 대한 스트리밍 또는 마이크로 배치 데이터를 실시간(적어도 실시간에 가까운) 처리를 필요로 한다.

스트림 처리의 이해

기업에 배포되는 소프트웨어 응용 프로그램은 두 가지 기본 구성 요소가 있다.

- 인프라
- 응용 프로그램

인프라는 물리적 하드웨어와 서로 다른 시스템을 연결하는 네트워크를 포함한다. 인프라 및 응용에 대한 보안 구현은 CI를 보호하기 위한 프레임워크와 프로세스가 다르므로 이로 인해 서로 다른 고려 사항이 있다.

보안 시스템은 인프라의 주변을 가로질러 응용 프로그램 내에서 작동해야 한다. 데이터 (네트워크 및 애플리케이션)가 흐르는 다양한 이벤트가 있다. 이벤트는 특정 시점에서 개최하고 해당 데이터를 분석 및 이벤트 발생 즉시 조치를 취할 수 있다.

예를 들어, 웹 브라우저와 같은 클라이언트 응용 프로그램 등은 HTTP 프로토콜을 통해 웹 사이트에 대한 액세스를 요청한다. URL이 브라우저를 통해 입력한 후 이벤트 순서는 바로 시작된다. 요청에 따라 관련 분석은 악의적인 공격으로부터 웹 애플리케이션을 보호하기 위해 가능한 이벤트 시간에 가까운 일이 필요하다. 이상 검출을 위한 스트림은 효과적인 사이버 보안 구현을 위한 주요 고려 사항이고, 상기 기능은 데이터를 처리한다. 스트림 처리를 위한 주요 고려 사항은 바운드 데이터를 처리하고 낮은 대기 시간 분석을 한다.

- **무제한으로 데이터** : 이 용어는 사실상 무제한 데이터 셋을 의미한다. 예를 들어, 네트워크 패킷은 하나의 물리적 시스템에서 서로 흐른다. 이러한 패킷은 연속적인 흐름으로서 계속 발생하고 정보를 포함한다.

- **바운드 데이터 처리** : 데이터가 움직이는 동안 처리가 필요하다. 네트워크 패킷 또는 응용 프로그램 데이터는 처리되기 전에 데이터가 영구 저장소에 저장되는 일괄 처리 엔진과는 달리, 생성될 때 액세스 및 처리되어야 한다.

- **낮은 대기 시간 분석** : 무제한의 데이터를 기반으로 분석 사용 사례를 스트리밍의 경우 가능한 이벤트 시간에 가까운 일이 필요하다. 사이버 보안은 낮은 대기 시간을 분석하고 효과적인 조치를 필요로 하는 중요한 유즈 케이스이다. [그림 11.2] 시간 이벤트 및 알림 / 알림 시간이 최소 경사에 의해 분리에서 보았듯이 이상 검출은 신뢰할 수 있다. 이 차이는 가변적이며 네트워크와 같은 여러 조건에 따라 달라진다. 혼잡하고 분산한 환경에서 처리하며 오버헤드에 대한 지연 등이 있다.

❁ 스트림 프로세싱 의미

이벤트가 시스템으로 트리거되기 때문에, 소스에서 생성 및 프로세싱 엔진 내에서 처리되는 메시지 (데이터 패킷)가 있다. 정확히 한 번의 스트림 처리 시스템에 대한 세 가지 의미는 최대 1번, 최소 1번, 정확히 1번으로 구분된다.

- **최소 1번** : 이 경우, 메시지가 두 번 이상 소스에 의해 전송될 수 있다. 그러나, 프로세싱 엔진은 하나의 메시지는 동일한 메시지의 다중 전송에서 적어도 한 번 처리되는 것을 보장할 필요가 있다. 이 메시지는 한 번 이상 처리되는 특정 사용 예에 허용될 수도 있다. 최종 응용 프로그램은 의미에 대한 중복 검사를 실행해야 할 수도 있다.

- **최대 1번** : 스트림 처리 애플리케이션은 동일한 메시지의 다수의 송신이 있는 경우에도, 메시지가 한 번만 처리되는 것을 보장한다. 프로세싱 엔진은 메일이 한번 이상 처리되지 않는 것을 보증해야 한다. 그것은 특정 패키지를 전혀 처리되지 않

는다. 이 경우에 발생할 수 있지만 한 번 이상을 처리할 수 없다. 이 의미는 메시지가 한 번 이상 처리되는 경우에 트랜잭션의 최종 결과가 불일치 상태에 이르므로 응용에서 매우 중요하다. 예를 들어, 계좌 이체를 통한 금융 거래는 의미론적으로 한 번만에 엄격하게 수행할 필요가 있다.

- **정확히 1번** : 소스 시스템이 한 번 이상 메시지를 더 제공하더라도, 그것은 정확히 한 번만 처리된다. 이 사이버 보안 시스템을 위한 가장 이상적인 것을 의미한다. 한 번만 처리의 중요한 메시지는 네트워크 및 응용 인프라에 대한 잠재적인 공격을 방지할 수 있다. 적시에 적절한 조치를 보장한다. 그러나 정확히 1번의 의미는 소스 및 대상 시스템 간의 긴밀한 협력을 필요로 하기 때문에 구현하기가 가장 어렵다. 강력한 일관성은 정확히 한 번만 의미에 대한 기본 요구 사항이다.

데이터 처리 스트리밍의 정확히 한 번만 의미는 스파크 스트리밍(spark streaming), 아파치 카프카(apache kafka), 그리고 아파치 스톰(apache storm)과 같은 오픈 소스 프레임워크의 일부가 지원된다. 이러한 프레임워크를 활용하여 사이버 보안 시스템의 아키텍처를 보기 전에 프레임워크를 이해하자.

❁ 스파크 스트리밍

Spark는 범용 메모리 내 분산 계산 엔진이다. 스파크 스트리밍 API를 염두해 두고 스트리밍(무제한의) 데이터 목표에 대한 확장성, 높은 처리량 및 내결함성 설계되었다. 핵심 스파크 라이브러리의 확장이다. 스파크 스트리밍은 TCP 네트워크 소켓, HTTP 서버 로그, 카프카 생산, 소셜 미디어 스트림 등 다양한 데이터 소스와 통합된다.

스트림은 복잡한 이벤트 등의 MapReduce 가입 및 윈도우 같은 일반 동작으로 처리된다. 모션 데이터는 집계, 분석, 여과하고, 다운 스트림 애플리케이션, 영구 저장소, 또는 라이브 대시 보드로 보낼 수 있다. 머신 러닝 그래프 처리 알고리즘과 API가 점화와 무제한 스트리밍 데이터에 적용될 수 있다. 스파크 스트리밍 시간 – 기반의 윈도우에 따라 일괄 처리로 스트리밍 데이터를 분해한다.

스트림은 특정한(미리 정의된 구성 가능한) 시간 간격에서 조각화되어 처리 장치의 저수준 추상화로서 이산화된 스트림으로 처리된다. 이를 DStreams라고 한다. DStreams는 입력 데이터 스트리밍(네트워크 또는 애플리케이션 로그)에서 생성될 수 있고, Flume, Storm 또는 Kafka와 같은 스트리밍 시스템에서 소비될 수 있다. 다음 그림은 스파크 스트리밍 파이프라인의 개념이다.

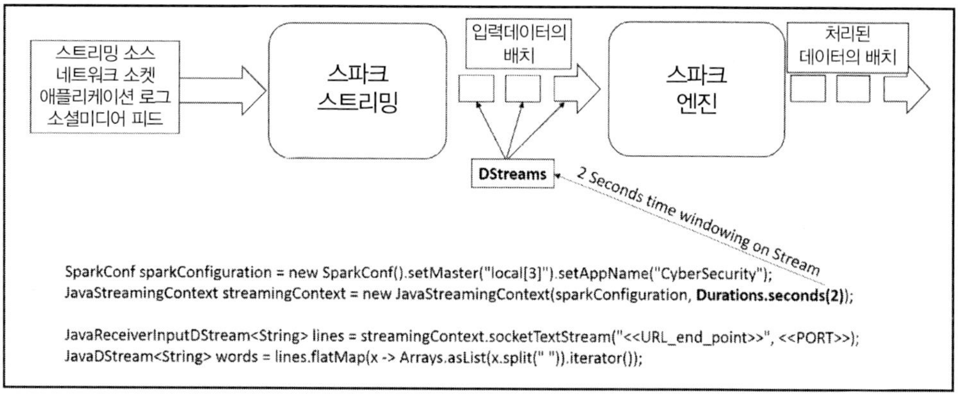

그림 11.4 스파크 스트리밍 파이프라인의 개념도

스파크 스트리밍은 정확히 스트리밍 소스가 승인 처리할 때 (예를 들어, Kalfka) 신뢰할 수 있는 수신기와 같은 스트리밍 데이터에 정확히 한 번의 의미를 부여한다.

❁ 카프카

카프카(kafka)는 영구 저장소에 메시지를 기록하고 가입자가 읽고 시스템 적절한 시간 내에 자신의 상점에 이러한 변경 사항을 적용할 수 있는 미리쓰기 로그 역할을 한다. 일반 가입자는 라이브 메시지 집합 또는 이러한 스트림의 다른 처리를 할 서비스 뿐만 아니라 거의 모든 배치 지향 처리 피드 부하 하둡 및 데이터웨어 하우징 파이프라인을 포함한다. 전반적으로, 카프카 목표는 다음과 같다.

- 메시지 생성자와 메시지 소비자가 낮은 의존도(느슨한 결합)
- 서로 다른 소비자를 위한 메시지 데이터 보존 및 실패 관리
- 낮은 지연 구성 요소를 갖는 최대 엔드-투-엔드 처리량
- 다양한 데이터 포맷과 타입 관리
- 이미 존재하는 셋업에 영향을 주지 않고 선형으로 서버 스케일링

카프카에서, 모든 메시지는 바이트 배열이다. 생산자는 카프카 큐에 정보를 저장하려는 응용 프로그램이나 프로세스이다. 그들은 모든 유형의 메시지를 저장 카프카 주제로 메시지를 보낸다. 각 주제는 1개 이상의 파티션으로 분할된다. 각 파티션은 메시지의 순서가 미리쓰기 로그이다. 시스템이 수행하는 두 개의 작업이 있다.

- 로그의 끝에 추가하기
- 물리적 메시지 ID에서 시작하여 지정된 파티션에서 메시지를 가져 오기

각 주제는 다른 카프카 브로커를 통해 확산되는 각 주제의 하나 혹은 두 개의 파티션으로 확장된다. 이상적으로, 카프카의 파이프라인은 브로커당 파티션의 균일한 수와 각 시스템의 모든 항목이 있어야 한다. 소비자는 주제에 가입하거나 이러한 주제에서 메시지를 수신 응용 프로그램이나 프로세스이다.

다음 그림은 카프카 클러스터의 단순화된 개념 레이아웃을 배치한 것이다.

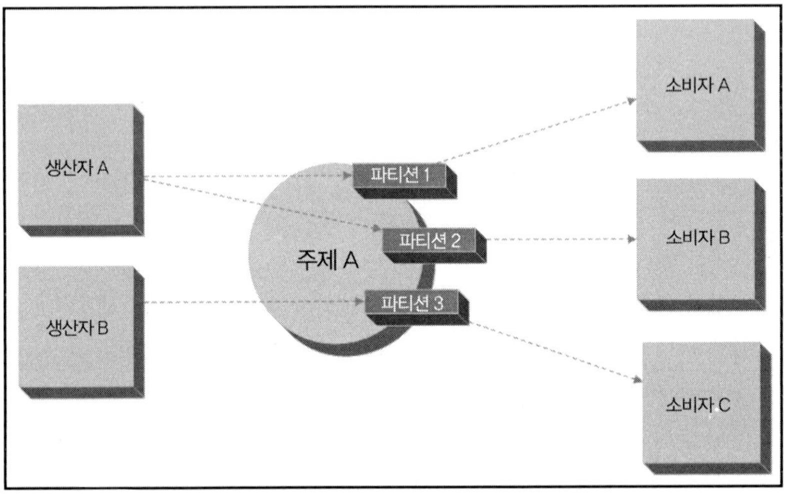

그림 11.5 카프카 클러스터의 개념 레이아웃 그림

메시징 시스템에서 메시지를 어딘가에 저장해야 한다. 카프카에서는 주제(토픽)에 메시지를 저장한다. 각 주제는 하나의 주제를 저장하는 항목 정보를 가질 수 있으며, 다른 판매 정보를 저장할 수 있다는 것을 의미한다. 메시지를 보내려면 생산자는 선택의 AA 카테고리로 보낼 수 있다. 메시지를 읽고 싶은 소비자는 단순히 그가 관심 주제의 범주에 가입하고 그것을 소비하면 된다. 여기서 알아야 할 몇 가지 조건은 다음과 같다.

- **보유 기간** : 주제의 메시지는 처리량에 관계없이 공간을 절약하기 위해 지정된 기간 동안 저장할 필요가 있다. 기본적으로 7일 보관한다. 보유 기간을 구성할 수도 있다. 카프카는 설정 기간 동안 메시지를 유지하고 이후 삭제한다.

- **공간 보존 정책** : 크기가 구성에 언급된 임계값에 도달하면 메시지를 삭제하는 카프카 항목을 구성할 수 있다. 조직에 카프카를 배포하기 전에 충분한 용량 계획을 수행하지 않은 경우 이 시나리오가 발생할 수 있다.
- **오프셋** : 카프카의 각 메시지는 오프셋이라고 하는 하나의 숫자에 할당된다. 주제는 여러 파티션으로 구성되며, 각 파티션은 그들이 도착하는 순서에 메시지를 저장한다. 소비자는 오프셋과 메시지를 확인한다. 이것은 오프셋 메시지가 소비자에 의해 수신되기 전에 받는다는 것을 의미한다.
- **분할** : 각 카프카 주제는 정의된 수의 파티션으로 구성된다. 주제를 만들 때 파티션의 수를 구성해야 한다. 파티션은 분산과 높은 처리량을 달성하는 데 도움이 된다.
- **압축** : 주제를 압축하는 것은 카프카의 0.8 릴리스에 도입되었다. 카프카의 이전 메시지를 통해 변경할 수 있는 방법은 보유 기간이 끝나면, 메시지가 삭제된다. 때때로 몇 가지 변경 사항이 포함되어 소비자 측에서 최신 데이터를 처리할 동안 동일한 키를 가진 새로운 카프카 메시지를 받을 수 있다. 압축은 동일한 키를 사용하여 모든 메시지를 압축하여 지도 오프셋을 생성 (키:오프셋)하는 목표를 달성하는 데 도움이 된다. 이것은 대량의 메시지에서 중복을 제거하는 데 도움이 된다.
- **리더** : 파티션은 지정된 복제 요인에 따라 카프카 클러스터에 복제된다. 각 파티션은 리더 브로커와 추종자, 모든 읽기가 리더를 통해 갈 것이다 파티션에 요청을 작성한다. 리더가 실패하면 다른 리더가 선출되고 프로세스가 다시 시작된다.
- **버퍼링** : 카프카는 생산자와 소비자 측 처리량을 증가하고 IO를 줄이기 위해 모두에서 메시지를 버퍼링한다.

스파크 스트리밍 및 카프카의 조합은 사이버 보안 응용의 구현을 위한 포괄적인 아키텍처를 생성한다. 이러한 응용 프로그램 오류에 대한 안정성, 낮은 지연 시간을 보장하며, 초당 다수의 이벤트를 처리할 수 있다. 여기에 빅 데이터 에코 시스템을 사용한 사이버 보안 응용을 위한 레퍼런스 아키텍처는 다음과 같다.

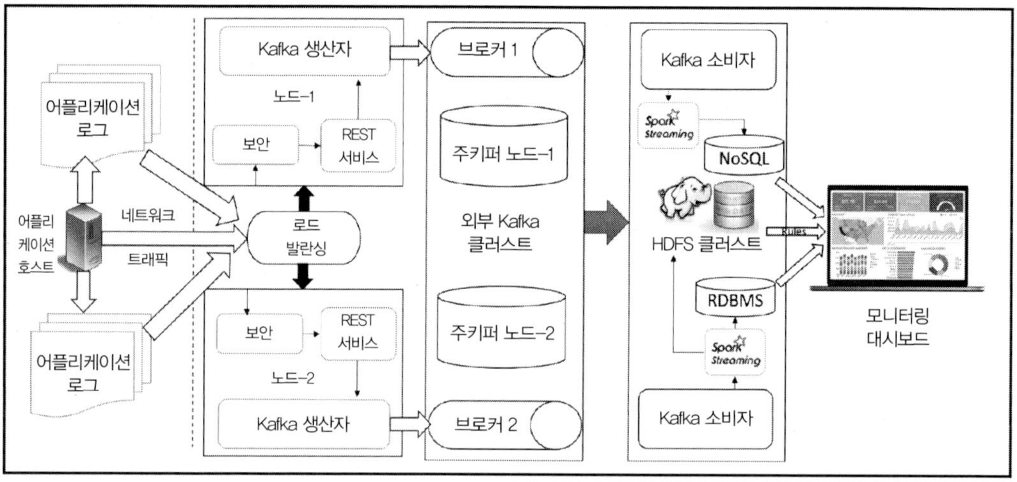

그림 11.6 사이버 보안 응용 프로그램 참조 아키텍처

사이버 보안 공격 및 일반 전략의 일반적인 유형의 일부를 이해하자.

사이버 보안 공격 유형

***"주요 사이버 위험 중 하나는 존재하지 않는다고 생각하는 것이다. 다른 하나는 모든 잠재적 위험을 치료하는 것이다. 기본 사항을 수정하고 비지니스에 중요한 사항을 먼저 수정하며 관련 위협에 적절히 대응할 준비가 필요하다** (데이터 사고, 무결성 비지니스 서비스, 인지도, 고객경험, 컴플라이언스 및 평판)."*

– 스테판 나포(Spephen Napho)

점점 더 많은 시스템과 CI를 디지털화 함에 따라, 보안 침해의 수도 증가하고 있다. 공격자는 인증되지 않은 정보와 관리 권한에 액세스하려면 응용 프로그램 내에서 취약점을 악용하기 위해 새로운 기술을 사용한다. 이 섹션에서 사람들에게 일반적인 공격 유형 및 일반 해상도의 일부를 나열한다.

피싱

피싱(phishing)은 가장 일반적이고(공격자의 관점에서) 성공적인 공격 중 하나인 응용프로그램이다. 대부분의 경우, 공격자는 트릭을 이메일 또는 사용자에게 친숙한 통신 방법으로 전송하고, URL의 자격 증명을 제공한다. 문제는 사용자가 메시지가 진짜라고 생각하는 것이다. 공격자는 사용자가 익숙하고 진위를 의심할 이유를 발견하지 못하도록 동일한 웹 페이지를 작성한다. 사용자가 URL을 클릭하면, 일부 악성 소프트웨어가 컴퓨터에 다운로드하여 연결된 네트워크를 통해 정보에 액세스 시작된다.

> 이러한 공격은 머신 러닝 알고리즘을 사용하여 방지할 수 있다. 사용자의 이메일 헤더와 내용은 교육 자료로 활용될 수 있으며, 일반적인 패턴을 이해하기 위해 모델을 학습할 수 있다. 이 학습은 역사적 이메일의 행동 경향에 따라 피싱 시도를 탐지에 도움이 될 수 있다.

측면 운동

공격자가 기업의 네트워크에 대한 액세스를 얻을 때, 주어진 네트워크 노드에서 취약점을 악용하려고 시도한다. 이 일을 하는 동안 더 많은 서비스에 대한 접근과 네트워크 및 응용 인프라의 관리를 받고 있는 동안, 공격자는 다른 하나의 네트워크 엔드 포인트에서 이동한다. 이러한 이동은 네트워크 로그에서 흔적을 남긴다.

> 머신 러닝 알고리즘은 데이터를 추적하고 의심스러운 사용자의 움직임을 감지하는 측면 움직임과 함께 훈련할 수 있다. 이러한 움직임은 처리 시스템을 통해 실시간 네트워크 로그를 스트리밍하여 추적하는 경우, 침입은 잠재적으로 거의 실시간으로 검출될 수 있다.

주입 공격

악성 코드는 폼 필드 또는 다른 입력 기구를 통해 타겟 응용에 공급된다. SQL 인젝션은 SQL 문이 네트워크 외부의 중요한 데이터의 덤프를 얻을 수 있는 필드의 입력과 SQL 명령을 통해 시스템에 밀어넣는 주입 공격(injection attacks)의 특별한 경우이다. 그들이 데이터베이스에 있는 경우 공격자는 인증 정보에 대한 액세스를 얻을 수 있다. 웹 서버 계층에서 모든 필드 검증 및 필터링에도 불구하고, 주입 공격은 자주하는 공격의 주요 유형 중 하나이다. 데이터베이스 로그는 사용자가 데이터베이스와 상호 작용으로 일정 기간에 걸쳐 구축할 수 있다. 통계 사용자 프로필을 기반으로 머신 러닝 모델을 훈련하는 데 사용할 수 있다.

액세스 패턴에 이상이 이상으로 밖으로 호출할 수 있고, 경고를 생성할 수 있다. 이 외에도 SQL 주입에서, 시간에 공격자는 실제 응용 프로그램 사용자를 가장 실제 사용자를 대신하여 비즈니스 기능 작업을 실행하는 스크립트를 실행한다. 예를 들어, 공격자는 전자 상거래 플랫폼에 대한 액세스를 가져올 수 있는지 여부와 실제 사용자를 대신하여 발주를 시작하거나 주소를 변경하는 등 유사한 작업을 수행한다. 이 경우, 머신 러닝 모델은 개별 사용자 동작을 배우고 훈련해야 하고 이러한 모델은 웹 응용 프로그램에서 사용자 탐색과 행동 패턴에 의심스러운 변경 사항을 식별하기 위해 사용되어야 한다. 공격자는 전자 상거래 플랫폼에 접근하고 실제 사용자를 대신하여 발주를 시작하거나 주소를 변경하는 등 유사한 작업을 수행할 수 있다.

AI 기반의 방어

"인공지능과 머신 러닝을 통해 우리는 추론과 패턴 기반의 모니터링 및 경고를 할 수 있지만, 진짜 기회는 예측 복원입니다."

– 롭 스트라우드(Rob Stroud)

인공지능이 다양화됨에 따라, 공격자는 CI에 공격에 대한 AI를 활용하는 도구와 기술에 액세스할 수 있다. 이러한 공격에 대한 방어 메커니즘은 또한 CI 및 기타 응용 프로그램을 보호하기 위해 데이터를 빠르게 AI 기반의 모델을 구축하는 계산적 방법을 사용하는 자체를 업그레이드할 필요가 있다.

원칙적으로, 다음 그림은 사이버 보안 공격에 대한 AI 기반의 방어 메커니즘의 단계를 보여준다.

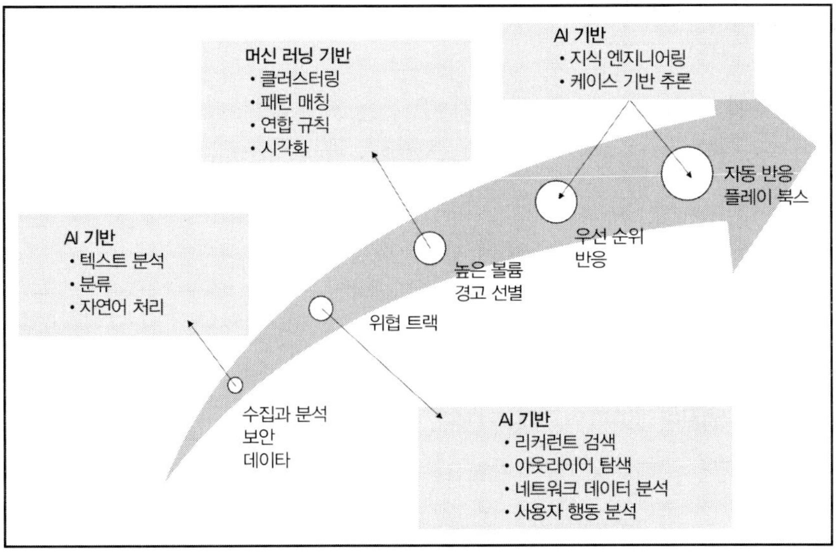

그림 11.7 사이버 보안 공격에 대한 AI 기반의 방어 단계

다양한 머신 러닝 알고리즘은 감지 및 사이버 공격의 예방에 사용할 수 있다. 각각의 응용은 네트워크와 보안 구성에 따라 다르다. 다른 머신 러닝 알고리즘을 이용하여 사이버 공격을 방지하기 위한 일반적 가이드라인은 다음 그림에 제시한다.

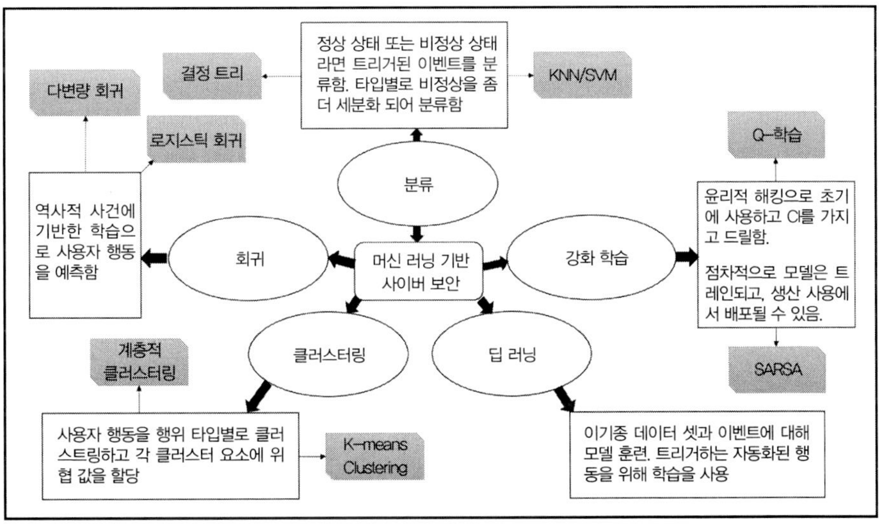

그림 11.8 머신 러닝 알고리즘을 이용한 사이버 보안 공격 방지

SIEM의 이해

보안 사고 및 이벤트 관리(SIEM)는 사이버 보안을 돕는 프로세스이다. 보안 관련 정보(네트워크 및 응용 프로그램 로그 수집) 예를 들어 중앙 집중화된 위치에서 자산을 수집하거나(IoT의 경우 데이터가 생성되는 위치) 해당 정보 자산에 태그를 붙인다. 그리고 이 정보를 사용하여 엔터프라이즈의 보안 인프라 구조에 대한 위반을 나타내는 예외 식별에 사용한다.

SIEM은 직관적인 시각화 대시 보드를 제공하여 보안 인프라의 지속적인 모니터링을 용이하게 한다. 프로세스로 SIEM은 역할 기반 액세스 제어와 기업 보안의 적용을 받고 소프트웨어로 구현된다. SIEM 시스템의 일반적인 특성 기능은 다음 그림과 같다.

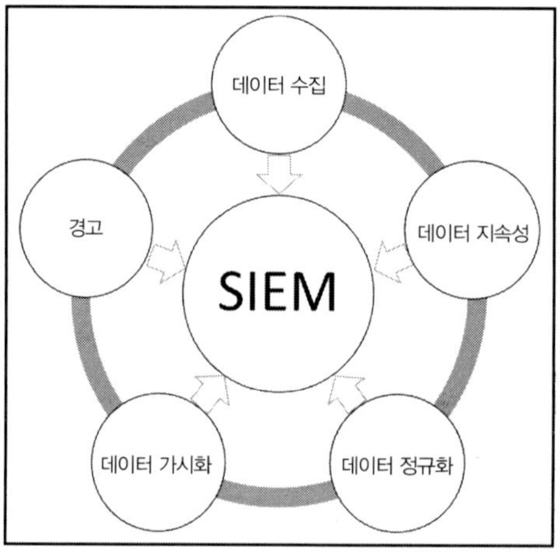

그림 11.9 SIEM 시스템 특징

SIEM 소프트웨어 응용 프로그램은 다음과 같이 기본적인 빌딩 블록을 지원해야 한다.

- **데이터 수집** : SIEM 소프트웨어는 조직의 경계 내에서 이기종 시스템에 연결하기 위해 네트워크 다양한 통신 프로토콜을 지원해야 한다. 원시 데이터는 엔터프라이즈 응용, 네트워크 트래픽 패킷, 하드웨어 컨트롤러의 로그의 형태로 사용할 수 있다. 이 원시 데이터 자산은 원활하고 안전한 방법으로 수집할 필요가 있다. 각각의 시스템은 식별 및 SIEM의 성공적인 구현을 위한 데이터 수집 스택에 추가되어야 한다. 시스템 전역에서 수집된 데이터는 등 텍스트, XML, JSON, 이진 등

다양한 형식을 가지고 할 수 있다. SIEM 시스템은 다양한 데이터 형식을 지원해야 한다.

- **데이터 지속성** : 데이터 크기에 따라, SIEM 소프트웨어는 로컬 및 네트워크 드라이브를 사용하거나 데이터 지속성을 위한 HDFS와 같은 분산 파일 시스템을 활용할 수 있다. 즉시 응용 프로그램과 기기의 데이터가 SIEM을 사용할 수 있다. 형식과 인덱스에 따라 데이터를 구문 분석하고, 사용자에 의해 통합 응용 프로그램에서 임시 검색에 사용해야 할 필요가 있다.
- **데이터 정규화** : 이것은 SIEM 소프트웨어의 가장 중요한 측면 중 하나이다. 일단 데이터가 소스 및 지속화되면, 모델링 및 표준화할 필요가 있다. 정상화의 목적은 시각화 구성 요소가 대시 보드에 대한 중요한 정보를 표시하기 쉽게 만드는 것이다. 정규화 모듈은 역사적 동향을 기반으로 머신 러닝 모델을 구축하기 위해 데이터 자산을 활용할 수 있다. 머신 러닝 모델 훈련 및 예측 분석을 제공하기 위해 데이터를 활용한 SIEM 시스템은 기술적인 분석을 수행하고 규칙 기반 경고를 제공하는 SIEM 시스템에 비해 수요가 더 있을 것이다.
- **데이터 시각화** : 시각화는 전체 시스템 상태에 대한 높은 수준의 보기를 요구할 수 있다. 기업 보안 담당뿐만 아니라 관리 직원에 대한 창이다. 의사 결정과 행동이 시각적으로 대시보드에서 보이는 것을 기반으로 하기 때문에, SIEM 시스템은 시각화를 정의하는 철저한 과정이 필요하다. 모든 기업 및 유스 케이스가 독특하기 때문에, 하나의 시각화는 모든 상황에 맞지 않을 수 있다. SIEM 도구는 시각화 구성 요소에 쉽게 사용자 정의를 제공해야 한다. 시각화 기능의 일반적인 설정은 다음 그림과 같다.

그림 11.10 SIEM 내에서 시각화 구성 요소 특징

✿ 시각화 속성과 기능

시각화 속성과 기능은 다음과 같다.

- **값 검색** : SIEM 소프트웨어는 데이터 자산을 통해 어떤 속성 값의 검색을 지원한다. 이상적인 시나리오에서, SIEM 소프트웨어는 조인 조건을 몇 가지에 따라 여러 데이터 세트를 기반으로 데이터를 가져올 수 있는 SQL과 유사한 쿼리 언어를 지원한다.
- **필터링 및 정렬** : SIEM 소프트웨어는 직관적 필터링을 지원하여 최종 사용자가 원하는 하나 또는 복수의 키 컬럼에 기초하여 정렬한다.
- **익스트림 값** : SIEM 소프트웨어는 사용자가 신속하게 중요한 조건에 따라 조치를 취할 수 있도록 색상 코드와 속성에 대한 극단적인 값을 지원해야 한다.
- **데이터 범위** : 키 속성의 경우, SIEM이 있는 경우, 예외를 식별할 수 있도록 범위의 값을 강조하는 기능을 제공해야 한다.
- **데이터 분배** : SIEM 소프트웨어는 일련의 기준에 따라 키 속성에 대한 데이터 분포를 표시하는 기능을 가져야 한다. 사이버 보안 공격의 다양한 유형의 분포가 무엇인가와 같은 질문에 대답할 수 있어야 한다. 지원 팀은 효율적으로 CI를 보호하는 가장 큰 이유를 해결할 수 있다.
- **비정상 현상의 표현** : 변칙은 그들이 관심을 끌기 즉시 위험을 완화하기 위한 충분한 정보를 제공하는 방식으로 표현되어야 한다.
- **데이터 클러스터링과의 상관관계** : CI 보안 인프라 응용과 관련된 데이터는 클러스터 또는 상관 엔티티 그룹으로 가시화한다. 응용은 어떤 동작 (필터링, 정렬 등)을 지원할 수 있어야 한다.
- **경고** : SIEM 소프트웨어는 중요한 이벤트에 대한 경고를 생성할 수 있는 메커니즘을 지원해야 한다. 사용자는 경고 임계값을 구성하고 필요에 따라 새로운 경고를 구성할 수 있는 능력을 가질 필요가 있다. 웹 서버 액세스 로그와 같은 일반적으로 사용되는 로그의 경우, 응용 프로그램을 신속하게 임계값을 구성하여 설정할 수 있다. 미리 정의된 경고를 해야 한다. 이 소프트웨어는 또한 과거의 추세에 따라 예방적 경고를 생성하여 머신 러닝 모델을 훈련하는 기록 데이터의 사용을 해

야 한다.

이 장에서 두 SIEM 소프트웨어 패키지를 검토할 것이다. Splunk와 아크 사이트 ESM은 널리 알려진 인기 있는 SIEM 응용 프로그램이다.

Splunk

Splunk는 글을 쓰는 시점에서 시장에서 가장 인기 있는 시간 테스트 SIEM 솔루션 중 하나이며, CI의 보호를 위해 전 세계적으로 15,000개 이상의 고객이 신뢰한다. 이 단원에서는 Splunk의 보안 모니터링 및 경고에 대한 지원 기능의 일부를 검토한다.

Splunk 플랫폼의 개요는 다음 그림과 같다.

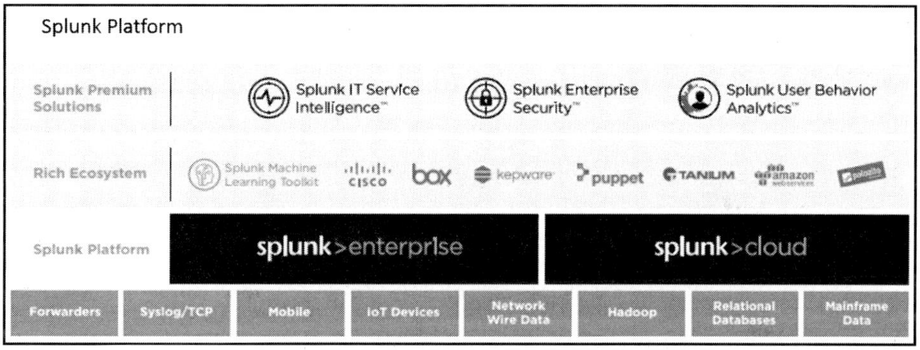

그림 11.11 Splunk 플랫폼의 개요

플랫폼으로 Splunk는 특정 조직의 요구를 수용하고 하위 제품의 범위를 제공한다. 이 장에서는 Splunk 엔터프라이즈 보안과 Splunk Light에 대해 살펴보자.

Splunk 엔터프라이즈 보안

이것은 엔터프라이즈 보안에 대한 전체론적 관점을 취하는 포괄적인 제품군이다.

대화형 대시 보드로 엔드-투-엔드 시각화에 사용할 수 있는 머신 데이터 작성, 머신 러닝 및 AI를 활용하여 예방 보안 조치를 위한 예측 모델을 학습한다.

Splunk Light

Splunk Light 기업 전체의 로그를 다루는 특정 제품 기능이다. 로그는 시정 및 예방 사이버 보안을 위해 활용될 수 있는 정보의 부하를 포함한다. Splunk Light는 기업에 관계없이 구조와 다른 의미의 인덱스의 모든 로그 파일을 수집할 수 있다.

데이터 입력층은 어떤 형식의 기록로 허용할 정도로 유연하다. 구성된 위치에서 로그를 읽고 다양한 런타임 구성을 통해 사용자를 유도하는 직관적인 사용자 인터페이스가 있어 로그 파일의 내용을 쉽게 인덱싱할 수 있다. 전달자 구성 요소는 시스템에서 직접 로그를 수집할 수 있다. 네트워크 한계로 인해 Splunk에 액세스할 수 있다.

전달자는 수많은 지원 프로토콜로 외부 소스에 연결하고 데이터를 Splunk Light로 추출하여 전처리 및 색인화할 수 있다. Splunk는 Big Data 프레임 워크의 스키마 없는 쓰기 패러다임을 지원한다. 스키마는 읽기 시간에 정의되며 컨텍스트 및 사용 사례에 따라 데이터 자산에 대한 여러 해석이 있을 수 있다.

또 다른 편리한 기능은 연대기 추론에 대한 지원이다. Splunk 타임 스탬프와 타임 스탬프가 없는 메시지에 기초하여 이벤트의 시퀀스를 결정할 수 있다. 또한 상황에 따라 타임 스탬프를 추론할 수 있다. 모든 로그는 중앙 위치에서 사용하는 것에 상관없이 소스와 포맷의 일관된 방식으로 액세스할 수 있다. 로그는 지속적으로, 필터링, 정렬 및 집계를 백그라운드에서 색인 및 분석을 위해 사용할 수 있다.

Splunk는 로그 파일에 간단한 SQL과 유사한 쿼리 인터페이스와 같은 Splunk 검색 처리 언어(SPL)를 지원한다. 또한 분석 및 시각화 명령을 지원하므로 고유한 패턴 및 이상치를 기반으로 한 이상 현상을 쉽게 감지할 수 있다. 사전 처리 및 인덱싱된 로그 또는 스트리밍 로그와 관련하여 검색은 불가능하다. 실시간 검색을 가능하게 하는 로그 검색을 위한 공통 인터페이스가 있다.

대화형 대시 보드를 사용하여 검색 결과를 시각화할 수 있다. 시각화 상자 밖의 조각 및 주사위 기능을 제공하며 기업 요구 사항에 따라 쉽게 사용자를 지정할 수 있다. 다음은 검색 처리 언어 쿼리 실행의 스크린 샷이다.

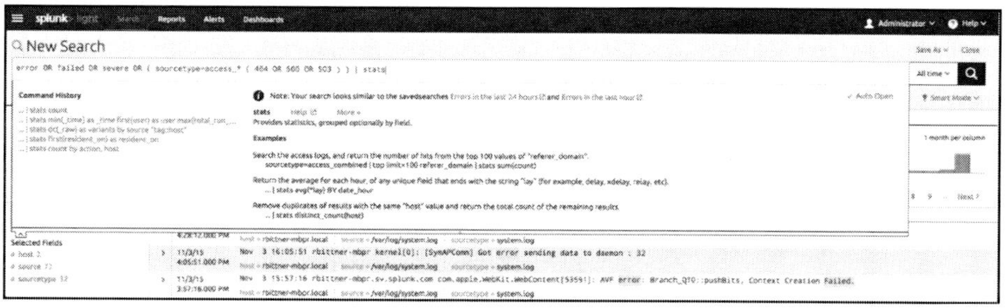

그림 11.12 Splunk 내의 검색 처리 언어

SIEM이 효과적이기 위해서는 여러 개별 소스의 이벤트 데이터가 있어야 한다. 또한 중앙 집중식 장소에서 분석 가능해야 한다. Splunk는 다양한 시스템 전반의 이벤트에서 복합체의 상관관계를 가능하게 한다. 이렇게하면 소스에서 유래한 이벤트의 계보와 다른 소스 시스템의 이벤트와의 상관관계를 모니터링할 수 있다. 이를 통해 보안팀에 대한 즉각적인 조사가 용이해져서 변형의 근본 원인을 찾을 가능성이 높아진다.

Splunk Light가 자동으로 사용자의 개입 없이 패턴의 변화를 감지할 수 있다. 예를 들어, 특정 웹 응용 프로그램 호스트는 다음 날짜에 n개의 요청을 받는다. 중요한 변화가 있는 경우 일주일에 한 번씩 Splunk는 신속하게 조사할 수 있는 패턴의 변화를 강조하여 표시할 수 있다. Splunk Light를 사용하면 관리 팀에서 수행하는 일반적인 검색을 기반으로 경고를 구성할 수 있다. 경고 쿼리는 다음 스크린 샷과 같이 유스 케이스 컨텍스트에 따라 사전 정의된 빈도 또는 실시간으로 실행되도록 설정할 수 있다.

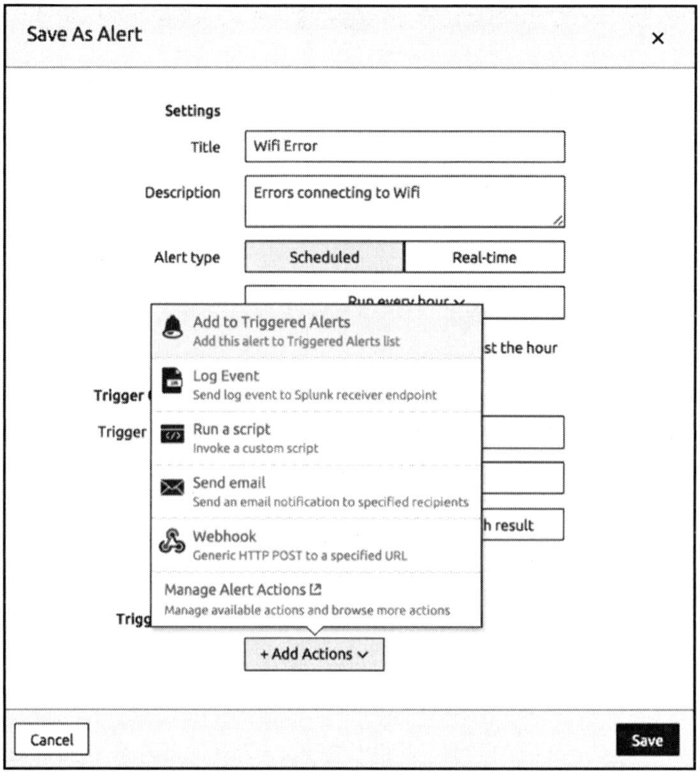

그림 11.13 Splunk에서 쿼리를 기반으로 경고하는 환경 구성

ArcSight ESM

ArcSight ESM은 보안 이벤트 관리 솔루션을 제공하는 HP SIEM 제품이다. ArcSight는 모든 이벤트를 분석하고 상관관계 및 이상 탐지에 사용할 수 있다. 이 제품은 크게 준수 및 위험 관리에 노력한다. 이것은 네트워크 운영 팀에 도움이 된다. ArcSight의 주요 기능은 다음과 같다.

- 규정 준수
- 자동 로그 수집 및 보관 사기 감지
- 실시간 위협 탐지
- 위협 및 자동화된 우선 순위의 매핑 및 모니터링
- 비즈니스 영향 분석 및 IT 자산에 대한 비즈니스 KPI

자주 묻는 질문

Q: 사이버 보안에 대한 빅 데이터의 중요성은 무엇인가?

A: 빅 데이터와 사이버 보안은 서로를 보완하고 서로의 관련성과 유틸리티에 중요한 역할을 한다. 점점 더 많은 디지털 기기가 연결되고, 그들은 많은 데이터 (볼륨)를 생성한다. 이러한 장치에 의해 생성된 데이터는 neartime (속도)에서 처리해야 하며 구조화, 비구조화, 반구조화 (다양한) 같은 다양한 형태를 따른다. 사이버 보안 시스템은 기업의 보안 인프라에 대한 실용적인 통찰력을 제공하고 예외를 탐지하고 조직의 컴퓨팅 자산에 대한 공격을 방지하는 데 도움이 되도록 빅 데이터가 전체적으로 처리되도록 요구한다.

Q: CI의 의미는 무엇인가? CI를 보호하기 위한 핵심 구성 요소는 무엇인가?

A: CI는 직접 또는 간접적으로 혜택 또는 이러한 시스템에 의해 영향을 받는 이해 관계자에 대한 원활하고 조화로운 경험을 위해 최적의 수준에서 작동하는 데 필요한 자산과 작업 모델을 정의하기 위해 기업과 정부 기관에서 사용되는 용어이다. 국가의 전력망은 CI의 좋은 예이다.

24시간 내내 작동하는 시스템의 중요성 또한 사이버 공격에 취약하다. 공격으로부터 CI를 보호하는 시스템 또한 방어 관점에서 매우 중요하다. CI 시스템은 대량의 로그 데이터 및 기타 운영 데이터를 생성한다. 이 데이터는 CI를 보호하는 데 있어 가장 중요한 자산이다. 데이터 외에도 우리는 시스템 동작의 이상을 감지하고 인적 또는 자동화된 동작을 유발하는 경고를 생성할 수 있도록 데이터 자산을 적시에 소비할 수 있는 시스템이 필요하다.

Q: 어떻게 머신 러닝 및 AI는 CI의 효과적인 보호를 위해 활용될 수 있는가?

A: 규칙 기반 경고 및 모니터링 시스템은 사이버 보안 공격을 처리하고 CI를 보호하기에 충분하지 않다. 따라서 기계 학습 모델을 훈련해야 한다. 발생 데이터를 예측하기 위해 과거 데이터 (감독 학습)를 기반으로 침입이 진행 중일 때 실시간으로 또는 악의적인 활동을 사전에 차단할 수 있다. 기계 학습 및 AI는 사이버 보안 시스템을 예측 분석으로 전환하여 공격을 예방한다.

Q: 공격자는 보안 인프라 위반에 대한 인공지능을 활용하는 것이 가능한가? 어떻게 방지해야 하는가?

A: 인공지능과 머신 러닝은 이미 보안 인프라 위반에 공격자에 의해 활용된다. 공격자로부터

시스템을 보호하기 위한 것이다. 데이터는 CI를 보호하는 시스템과 장점이다. 이기종 소스에서 데이터는 CI에 앞서 유지하고 보호하기 위해 거의 실시간으로 활용될 필요가 있다.

Q: 사이버 보안 스트림 처리의 중요성은 무엇인가?

A: 빅 데이터 자산은 배치 및 실시간 모드에서 처리할 수 있다. 배치 모드 처리는 많은 양의 데이터에 적합하며 프로세스가 시간에 민감하지 않을 때(실시간 될 필요가 없다) 가능하다. 그러나 CI 시스템은 끊임없이 정보의 출처로 데이터를 생성한다. 처리, 처리 및 분석은 CI를 보호 할 기회를 얻기 위해 가능한 한 이벤트 시간에 가까워야 한다. 스트림 처리는 스트림으로 소비되고 이동 중에도 처리되는 무제한 데이터를 처리하는 아키텍처 패러다임이다. 침입이 진행되는 동안에도 이상 탐지를 수행하고 CI에 대한 잠재적인 공격을 예방하는 데 도움이 된다.

요약

이 장에서는 사이버 보안 및 중요 애플리케이션의 보안 위협을 다루는 빅 데이터에 대한 기본 개념의 중요성을 공부하였다. 빅 데이터 처리는 데이터 소스를 스트리밍, 두 가지 기본적인 유형의 일괄 처리 및 실시간으로 처리할 수 있다. 여기서 배치 및 실시간 처리의 기본 개념과 프레임워크를 공부하였다.

공격자가 공통적인 보안 위협 및 취약점을 악용하는 다양한 유형을 보았다. 머신 러닝 및 AI는 CI에 대한 정교한 공격에 대한 공격자의 영향을 받는다. 따라서 사이버 보안 공격을 처리하는 시스템을 구축하는 동안 머신 러닝 및 AI 활용이 중요한 고려 사항이 된다. 여기서 SIEM 시스템의 기본 빌딩 블록과 몇 가지 예인 Splunk 및 ArcSight SEM을 가장 많이 사용되는 SIEM 프레임워크 중 하나로 검토했다. 사이버 보안 분야가 가장 중요하며 데이터 자산을 보호하기 위해 더 많은 연구가 필요하다. 정확하고 신뢰할 수 있는 데이터의 가용성에 대한 CI 및 기타 시스템의 의존도가 날로 증가함에 따라 데이터 자산 보호가 더욱 중요해졌다.

이 책의 다음과 마지막 장에서, 인지 컴퓨팅을 학습할 것이다. 인지 지능은 가능한 한 인간의 지능에 가까운 기계를 구현하려는 것이다. 이 연구는 흥미로운 분야이다. 인간의 능력을 증대할 스마트 기기에 인지 지능을 실현하기 위한 기본 개념 및 사용할 수 있는 도구의 일부를 검토할 것이다.

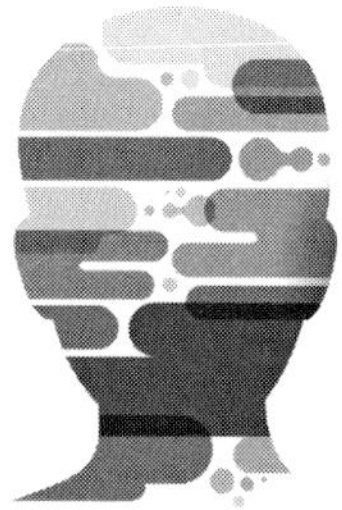

제 12 장

인지 컴퓨팅

Cognitive Computing

Artificial Intelligence for Big Data

Complete guide to automating Big Data solutions using Artificial Intelligence techniques

지금까지 머신 러닝(ML)과 인공지능(AI)의 일반 원칙을 공부하였다. 이것은 인간의 기능을 보강할 수 있는 좋은 기초 및 보완이며, 지능형 기계를 만들기 위한 출발점이 될 것이다. 이 데이터의 성장 및 가용성이 높아지면서 계속 증가 연산 능력이 가능해 진다. 그러나 인간의 뇌를 잠재적으로 일치 (또는 가까이 인지)하여 인공 시스템을 구축하기 위해서는 인간의 인지에 대한 이해를 개발해야 한다.

수십 년이나 수세기 동안 엄청난 양의 연구와 사고가 있었지만 인간의 인지 능력에 있어서는 자연의 프로그램을 완전히 해독하는 것이 아니다. 이 장에서는 인지 과학에 대한 연구를 진행하는 데 사용할 수 있는 몇 가지 프레임워크를 소개한다. 이 장의 주요 내용은 다음과 같다.

이번 장에서 다룰 주제

- 인지 과학의 일반적 원리
- 인지 시스템
- 빅 데이터 분석에 있어서 인지적 지능의 응용
- 가장 진보적인 인지 컴퓨팅 프레임워크 중 하나인 IBM 왓슨 소개
- 자바로 IBM 왓슨 응용 프로그램의 개발

인지 과학

지능형 시스템을 구축하기 위해 인간의 두뇌와 감각 기관을 모방한 능력을 구축하려고 한다. 인간은 각 오감에 대응하고 지각하는 주요 기관이 있다. 인지 과학의 목표는 그들과의 상호 작용이 자연스럽고 원활하게 되도록 지능형 기계에서 이러한 감각 능력을 구축하는 것이다.

- **비전** : 물체를 보기 위해 삼차원 위치를 이해하고, 시간에 따라 사차원으로 이동한다. 우리의 눈이 비전을 위해 외부 인터페이스로 눈을 사용하지만 이를 제외한 모든 것들은 뇌에서 발생한다. 인지 과학의 원리를 구축함으로써, 객체와 비디오 카메라로 자신의 움직임을 보고 지식에 영상 신호를 변환하는 수학적 모델을 통해 지능형 시스템을 구축할 수 있다.

- **오디오** : 인체의 외부 인터페이스인 귀를 통해 정보를 받아들일 수 있다. 오디오 프로세싱은 뇌에서 일어나며 다양한 오디오 신호를 들을 수 있다. 음성을 통해 모든것을 식별하기 때문에 실시간으로 신호를 처리하는 뇌의 용량에 신호의 의미를 이해하고, 상황에 오디오 신호를 넣어 필요한 조치를 트리거하는 메모리를 사용할 수 있다. 인공지능 시스템은 오디오 신호를 인식하고 NLP 가진 사람을 처리하고 지식으로 번역하며 작업을 실행하도록 모델링할 수 있다.

- **맛보기** : 개체(음식)의 맛을 감지할 수 있는데, 혀와 맛이라는 외부 인터페이스를 통해 들어오는 신호는 뇌에서 처리된다.

- **후각** : 다양한 개체 냄새를 맡을 수 있는데, 외부 인터페이스는 코이며 신호는 모두 뇌에서 처리된다.

- **소마토센세이션** : 다양한 개체를 느낄 수 있다. 외부 인터페이스는 피부 온도, 질감 등이며, 물체의 모든 다른 유형의 양태는 처리되고 뇌에 의해 이해된다.

이전 장에서 이 다섯 가지 감각과 인간의 지능을 모방 지능형 기계를 만들기 위한 이론, 수학적 모델, 도구 및 프레임워크를 보았다. 이러한 감각의 발현은 유형화되며, 물리적으로 모델링할 수 있다. 더 큰 맥락에서 인간의 생활에 적용되어 인간의 오감을 통제하는 것을 여섯 번째 기관인 '**마음**(mind)'이라고 한다.

그만큼 **인간의 마음**은 보편적인 의식의 가장 가까운 표현이며, 다른 모든 오감을 제어하기 위한 생각이다. 인간의 의지, 감정, 결정, 그리고 다른 모든 것들인 무형에 대해 이야기 할 때 마음은 그것을 보완하고 인간의 능력을 AI로 만드는 완전한 지능형 시스템을 구축할 때 가장 중요한 측면이다.

결국 인간의 마음을 모방하는 것이 중요하지만, 동시에 그것은 어려운 일이다. 인간의 마음은, 관찰 측정, 또는 조작하는 것은 쉽지 않다. 마음이란 때로는 우주(즉, 너무 무형)에서 가장 복잡한 실체이기 때문이다. 인지 과학은 마음의 학제 간 연구를 수행하는 과학의 한 분야이다. 각각의 분야는 연구 공간과 영역에서 서로 독립적이지만, 그들은 마음의 연구에 연결된 일반 문자열을 가지고 있다. 다음 그림은 마음과 융합분야의 인지 과학에 관한 그림이다.

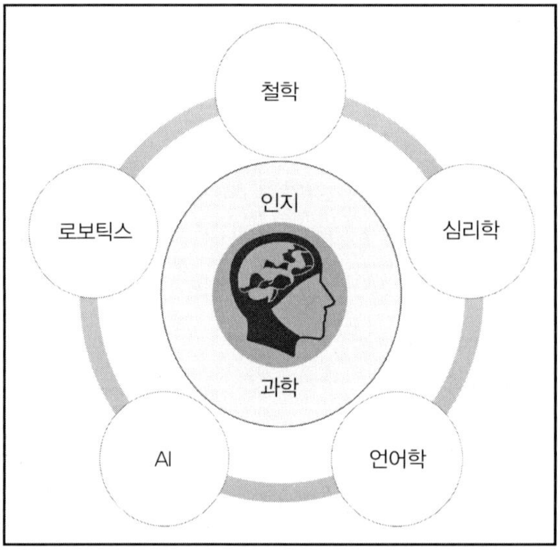

그림 12.1 마음의 학제적 연구로 인지 과학

정신의 기능은 단순화를 위해 여전히 상당 부분 탐구된 영역이지만, 마음을 중앙처리장치로 간주하고, 컴퓨터가 데이터를 수집하고, 퍼지규칙 등을 이용하여 출력 목적을 위해 변환할 수 있다. 인간의 마음은 또한 정보를 나타내는 지식과 행동으로 변환할 수 있다. 입력은 앞에서 설명한 바와 같이 직관에 의해 받는다.

그러나 디지털 컴퓨터는 주로 아날로그인 인간의 정신 및 뇌에서의 표현 사이의 기본적인 차이가 있다. 지능형 시스템을 구축에 대해 생각하면, AI의 더 큰 목표는 보완과 인간의 능력을 증대하여 실제 문제를 해결하기 위해 컴퓨팅 인프라와 지식 자산 (데이터베이스)을 사용하는 것이다. 인지 컴퓨팅에 관해서 더 깊은 수준의 목표는 궁극적으로 인지 능력 (정서적, 영적 지능)과 건설 기계의 기회를 가질 메타 지식과 인간의 지능을 디코딩하는 것이다. 다음 그림에 도시된 관점에서 목표 깊이에 의해, AI가 3단계로 나눌 수 있다.

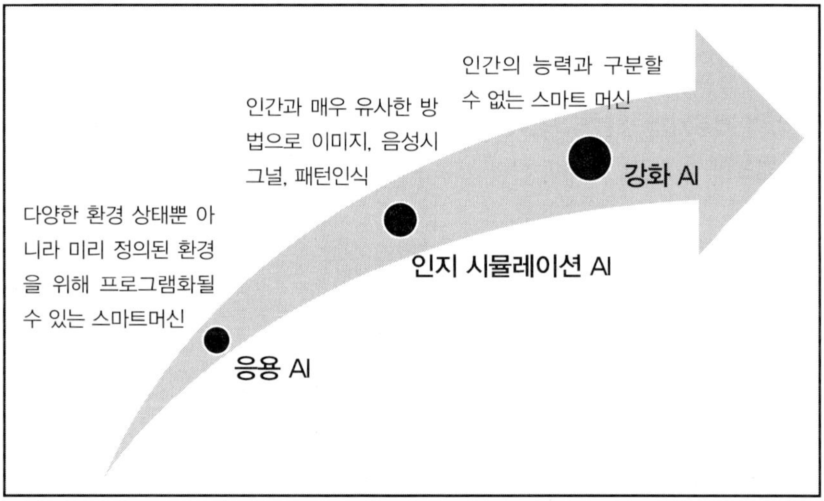

그림 12.2 AI의 단계

이 그림을 설명하면 다음과 같다.

- **응용 AI** : 지금까지 많은 AI는 여러 영역에 응용되어 왔다. 퍼지 논리를 응용한 가전제품(세탁기, 에어컨 등), 실시간 교통 상황, 변화의 수준에서 미리 정의된 작업을 수행하는 산업용 로봇, 운전 시간을 예측할 수 있는 스마트 네비게이션 등이 AI의 응용 예이다. 적용된 인공지능은 지도 학습, 비지도 학습 및 강화 알고리즘을 사용하여 구현할 수 있다.
- **인지 시뮬레이션 AI** : 기계는 환경에서 비디오 및 기타 감각 입력을 해석, 자연 언어 처리와 함께 사용할 수 있으며, 상황에 따라 진정으로 인간의 능력을 증대하여 반응한다. 우리가 사용하는 휴대 전화에 있는 지능형 비서는 스마트 기기와 원활한 상호 작용을 위한 인지적 지능을 시뮬레이션할 수 있다. 인지 시뮬레이션 AI 실현을 위해서는 데이터와 함께 높은 수준의 계산 능력이 필요하다. 빅 데이터 시스템은 이미 인지 시뮬레이션 AI를 기반으로 응용 프로그램을 실현해 왔다.
- **강한 AI** : 인간과 컴퓨터의 장점을 결합하여 강한 인공지능을 만들 수 있다. 이것

은 잠재적으로 인간의 지능을 능가하고 인간의 지능에 가까운 지능을 얻는다. 이 수준에서, AI는 높은 수준의 인식을 기반으로 완전히 자연 언어의 '의미'를 이해하고, 다단계 추론을 수행할 수 있다. 잠재적으로 그렇게 하도록 지시하지 않고 아티팩트를 생성할 수 있다.

"강력한 AI의 목표는 인간을 모델로 한 기계를 구축하는 것이다. 어린 시절 가지고 있던 로봇을 통해 언어 배우기와 세상의 흐름을 감지함으로써 지식을 얻는다는 것, 궁극적으로는 인간 사고의 전체적인 영역을 고려해야 한다.

– 바이 첸 바움(Weizenbaum, MIT AI 연구소)

응용 AI와 인지 시뮬레이션 AI가 이미 다양하게 사용되고 주류를 형성하고 있으나 인지 과학은 강한 AI에 대한 탐구이다. 즉, 인간은 언어, 논리적 추론의 사용과 같은 외부 학습을 받지 않은 상태에서 자연적으로 수행할 수 있는 아주 기본적인 활동 중 일부는 지능형 기계에 복제되어야 하는 것을 의미한다. 이러한 행동은 AI를 인지 과학의 연구의 범위 내에서 기계에 통합할 계획하고 개발해야 하는 핵심인지 능력이다.

다음 단원에서는 강한 AI를 달성하기 위한 목적으로 구축할 수 있는 인지 시스템의 특성 중 일부를 살펴 보겠다.

인지 시스템

인지 과학(cognitive Science, CS)의 주요 특징 중 하나는 인간의 상호 작용이 가능한 방식과 유사한 자연 언어와 인간과의 상호 작용 능력과 인터페이스를 가지고 있다는 점이다. 이 시스템은 학습과 확률적 환경적 맥락뿐만 아니라 히스토리 데이터 입력에서 생각할 수 있다. 이 시스템은 신속하게 휴먼 인터페이스와 매우 유사한 반정형 및 비정형 데이터 입력에 구조화된 데이터 입력(기존 컴퓨팅)에 종속되어 진화할 수 있어야 한다.

이미 AI에 따라 시스템이 어떤 클렌징 또는 조화 없이 자연 형식으로 퍼지 입력을 받아들여 학습을 가능하게 하는 퍼지 시스템을 설명할 장에서 볼 수 있다. 인지 시스템은 자연적인 방법으로 인간과 상호 작용하기 때문에, 확장하고 무차별의 추가적인 장점 및 데이터 저장 기능을 통해 사실상 무제한으로 인간의 능력을 증폭할 수 있다.

인지 시스템의 개발은 종합 노력과 인간의 능력을 차별화할 수 없는 진정한 인지 시스템을 실현하는 방향으로 진행하기 위해 협업과 지식 공유의 큰 거래를 필요로 한다. 다음과 같이 인지 시스템의 성격을 설명할 수 있다.

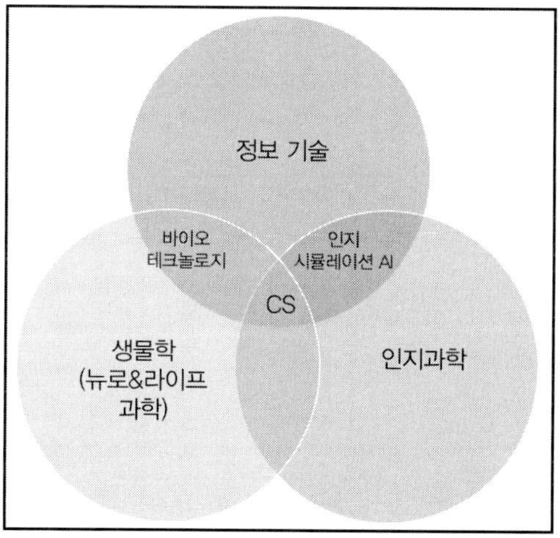

그림 12.3 종합 전자 FF 오트로인지 시스템 (CS)

여기서 볼 수 있듯이, 인지 시스템에서 결합된 노력으로 구축할 수 있다(정보 기술(IT), 생물학(신경 및 생명 과학), 인지 과학). IT는 데이터 저장 및 데이터 처리 기능을 갖춘 CS에 대한 백본을 제공한다. 클라우드 기반 분산 컴퓨팅의 출현으로, 우리는 우리의 처분에 잠재적으로 무제한 스토리지 및 컴퓨팅 파워를 가지고 있다. 또한 IT 시스템은 높은 수준의 자연스러운 입력을 상호 운용 가능한 낮은 수준의 디지털 수준으로 변환하고, 여러 인식 시스템 간의 통신 수단으로 사용한다. 신경계는 가장 복잡한 시스템으로 완벽하게 이해하기에는 지금 시점에서는 조금 먼 상황이지만, 인지 시스템은 신경학적 연구에서 많은 영감을 그릴 수 있다.

> 인지 과학은 심리학, 마음, 지식, 생리학, 언어학과의 인터페이스와 통합되어 있다. 이 분야는 인간의 행동과 유사하고 보완하고 그 기능을 증대시켜서 진정한 인지 시스템을 개발할 수 있는 잠재력을 가지고 있다.

이제 CS가 이 시점에서 얼마나 진화하는지 기대해 보자.

❁ 인지 시스템의 역사

지금까지 인간의 능력과 일치하는 진정한 인지 시스템을 만들기에는 많이 부족했다. 하지만 시간이 지난 현재 많은 발전을 이루고 있다.

여기에 인지 시스템의 진화에 대한 과정은 다음과 같다.

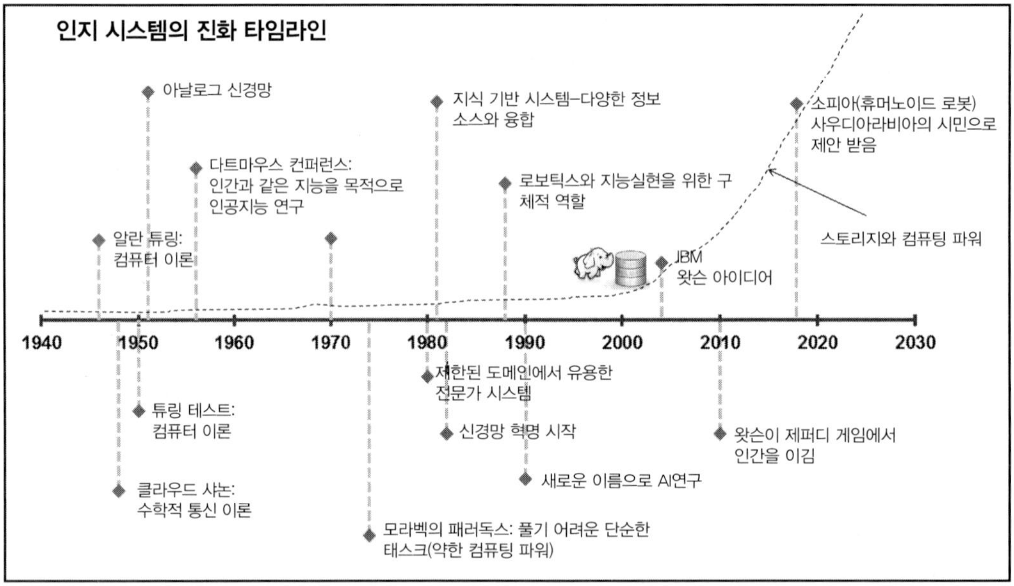

그림 12.4 인지 시스템 진화의 타임 라인

이 그림에서 볼 수 있듯이, 인지 시스템의 실현 뒤에 일반 이론과 과학은 수십 년 동안 존재하지만, 진화의 과정에서 가속되기 시작하여 분산 컴퓨팅 아키텍처를 기반으로 빅 데이터 분석 프레임워크의 가용성의 결과 계산 능력과 함께 디지털 데이터 자산의 기하 급수적인 성장과 함께 2000년대에는 빠른 속도로 진화하고 있다. 인지적 지능을 기반으로 IBM의 왓슨 엔진, 제퍼디의 게임에서 세계 챔피언을 이길 때 중요한 공적은 2010년에 이루어졌다.

이러한 배경으로, 인지 시스템의 목표 중 일부를 살펴 보자.

❁ 인지 시스템의 목표

인지 시스템의 기본 목표는 인간의 능력을 보완하고 일부 질병의 몇 가지 인간이 직면한 문제(효과적이고 정확한 진단, 자율 및 자기 운전 자동차, 인간 DNA 디코딩 등)를 해결함으로써 인간 사회의 더 나은 삶을 위한 것이다. 인지 시스템을 설계할 때 전반적인 목표 달성에 기여하는 일반적인 기능들이 있다. 이러한 기능들을 살펴보면 다음과 같다.

- **탐구** : 인지 시스템은 자율적으로 환경적 맥락을 탐구하고 그것에서 의미를 추론할 수 있어야 한다. 또한 이것을 지식 자산으로 변환할 수 있어야 한다. 인지 시스템은 무한적인 탐구를 통해 이용 가능하고 지식화할 수 있는 방대한 양의 디지털 데이터로 즉시 변환할 수 있다.

- **검색** : 데이터가 논리적 인지 연결 실체의 지식 자산으로 사용할 수 있게 되면, 아키텍처는 지식 자산의 효율적이고 시기적절한 검색을 활성화해야 하고 시스템에 필요한 경우에 효과적이고 정확한 작업을 구동할 수 있어야 한다.

- **시맨틱 검색** : 이것은 검색 기능의 일반적인 확장이다. 휴먼 인터페이스 또는 다른 인지 시스템은 인지 입력에 따라 몇 가지 정보를 필요로 할 때마다 인지 시스템은 적시에 지식 자산을 검색하고 상황에 따라 정보를 요구한 추출된 정보를 공급할 수 있어야 한다. 이 시점에서, 키워드는 일반 텍스트 대신 의미가 되는 단어들이다. 자세한 것은 제2장 빅 데이터를 위한 온톨로지에서 보라.

- **신체 활동 및 상태 조작** : 인지 시스템은 신체 활동을 구동시킬 수 있는 유형의 구성 요소가 있어야 한다. 예를 들어, 로봇 팔은 섬세한 수술을 수행할 수 있어야 한다. 또한, 인지 시스템은 컨텍스트 및 의도에 따라 최적 동작에 기초하여, 환경의 상태를 조작할 수 있어야 한다. 예를 들어, 시스템은 방에 있는 사람의 분위기, 하루에 얼마나 머무르는지의 시간 및 많은 다른 개인 매개 변수에 따라 음악을 ON할 수 있어야 한다.

- **정보 농축** : 이것은 인지 시스템의 매우 중요한 측면이다. 히스토리 데이터, 현재의 환경 상황과 학습을 바탕으로 인지 시스템은 명시적으로 데이터 입력 작업을 수행할 필요 없이 암시적이고 원활한 방식으로 지식 자산을 풍부하게 할 수 있어야 한다. 그것은 모든 상호 작용을 풍부하게 하기 위해 지식 기반에 정보를 그릴 수 있는 자동 폐쇄 제어 루프이어야 한다.

- **탐색 및 제어** : 인지 시스템은 환경 상황을 고려하여 문제 영역 내에서 물리적 객체를 탐색할 수 있어야 한다. 잘 알려진 예는 실시간으로 시스템의 다양한 작동 매개 변수를 제어할 수 있는 자동 운전 자동차, 교통 통제 시스템, 스마트 홈 시스템이다.

- **의사 결정 보조** : 인지 시스템은 일상에서 효과적인 의사 결정뿐만 아니라, 미션 크리티컬 애플리케이션을 용이하게 한다. 예를 들어, 의료 결정은 환자의 특정 조건을 운영하거나 환자의 역사, 증상에 따라 사용할 수 있는 약으로 치료하고, 다양한 보고서는 다음을 기반으로 인지 시스템에 의해 수행 될 수 있다.

  - **모델** : 이러한 유형의 의사 결정 지원 시스템 (DSS) 특정 분야에서 잘 확립된 모델과 이론을 기반으로 이루어진다. 인지 시스템은 해석하고 일관된 방식으로 모델에서 추론할 수 있어야 한다.

  - **데이터** : 이러한 유형의 결정은 히스토리 데이터에 기초하여 이루어진다. 지도 학습 알고리즘이 이 예이다.

  - **통신** : 인지 시스템은 특정 상황에서 의사 결정을 유도하기 위해 다양한 다른 인간과 비인간의 인지 시스템과 실시간으로 의사 소통을 할 수 있어야 한다.

  - **문서** : 문서 중심의 결정은 스캔한 문서 및 오디오 – 비디오 파일로 디지털화하고 구조화되지 않은 많은 양의 데이터를 기반으로 한다. 인지 시스템은 이러한 지식 자산으로 검색하고 시의적절하고 효율적인 방법으로 상황에 맞는 의사 결정 지원을 제공하는 것이 가능하게 될 것이다.

  - **지식** : 도메인별 데이터 자산 및 온톨로지에서 작동하는 인지 시스템의 특수 유형이다. 이들은 매우 제한된 상황에 맞는 특별한 목적을 위해 의미가 있다. 이 시스템은 또한 히스토리 데이터 자산과 과거의 결정에 따라 머신 러닝 모델을 활용한다. 이러한 시스템은 지속적으로 데이터 자산에 추가 도메인 내에서 의미적 관계를 구축 및 관리하고 팀의 보고서 및 프로젝트의 일부를 추구하는 자연적인 인간의 인터페이스와 유사한 의사 결정을 제공한다. 기업 내에서 특정 영역의 지식 자산을 기반으로 의사 결정 지원 시스템은 잠재적으로 가지각색의 운영 효율성을 향상시킬 수 있다.

- **자연어 인터페이스** : 인지 시스템은 데이터 입력을 위한 수단으로서, 자연어를 지원하고, 인간의 상호 작용과 유사 자연어 출력을 생성한다. 이러한 시스템은 표준화된 자연 형식으로 다른 인지 시스템과 상호 작용을 활성화해야 한다. 또한 원활한 지식 교환을 용이하게 해야 한다. 인지 시스템 내에서 이러한 목표와 기능을 통해, 인지 시스템의 실현을 가능하게 하는 실체의 일부를 살펴보자.

인지 시스템 가능자

인간의 지적 행동을 닮은 인지 시스템을 구축하기 위해 다음과 같은 가능자(enabler) 핵심 요소가 필요하다.

- **데이터** : 인지 시스템은 다양한 데이터가 있어야 한다. 데이터의 부족은 평가하기 어렵다. 이것이 인지 시스템의 가장 큰 원동력 중 하나이다.
- **계산** : 데이터를 처리하고 이론과 알고리즘을 적용하기 위해 분산 컴퓨팅 파워가 주류이며, 이를 통해 인지 시스템의 발전이 가속화되고 있다.
- **연결** : 이기종 소스의 데이터로 부터 지식 기반을 만들기 위해 데이터 소스 내의 모든 소스 뿐만 아니라 실체의 연결이 효율적이고 정확한 인지 시스템의 개발에 매우 중요하다.
- **센서** : 사물 인터넷에서 감지 장치는 많은 애플리케이션에서 중요한 역할을 하는 데이터를 생성하고 있다. 인지 시스템은 인간뿐만 아니라 다른 인지 시스템과 자연 언어 대화와 상호 작용을 촉진하기 위해 인간의 감각 기관을 모방하여 다양한 센서를 배포한다.
- **인간의 뇌의 이론 이해** : 올바른 방향으로 연구를 추진하기 위해, 더 자세히 인간의 뇌의 기능을 이해할 필요가 있다. 완전히 인간의 뇌가 어떻게 작동하는지 이해는 아직 알지 못한다. 인지 시스템이 정말 인간의 지능 수준까지 도달하려면 마음을 연구 할 필요가 있다. 마음은 무형의 특성으로 인해 복잡하다.
- **자연** : 인지 시스템은 자연과 방법을 다양한 생물이 기본적인 생존 본능으로 서로 상호 작용에서 영감을 도출할 필요가 있다. 모든 자연 생물은 환경적 맥락에서 상호 작용뿐만 아니라 효과적으로 생존을 위해 정보의 수준을 가지고 있다. 앞에서 스웜

지능에 대해 살펴보았듯이, 생물의 자연적인 행동인지 시스템을 구축할 수 있다.

빅 데이터 분석의 응용 프로그램

빅 데이터와 인지가 함께 사용되는데, 이 두 개념 사이의 관계를 이해하자. 이 책에서는 빅 데이터의 크기, 속도, 다양성 등을 주요 특징으로 설명한다. 데이터 크기는 많은 장치 및 비즈니스 도메인과 플랫폼에서 데이터를 생성하고 있어서 기하 급수적으로 증가하고 있다.

예를 들어, 전 세계 어떤 도시에 사는 사람은, 스마트 폰, 텔레비전, 각종 전자 기기, 심지어 자동차에 적어도 수메가 바이트의 데이터를 매일 사용하고 있다. 산업 및 기업 데이터 자산과 함께 이러한 개인 데이터 셋은 데이터 일상의 크기에 추가된다. 이 데이터는 생성되어 전제 또는 클라우드 내에서 중앙 서버로 계속적인 빠른 속도로 저장된다. 데이터가 자산 가치가 되도록, 분석 결과를 실시간에 가깝게 생성한다. 즉, 데이터 처리 속도가 빅 데이터의 또 다른 중요한 측면임을 의미한다.

데이터 자산의 대부분은 표준화된 형식이 아직 없다. 데이터가 다양성이 크고 자연적으로 생성되기 때문이다. 지속적으로 발생되어 구조화 및 반 정형 데이터의 증가하기도 한다. 다양성은 빅 데이터의 세 번째 차원이다. 빅 데이터를 처리할 수 있는 계산 모델은 하둡 등과 같은 분산 컴퓨팅 프레임워크의 형태에서 수행된다. 빅 데이터 분석은 클라우드 플랫폼(PAAS)에서 가능하다. 분석 플랫폼의 전체 클러스터는 몇 분 이내에 양산할 수 있으며 자동 스케일링 데이터 크기 및 컴퓨팅 요구 사항에 따라 할 수 있다. 이러한 빅 데이터 분석 플랫폼은 인지 지능을 구축할 수 있는 기초가 된다. 빅 데이터의 촉진 기본 기술은 인공지능을 구축에 필요한 핵심 구성 요소이다. 주요 구성 요소는 데이터 및 계산 전력의 대량의 방대한 양을 저장하는 기능이다.

디지털 형식으로 사용할 수 있는 데이터 양의 증가에도 불구하고, 아직도 초보적인 형식으로 되어 있는 데이터가 80% 이상 있다. 예를 들어, 고대 경전, 공식 종이 형식, 필기 책 문서, 이러한 지식 자산의 일부는 아직도 구조화되지 않은 원시 형식으로 여전히 존재한다. 이 대형 데이터는 매우 중요하고 지식 자산의 상당 부분을 차지한다. 전체적으로 이 데이터는 어두운 데이터라고 한다. 빅 데이터 및 인지 지능을 같이 사용하는 핵심 목표와 가능 중 하나는 어두운 데이터를 활용할 수 있다는 것이다. 인지 정보를 사용하여, 인지 시스템의 진화의 일부가 될 수 있는 주요 데이터 자산을 반입할 수 있는 어두운 데이터의 뷰를 만들 수 있다. 완벽하게 이해해도 수동 프로세스와 어둠의 데이터를 사용하는 것은 불가능하다. 어두운 데이터를 활용하기 위해 인지적 지능의 알고리즘 접근 방식과 함께 빅 데이터 기술 도구가 필요하다. 이러한 고급 이미징, 광학 문자 인식, 자연 언어 처리, 텍스트 분류를 위한 다양한 머신 러닝 알고리즘과 같은 인지적 이미지와 문서 처리 기술로 부터 지식 자산이 디지털화되면, 그들은 의미론적 개체 수준에서의 관계와 함께 구성되어 있다. 총칭하는 기존의 빅 데이터 시스템 내에서 이러한 고급 이미지, 광학 문자 인식, 자연 언어 처리, 텍스트 분류를 위한 다양한 머신 러닝 알고리즘과 같은 인지적 이미지와 문서 처리 기술이다. 지식 자산이 디지털화되면, 그들은 의미론적 개체 수준에서의 관계와 함께 구성되어 있다. 총칭하는 기존의 빅 데이터 시스템 내에서 엔터프라이즈 데이터 허브 (EDH) 또는 데이터 호수의 주요 구성 요소 중 하나는 데이터 모델링이다. 모델링은 데이터 호수에 대상 데이터 구조 소스 시스템을 매핑하는 것이다. 데이터 모델링은 도메인 특정 구조이며, 데이터 호수의 필드에 그 매핑 소스 시스템에 데이터 특성(열)의 중요성을 이해하기 위해 필요한 과정으로 대부분 수동 프로세스이다. 인지적 정보의 사용과 함께, 완전히 데이터 모델링 프로세스를 제거하는 것이 가능하다. 이 새로운 패러다임에서 인지 체계는 분석하고 의미있는 소스 데이터베이스를 이해하고 검색 및 탐사를 효율적이고 고급 분석에 완벽하게 사용할 수 있는 대상 구조의 연결 프로토타입을 생성한다. 기본적으로 인지적 정보와 함께 빅 데이터 기술의 조합으로, 데이터 관리 시스템은 자율적이고 더 효율적이고 정확하다. 수동 개입이 최소이므로 데이터 분석 및 실행 가능한 통찰력을 빠르게 사용할 수 있다.

인지적 정보의 사용과 함께, 완벽하게 데이터 플랫폼과 상호 작용하는 것이 가능하다. 기존의 빅 데이터 분석의 세계에서 데이터의 추세를 보여주고 데이터에 규정 분석을 수행하기 위한 도구를 사용하였다. 데이터 자산은 예측 분석을 수행하기 위한 머신 러닝 모델에 사용할 수 있다.

자연어의 플랫폼 도메인과 상황에 맞는 구체적인 질문을 인간과 상호 작용을 통해 기본 데이터 자산과 다양한 머신 러닝 알고리즘의 응용 프로그램을 활용하여 매우 유사하게 소통할 수 있고, 대답은 자연어 형태로 사용자에게 제공된다. 머신 인터페이스는 기계 또는 인간과 상호 작용하는 경우 새로운 인간과 기계 간의 상호 작용을 위한 새로운 세계를 열 것이다.

서비스로서의 인지 지능

무형의 실체인 인간의 마음을 따르려고 하기 때문에 인지 지능 분야는 방대하고 흥미로운 일이다. 인간의 인지가 어떻게 작동하는지에 대한 이해하는 것이 인지 시스템에서 유사한 동작을 구현할 수 있게 할 것이다. 인지 정보를 기반으로 인간의 의사 결정 과정은 다음과 같이 네가지 기본 구성 요소로 구성되어 있다.

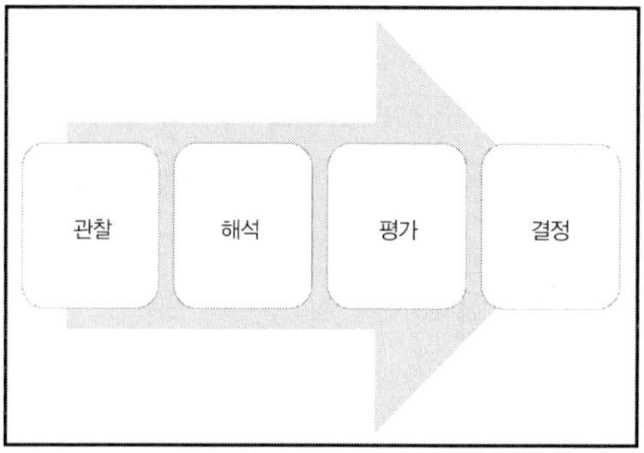

그림 12.5 인지적 지능의 기본 구성 요소를 기반으로 인간의 의사 결정 과정

환경과 감각 기관을 통해 동시에 다양한 입력을 관찰한다. 입력은 환경 상태의 컨텍스트 내에서 해석된다. 해석의 단계에서 히스토리 데이터뿐만 아니라 프로세스에 대한 의도된 목표를 참조한다. 해석이 완료되면 과거 경험과 미래의 보상을 기반으로 다양한 옵션을 평가하고 최적의 옵션은 전체 이득을 위해 선택된다. 의사 결정도 제10장 강화 학습 단원에서 설명한 강화 학습에 기반하여 이루어진다. 인지 정보를 기반으로 한 프로세스에서 의사 결정을 용이하게 하기 위한 모든 플랫폼에는 핵심적으로 4개의 빌딩 블록을 구현해야 한다.

따라서 많은 연구가 진행중이며 IBM, 마이크로 소프트, 구글과 같은 기업이 이 분야의 개척자 중 일부이다. 그들은 이미 특히 일반 및 인지 컴퓨팅 관련 연구와 응용 프로그램 개발을 위한 인공지능 연구에 투자하였다. IBM 왓슨의 성공은 인지 지능이 상용화되어 응용 프로그램을 만든 커뮤니티를 격려해 온 결과이다. 이러한 데이터 과학자들과 매니아들은 스토리지 액세스 및 컴퓨팅 파워를 최소로하여 부팅시키고 또한 최소의 비용으로 연구하고 있다. 프레임워크의 API 일부를 알아보자.

왓슨에 기반한 IBM 인지 툴킷

IBM은 처음 제퍼디 게임을 즐길 수 있는 엔진으로 왓슨을 개발했다. 이 게임에서 인간 중재자는 자연 언어에서 다소 난해한 방식으로 질문을 한다. 문제는 동시에 모든 참가자에게 들려준다. 선수들은 답변과 준비가 되어 있다는 것을 나타내기 위해 초인종을 누를 수 있다. 부저를 누른 첫 번째 플레이어는 질문에 대답할 수 있는 기회를 얻을 수 있다. 왓슨은 2010년에 제퍼디 세계 챔피언이 되었다. 이 과정은 또한 관찰 / 해석 / 평가 / 결정 사이클을 통해 결정된다. 자연 언어의 질문에 대답할 수 있는 지능형 시스템과 IBM 왓슨의 높은 수준에서의 아키텍처는 다음과 같다.

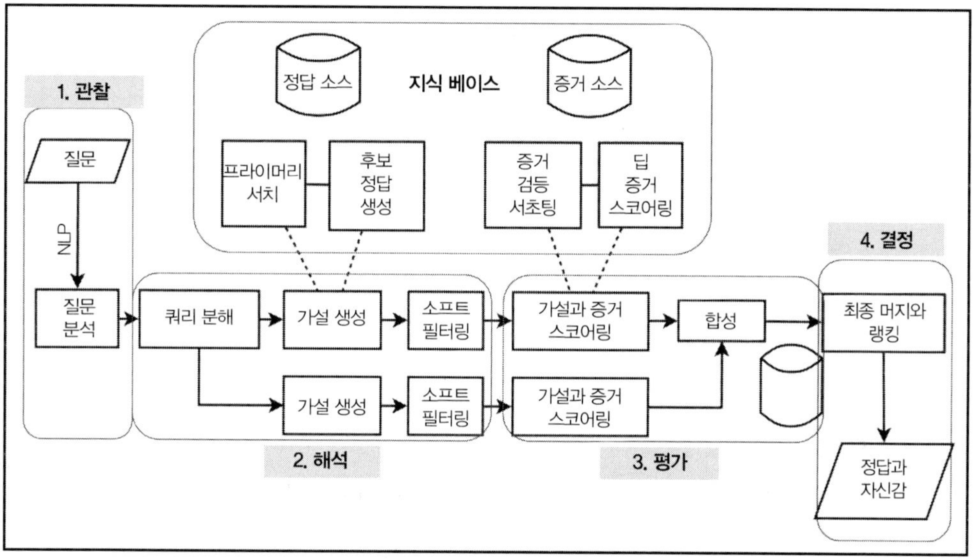

그림 12.6 지능형 시스템과 IBM 왓슨의 아키텍처

"제퍼디! 단서를 탈피하기 위한 컴퓨터의 기술은 단지 나와 같다. 기계의 제로 단서의 키워드는 (왓슨의 경우, 인간의 지식의 15 테라바이트의 데이터 뱅크) 메모리가 그 단어와 연관된 클러스터들을 위해 동작한다. 모든 컨텍스적인 정보에 대해 엄격하게 최고 상위 히트를 체크한다. 대답의 종류가 모색되고, 시간, 장소, 성별은 단서에서 암시, 카테고리 이름을 등으로 부터 충분히 확실하다고 느낄 때 와슨은 부저를 누른다. 이것은 모든 인간 제퍼디 플레이어가 동일하게 한다. 하지만 난 내 머리가 다소 같은 일을 하고 있는 것을 확신한다."

– 켄 제닝스(Ken Jennings, 제퍼디 선수 중 한명)

제퍼디 엔진으로 왓슨의 초기 성공 후, IBM은 서비스로서의 인지 지능에 왓슨을 진화시키고 있으며 IBM 클라우드에서 사용할 수 있다. 이 장에서는 이전에 본 인지 시스템 가능자(enabler)는 (데이터, 계산, 연결, 센서, 인간의 뇌 기능, 자연, 그리고 집단 지성의 이해) 플랫폼에서 공통 인터페이스를 사용할 수 있다.

■ 왓슨기반 인지 응용 프로그램

IBM은 IBM 클라우드 플랫폼 서비스로 다음과 같은 인식 응용 프로그램을 지원한다.

- **왓슨 보조** : 이 응용 프로그램은 공식적으로 "대화"로 명명되었다. 이 응용 프로그램은 쉽게 모든 응용 프로그램에 자연 언어 인터페이스를 추가할 수 있다. 이 도메인에서 특정 쿼리에 대한 모델을 학습함으로써 사용자 정의 챗봇을 쉽게 구현할 수 있다.

- **발견** : 이 응용 프로그램은 사용자의 문서에 대한 검색뿐만 아니라 인터넷에 일반적인 인지 키워드에 기반한 검색을 할 수 있다. 이 서비스는 기본적으로 연결, 메타 데이터, 동향 및 감정 정보를 제공한다. 또한 로컬 파일 시스템, 이메일 및 구조적 포맷에서 스캔한 문서 데이터를 입력 할 수 있다. 엔터프라이즈 스토리지 저장소 (셰어 포인트) 또는 관계형 데이터베이스 저장소에 연결하는 것도 가능하다. 그것은 완벽하게 클라우드 스토리지의 내용에 연결할 수 있다.

- **지식 카탈로그** : 응용 프로그램은 다양한 데이터 과학 알고리즘과 가설을 실험하기 위한 데이터 자산의 구성을 용이하게 한다. 지식 카탈로그의 데이터 과학 프로젝트 시각화를 위한 데이터, 협력자, 노트북, 데이터 흐름 및 대시 보드가 포함되어 있다. 왓슨 지식 카탈로그는 데이터 셋을 동시에 필요로 하고 공동 작업을 해야 하는 수천 수백 명의 데이터 과학자들에게 편리하고 유용한 응용 프로그램이다. 지식 카탈로그는 인덱스에 사용자 및 역할에 따라 데이터, 문서를 분류하고 액세스를 제어 도구를 제공한다. 응용 프로그램은 세 가지 사용자 역할을 지원한다. 데이터 자산에 대한 역할 기반 액세스, 카탈로그 콘텐츠를 추가하고 다양한 사용자에게 액세스 권한을 부여할 수 있다.

- **언어 번역기** : 이것은 쉽게 번역 서비스를 제공하기 위해 모바일 및 웹 응용 프로그램 내에서 통합할 수 있는 편리한 도구이다. 이것은 다국어 응용 프로그램의 개발을 촉진할 수 있다.

- **머신 러닝** : 이 응용 프로그램은 다양한 실험도 가능하게 하고, 왓슨 스튜디오 내에서 상황에 맞는 지원 전환 방식으로 다양한 머신 러닝 모델을 구축할 수 있게 한다. 모델은 IBM 클라우드로 볼 수 있다. 모델 빌더 웹 응용 프로그램을 구축하기가 매우 쉽다. 흐름 편집기는 모델을 대표하는 그래픽 사용자 인터페이스를 제공

하며, 이것은 DAG를 (방향성 비순환 그래프)의 SparkML 노드 표현을 기반으로 한다.

- **자연어 이해** : 이것은 쉽게 사전에 구축된 훈련 모델을 기반으로 자연어를 해석할 수 있게 하는 인지 응용 프로그램이다. 그것은 모바일 및 웹 응용 프로그램 내에서 통합하기 매우 쉽다. 응용 프로그램은 개념, 실체, 키워드, 카테고리, 정서, 감정과 입력으로 제시한 자연어 텍스트 사이의 가장 중요한 의미 관계의 식별을 지원한다.

- **개인 통찰력** : 이 응용 프로그램은 서로 상호 작용하면서 인간이 보여주는 인지적 정보에 가능한 한 가까운 결과를 가져온다. 언어, 특정 문장, 피치 등 다른 사람의 아이디어에 개방, 그리고 제작에서 특정 단어의 사용에 의해 사람을 판단한다. 이 응용 프로그램은 블로그, 또는 기록, 연설의 다양한 알고리즘을 사용하여 언어적 분석과 개인 성향분석 이론을 적용하고 Bgi Five와 함께 제공하며 '필요' 및 '값'은 트위터에서 사용할 수 있는 텍스트 기반으로 점수를 공급한다. 다음 화면과 같이 출력은 다양한 변수들에 백분위 점수를 포함한 JSON 형식으로 서비스된다.

그림 12.7 다양한 파라미터에 대한 백분율 점수

- **음성을 텍스트로, 텍스트를 음성으로 변환 서비스** : 이것은 엔터프라이즈 응용프로그램에 음성 인식 기능을 추가하는 두 가지 서비스를 말한다. 서비스는 다양한 언어에서 언어와 방언과 음색의 다양한 변화들을 다 지원한다. 서비스는 광

대역 및 협대역 오디오 포맷을 지원한다. 텍스트 전송 (요청과 응답)은 JSON 형식과 UTF-8 문자 세트를 지원한다.

- **톤 분석기** : 이것은 우리 인간이 가지고 있는 다른 인지적 기술이다. 스피커의 톤에서 분위기와 전체적인 의미를 식별할 수 있다. 센터 및 기타 고객과의 상호 작용을 불러오며, 특정 통신 세션의 전반적인 효율성을 결정한다. 서비스 제공은 클라이언트의 검출 톤을 기준으로 최적화할 수 있다. 이 서비스는 톤의 다양한 유형의 식별을 위해 언어학적 분석을 활용하여 감정 (분노, 기쁨 등), 사회 (개방성, 정서적 범위 등) 등 언어 스타일 (자신감과 예정)을 분류하여 인지적으로 식별한다.

- **시각 인식** : 이 서비스는 이미지를 인식하고 업로드된 개체와 얼굴을 식별하는 응용 프로그램을 서비스할 수 있다. 태그가 지정된 키워드는 신뢰할 수 있는 점수로 생성된다. 이 서비스는 딥 학습 알고리즘을 사용한다.

- **왓슨 스튜디오** : 이 서비스는 매우 쉽게 머신 러닝과 인지 지능 알고리즘을 탐구하고 응용 프로그램에 모델을 포함할 수 있다. 스튜디오는 데이터 탐색 및 준비 기능을 제공하고 프로젝트 팀 사이에 협력을 용이하게 한다. 데이터 자산과 노트북을 공유할 수 있으며, 시각화 대시 보드는 쉽게 왓슨 스튜디오 인터페이스를 통해 만들 수 있다.

■ 왓슨과 함께 개발하기

IBM 왓슨은 클라우드 인프라에 이전에 나열된 모든 서비스와 함께 서비스들을 제공한다. 프로토타입 및 테스트의 빠른 개발을 가능하게 하는 모든 서비스에 대한 일관성 있는 웹 기반 사용자 인터페이스가 있다. 인지적 서비스는 쉽게 서비스에 REST API 호출로 그 대부분의 작업 이후 응용프로그램에 통합할 수 있다. 왓슨과의 상호 작용은 암호화 및 사용자 인증에 있어서 안전하다. 왓슨 서비스를 사용하여 언어 번역기를 개발해 보자.

전제 조건을 설정

IBM 왓슨 서비스를 활용하기 위해, IBMid가 필요하다.

1. https://console.bluemix.net/registration/?target=1. %2Fdeveloper%2Fwatson%2Fdashboard에서 IBMid 만든다.

2. 로그인 이름과 암호를 사용하여 IBM 클라우드에 로그인한다.

3. https://console.bluemix.net/catalog/?3. search=label:litecategory=watson:에서 왓슨 서비스 카탈로그 찾는다.

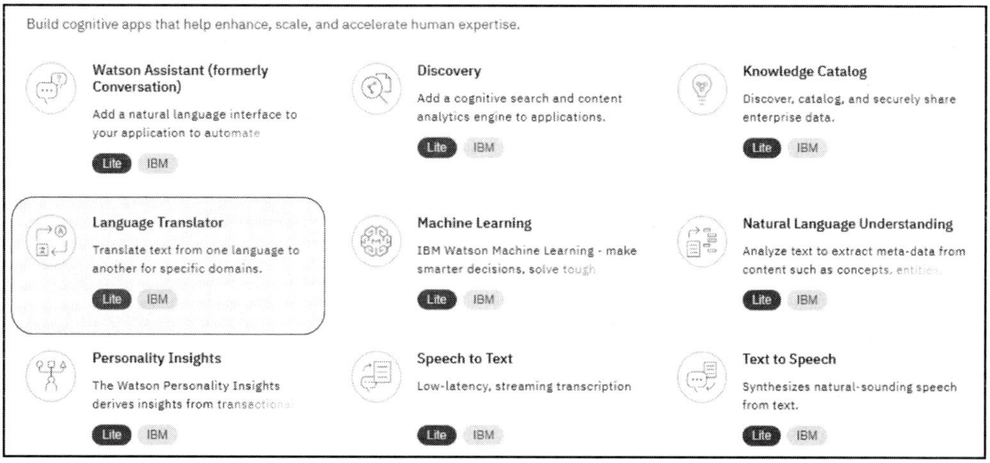

그림 12.8 IBM 서비스 카탈로그

4. 서비스 이름 선택하고, 서비스를 받을 지역/위치를 선택한다. Create 버튼을 이용하여 서비스를 생성한다.

5. 서비스 요청을 한다. (사용자 이름 및 암호)를 작성한다.

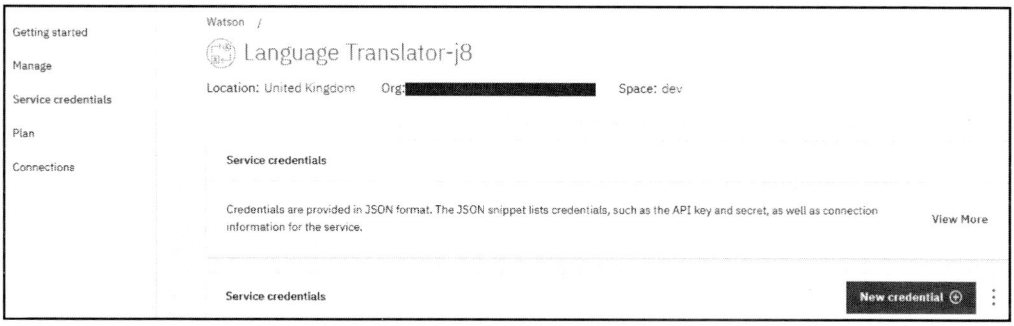

그림 12.5 언어 번역기

6. URL 끝점과 함께 서비스 자격 증명을 얻으면 언어 번역 서비스는 지원되는 다양한 언어로 텍스트 번역 요청을 처리할 준비가 된 것이다.

자바 언어 번역기 애플리케이션 개발

다음과 같은 진행한다.

1. Maven 프로젝트를 만들고 Watson 라이브러리를 포함하기 위해 다음과 같은 종속성을 추가한다.

```
<dependency>
            <groupId>com.ibm.watson.developer_cloud</groupId>
            <artifactId>java-sdk</artifactId>
            <version>5.2.0</version>
</dependency>
```

2. LanguageTranslator를 위한 다양한 API 메소드 호출을 위해 Java 코드를 작성한다.

```
package com.aibd;

import com.ibm.watson.developer_cloud.language_translator.v2.*;
import
com.ibm.watson.developer_cloud.language_translator.v2.model.*;

public class WatsonLanguageTranslator {
     public static void main(String[] args) {
          // Initialize the Language Translator object with your
authentication details
     LanguageTranslator languageTranslator = new
LanguageTranslator("{USER_NAME}","{PASSWORD}");
     // Provide the URL end point which is provided along with
service credentials
languageTranslator.setEndPoint("https://gateway.watsonplatform.net/
language-translator/api");
     // Create TranslateOptions object with the builder and adding
the text which needs to be
     // translated
     TranslateOptions translateOptions = new
TranslateOptions.Builder()
               .addText("Artificial Intelligence will soon become
mainstream in everyone's life")
```

```
                    .modelId("en-es").build();
     // Call the translation API and collect the result in
TransalationResult object
     TranslationResult result =
languageTranslator.translate(translateOptions)
                    .execute();
     // Print the JSON formatted result
     System.out.println(result);
     // This is a supporting API to list all the identifiable
languages
     IdentifiableLanguages languages =
languageTranslator.listIdentifiableLanguages()
                    .execute();
     //System.out.println(languages);
     // The API enables identification of the language based on the
entered text.
     IdentifyOptions options = new IdentifyOptions.Builder()
               .text("this is a test for identification of the
language")
               .build();
     // The language identification API returns a JSON object with
level of confidence
     // for all the identifiable languages
IdentifiedLanguages identifiedLanguages =
languageTranslator.identify(options).execute();
     //System.out.println(identifiedLanguages);
     // API to list the model properties
     GetModelOptions options1 = new
GetModelOptions.Builder().modelId("en-es").build();
     TranslationModel model =
languageTranslator.getModel(options1).execute();
     //System.out.println(model);
  }
}
```

출력 # 1 : 번역 결과는 JSON 형식으로 반환된다. JSON 형식은 선택한 모델을 기반으로 번역된 단어, 문자 개수 및 대상 언어의 번역된 텍스트를 포함한다.


```
{
   "word_count": 9,
   "character_count": 70,
   "translations": [
     {
        "translation": "Inteligencia Artificial pronto sera incorporar en la
vida de todos"
```

```
        }
    ]
}
```

출력 # 2 : listIdentifiableLanguages는 JSON 형식으로 지원되는 언어 목록을 제공한다.


```
{
    "languages": [
        {
            "language": "af",
            "name": "Afrikaans"
        },
        {
            "language": "ar",
            "name": "Arabic"
        },
        {
            "language": "az",
            "name": "Azerbaijani"
        },
        {
            "language": "ba",
            "name": "Bashkir"
        },
        {
            "language": "be",
            "name": "Belarusian"
        },
…
…
```


출력 # 3 : 이 서비스는 입력으로 제공된 텍스트의 언어를 식별하는 API를 제공한다. 이 기능은 사용자가 모든 언어의 텍스트를 입력할 수 있고, API가 언어를 감지하고 대상 언어로 변환하는 모바일 및 웹 응용 프로그램의 편리한 기능이다. 결과는 JSON 형식으로 각 언어에 대한 신뢰도 점수와 함께 표시된다. 이 경우 서비스는 0.995921 신뢰도로 영어 (en)로 언어를 반환한다.


```
{
    "languages": [
        {
            "language": "en",
            "confidence": 0.995921
        },
        {
```

```
            "language": "nn",
            "confidence": 0.00240049
    },
    {
          "language": "hu",
          "confidence": 5.5941E-4
      },
    ..
    ..
```

출력 # 4 : 모델 속성은 GetModelOptions API 호출을 통해 표시할 수 있다.

```
{
    "model_id": "en-es",
    "name": "en-es",
    "source": "en",
    "target": "es",
    "base_model_id": "",
    "domain": "news",
    "customizable": true,
    "default_model": true,
    "owner": "",
    "status": "available"
}
```

자주 묻는 질문

Q: 인공지능의 다양한 단계는 무엇이며 인지 기능의 중요성은 무엇인가?

A: 적용성 및 인간의 뇌와의 유사성 측면에서 인공지능은 세단계로 나눌 수 있다. 응용 AI는 스마트 자산이 다음 행동 방침을 정의할 수 있도록 데이터 자산에 대한 기계 학습 알고리즘의 적용이다. 이러한 스마트 기계는 사전 정의된 환경 컨텍스트내뿐만 아니라 확률적 환경 내에서 어느 정도의 작업 범위 내에서 작동할 수 있는 모델에 작동한다. 이 인공지능 레벨은 일반적으로 사용 가능하며 일상 생활에서 유즈 케이스와 애플리케이션을 찾고 있다.

인지 시뮬레이션 AI는 AI 개발의 다음 단계이다. 이 단계에서 지능형 기계는 인간과 자연스러운 형태로 대화할 수 있다 (말하기, 시각, 몸짓 및 몸짓 등). 사람과 기계 사이의 이런 유형의 인터페이스는 자연스러우며 이 단계의 지능형 기계는 인간의 기능을 보완할 수 있다. 다음 단계는 인간의 인지 능력에 부합하거나 능가하는 지능 기계를 개발하고자 하는 강한 AI이다. 기계의 대용량과 함께 대량의 데이터를 사용할 수 있기 때문에 잠재적으로 이러한 지능형 시스템은 인간의 기능을 완전히 향상시킬 수 있으며 가장 어려운 문제에 대한 솔루션을 정의하고 AI에서 새로운 영역을 열어준다. 그 시점이 되면 지능형 기계를 인지적 지능적인 측면에서 인간과 구분하는 것은 어려울 것이다

Q: 인지 시스템의 목표는 무엇이며, 목표를 향해 시스템을 움직이는 원동력은 무엇인가?

A: 인지 시스템을 개발하는 주된 목적은 사람과 기계의 인터페이스를 일차적인 시각으로 유지하면서 인간의 능력을 보완하고 증대시키는 지능형 기계를 만드는 것이다. 기계와 함께 키보드, 마우스와 상호 작용하는 대신 오감과 인간의 마음을 통해 여섯 번째 기관과 감각으로 인터페이스한다. 강한 인공지능을 통합한 인지 시스템 개발의 가장 중요한 요소는 데이터를 처리할 수 있는 계산 능력이다.

Q: 인지 시스템 개발에서 빅 데이터의 중요성은 무엇인가?

A: 머신 러닝 이론, 다양한 알고리즘 및 인지 시스템은 수십 년 동안 존재해 왔다. 이 분야의 연구는 큰 데이터의 출현으로부터 더욱 가속화되었다. 시스템은 데이터에서 검색할 수 있는 과거 패턴으로부터 학습한다. 지도 학습 및 학습 모델은 대용량 데이터를 사용하면 보다 정확해진다. 또한 빅 데이터를 사용하면 시스템이 환경 내의 주요 상황 별 통찰력을 제공하는 이기종 데이터 자산에 액세스할 수 있으므로 지능형 시스템에 대한 정보가 풍부해지고 전체 의사 결정이 가능해진다. 인지 시스템은 큰 데이터 자산의 가용성으로부터 이익을 얻는다. 구조화되지 않은 형식으로 사용할 수 있는 지식은 인지 지능을 사용하여 활용할 수 있으며 인지 시스템을 위한 완전히 새로운 영역을 열어준다.

요약

이 장에서는 인공지능 개발의 다음 단계로 인지 컴퓨팅에 대해 소개하였다. 다섯 개의 기본 감각과 여섯 번째 감각으로 마음을 함께 활용함으로써 인지 체계의 새로운 시대를 구축할 수 있다.

여기서 AI의 단계와 강한 인공지능을 향한 자연스러운 진보를 보았다. 인지 시스템의 역사를 보았으며, 분산 컴퓨팅 프레임워크에서 대용량 데이터와 처리 능력을 제공하는 큰 데이터의 가용

성으로 성장이 가속화되는 것을 관찰하였다. 인간의 두뇌를 완전히 이해하는 것과는 아직 거리가 멀지만, 가장 큰 용량을 갖는 디지털 데이터에 액세스할 수 있는 대기업의 선구자적인 업적으로 인해 전망이 크게 좋아지고 있다. AI를 서비스로 활성화하여 AI를 민주화하려는 노력은 커뮤니티 전체에 대한 연구를 가속화하고 있다.

이 책에서는 머신 러닝과 AI의 기본 개념을 소개하였고 이 흥미 진진한 분야에서 대용량의 데이터가 가속화된 연구 개발을 가능하게 하는 방법에 대해 논의하였다. 그러나 인간의 능력을 보완하고 보강하는 전반적인 목표를 놓치지 않는 한 새로운 도구나 혁신과 마찬가지로 이 분야는 더 많은 연구와 흥미진진한 새로운 유스 케이스에 대해 열려 있다.

찾아보기 (Index)

ㄹ

ㅁ

ㅂ

ㅅ

ㅇ

ㅈ

ㅊ

ㅋ

ㅌ

ㅍ

ㅎ

T

U

V

W